国家社科基金
GUOJIA SHEKE JIJIN HOUQI ZIZHU XIANGMU
后期资助项目

迈向数字经济

中国信息服务业发展路径研究

Towards Digital Economy:

A Study on the Development Path of China Information Service Industry

王建冬　陈建龙　著

社会科学文献出版社
SOCIAL SCIENCES ACADEMIC PRESS (CHINA)

国家社科基金后期资助项目
出版说明

后期资助项目是国家社科基金设立的一类重要项目，旨在鼓励广大社科研究者潜心治学，支持基础研究多出优秀成果。它是经过严格评审，从接近完成的科研成果中遴选立项的。为扩大后期资助项目的影响，更好地推动学术发展，促进成果转化，全国哲学社会科学工作办公室按照“统一设计、统一标识、统一版式、形成系列”的总体要求，组织出版国家社科基金后期资助项目成果。

全国哲学社会科学工作办公室

目　录

第一部分　绪论

第二部分 信息技术创新与信息服务业

第三部分 产业经济发展与信息服务业

第四部分　我国信息服务业发展路径

第一部分　绪论

第一章　本书的研究背景

第一节　本书研究的实践背景

21 世纪以来，随着互联网、物联网、移动通信、大数据、人工智能等新信息技术在全球范围内蓬勃发展，数据、信息的爆炸性增长态势日趋严峻，能否有效采集、管理、分析、应用和传递数据和信息，不但成为驱动经济发展的关键环节，而且日益成为国家、地区、企业和个人的核心竞争力。马化腾等指出，当前数字经济已经占到中国 GDP 的 30.6%，带来 280 万新增就业人数，占中国年新增就业人数的 21%①。2017 年 7 月，习总书记在二十国集团领导人汉堡峰会上就世界经济形势发表讲话时指出："研究表明，全球 95% 的工商业同互联网密切相关，世界经济正在向数字化转型。"② 在数字经济时代，人类社会经济活动的基本规律正在发生深刻变化，需求方和供给方界限日益模糊，逐渐成为融合的"产消者"。在这一过程中，服务经济在信息技术产业内广泛延伸，成为全球 IT 产业发展的重要趋势。信息服务，尤其是广泛结合其他产业技术提供嵌入式、智能化、延伸服务，已经成为众多国际信息产业巨头转型的重要方向。IBM 公司是信息技术产业"服务化"趋势的典型案例，自向中国联想集团整体出售个人电脑生产业务之后，IBM 在产品价值链升级上呈现了功能性的重大跨越；除了 IBM 以外，其他技术领先性跨国公司也都以剥离制造环节或者向研发、营销等服务环节延伸价值链的方式进行竞争战略的转型③。在

---

① 马化腾等：《数字经济：中国创新增长新动能》，中信出版社，2017。

② 习近平：《坚持开放包容 推动联动增长——在二十国集团领导人汉堡峰会上关于世界经济形势的讲话》，http://jhsjk.people.cn/article/29391615。

③ 黄烨菁：《信息技术产业国际化发展：形态、机制与技术升级效应》，上海社会科学院出版社，2009，第 38～39 页。

这一背景下，信息服务业越来越成为当前全球经济发展的热点产业。我国信息服务业经过几十年的发展，在国家层面和社会各界的高度重视下，取得了辉煌成绩，已经成为战略支柱产业，但横向来看，我国信息服务业发展与世界发达国家的差距依然十分明显，且存在继续扩大的危险。如何抓住新一代信息技术兴起和发展的战略机遇，推动我国信息服务业实现“弯道超车”，成为未来数字经济发展主力军，是当前我国信息服务业发展面临的重大课题。本书研究主要基于以下三方面实践和政策背景展开。

一　改革开放以来党中央、国务院高度重视信息服务业发展

在全球信息化的大背景下，我国政府也一直高度重视信息服务和相关产业的发展。1984 年 9 月，邓小平同志为《经济参考报》创刊两周年题词：“开发信息资源，服务四化建设”①，为推进我国信息服务业发展指明了重要方向。同年，为加强对包括信息服务业在内的信息化事业的集中统一领导，国务院原计算机与大规模集成电路领导小组被改为国务院电子振兴领导小组。1986 年，《国务院办公厅转发电子振兴领导小组关于搞好我国计算机推广应用工作汇报提纲的通知》（国办发〔1986〕92 号）中明确指出，要“初步形成计算机服务业的基础。各行各业以及计算机制造业都要建立专业性的系统开发中心（公司）、软件开发和服务中心（公司），做好应用软件开发、咨询、培训、维修等服务工作……在全国形成一批计算机服务业群体”。1987 年，以国家信息中心为龙头的国家经济信息系统初步建成，形成由国家、省、地、县四级政府部门信息中心构成的信息服务业战略体系，邓小平同志专门为国家信息中心亲笔题名，体现了对我国信息服务业和经济信息化工作的高度重视。1992 年，党的十四大报告中明确提出要“发展我国的商业、金融、保险、旅游、信息、法律和会计审计咨询、居民服务等第三产业”。在党中央的大力推动下，1993 年 12 月，国家国民经济信息化联席会议成立，“三金工程”正式启动；1996 年 3 月，第八届全国人民代表大会第四次会议批准通过的《中华人民共和国国民经济和社会发展“九五”计划和 2010 年远景目标纲要》中，明确提出要“促进信息市场健康发育和信息服务业进一步发展，加强信息资源开发利用，推进信息的社会共

① 惠永正：《发展信息产业　服务四化建设——写在邓小平同志题词“开发信息资源，服务四化建设”十周年之际》，《情报学报》1994 年第 4 期。

享”。1997 年 4 月，第一次全国信息化工作会议召开，讨论了《国家信息化“九五”规划和 2010 年远景目标（纲要）》，提出了信息化建设的奋斗目标和当前的主要任务，明确要把信息资源的开发和利用放在首位①，这标志着我国信息服务业发展进入一个新的发展阶段。

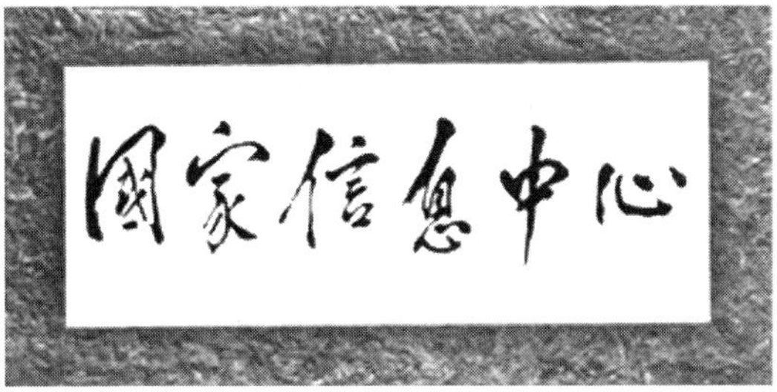

图 1-1 邓小平同志为国家信息中心题名

进入 21 世纪以来，随着信息技术在全社会范围内应用的不断深化，党中央、国务院对信息服务业发展的认识上升到一个新高度。江泽民同志指出：“能源和信息技术是影响中国未来发展的两大战略性产业”②，“要注重发展微电子、计算机、软件、关键元器件及其材料等核心基础产业，以及宽带移动通信、下一代网络、信息服务等我国最具国际竞争力的优势产业，在这些领域应该集中力量重点攻关，力争取得大的突破”③。胡锦涛同志 2008 年 6 月 20 日在人民日报社考察时指出，要“在加强信息服务中开展思想教育，用事实说话、用典型说话、用数字说话，化解矛盾，理顺情绪，引导各方面群众共同前进”④。进入“十一五”以后，我国政府更是将信息服务业发展提升到国家战略的高度。《2006—2020 年国家信息化发展战略》⑤ 明确提出“发展信息服务业，推动经济结构战略性调整”，“大力发展以数字化、网络化为主要特征的现代信息服务业”。《国务院关

① 《为了争取 21 世纪生存与发展的主动权——首次全国信息化工作会议有关信息撷英》，《信息与电脑》1997 年第 7 期。

② 江泽民著《论中国信息技术产业发展》，上海交通大学出版社、中央文献出版社，2009，第 1~5 页。

③ 江泽民：《新时期我国信息技术产业的发展》，《上海交通大学学报》2008 年第 10 期。

④ 《胡锦涛在人民日报社考察工作时的讲话》，http://cpc.people.com.cn/GB/64093/64094/7408960.html。

⑤ 《2006—2020 年国家信息化发展战略》，http://www.gov.cn/test/2009-09/24/content_1425447.htm。

于加快发展服务业的若干意见》（国发〔2007〕7号）也明确指出要“积极发展信息服务业，加快发展软件业，坚持以信息化带动工业化……发展增值和互联网业务，推进电子商务和电子政务”[①]。2006年，原信息产业部专门制定并发布了《软件与信息服务业“十一五”专项规划》[②]。2009年国务院发布的《电子信息产业调整和振兴规划》提出，要加快培育信息服务新模式、新业态。把握软件服务化趋势，促进信息服务业务和模式创新，综合利用公共信息资源，进一步开发适应我国经济社会发展需求的信息服务业务[③]。2012年发布的《国务院关于大力推进信息化发展和切实保障信息安全的若干意见》（国发〔2012〕23号）[④]中，11次提及信息服务和信息服务业的发展问题。这无疑表明国家对发展信息服务业的战略性支撑作用的认识更加深入，发展举措也更加细化。在国家层面大力倡导下，地方政府在各地产业发展实践中也对信息服务业发展予以高度重视。笔者曾对我国内地各省份的“十一五”规划文件进行了调研[⑤][⑥]，发现70%以上的省份在“十一五”发展规划中均对信息服务业予以高度重视，或者出台专项规划，或者在相关规划中专门辟出章节论述信息服务业发展问题。

二　当前我国信息服务业发展中机遇和挑战并存

在国家和社会各界的高度重视下，近几十年来我国信息服务业发展取得了长足进步。据工信部统计，2017年，我国软件和信息技术服务业总收入达到5.5万亿元，其中信息技术服务实现收入2.9万亿元，比上年增长16.8%，产业继续向服务化、云化演进[⑦]。2016年，全国规模以上的企

---

① 《国务院关于加快发展服务业的若干意见》（国发〔2007〕7号），http：//www.gov.cn/zhengce/content/2008－03/28/content_4022.htm。

② 国家信息产业部组织编制完成《软件与信息服务业“十一五”专项规划》，http：//jy.nanning.gov.cn/4999/2006_12_28/4999_183195_1167295772490.html。

③ 《电子信息产业调整和振兴规划》，http：//www.gov.cn/zhengce/content/2009－04/15/content_8120.htm。

④ 《国务院关于大力推进信息化发展和切实保障信息安全的若干意见》（国发〔2012〕23号），http：//www.gov.cn/zwgk/2012－07/17/content_2184979.htm。

⑤ 陈建龙、王建冬：《我国地方政府信息服务业发展模式和热点领域分析》，《图书情报工作》2009年第24期。

⑥ 陈建龙、王建冬：《我国地方信息服务业发展的经济环境和发展阶段分析》，《图书情报工作》2010年第4期。

⑦ 《2017年软件业经济运行情况》，http：//www.miit.gov.cn/n1146285/n1146352/n3054355/n3057656/n5340637/c6040371/content.html。

业数字化研发工具普及率达到61.8%，数字化生产设备联网率达到38.2%，关键工序数控化率达到33.3%①。这些数字都表明，当前我国信息服务业与实体经济深度融合的趋势不断加强，信息服务业已经成为当之无愧的战略性支柱产业。

然而，在国家和各界对信息服务业发展战略意义形成广泛共识的同时，也要看到，当前我国信息服务业发展与发达国家相比尚有较大差距。陈建龙主持的第二次全国经济普查数据开发课题“信息服务业发展的国际比较研究”② 对中、美、欧等27国和地区信息服务业增加值③，其占各国的GDP和服务业增加值比重以及人均增加值进行了横向比较④。结果发现，我国信息服务业相比发达国家依然存在较大差距。从行业总体水平看，在全球信息服务业产值规模上中国处于第5位，总量较高，但从人均增加值的角度对比，中国的水平远低于世界其他国家。此外，与发达国家相比，我国信息服务业的内部产业结构不尽合理，信息传输服务业比重过高，但信息分析与咨询业的比重则较低。劳动生产率方面，我国信息服务业与美国相比，整体生产率水平较低，目前美国信息服务业的整体劳动生产率是中国的4.1倍，美国信息分析与咨询业的整体劳动生产率达到中国的11.5倍。尽管国家在过去一段时间里高度重视信息服务业，各级政府和社会各界均投入大量人力、物力推动产业发展，但与发达国家相比，我国信息服务业无论是占经济比重、人均产值、劳动生产率还是行业内部结构等各方面都存在较大差距。这种差距的存在既是挑战也是机遇，我们需要认真思考和研究当前我国信息服务业发展中存在的外部机遇和战略短板，不断统一认识、调整方向、转变方式、弥补不足，通过政策、机制、产业创新和技术创新等多方面的综合推动，共同促进我国信息服务业的快速健康发展，实现在“十三五”和更长时期内信息服务业发展“弯道超车”的战略目标。

---

① 苗圩：《2016年我国企业数字化研发工具普及率达到61.8%》，http://www.china.com.cn/news/txt/2017-04/24/content_40682107.htm。

② 本小节主要数据均引自：陈建龙、王建冬、刘合翔等：《信息服务业发展的国际比较研究》，第二次全国经济普查课题研究报告，2010。

③ 欧盟国家产值以2008年12月1日欧元兑换人民币汇率1∶8.6720换算，美国产值以2008年12月1日美元兑换人民币汇率1∶6.8633换算，巴西产值以2007年12月1日巴西雷亚尔兑换人民币汇率1∶4.12656换算。

④ 各国的GDP数据，来自国际货币基金组织（IMF）公布的2008年全球各国GDP数据；服务业占GDP的比重和全球各国人口数据来自联合国2008年统计年鉴。

三　新一代信息技术全面吹响了迈向数字经济的时代号角

当前，随着互联网、云计算、大数据、物联网等新一代信息技术的兴起和快速普及，我国信息服务业面临一次全新的发展机遇。新一代信息技术是近年来国家层面高度重视的战略性新兴产业领域。《国务院关于加快培育和发展战略性新兴产业的决定》（国发〔2010〕32号）将新一代信息技术列为重点发展的七大战略性新兴产业之一，并指出要“提升软件服务、网络增值服务等信息服务能力，加快重要基础设施智能化改造。大力发展数字虚拟等技术，促进文化创意产业发展”[①]。新一代信息技术对于现有人类社会的信息架构和行为模式的深层次改变，使得一种全新的信息服务模式即将出现；甚至可以说，新一代信息技术与信息服务是内在一致的，它以服务为内核，也以服务为实现价值的最终形态。中国科学院信息领域战略研究组编写的《中国至2050年信息科技发展路线图》中则把新一代信息技术对服务提出的新需求归纳为“基于知识的网络服务”[②]，它需要实现显性与隐性知识的复杂结合，并解决信息不对称与信息透明要求之间的矛盾。同时，建立广泛且实用的知识本体和相应的领域知识系统与知识网格，并形成相应的技术标准和协议，利用网络服务方式提高传统领域的效率和人类的生活水平，促进人性化的互联网现代服务业和新媒体发展，等等。

当前，在全球范围内信息技术革命的大背景下，以习近平同志为核心的党中央对数字经济这一经济社会的革命性变革形态有着十分深刻和超前的认识。2015年，习近平总书记在第二届世界互联网大会开幕式上的讲话中，首次提出要“促进世界范围内投资和贸易发展，推动全球数字经济发展”[③]。2017年7月，习总书记在二十国集团领导人汉堡峰会上进一步强调：“要在数字经济和新工业革命领域加强合作，共同打造新技术、新产业、新模式、新产品。”[④] 2017年3月，李克强总理在第十二届全国人

① 《国务院关于加快培育和发展战略性新兴产业的决定》（国发〔2010〕32号），http://http://www.gov.cn/zwgk/2010-10/18/content_1724848.htm。

② 中国科学院信息领域战略研究组：《中国至2050年信息科技发展路线图》，科学出版社，2009，第66页。

③ 习近平：《在第二届世界互联网大会开幕式上的讲话》，http://jhsjk.people.cn/article/27938930。

④ 习近平：《坚持开放包容 推动联动增长——在二十国集团领导人汉堡峰会上关于世界经济形势的讲话》，http://jhsjk.people.cn/article/29391615。

民代表大会第五次会议上做政府工作报告，专门提出要“推动‘互联网+’深入发展、促进数字经济加快成长”。2017年7月，中共中央、国务院印发了《关于加强网络安全和信息化工作的意见》，明确要制定促进数字经济发展的政策文件，做大做强数字经济。近期，《国家促进数字经济发展战略纲要》也已正式印发。在迎接数字经济时代到来的大背景下，我们可以从两个角度看待信息服务业发展问题。

一方面，受益于数字经济的大发展，信息服务业迎来了重要历史机遇。数字经济并不仅仅指以云计算、大数据、人工智能、物联网等新一代信息技术为核心的信息相关产业业态（数字产业化），更指随着数据和信息作为一种全新生产要素在人类经济活动中日益发挥主导作用，人类经济社会运行的方方面面所发生的一场全面彻底的产业革命（产业数字化）。在这其中，信息服务业实际上起着让数据和信息更加充分地与经济社会运行各方面相结合的“黏合剂”与“润滑剂”作用。因此，在数字经济这一大背景下看待现代信息服务业，更加有助于我们理解推动信息服务业跨越发展的战略意义、发展方向和发展路径。

另一方面，要保持数字经济的持续健康发展，信息服务业是其中的重要支撑。当前，我国数字经济产业在蓬勃发展的同时，也存在大而不强、博而不精的问题。笔者基于国家发展改革委大数据中心采集的数字经济领域相关数据分析发现①，当前我国数字经济领域发展存在以下几个问题：一是产业总体处于萌芽期，近三年新注册相关企业中，70%注册资本在1000万元以下；融资成功的大数据创投项目中，70%处于天使轮和A轮早期。二是应用型技术创新严重滞后，当前我国数字经济领域发明专利70%以上集中在存储、计算、检索、管理等基础领域，且多为跟随性成果，引领性成果较少，这表明大量技术成果与应用场景之间“两张皮”的现象较为严重（如图1-2所示）。三是政府投资带动产业集聚和民生服务效果不佳，投资实际回报率低，2016年各地方数字经济和信息技术类投资项目中，超七成为底层平台和基础设施建设项目，专门用于信息服务和应用开发的不足5%。这些问题的存在，对推动现代信息服务与实体经济深度融合提出了迫切需求。

① 此处研究所的数据源包括三方面：一是2016~2017年互联网公开招聘信息7000多万条，二是相关领域专利数据库约800万条数据，三是相关领域软件著作权数据120万条。

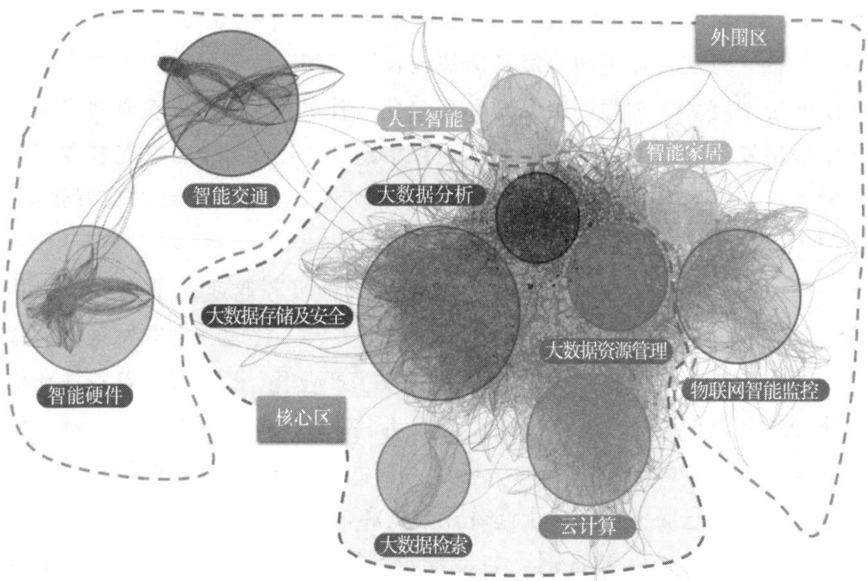

图 1-2 我国数字经济领域技术创新知识图谱

正是在这样一个大历史背景下，党中央、国务院对于加快发展现代信息服务业提出了明确要求。党的十九大报告提出①，要“加快建设制造强国，加快发展先进制造业，推动互联网、大数据、人工智能和实体经济深度融合”，首次将信息服务业的发展方向与实体经济振兴、促进中国经济实现高质量发展紧密结合起来。习近平同志在中央网络安全和信息化领导小组第一次会议上指出：“建设网络强国，要有自己的技术，有过硬的技术；要有丰富全面的信息服务，繁荣发展的网络文化”②，将信息服务业发展作为建设网络强国、数字中国的有机组成部分，标志着国家对于信息服务业发展的战略定位上升到国家竞争力的层面。2016 年，习总书记在网络安全和信息化工作座谈会上再次专门强调，“要适应人民期待和需求，加快信息化服务普及，降低应用成本，为老百姓提供用得上、用得起、用得好的信息服务，让亿万人民在共享互联网发展成果上有更多获得感”③。

① 习近平：《决胜全面建成小康社会　夺取新时代中国特色社会主义伟大胜利——在中国共产党第十九次全国代表大会上的报告》，人民出版社，2017。

② 《习近平主持召开中央网络安全和信息化领导小组第一次会议强调总体布局统筹各方创新发展　努力把我国建设成为网络强国》，http://news.xinhuanet.com/info/2014-02/28/c_133148804.htm。

③ 习近平：《在网络安全和信息化工作座谈会上的讲话》，人民出版社，2016，第 5~6 页。

李克强总理多次主持常务会议专题研究推动信息消费和信息服务业发展问题，国务院出台了多部专门文件推动信息服务业，特别是云计算、大数据、物联网、移动计算、智慧城市等领域新兴服务业态的发展。2013 年 8 月发布的《国务院关于促进信息消费扩大内需的若干意见》（国发〔2013〕32 号）提出，要“拓展新兴信息服务业态。发展移动互联网产业，鼓励企业设立移动应用开发创新基金，推进网络信息技术与服务模式融合创新。要积极推动云计算服务商业化运营，支持云计算服务创新和商业模式创新。面向重点行业和重点民生领域，开展物联网重大应用示范，提升物联网公共服务能力”[①]。文件同时提出，要不断完善信息服务业创业投资扶持政策。2014 年 8 月发布的《关于促进智慧城市健康发展的指导意见》（发改高技〔2014〕1770 号）[②] 也提出，要实现工业化与信息化深度融合、信息服务业加快发展。2015 年 8 月印发的《国务院关于印发促进大数据发展行动纲要的通知》（国发〔2015〕50 号）中，先后 12 处提及信息服务发展问题，对交通、农业、信用、互联网等各方面基于大数据的信息服务新业态进行了详细论述。2016 年 12 月发布的《“十三五”国家信息化规划》中，更是先后 39 次提及信息服务和信息服务业发展问题。

综上，新一代信息技术的普及推广、全球范围内数字经济大潮的到来，将为信息服务业带来前所未有的机遇和挑战，并催生许多新的业态。为有效应对上述实际问题，本书拟从产业发展和技术创新两个基本维度对信息服务业发展的理论和实践问题进行系统研究。

第二节　本书研究的理论背景

信息服务业研究是一个典型的交叉领域，本书研究的理论背景可以从以下四个方面加以阐述。

一　情报学研究背景

20 世纪中叶，在科学技术飞速发展导致“信息爆炸”，以及计算机等

① 《国务院关于促进信息消费扩大内需的若干意见》（国发〔2013〕32 号），http：//www. gov. cn/zhengce/content/2013 - 08/14/content_ 3307. htm。

② 《发展改革委　工业和信息化部　科学技术部　公安部　财政部　国土资源部　住房城乡建设部　交通运输部关于印发促进智慧城市健康发展的指导意见的通知》（发改高技〔2014〕1770 号），http：//www. gov. cn/gongbao/content/2015/content_ 2806019. htm。

信息技术出现的背景下，情报学应运而生①。20 世纪 80 年代以来，信息经济和知识经济逐渐成为全球经济发展的主流趋势，情报学研究也开始对人类信息活动的经济属性加以关注。赖茂生等指出，在市场经济中，情报学不能回避或忽视经济问题，应大力加强信息资源的价值评估、信息产品和服务的定价与营销、智力资产管理、社会资本（信息和知识类）及其管理、信息内容产业及相关产业、知识服务业、信息产品与服务的质量评价等问题的研究②。在这一背景下，信息产业、信息服务业、信息资源产业等产业活动研究相继得到情报学研究者的关注。

从现有文献的调研可以发现，无论是国外还是国内，情报学界的研究者都是最早开始关注信息服务业的研究群体。在国外，早在 20 世纪七八十年代，科技情报界的很多研究者，如 K. Roger③、E. Sweezy 等④、H. S. Dordick⑤ 和 R. J. Thomas⑥ 等就对科技信息服务业的发展趋势和存在问题等进行了探讨。国内情报学界则在 90 年代初国家发布的《关于今后十年信息服务业的发展方案》（1991）和《关于加快发展科技信息服务业的规划纲要和政策要点》（1992）等政策性文件的推动下，掀起一股研究信息服务业的热潮。很多知名情报学者，如霍忠文⑦、娄策群等⑧⑨、查先进⑩⑪、谢新洲等⑫、卢泰

① 赖茂生：《情报学的发展观》，《图书情报知识》2000 年第 4 期。

② 赖茂生、王琳、杨文欣、李宇宁：《情报学前沿领域的确定与讨论》，《图书情报工作》2008 年第 3 期。

③ K. Roger, Problems and Outlook for the Information Services Industry [C]. Proceedings of the EUSIDIC Conference, Oslo, 1975 (12).

④ E. Sweezy, Hopper J. H. Obstacles to Innovation in the Scientific and Technical Information Services Industry [R]. Final Report to the National Science Foundation, 1975.

⑤ H. S. Dordick, Bradley H. G., Nanus B. and Martin T. H. Network Information Services: The Emergence of an Industry [J]. Telecommunications Policy. 1979, 3 (3): 217-234.

⑥ R. J. Thomas, Marketing Research in the Scientific and Technical Information Services Industry: Development and Future Directions [J]. Journal of the American Society for Information Science. 1982, 33 (5): 265-269.

⑦ 霍忠文：《论信息服务业结构调整的实践原则》，《情报理论与实践》1994 年第 6 期。

⑧ 娄策群、程鹏：《发展我国信息服务业若干问题的调查与分析》，《情报学报》1994 年第 3 期。

⑨ 娄策群：《论信息服务业的发展机制》，《情报杂志》1995 年第 3 期。

⑩ 查先进：《论信息服务业发展中的反不正当竞争》，《情报理论与实践》1995 年第 1 期。

⑪ 查先进：《开发利用信息资源 促进信息服务业发展》，《情报科学技术》1996 年第 3 期。

⑫ 谢新洲、张广钦：《我国新兴信息服务业的现状、问题及发展对策》，《北京大学学报》（哲学社会科学版）1996 年第 6 期。

宏[①]、马费成[②]、胡昌平[③]等均曾在这一时期发表学术论著，对信息服务业发展的理论和实践问题进行专门探讨。

总之，信息服务业研究是情报学领域学者率先关注的研究领域，并将得到情报学研究越来越多的重视。正如原中国科技情报学会常务副理事长、中国科学技术信息研究所所长朱伟指出的[④]，在新形势下，情报学研究必须理论联系实际，要针对现代信息服务领域出现的新情况、新问题进行重点研究，情报学研究和实践要积极面向市场经济体制下的国家信息服务业的发展多做探索和实践。

二 信息经济学研究背景

信息经济学是经济学、信息科学等共同关注的研究领域。从 20 世纪 60 年代初信息经济学一词被提出算起，信息经济学至今只有 60 年的发展历史。但是，经济学对于信息问题的关注则很早就开始了，早在 20 世纪 20 年代，美国经济学家奈特（F. H. Knight）就已认识到企业为获取完备的信息进行投入的重要性。他在 1921 年出版的《风险、不确定性和利润》一书中指出，“信息是一种主要的商品”，并注意到各种组织都参与信息活动且有大量投资用于信息活动[⑤]。1961 年，美国经济学家斯蒂格勒（G. J. Stigler）发表了题为“信息经济学”的著名论文，被视为信息经济学的奠基之作。

差不多在同一时期，马克卢普（F. Machlup）把知识生产的理论研究与其统计调查结合起来，于 1962 年出版专著《美国的知识生产和分配》[⑥]，开创了信息经济学中对信息产业活动研究的传统。一般认为，马克卢普是信息经济学界最早提出知识产业和信息服务业概念的学者，他认为，“知识产业是一类为他人或自己所用而生产知识、从事信息服务或生

---

① 卢泰宏：《论发展信息服务业的政策保障》，《南方经济》1996 年第 3 期。

② 马费成：《迈向 21 世纪的我国信息服务业》，《中国信息导报》1996 年第 10 期。

③ 胡昌平：《我国市场经济中的科技信息服务业管理体制分析》，《图书情报工作》1996 年第 5 期。

④ 朱伟：《加强情报学研究与实践 促进现代信息服务业发展》，《情报学报》1998 年第 1 期。

⑤ 〔美〕弗兰克·H. 奈特著《风险、不确定性与利润》，安佳译，商务印书馆，2010。

⑥ 〔美〕弗里茨·马克卢普著《美国的知识生产与分配》，孙耀君译，中国人民大学出版社，2007。

产信息产品的机构——厂商、单位、组织和部门或其中的班组，有时是个人和家庭"[①]。他将知识产业（或部门）划分为五大类：教育、研究开发、通信媒介、信息处理机械、信息服务。其中信息服务业包括：以法律服务、医疗服务、中介服务等为主要内容的职业信息服务和以金融服务、会计服务、工程服务等为主要内容的金融联合信息服务。

马克卢普对信息服务业的范围定义过分狭窄，这与现在学者们所讨论的信息服务业相差甚远。波拉特则将从事信息活动的部门分为第一信息部门和第二信息部门，前者指直接向市场提供信息产品与信息服务的部门。他将第一信息部门划分为八个分支，即知识生产与发明性产业、信息交流与通信产业、风险经营产业、调查与协调性产业、信息处理与服务性产业、信息产品制造产业、与信息市场有关的部分政府活动、信息基础设施产业等[②]。其中的很多行业均可划入现代信息服务业的范畴。

中国最早的信息经济学研究是从情报学界开始的[③]，因此对信息相关产业的问题关注很早。多位著名信息经济学家均曾发表论著探讨信息服务业的发展问题。如乌家培等认为，信息服务业是信息产业中直接或间接为社会生产或人民生活服务的重要部分，它与信息技术装备（包括计算机和通信设施等）及其元器件（如集成电路、半导体等）的制造业共同构成信息产业[④⑤]。陈禹则将信息服务业划分为传统信息服务业和现代电子信息服务业。传统的信息服务业以手工方式为主要特征，主要包括印刷出版业、新闻报道业、文献情报业、邮政电信业等；现代电子信息服务业是以计算机、多媒体技术和现代通信等电子信息技术为主要手段的信息服务，主要包括信息处理业、信息提供服务业、软件开发服务业、系统集成服务业、咨询服务业和网络服务业等[⑥]。上述著名信息经济学家对信息服务业的论述产生了巨大影响，并为众多后来研究者所采纳。

此外，进入21世纪以来，国内出现了大量研究信息产业的学术专著，这些研究也对信息服务业发展问题给予了较多关注。如陶长琪对20世纪

① 冯梅、陈志楣著《北京信息服务业发展问题研究》，经济科学出版社，2007，第2页。

② 〔美〕马克·波拉特著《信息经济学》，吴桦等译，湖南人民出版社，1987。

③ 王芳、赖茂生：《信息经济学体系探索》，《情报学报》2004年第1期。

④ 乌家培：《我国信息服务业的现状与未来》，《中国工业经济研究》1992年第6期。

⑤ 乌家培、周起凤：《中国信息服务业的发展及其对策》，《中国信息导报》1994年第11期。

⑥ 陈禹：《信息经济学教程》，清华大学出版社，1998，第191~193页。

70 年代末 80 年代初开始的电信、广播电视和出版三大产业的融合进行了分析，并指出，产业融合只有在信息技术发展到一定程度，且各产业都能够使用这种技术来改造自己并能够利用网络平台来发展自己时才得以出现[①]。郑英隆将信息产业划分为信息内容服务业、信息硬件产品制造业和信息软件产品制造业三部分[②]，并以一个双向三角形的结构描述它们之间的制约关系，对理解信息服务业与信息产业之间的互动关系很有启发。牟锐指出，信息服务业是信息产业中十分重要的组成部分，是具有强大发展后劲的产业，正在经历深刻的变革，沿着数字化、宽带化、移动化的方向迅猛发展。而目前我国信息服务业发展的滞后将给信息产品制造业的发展带来很大风险，现阶段不断出现的贸易摩擦、不断升级的贸易壁垒已经预示着风险[③]。李怡在探讨我国信息产业高新区发展问题时指出，目前我国高新区十分缺乏技术咨询、商务中介、人才市场等配套的信息服务业体系，没有形成相互支撑、相互依存的产业网络，高新园区中的企业经济成本低，但交易成本很高，这是与硅谷等世界顶级信息产业聚集区的最大区别[④]。王海军[⑤]则从信息产业分析的视角入手，基于我国软件和信息服务业的产业分析口径，结合对国内外代表性地区软件与信息服务业发展现状和路径的调研，对当前我国信息服务业发展的重点模式、影响因素，特别是“互联网 +”背景下的新发展模式进行了论述。

三 服务经济学研究背景

服务经济学研究可以溯源到很早。早在 1690 年，配第（W. Petty）就阐述了有关服务业的一些思想。此后，萨伊（J. Say）、西斯蒙弟（J. C. S. de Sismondi）、李斯特（F. List）、西尼尔（N. W. Senior）以及马克思（K. Max）等都从不同的角度对服务业进行过分析。1935 年，费雪（A. B. Ficher）最先提出了“第三产业”概念。1957 年，克拉克（C. G. Clark）把第三产业称作“服务性产业”，并提出“克拉克定律”。1968

① 陶长琪：《基于融合的信息产业自主创新与产业成长的协同机制》，中国人民大学出版社，2010，第 2 页。

② 郑英隆：《信息产业的全球一体化发展研究》，经济科学出版社，2006，第 46 页。

③ 牟锐：《中国信息产业发展模式研究》，中国经济出版社，2010，第 149 页。

④ 李怡：《中国信息产业集群发展研究》，上海社会科学院出版社，2010，第 149 页。

⑤ 王海军：《软件和信息服务业发展模式研究》，山东人民出版社，2017。

年，美国经济学家维克多·富克斯（V. R. Fuchs）出版了《服务经济学》一书[①]，成为服务经济学的开山之作。

在后工业时代，信息和信息技术成为推动服务经济演化的基本动力。丹尼尔·贝尔（D. Bell）[②] 指出，前工业化社会的技术是简单手工工具，工业化社会的技术是机器，而后工业化社会的技术是信息。姚战琪等[③]指出，在服务经济时代的各式各样的技术中，能够最深刻地影响服务生产与传递的是信息和通信技术（ICT）。R. Evangelista 认为，信息技术和通信技术在服务业中广泛应用的根本原因，在于服务活动天然所具有的以信息为基础的内在特征。正因如此，信息技术的应用，对于服务活动的创新和绩效提升具有重要推动作用[④]。K. Sapprasert 也认为，由于服务活动对于信息技术的这种天生友好，一旦信息技术与服务部门融合，服务业将得到快速发展[⑤]。国际经合组织（OECD）2000 年的调查[⑥]表明，服务部门是新技术的主要使用者，特别是服务部门广泛采用了许多新型的信息和通信技术。

服务经济学认为，现代服务经济发展过程中服务外包的出现，是信息服务业出现的重要背景。程大中等对过去数十年生产性服务业的发展进行了规律性观察和分析，研究者认为，生产性服务业从“内部化”（internalization）向“外部化”（externalization）演进，或者说是由“非市场化”向“市场化”演进趋势的主要动力，就是信息技术广泛应用对企业生产经营模式的改变。这一过程可以简单描述为福特主义（Fordism），即现代大工业生产模式逐步瓦解，并导致温特尔主义（Wintelism），即运用信息技术对产业生产经营和业务流程的深度改造不断深入。这一过程的基本特征，就是从大规模批量生产转为定制化生产，再到大规模定制生产，同

① V. R. Fuchs, The Service Economy [M] . NBER, 1968.

② 〔美〕丹尼尔·贝尔著《后工业社会的来临——对社会预测的一项探索》，高铦等译，商务印书馆，1984。

③ 姚战琪等：《技术进步与现代服务业：融合、互动及对增长的贡献》，社会科学文献出版社，2009，第 32 页。

④ R. Evangelista, Sectoral Patterns of Technological Change in Services [J] . Economic Innovation and New Technology. 2000 (9): 183 - 221.

⑤ K. Sapprasert, The Impact of ICT on the Growth of the Service Industries [EB/OL] . http://iri.jrc.ec.europa.eu/concord-2007/papers/strand6/Koson%20Sapprasert.pdf.

⑥ OECD. Science Technology and Innovation in the New Economy, 2000 [EB/OL] . http://www.oecd.org/dataoecd/3/48/1918259.pdf.

时，企业生产和业务单元的模块化与外包化趋势不断增强。这种微观层面的变革，是导致中观层面产业分工形成的根本原因①。R. Pearson 等则更明确地指出，电信技术发展、办公自动化普及以及现代企业组织变革的出现，使得公司能够将那些信息处理环节中劳动密集型的部分剥离出去，从而促成了信息服务业的出现②。基于上述研究视角，刘林艳综合运用了服务经济学中的比较优势、规模化经济、交易成本和新经济地理学等理论，对京津冀地区信息服务业协同发展问题进行了剖析，作者认为，以信息服务业为切入点推动协同发展，有助于实现规模经济、优势互比、降低交易成本、提高区域就业率③。

四 信息技术创新理论研究背景

经济学中对于创新的研究和实践起源于美籍奥地利经济学家熊彼特（J. A. Schumpeter）1912 年在《经济发展理论》一书中提出的创新理论。熊彼特将创新定义为“把一种新的生产要素和生产条件的‘新结合’引入生产体系”④。他认为，资本主义经济打破旧的均衡而又实现新的均衡主要来自内部力量，其中最重要的就是创新，正是创新引起经济增长和发展。20 世纪 50 年代以来，技术要素成为推动经济增长的主要动力⑤。技术创新理论由此得到迅速发展，在实践中不断升华，并形成了以索洛（S. C. Solow）等人为代表的新古典学派，以曼斯菲尔德（E. Mansfield）、卡曼（M. Kamien）、施瓦茨（N. L. Schwartz）等人为代表的新熊彼特学派，以戴维斯（L. Davis）和诺斯（D. C. North）等人为代表的制度创新学派，以及以弗里曼（C. Freeman）、纳尔逊（R. R. Nelson）等人为代表的国家创新系统学派等理论流派。

---

① 程大中、陈福炯：《中国生产者服务业的增长、结构变化及其影响——基于投入 - 产出法的分析》，载陈宪、程大中《中国服务经济报告 2005》，经济管理出版社，2006，第 56 ~ 57 页。

② R. Pearson, Mitter S. Employment and Working Conditions of Low - Skilled Information - Processing Workers in Less - Developed Countries [J]. International Labor Review, 1993, 132 (1): 49 - 64.

③ 刘林艳：《京津冀信息服务业战略布局与协同发展模式》，经济管理出版社，2017。

④ 〔美〕约瑟夫·熊彼特著《经济发展理论：对于利润、资本、信贷、利息和经济周期的考察》，何畏等译，商务印书馆，1990。

⑤ 〔美〕约瑟夫·熊彼特著《经济发展理论：对于利润、资本、信贷、利息和经济周期的考察》，何畏等译，商务印书馆，1990。

学术界一般将信息通信技术归入“使能性技术”（Enabling Technologies）或者通用目的技术（General Purpose Technologies，GPTs）的范畴。所谓使能性技术，是指一项新技术投入使用后可以使得既存技术能力得以改进和提升，可以为使用者架设“应然技术”（know - what）与“使然技术”（know - how）之间的桥梁，使能性技术的使用者和尝试者节省了熟悉该技术机理的时间，可以很快适应该技术[①]。通用目的技术的概念则是T. F. Bresnahan 等提出的，他们认为“在任何时点上，核心的概念是，一系列‘通用目的技术’均以在许多部门具有普遍使用潜力（Potential for Pervasive Use）和技术活力（Technological Dynamism）为特征。伴随着一项 GPT 的演化和进步，引发和培育了全面的生产率收益，它扩散到整个经济体”[②]。秦海指出，信息通信技术是当今最为典型的通用技术，其发展和演化已具有非常广阔的应用空间，且它的使用不受任何个人偏向的约束和引导，可以服从于所有行业和活动的需要[③]。

关于信息技术创新对经济增长的作用，王欣归纳为三个基本方面，即IT 资本的深化、信息部门全要素生产率的提高和其他部门生产率的增长。J. B. Delong[④] 认为，相比于历次产业技术革命而言，信息通信技术强化和延伸的是人的智能，而不是一般工业技术所强化的人的机能和组织的技能[⑤]。因此，信息技术并不能代替各个企业本身，但它是促进有效决策、提高劳动效率的重要手段[⑥]。T. S. Bowen[⑦]、J. P. West 等[⑧]认为，当信息技术融入商业程序而成为基本的管理工具时，它就能为企业提供优化的生产和管理流程，使管理知识得以分享以及将其在不同的时间和项目之间进行

① 白重恩、阮志华主编《技术与新经济》，王淼编译，上海远东出版社，2010，ix。

② T. F. Bresnahan，Trajtenberg M. General Purpose Technologies “Engines of growth”？［J］. Journal of Econometrics. 1995，65（1）：83 - 108.

③ 白重恩、阮志华主编《技术与新经济》，王淼编译，上海远东出版社，2010，xiv。

④ J. B. Delong，The Triumph of Monetarism［J］. Journal of Economic Perspectives. 2000（04）. Available at：http：//www. j - bradford - delong. net/Econ_ Articles/monetarism. html.

⑤ 王欣著《信息产业发展机理及测度理论与方法研究》，吉林大学出版社，2010，第 165 页。

⑥ 聂进：《中小企业信息技术采纳影响因素研究》，科学出版社，2010，第 13 页。

⑦ T. S. Bowen，Building collaboration［J］. Computerworld，2001，35（45）：39 - 40.

⑧ J. P. West，Berman E. V. The Impact of Revitalized Management Practices on the Adoption of Information Technology：A National Survey of Local Governments［J］. Public Performance &. Management Review. 2001，24（3）：232 - 253.

合理化转移，孕育协同增效和继续学习。C. Shapiro 和 V. Hal[①] 运用差异化产品、互补品定价、搜寻成本和转换成本、标准竞争、路径依赖和锁定效应，以及规模经济、范围经济和网络效应、沉淀资本增长和边际资本投资缩减等，论述了信息通信技术对市场结构和产业组织的影响。在此基础上，2005 年，V. Hal 等又出版了《信息技术经济学导论》[②] 一书，探讨了技术变迁与市场结构、供给方和需求方的规模经济等问题。技术经济史学家 J. Mokyr[③] 和 N. Crafts[④] 等则通过产业革命的历史比较来分析信息通信技术革命所带来的影响。

高新民等阐述了信息服务业作为国家创新体系重要组成部分的作用，作为高新技术产业的重要组成，信息服务业已成为推动高科技产品和高科技服务增值的主要因素之一。信息服务业的不断拓展，软件等信息技术在国民经济和社会各领域的广泛应用，使得信息服务成为不同行业推进技术创新、缩短创新周期的重要手段，对于经济转型升级产生了重要促进作用[⑤]。

在上文简要回顾和梳理了情报学、信息经济学和信息产业研究、服务经济学研究和信息技术创新研究的理论发展脉络和研究热点的基础上，我们发现，信息服务业研究已经成为上述学科领域探讨的交叉主题，受到越来越多学者的关注。这些内容构成了本书研究的理论背景。

---

① C. Shapiro, Hal V. Information Rule: A Strategic Guide to the Network Economy [M]. Harvard Business School Press, 1998.

② V. Hal, Farrell J., Shapior C. The Economics of Information Technology: An Introduction [M]. Cambridge University Press, 2005.

③ J. Mokyr, Innovation and Its Economies: The Economic and Political Roots of Technological Inertia, in Olson M. and Kahkonen S., eds. A. Not So Dismal Science [M]. Oxford University Press, 2000: 61 - 91.

④ N. Crafts, Quantifying the Contribution of Technological Change to Economic Growth in Different Eras: A Review of the Evidence [EB/OL]. http://www2. lse. Ac. uk/economicHistory/pdf/wp7903. pdf.

⑤ 高新民、安筱鹏编《现代服务业：特征、趋势和策略》，浙江大学出版社，2010，第165 ~ 166页。

第二章　信息服务业概念内涵与外延

第一节　信息服务业的概念内涵

一　信息服务业概念兴起的实践基础：信息服务的产业化发展

信息服务业脱胎于信息服务活动，是信息服务产业化发展的必然结果。陈建龙等曾结合国内外学者对信息服务所下定义的术语学分析，提出了信息服务的基本概念，即信息服务是“服务者以独特的策略和内容帮助信息用户解决问题的社会行为”①。信息服务的产业化是信息服务发展的总体趋向，随着产业化范围的扩大和产业化程度的提高，信息服务业应运而生②。

第一，从产业自身发展的层面来看，信息服务的产业化发展，就是随着全社会范围内信息服务机构的数量、规模和服务范围的不断扩大，信息服务开始从零散的活动慢慢演变成为具有相同经营性质的组织化、正规化、规模化的产业，即“信息服务业”。一方面，信息服务活动渗透到各个产业领域，有力地促进各个领域的发展；另一方面，各个领域在信息化进程中出现了对信息服务的空前需求，有的还直接在技术、资本等方面有力地支持了信息服务活动。曾经是全球最大的计算机制造商的“蓝色巨人”IBM 经过约 20 年的转型，完成了“产品 - 服务 - 服务产品化”的业务模式转变过程，到 2006 年，IBM 服务业务已经占到 IBM 全部收入的 52%③。在服务经济时代，信息服务将成为与国民经济各行各业的生产、

---

① 陈建龙、申静：《信息服务学导论》，北京大学出版社，2017，第 8 页。

② 《我国信息服务业的现状、问题与对策研究》，《中国信息界》2003 年第 13 期。

③ 《IBM 服务十年启动全面转型 服务产品化挑战未来十年》，http：//www. ciw. com. cn/News/hotnews/2006 - 10 - 16/9164. shtml。

交易、消费、流通各环节的具体实践密切相关的支撑性业务。也就是说，信息服务与其他产业的前向关联（即信息服务可以促进其他产业的发展）和后向关联（即信息服务的发展需要其他产业的支撑）的局面已经形成。

第二，从产业管理的角度来看，从信息服务“活动”到信息服务“产业”，国家在产业管理层面形成了集行政管理、生产管理和法规管理于一体的国家管理模式。1993 年末，国务院做出重大战略决策，把推动信息化工作提到国家高度，批准成立了“国家经济信息化联席会议”，并开展了包括“三金”工程在内的卓有成效的工作，后又在此基础上，于 1996 年 5 月 27 日成立“国务院信息化工作领导小组”，统一领导我国的信息化工作，并在当时的电子工业部设立办公室[①]；随着我国信息化进程的加速，为强化管理职能，又在国务院设立“国家信息化工作办公室”。2008 年 7 月，根据国务院大部制改革的总体部署，成立工业和信息化部（简称工信部），信息化主管部门也随之迁移到工业和信息化部。虽然这些举措主要不是针对信息服务的，但以信息资源开发和信息技术应用为基础的信息服务，身处其中，自然就跟着发生变化和发展。

第三，从微观层面企业生产经营管理的角度看，信息服务的中微观管理也突破了行政和业务管理模式，引入经济管理和市场经营管理手段，形成了切实有效的集项目与客户于一体的管理模式，也就是现代企业管理模式。进入服务经济时代，信息服务和其他生产性服务，比如批发零售、交通运输、法律服务等一同构成了市场交易的基础。与其他生产性服务业形态相比，信息服务不仅有助于提升产业创新能力和生产能力，还是消除各种生产经营和交易过程中的信息不对称、不充分现象的重要保障，信息资源开始成为企业生存和发展壮大必不可少的资源。在这一过程中，信息服务业开始进入高附加值阶段，并具备了成为主导产业的潜在条件。2016 年 5 月，习近平总书记在中央财经领导小组第十三次会议上曾就大力发展信息服务业在当前我国推进经济结构转型和供给侧结构性改革中的作用有过一段精彩论述，他指出：“转方式调结构是从主要依靠简单劳动、扩大投资、大量投入能源资源等转向更多依靠创新驱动发展的过程，是从主要依靠制造业转向更多依靠现代服务业的过

① 张琪：《“金”字系列工程与中国信息化建设的启动与发展》，载胡启立著《中国信息化探索与实践》，电子工业出版社，2001，第 411 ~ 423 页。

程……是教师、医生、律师、金融从业人员、信息服务人员、社会组织管理者等队伍扩大的过程。”[①] 这段话可说是对当前我国信息服务业在国民经济发展中日益处于主导产业地位现状的最好概括。从服务模式上看，这一阶段的信息服务提供商和服务手段与之前相比，呈现明显的多元化趋势，传统的信息服务提供商由于网络的冲击，开始面临巨大挑战[②]，电子邮件、搜索引擎、虚拟社区等网络信息服务成为主流。一站式服务和平台自助式服务成为新的信息服务模式。

二 信息服务业的概念定位

如上文所述，信息服务产业化发展到一定程度，信息服务产业和信息服务行业就会应运而生，“信息服务业”就成了信息服务的重要存在形式，甚至可以说是主要存在形式。20 世纪 60 年代以来，关于信息经济的研究中提出了“信息服务业”的经济地位和行业构成，并形成了关于信息服务业行业归属的两种观点。

一是认为信息服务业是知识产业或信息产业的一部分。这种观点首先是在探讨知识产业时提出来的，如马克卢普提出知识产业包括“信息服务业”，信息服务业包括专业知识服务（法律、工程、会计、审计、医疗等）、金融信息服务（储蓄、经纪、保险、不动产等）、批发商的智能服务、其他服务产业（含知识获取、知识传递、知识交流等）、知识产业的管理等[③]。紧接着在探讨信息产业的行业结构时这一点又被更加明确地提了出来，如有人认为信息产业简称信息业，包括信息技术和设备制造业、信息服务业[④]，还有其他众多的观点[⑤]。这些观点在信息产业的定义和范围上有所区别，但基本上都认为信息产业包含信息服务业。

二是认为信息服务业是第三产业（服务业）的一部分。这种观点更多地出现在我国的相关研究中，主要是受 1992 年国务院颁布实施的《中共

① 习近平：《推进供给侧结构性改革是一场硬仗》，http://jhsjk.people.cn/article/29352816。

② 傅湘玲、臧强、岑咏华：《网络环境下传统信息服务业的发展创新》，《图书情报工作》2001 年第 5 期。

③ Machlup, Fritz: The Production and Distribution of Knowledge in the United States, Princeton University Press, 1962, 323 - 347.

④ 刘昭东、宋振峰：《信息与信息化社会》，科学技术文献出版社，1994，第 71 ~ 75 页。

⑤ 文戈：《困惑：何物“信息产业”?》，《情报资料工作》1994 年第 1 期。

中央 国务院关于加快发展第三产业的决定》的影响。如孙敬华等①认为科技信息服务业是“第三产业的重要组成部分”。何尹莉则认为，信息服务业不但是第三产业的重要组成部分，而且体现和代表了第三产业的发展趋势②。同类观点还有很多，不再一一论述。

为了从行业发展实践的角度更好地看待这一问题，我们对国内各省区市的“十一五”经济社会发展规划中对于信息服务业行业地位的表述进行了统计分析，结果如表 2－1 所示。

表 2－1　各省份产业规划中对信息服务业的行业定位

上位概念	代表地区
信息产业	闽、琼、豫、沪、渝
服务业	皖、黑、鲁、陕、青
生产性服务业	京、湘、吉、辽、晋
现代（新兴）服务业	冀、豫、鄂、藏、新、滇、赣、黔

从表 2－1 可以看出，我国大多数省份在论述其信息服务业“十一五”发展方略的时候，均将信息服务业作为服务业的子行业，很多省份还将其特别具体化到了某一类服务业（如生产性服务业、现代服务业等）。由此可以看出，从产业发展的实践角度分析，第二种观点已经占据了较为明显的主导地位。

结合上述分析，从当前国际上通行的一、二、三次产业划分的情况来看，我们更倾向于第二种观点。理由是信息产业还只是有一定实践对应性的理论产业，而且是突出主题概念而不是生产概念的产业，并没有成为国民经济行业分类体系中有质和量的规定性的实际产业。因此，把第一种观点视为理论上的探索是值得肯定和鼓励的，若用这种观点说明现实中的信息服务业的归属就不妥了。而第二种观点虽然有过于笼统之不足，但从同一角度辨认两个概念之间的关系，以确保逻辑上的一致性，是我们要大力提倡和充分肯定的。

当然，上述两种观点也不是完全对立，其区别主要在于出发点和视角

① 孙敬华、周雪松、李旭：《我国科技信息服务业发展中存在的问题及对策建议》，《科技成果纵横》2005 年第 4 期。

② 何尹莉：《以信息服务业推动、提升成都市第三产业发展的若干思考》，西南财经大学硕士学位论文，2003。

不同，而对信息服务业内容范围的辨析虽然有多种结果，但没有太多本质上的区别，都是着眼于服务内容的划分。我们可以大胆地推测，当信息产业有朝一日成为实际的国民经济行业门类或第四产业时，这两种观点的区别就不是逻辑关系而只是抽象程度上的不同了。

通过上述分析我们认为，信息服务业是在经济服务化和经济信息化进程中的产业化发展的结果，其标志就是信息服务业在国民经济行业分类体系中被确立为门类（或大类，可因国家和具体情况而异），并占有相应的国内生产总值比例。

至此，我们可以给信息服务业下这样的定义：信息服务业就是服务者以独特的策略和内容帮助对象解决问题的社会经济行为①。从服务者的劳动性质看，这样的行为包括生产、管理和服务等各个环节的行为。从服务活动的基本内容看，信息服务业是利用计算机和通信网络等技术手段，围绕信息的生产、处理、采集、加工、存储、传输、查询、利用等展开，并以提供各类信息产品作为主要服务形态的行业。

第二节　信息服务业的行业范围

一　对信息服务业行业范围的早期认识

现代意义上信息服务业的兴起相对较晚②，运用经济学思想和方法对这一行业、产业的系统研究始自20世纪中期③。在这以前，信息服务活动和信息服务企业虽然也存在，但没有形成规模，尚不能称之为独立产业，在各国的国民经济统计体系中，也没有对信息服务活动进行独立统计。信息服务业成长为一个独立的产业门类，基于近几十年来信息技术的飞速发展和广泛应用④。

20世纪六七十年代，前文提到的以马克卢普⑤和波拉特⑥为代表的信

① 《我国信息服务业的现状、问题与对策研究》，《中国信息界》2003年第13期。

② 《我国信息服务业的现状、问题与对策研究》，《中国信息界》2003年第13期。

③ 黎苑楚：《信息产业演进规律与发展模式研究》，武汉大学博士学位论文，2005。

④ 桂学文：《现代信息技术对信息服务业结构的影响》，《华中师范大学学报》（人文社会科学版）1998年第6期。

⑤ 〔美〕弗里茨·马克卢普著《美国的知识生产与分配》，孙耀君译，中国人民大学出版社，2007。

⑥ 〔美〕马克·波拉特著《信息经济学》，吴桦等译，湖南人民出版社，1987。

息产业经济学对信息服务业的一系列相关概念进行了分析。尤其是波拉特的第一信息部门和第二信息部门的划分方法，其中对第一信息部门的界定，在很大程度上已经接近于目前人们对于信息服务业的理解，其中的大部分行业，比如知识生产与发明性产业、信息交流与通信产业、调查与协调性产业、信息处理与服务性产业等均可划入现代信息服务业的范畴。

就笔者目前所收集的文献来看，1987 年，国内学者王法锟提出了信息服务业的定义，认为所谓信息服务业，就是指通过信息的摄取、录存、传输、变换、处理和控制等程序，为企业、事业单位或个人的生产、流通或消费提供参照信息的劳务性行业①。

1993 年 2 月，国家科委科技信息司公布了《我国信息服务业的现状与发展研究》报告。报告中界定了信息服务业的考察范围，并将信息服务业划分为电子信息服务业（包括信息提供服务、信息处理服务、网络与电子信息系统、计算机软件、咨询业）和公共信息服务业（包括图书情报业、新闻出版业、邮政电信业、广播电视业、广告业）两部分。这一研究的基本思路，即将信息服务业划分为现代（电子）信息服务业和传统（公共）信息服务业两大部类的提法，在业内形成了广泛影响，并成为日后众多信息服务业研究的重要依据。

二　学术界对信息服务业行业范围的认识

1993 年之后，国内信息服务业研究进入高潮期。众多学者均曾提出关于信息服务业内涵和定义的看法。较有代表性的包括如下观点。

乌家培认为，信息服务业是以产品或服务的形式向社会各界提供信息的产业。它以信息资源的开发与利用为主要活动。随着社会分工的发展，它逐渐从其他产业部门分离出来而成为独立的部门，并与信息技术装备（包括计算机和通信设施等）及其元器件（如集成电路、半导体等）的制造业共同构成信息产业②。

陈禹将信息服务业划分为传统信息服务业和现代电子信息服务业。传统的信息服务业以手工方式为主要特征，主要包括印刷出版业、新闻报道业、文献情报业、邮政电信业等；现代电子信息服务业是以计算机、多媒

① 王法锟：《发展我国信息服务业初探》，《经济纵横》1987 年第 9 期。

② 乌家培：《我国信息服务业的现状与未来》，《中国工业经济研究》1992 年第 6 期。

体技术和现代通信等电子信息技术为主要手段的信息服务，主要包括信息处理业、信息提供服务业、软件开发服务业、系统集成服务业、咨询服务业和网络服务业等①。

马费成等认为，信息服务业是指国民经济活动中与信息服务的生产、流通、分配、消费直接有关的相关产业集合。它由以下五大产业构成：（1）信息开发经营业，包括研究开发、技术开发、技术推广、信息采集、信息处理、软件开发、信息系统开发、数据库建设等具体产业；（2）信息传播报道业，包括通信、广播、电视、音像印刷出版等产业；（3）信息流通分配业，包括邮政、电信、数据通信、计算机通信网络等产业；（4）信息咨询服务业，包括公共信息提供、行业信息提供、信息咨询、信息中介、计算机检索等产业；（5）信息技术服务业，包括数据处理、计算机维修和软件提供、信息系统开发等产业②。

胡昌平等认为，信息服务业是各类信息服务的社会化集成，即各种形式、内容和成分的信息服务构成了被称为信息服务业的社会信息服务整体。将信息服务业分为信息大众传播服务业，包括邮政通信、广播、电视、新闻出版业等；信息资源开发服务业，包括信息发布与提供服务、信息检索服务、信息中介服务、数据通信与网络服务、专门的咨询服务业等；信息技术服务业，包括信息系统的开发、信息采集、处理和控制技术服务③。

彭斐章认为，信息服务业通常是指从事信息的收集、存储、加工、传递、交流，并以信息产品向社会各部门提供服务的各种产业。具体是指：（1）包括印刷出版、新闻报道、文献情报、图书档案等在内的传统信息服务；（2）包括数据库与联机检索服务、信息咨询服务、信息系统分析与设计服务、信息软件开发服务、信息通信业在内的电子信息服务④。国内不少学者同意此观点，并认为将信息服务业分为传统信息服务业与现代电子信息服务业比较符合我国实际情况⑤。

刘昭东等的看法与彭斐章类似，但将新闻、广播、电视业排除在信息服务业之外，并认为传统信息服务业包括科学信息、图书、文献、档案、

① 陈禹：《信息经济学教程》，清华大学出版社，1998，第191～193页。

② 马费成等：《信息经济学》，武汉大学出版社，2001，第217～219页。

③ 胡昌平等：《信息服务与用户研究》，科学技术文献出版社，2005，第8～12页。

④ 彭斐章：《书目情报服务的组织与管理》，武汉大学出版社，1996，第81～82页。

⑤ 冯梅、陈志楣著《北京信息服务业发展问题研究》，经济科学出版社，2007，第12页。

标准、专利和图纸；现代电子信息服务业包括计算机信息处理、软件生产、通信网络系统、数据库开发和应用、电子出版物、办公自动化、以计算机和通信网络为基础的信息提供和咨询服务①。

2002 年，陈建龙在其主持的国家统计局第二次基本单位普查项目“我国信息服务业的现状、问题与对策研究”中，按照《国民经济行业分类与代码》（GB/T4754 - 94）把信息服务业分为社会调查业、信息处理业、信息提供业、电信服务业、咨询业、经纪业、公共信息服务业和其他信息服务业等 8 个大类②，较好地兼顾了方案的科学性和实施的可行性。此后，在 2010 年其主持的第二次全国经济普查重点课题“信息服务业发展的国际比较研究”中，进一步结合国民经济行业分类与代码的调整对信息服务业的分类方案进行了调整优化。

三　政府文件中对信息服务业行业范围的认识

2003 年，原信息产业部发布的《电信业务分类目录》中，在“第二类增值电信业务”下设立“信息服务业务”条目，将信息服务业务界定为“通过信息采集、开发、处理和信息平台的建设，通过固定网、移动网或因特网等公众通信网络直接向终端用户提供语音信息服务（声讯服务）或在线信息和数据检索等信息服务的业务。”“信息服务的类型主要包括内容服务、娱乐/游戏、商业信息和定位信息等服务。”③

2004 年，国家统计局发布《统计上划分信息相关产业暂行规定》，将信息产业分为五个部分：电子信息设备制造、电子信息设备销售和租赁、电子信息传输服务、计算机服务和软件业、其他信息相关服务④。一般认为，其中的后三类业务大致对应于信息服务业⑤⑥。

---

① 刘昭东等：《信息与信息化社会》，科学技术文献出版社，1994，第 80 ~ 85 页。

② 国家统计局普查中心：《我国信息服务业的现状、问题与对策研究》，［2011 - 04 - 01］，http：//www. stats. gov. cn/tjfx/ztfx/decjbdwpc/t20030814_ 97724. htm。

③ 《电信业务分类目录》，［2011 - 04 - 01］，http：//www. china. com. cn/policy/txt/2003 - 03/26/content_ 5300857. htm。

④ 《国家统计局关于印发〈统计上划分信息相关产业暂行规定〉的通知》，［2011 - 04 - 01］，http：//www. stats. gov. cn/tjbz/hyflbz/xgwj/t20040210_ 402154088. htm.

⑤ 熊励、徐建平、李医群：《长三角现代信息服务业——理论、实证与发展》，上海社会科学院出版社，2010，第 9 页。

⑥ 曾原：《国内信息服务业：统计口径确定，实现国际对接》，［2011 - 04 - 01］，http：//www. istis. sh. cn/list/list. aspx？ id = 786。

2009年北京市统计局发布的《北京市信息服务业统计分类》中，将信息服务业界定为以信息资源为基础，利用现代信息技术，对信息进行生产、收集、处理、输送、存储、传播、使用并提供信息产品和服务的产业①。并根据信息服务业的概念和活动性质，将信息服务业划分为信息传输服务、信息技术服务和信息内容服务三大领域②。

上海市信息化委员会编写的《上海市信息服务业产业地图2007－2008》中，将信息服务业划分为电信相关服务、互联网信息服务、广播电视传输服务、卫星传输服务、计算机相关服务、软件相关服务、广播/电视/电影和音像相关服务、新闻出版相关服务、图书馆与档案馆相关服务③。

北京市信息化工作办公室编写的《北京市信息服务业发展报告2004》中认为：信息服务业是指直接从事信息的收集、存储、加工、传递、交流，向社会提供各种信息产品或服务的行业④。该报告将信息服务业划分为信息传输服务业、IT服务业、信息资源产业三大类。在2007年出版的后续报告⑤中，又将分类调整为信息传输服务业、IT服务及软件业、信息内容产业三大类。

近年来，发展软件与信息服务业成为各级政府关心的重点问题，在原信息产业部制定《软件与信息服务业“十一五”专项规划》之后，各地政府也出台了多部专门针对软件与信息服务业的发展规划。这些规划文件中对于软件与信息服务业行业范围的界定都立足于本地区产业发展实际情况，因此彼此之间不尽相同，但其范围大致相同。《浙江省软件与信息服务业“十一五”发展规划》划分为电子信息传输服务、计算机服务和软件服务，以及数字内容服务三类产业⑥。《扬州市加快软件与信息服务业

① 《关于印发北京市信息服务业统计分类的通知》，［2011－04－01］，http：//www.pg.bjstats.gov.cn/zdbz/tjbz/xyhcyfl/cyfl/3901.htm。

② 《关于印发北京市信息服务业统计分类的通知》，［2011－04－01］，http：//www.pg.bjstats.gov.cn/zdbz/tjbz/xyhcyfl/cyfl/3901.htm。

③ 上海市信息化委员会编《上海市信息服务业产业地图2007－2008》，社会科学文献出版社，2008，第15页。

④ 北京市信息化工作办公室编《北京市信息服务业发展报告2004》，中国发展出版社，2005，第1页。

⑤ 北京市信息化工作办公室编《北京市信息服务业发展报告2007》，中国发展出版社，2008，第1页。

⑥ 《浙江省软件与信息服务业“十一五”发展规划》，［2011－04－01］，http：//60.190.254.11：8080/Szzj/ShowInfo.asp?InfoID=293。

发展的意见》划分为通信传输服务业、软件与系统集成服务业、信息技术服务业、互联网及增值业务服务业四大类[①]。《杭州市信息服务与软件业发展规划（2005～2010年）》则划分为电信运营业、软件与系统集成服务业、信息技术服务业、网络及数字增值业务服务业等四类[②]。

2013年国家统计局最新颁布的高技术产业（服务业）分类标准中，将高技术服务业划分为信息服务等九大类。其中，信息服务又进一步分为信息传输服务、信息技术服务、数字内容及相关服务三类[③]。可以看出，其产业划分具有一定的侧重性，主要强调除信息中介、信息咨询等传统信息服务业之外，与互联网、数字出版等新技术密切相关的高技术部分。

2015年，由工业和信息化部原副部长毛伟明牵头主编的《信息服务业统计工作手册》出版[④]，这是迄今为止在政府统计领域较为权威、全面的关于信息服务业行业范围和统计口径界定的成果。作者继续沿用了政府文件领域对于信息服务业的界定传统，将信息服务业统计划分为基础电信业、增值电信和互联网行业、软件与信息技术服务业三大部分。其研究亮点，则是在传统统计口径的基础上，重点对物联网、云计算、大数据等新兴业务领域的统计范围和统计工作思路进行了探索，并专门论述了信息服务业的投入产出表编制方法。

四 本书的信息服务业行业范围划分方案

综观现有各种关于信息服务业的概念内涵的表述可以看出：目前无论政府还是学术界，对于信息服务业的行业定义大致相同，以下三方面内涵为大多数研究者所认同。

第一，信息服务业的服务手段和服务内容都紧密围绕信息资源展开，信息服务业的产业活动范围涵盖信息生命周期的各个环节，包括信息的收集、生产、存储、加工、传递、交流、接收等；但并不能说信息服务业就

---

① 《关于印发〈扬州市加快软件与信息服务业发展的意见〉的通知》，［2011－04－01］，http：//www.yzboc.gov.cn/Article_Show.asp？ArticleID＝3262。

② 杭州市人民政府《关于印发〈杭州市信息服务与软件业发展规划（2005～2010年）〉的通知》，［2011－04－01］，http：//www.hangzhou.gov.cn/main/tszf/zfjs/dzzw/T101036.shtml。

③ 《高技术产业（服务业）分类（2013）（试行）》，http：//www.stats.gov.cn/statsinfo/auto2073/201310/t20131030_450354.html。

④ 毛伟明：《信息服务业统计工作手册》，电子工业出版社，2015。

是一切涉及信息的生产活动。陈建龙指出，信息服务业的行业划分要以信息服务的生产过程为主线，并以信息服务的特性作为信息服务业的质的规定性[①]。信息服务的生产过程不等于信息的生产过程，也不等于信息产品的生产过程，而是信息服务产品和特定服务的生产过程。这样的过程是指在一定的生产关系下，以信息和信息产品为劳动对象，借助信息技术等劳动资料，经过调查研究、增值处理等环节，形成信息服务产品，并通过提供咨询或经纪等特定的行为方式，确保信息服务产品和服务用于用户的问题解决活动的全过程。各个方面和环节缺一不可[②]。

第二，信息技术对于信息服务业的产生和发展至关重要。尽管有研究者将信息服务业划分为传统信息服务业和电子信息服务业，似乎只有后者才需要充分应用信息技术对信息资源进行加工处理，但事实上，这种分类方式的内在逻辑，恰恰体现了不同阶段的信息技术对信息服务业产业形态的决定性作用。传统信息服务业的出现同样依赖于信息技术，只不过那是在计算机和网络技术等现代信息技术诞生之前出现的上一代信息技术，即在 20 世纪现代经济组织规模的不断扩大以及企业系统化管理思想开始盛行的背景下，以立式文件柜、卡片系统、文件分类系统、制表系统等为代表的一代以提高海量信息处理能力为目的的信息技术[③]。而上文所说的这种对信息服务业的划分方式所带来的进一步启示则是，随着新一代信息技术的普及和推广应用，信息服务业的运作模式很可能会发生另一次根本性的变革——这也是本书研究的理论出发点之一。

第三，信息服务业这一概念内含两个基本要素，即“信息”和“服务”。正如李朝鲜所总结的，信息服务业的内涵应当符合以下两个基本标准：首先，信息服务业是包含于信息产业群的一个子群，即这些产业部门必须是属于信息产业群的产业部门；其次，信息服务业的产业部门必须具有服务业的基本特征，即产业产出具有无形性和过程性[④]。事实上，通过后文对国内外过去几十年间信息服务业相关研究的回顾也发现，无论西方发达国家还是东亚国家，学术界对于信息服务业的各种研究均可以大致划

① 《我国信息服务业的现状、问题与对策研究》，《中国信息界》2003 年第 13 期。

② 《我国信息服务业的现状、问题与对策研究》，《中国信息界》2003 年第 13 期。

③ 〔美〕钱德勒等编《信息改变了美国：驱动国家转型的力量》，万岩等译，上海远东出版社，2008，第 120～130 页。

④ 李朝鲜：《理论与量化：现代服务产业发展研究》，中国经济出版社，2006，第 206 页。

分为“信息”和“服务”两类范式，并分别将信息产业或服务业作为信息服务业研究的上位概念。更进一步说，本书在构建信息服务业的研究框架时，也力图能够兼顾其作为信息产业和服务业所具有的两方面特性。

在明确概念内涵的基础上，进一步回顾国内外研究者对于信息服务业行业范围的界定，则可以发现，尽管学术界和政府部门对于信息服务业的行业范围界定方案各异，但总体来看，学术界对信息服务业的行业范围界定大多基于信息的生命周期视角，从信息的开发、收集、传播、交换、使用的不同环节出发，对信息服务业进行行业范围的划分；而政府机构对于信息服务业的界定，则大多从行业发展的前沿问题出发，按照各个历史时期信息服务业发展的热点领域划分信息服务业的行业范围。

这两种划分方案各有利弊：前者的学术性较强，对概念的界定比较周密严谨，也能够更好地反映信息服务业的行业全貌，但往往由于理论上过于完美而脱离实际情况，使得这些划分方案过于繁复，难以获得行业统计数据的支撑，从而很难进行更加深入的定量研究；后者的分类体系比较简单，一般将信息服务业简单地归结为 3 ~ 4 个子行业，这种行业范围界定方法往往给人“挂一漏万”的感觉，但能够很鲜明地反映信息服务业的发展前沿，同时也能够与各种官方统计数据很好地对接。应当指出，这些方案都是研究者为适应不同研究的需要而提出的，并不存在绝对的对错或优劣之分。

笔者认为，信息服务业的行业划分直接取决于对信息服务的概念内涵的认识。一方面，要避免将信息服务简单地等同于信息提供服务的狭义观点，从而将信息服务业的行业范围限定得过窄；另一方面，也要避免将信息服务的范畴无限扩大，把人类社会一切涉及信息的经济社会活动统统纳入进来。信息服务的本质属性，是要以定制化的策略和服务内容为信息用户解决实际问题。从这个意义上说，很多与信息密切相关的服务性活动，如信息（大众）传播均不能归入信息服务业之列。作为本书研究的基础，信息服务业的行业划分方案既应当避免像政府机构的划分方案那样将信息服务业“简单化”，也需要充分考虑行业统计数据收集的可操作性，从而做到“最大限度体现信息服务的概念体系和可操作性的统一”[①]。基于上述考虑，本书采用 2010 年陈建龙主持的国务院第二次全国经济普查数据

① 陈建龙、申静：《信息服务学导论》，北京大学出版社，2017，第 190 页。

开发项目“信息服务业发展的国际比较”中给出的信息服务业行业分类方案，该方案较好地兼顾了上文所谈到的科学性和可行性，如表 2－2 所示。

表 2－2　信息服务业的行业范围界定方案

门类	对应国民经济行业分类中的小类	对应产业热点
信息传输服务业	6011 固定电信服务，6012 移动电信服务，6019 其他电信服务，6020 互联网信息服务，6031 有线广播电视传输服务，6032 无线广播电视传输服务，6040 卫星传输服务	互联网信息服务
		通信基础设施
		增值电信服务
		现代邮政/现代物流
信息处理服务业	6110 计算机系统服务，6120 数据处理，6211 基础软件服务，6212 应用软件服务，6290 其他软件服务，7440 广告业，8821 图书出版，8822 报纸出版，8823 期刊出版，8824 音像制品出版，8825 电子出版物出版，8829 其他出版	数字内容产业
		软件产业基地
		嵌入式软件
		软件与信息服务外包
		中间件
		信息安全
		信息资源开发利用
		关键基础软件产品
信息分析与咨询业	6940 证券分析与咨询，7421 律师及相关的法律服务，7422 公证服务，7429 其他法律服务，7431 会计、审计及税务服务，7432 市场调查，7433 社会经济咨询，7439 其他专业咨询	信息咨询
		远程教育
		远程医疗
		“三农”信息服务
经纪与代理业	6380 贸易经纪与代理，6920 证券经纪与交易，7230 房地产中介服务，7450 知识产权服务，7460 职业中介服务，7491 会议及展览服务，7720 科技中介服务，9080 文化艺术经纪代理	电子商务
		金融信息服务
		中介服务
		科技服务
公益信息服务业	9031 图书馆，9032 档案馆，9621 专业性团体，9622 行业性团体，9629 其他社会团体	电子政务
		公共信息服务
		社区信息服务
		地理信息服务

第三章 信息服务业与相关产业

第一节 信息服务业与信息资源产业

信息资源产业是近十几年来兴起的新兴产业领域。2004 年，在《中共中央办公厅 国务院办公厅关于加强信息资源开发利用工作的若干意见》（中办发〔2004〕34 号）中，首次采用了“信息资源产业”的提法[①]。韩芸指出，所谓信息资源产业，就是以信息内容产品的生产与服务为产业主体行为，包括信息的收集、处理、加工、存储、传播、交易、服务的产业群体[②]。赖茂生等认为，信息资源产业和信息内容产业、数字内容产业等属于关系十分密切，或者说实质等同的一组概念[③④]。

关于信息服务业与信息资源产业的关系，目前大致有两种基本观点。

第一种观点，是认为信息资源产业与信息服务业之间属于交叉关系，但不存在隶属关系。冯惠玲等认为，信息资源产业与信息服务业是交叉关系：两者的共性在于产业的对象都以“信息”为基础，并且都提供服务；其区别在于信息服务业既提供技术功能服务又提供资源内容服务，而信息资源产业只提供后者。信息资源产业中只提供和经营信息产品的部分，服务功能不强，不属于信息服务业[⑤]。这种观点在学术界得到了较多认同。

第二种观点，则将信息资源产业定位为信息服务业的一个重要组成部

---

① 《中共中央办公厅 国务院办公厅关于加强信息资源开发利用工作的若干意见》，http://www.caf.ac.cn/html/xxh/201354/20466.html。

② 韩芸：《信息资源产业及其在我国的发展策略》，《中国图书馆学报》2006 年第 6 期。

③ 赖茂生、闫慧、龙健：《论信息资源产业及其范畴》，《情报科学》2008 年第 4 期。

④ 赖茂生、闫慧、龙健：《海峡两岸信息资源产业比较研究》，《情报科学》2008 年第5 期。

⑤ 冯惠玲、杨红艳：《信息资源产业内涵及其与相关产业的关系探究》，《情报资料工作》2011 年第 2 期。

分，这种观点尤以各地方政府发布的相关政策文件中居多。如北京市信息化工作办公室在2004年版《北京市信息服务业发展报告》中，依据2002年版《国民经济行业分类与代码》（GB/T 4754—2002），结合北京市信息化建设的实际工作和信息服务业的各种不同分类标准，将现代信息服务业具体划分为三大类：信息传输服务业、IT服务业、信息资源产业，如表3－1所示。

表3－1 2004年版《北京市信息服务业发展报告》的行业划分方案

<table>
<tr><td rowspan="21">现代信息服务业</td><td rowspan="4">信息传输服务业（60）</td><td>电信传输服务（601）</td><td colspan="2">固定电信服务（6011）
移动电信服务（6012）
其他电信服务（6019）</td></tr>
<tr><td>互联网传输服务（6020）</td><td colspan="2">ISP等</td></tr>
<tr><td>广播电视传播服务（603）</td><td colspan="2">有线广播电视传播服务（6031）
无线广播电视传播服务（6032）</td></tr>
<tr><td>卫星传输服务（6040）</td><td colspan="2">卫星通信、卫星导航服务等</td></tr>
<tr><td rowspan="3">IT服务业</td><td>系统集成业</td><td colspan="2"></td></tr>
<tr><td>软件服务业</td><td colspan="2">基础软件服务（6211）
应用软件服务（6212）
其他软件服务（6290）</td></tr>
<tr><td>IT咨询服务业</td><td colspan="2">IT监理、IT咨询、IT规划等</td></tr>
<tr><td rowspan="14">信息资源产业</td><td rowspan="12">信息内容产业</td><td rowspan="8">互联网信息服务业</td><td>电子商务服务</td></tr>
<tr><td>搜索引擎服务</td></tr>
<tr><td>数字图书馆、数字档案馆、数字博物馆</td></tr>
<tr><td>网络游戏</td></tr>
<tr><td>互联网出版</td></tr>
<tr><td>网络教育培训</td></tr>
<tr><td>邮件服务</td></tr>
<tr><td>其他互联网信息服务</td></tr>
<tr><td rowspan="2">数据库业</td><td>光盘数据库</td></tr>
<tr><td>联机数据库（IDC等）</td></tr>
<tr><td colspan="2">电信增值服务业（短信服务、呼叫中心和其他电信增值服务）</td></tr>
<tr><td colspan="2">数字电视内容</td></tr>
<tr><td colspan="3">信息咨询业</td></tr>
<tr><td colspan="3">市场调查业</td></tr>
</table>

2007年，该报告在原有分类体系的基础上，将信息服务业分类体系调整为以下三大类（见表3－2）。

表3－2 2007年版《北京市信息服务业发展报告》的行业划分方案

信息传输服务业	电信传输服务 互联网传输服务 广播电视传播服务 卫星传输服务
IT服务及软件业	IT服务业 软件业
信息内容产业	互联网信息服务业 咨询与调查业 数据库产业 增值电信服务业 数字广播影视内容产业

上述报告中，以信息内容产业替换原有信息资源产业的提法，更加与国内主流表述相一致。此外，近年来各地政府也出台了多部专门针对软件与信息服务业的发展规划。这些规划文件中对于软件与信息服务业行业范围的界定也大多将信息资源产业定位为信息服务业的一部分，如《浙江省软件与信息服务业“十一五”发展规划》直接采用了上述分类体系。

笔者认为，考察信息服务业和信息资源产业的关系，需要从信息服务与信息资源的关系辨析入手。信息服务与信息资源有着复杂而密切的关系：一方面，信息资源是信息服务的产品和技术基础，信息资源的开发利用过程是信息服务的社会化和产业化过程；另一方面，信息服务在涉及资源环境时又经常被看作信息资源的一部分，因为信息资源不仅包括各种形式的信息，还包括一切与信息的全生命周期相关的资源，比如技术、机器、机构、系统、产品、服务，等等。基于这一认识，笔者较为认同第一种观点，即信息服务业和信息资源产业之间联系紧密，既有交叉又有区别。

第二节 信息服务业与信息产业/信息业

一般认为，信息服务业是信息产业（信息业）的一个分支或组成部分。这一观点早在20世纪80年代初期，信息服务业概念刚被西方学者提出时就已经存在了。1983年，日本科学技术与经济协会出版的《信息产业的前景》一书，将信息产业分为信息技术产业和信息商品化产业两大产业群，其中前者是指生产信息技术产品、提供信息劳动资料的产业，后者则指使用信息机器进行信息的收集、加工、分配等提供信息服务的产业和在信息技术支持下，代理社会、企业和家庭生活等方面的信息化活动的产业①。从定义中可以看出，其中所提到的信息商品化产业，实际上就是信息服务业。日本科学技术与经济协会将其分为五大类：一是信息处理服务；二是软件业；三是设施管理服务；四是数据库服务；五是其他服务，包括咨询、培训以及市场研究与调查等。我国著名学者乌家培在90年代初也提出，信息服务业和信息技术装备（包括计算机和通信设施等）及其元器件（如集成电路、半导体等）的制造业共同构成信息产业②。总体而言，尽管学术界对于信息产业具体包含什么存在争论，但关于信息服务业是信息产业的一部分这一点，已经取得了学术界的一致认同③④。

随着信息技术和信息产业的不断普及，信息服务业在信息产业中的比重不断上升。在很多国民经济行业分类中，出现了“信息业”（Information）的概念，如美国预算和管理办公室（OMB）与加拿大和墨西哥合作开发的北美工业分类体系（NAICS），其定义的51大类叫作信息业，相关内容如表3－3所示。

表3－3　1997～2017年五版NAICS中对于信息业的划分标准

2017/2012/2007版	2002版	1997版
511出版业（互联网部分除外）	511出版业（互联网部分除外）	511出版业
512电影和录音业	512电影和录音业	512电影和录音业
		513广播电视和电信业
		514信息服务和数据处理服务业

① 日本科学技术与经济协会编《信息产业的前景》，蔡振扬等译，上海人民出版社，1988。

② 乌家培：《我国信息服务业的现状与未来》，《中国工业经济研究》1992年第6期。

③ 刘昭东等：《信息与信息化社会》，科学技术文献出版社，1994，第71～75页。

④ 文戈：《困惑：何物“信息产业”?》《情报资料工作》1994年第1期。

续表

2017/2012/2007 版	2002 版	1997 版
515 广播业（互联网部分除外）	515 广播业（互联网部分除外）	
	516 互联网出版和广播业	
517 电信业	517 电信业	
518 数据处理、组织和相关服务业	518 互联网服务提供、网络检索门户和数据处理服务业	
519 其他信息服务业	519 其他信息服务业	

从上述内容可以看出，北美工业分类体系（NAICS）中的信息业，实际上并不是信息产业，而是专指信息服务业。当然，在这个分类体系中，对于信息服务业的行业界定，也一直在随着国民经济各部门发展的实际情况而不断调整。例如，2000 年后，随着互联网信息服务的飞速发展，NAICS 及时地将其原有各行业分类中有关互联网的部分独立出来，成为与传统信息服务子行业并列的一项，以达到通过强调其战略位置促进和拉动互联网发展的战略目的。2007 年版 NAICS 则取消了互联网出版和广播业和互联网服务提供、网络检索门户和数据处理服务业两个子行业的位置，将其归并入原有子行业之中。出现这种做法的原因，则是经过一段时间的快速发展，北美互联网信息服务业已经步入自身良性发展的轨道，而不再像前些年那样需要通过政策倾斜和扶持实现跨越式发展。

总之，信息服务业作为信息产业的一部分，其所占的比重和影响正在不断提升。信息服务与信息市场密切相连，信息服务的产业化发展和信息服务产业的形成，尤其是信息服务企业的发展，将在信息市场中形成具有独特市场结构、市场行为和市场绩效的信息服务市场。

第三节 信息服务业与信息技术服务业

国家统计局于 2011 年发布的国民经济行业分类（GB/T 4754－2011）中，提出了信息技术服务业这一产业概念，并一直沿用到 2017 年最新版的国民经济行业分类（GB/T 4754－2017）中。在新版国民经济行业分类中，提出了信息传输、软件和信息技术服务业门类，其中涵盖电信、广播电视和卫星传输服务，互联网和相关服务，以及信息传输、软件和信息技术服务业三个大类。这其中，信息技术服务业主要包括信息系统集成、信息技术咨询（如信息化规划、信息技术管理咨询、信息系统工程监理、测试评估、信息技术培训等）、数据处理和存储、集成电路设计、数字内容等（见表3－4）。

表3－4　信息传输、软件和信息技术服务业行业范围一览

（本门类包括63～65大类）

<table>
<tr><td rowspan="8"></td><td rowspan="8">63
电信、广播电视和卫星传输服务</td><td rowspan="4">631</td><td></td><td>电信</td><td>指利用有线、无线的电磁系统或者光电系统，传送、发射或者接收语音、文字、数据、图像以及其他任何形式信息的活动</td></tr>
<tr><td>6311</td><td>固定电信服务</td><td>指从事固定通信业务活动</td></tr>
<tr><td>6312</td><td>移动电信服务</td><td>指从事移动通信业务活动</td></tr>
<tr><td>6319</td><td>其他电信服务</td><td>指除固定电信服务、移动电信服务外，利用固定、移动通信网从事的信息服务</td></tr>
<tr><td rowspan="3">632</td><td></td><td>广播电视传输服务</td><td></td></tr>
<tr><td>6321</td><td>有线广播电视传输服务</td><td>指有线广播电视网和信号的传输服务</td></tr>
<tr><td>6322</td><td>无线广播电视传输服务</td><td>指无线广播电视信号的传输服务</td></tr>
<tr><td>633</td><td>6330</td><td>卫星传输服务</td><td>指人造卫星的电信传输和广播电视传输服务</td></tr>
<tr><td rowspan="4"></td><td rowspan="3">64
互联网和相关服务</td><td>641</td><td>6410</td><td>互联网接入及相关服务</td><td>指除基础电信运营商外，基于基础传输网络为存储数据、数据处理及相关活动，提供接入互联网的有关应用设施的服务</td></tr>
<tr><td>642</td><td>6420</td><td>互联网信息服务</td><td>指除基础电信运营商外，通过互联网提供在线信息、电子邮箱、数据检索、网络游戏等信息服务</td></tr>
<tr><td>649</td><td>6490</td><td>其他互联网服务</td><td>指除基础电信运营商服务、互联网接入及相关服务、互联网信息服务以外的其他未列明互联网服务</td></tr>
<tr><td>65
信息传输、软件和信息技术服务业</td><td></td><td></td><td>软件和信息技术服务业</td><td>指对信息传输、信息制作、信息提供和信息接收过程中产生的技术问题或技术需求所提供的服务</td></tr>
</table>

续表

65 信息传输、软件和信息技术服务业	651	6510	软件开发服务	指为用户提供计算机软件、信息系统或者设备中嵌入的软件，或者在系统集成、应用服务等技术服务时提供软件的开发和经营活动；包括基础软件、支撑软件、应用软件、嵌入式软件、信息安全软件、计算机（应用）系统、工业软件以及其他软件的开发和经营活动
	652	6520	信息系统集成服务	指基于需方业务需求进行的信息系统需求分析和系统设计，并通过结构化的综合布缆系统、计算机网络技术和软件技术，将各个分离的设备、功能和信息等集成到相互关联的、统一和协调的系统之中，以及为信息系统的正常运行提供支持的服务；包括信息系统设计、集成实施、运行维护等服务
	653	6530	信息技术咨询服务	指在信息资源开发利用、工程建设、人员培训、管理体系建设、技术支撑等方面向需方提供的管理或技术咨询评估服务；包括信息化规划、信息技术管理咨询、信息系统工程监理、测试评估、信息技术培训等
	654	6540	数据处理和存储服务	指供方向需方提供的信息和数据的分析、整理、计算、编辑、存储等加工处理服务，以及应用软件、业务运营平台、信息系统基础设施等的租用服务；涵盖各种数据库活动、网站内容更新、数据备份服务、数据存储服务、在线企业资源规划(ERP)、在线杀毒、电子商务平台、物流信息服务平台、服务器托管、虚拟主机等
	655	6550	集成电路设计服务	指IC设计服务，即企业开展的集成电路功能研发、设计等服务
	659		其他信息技术服务业	
		6591	数字内容服务	指数字内容的加工处理，即将图片、文字、视频、音频等信息内容运用数字化技术进行加工处理并整合应用的服务

自2007年起，工信部运行监测协调局每年定期发布软件业（2013年起改名为软件和信息技术服务业）年度统计报告。其统计的行业范围在10年间基本保持一致，内部行业划分上则大致可以分为三个阶段。第一

阶段是 2007 ~2009 年，将软件产业统计口径划分为软件产品收入、系统集成收入、软件技术服务收入、IC 设计收入和嵌入式系统软件收入五大类。第二阶段是 2010 ~2014 年，这期间将软件产业统计口径划分为六类，主要是将软件技术服务收入进一步拆分为信息技术咨询服务收入，以及数据处理和运营服务收入两大类。第三阶段是 2015 年至今，在国家统计局提出信息传输、软件和信息技术服务业的大背景下，工信部的行业统计口径进一步调整为三大部分，即软件产品收入、信息技术服务收入（含运营服务、集成电路设计）和嵌入式系统软件收入，实际上将产业统计口径较为清晰地划分为软件和信息技术服务两大部分（见表 3 –5）。

表 3 –5　工信部运行监测协调局软件和信息技术服务业统计口径一览

<table>
<tr><th>2007 ~2009 年</th><th>2010 年</th><th>2011 ~2014 年</th><th>2015 年至今</th></tr>
<tr><td>软件产品收入</td><td>软件产品收入</td><td>软件产品收入</td><td>软件产品收入</td></tr>
<tr><td>系统集成收入</td><td>系统集成和支持服务收入</td><td>信息系统集成服务收入</td><td rowspan="4">信息技术服务收入（含运营服务、集成电路设计）</td></tr>
<tr><td rowspan="2">软件技术服务收入</td><td>信息技术咨询和管理服务收入</td><td>信息技术咨询服务收入</td></tr>
<tr><td>信息技术增值服务收入</td><td>数据处理和运营服务收入</td></tr>
<tr><td>IC 设计收入</td><td>设计开发收入</td><td>IC 设计收入</td></tr>
<tr><td>嵌入式系统软件收入</td><td>嵌入式系统软件收入</td><td>嵌入式系统软件收入</td><td>嵌入式系统软件收入</td></tr>
</table>

从以上统计口径的变化也可以看出，信息技术服务业带有明显的行业政策背景，其行业范围与信息服务业相比具有明显差异性。信息服务业实际上涵盖了信息的生产、采集、传输、处理、挖掘等全生命周期各个环节的服务活动；而信息技术服务业则特指与互联网等信息技术密切相关，以利用现代信息技术进行信息数据处理和利用的服务形态，其行业涵盖范围相比信息服务业更狭窄，其中并不包含诸如法律信息服务、中介信息服务、公共信息服务等服务业态。

第四节　信息服务业与知识服务业

信息服务业与知识服务业的关系是近年来信息服务业研究的热点问题。从本质上说，信息服务业与知识服务业的关系问题，实际上是信息服务与知识服务的关系问题。自 20 世纪末国内图书情报学界首次引入知识服务概念以来，随着我国知识工程及数字图书馆建设的展开，知识服务已逐渐成为国内图书情报学的重要研究领域，并被视作图书情报学学科发展的必然朝向。“从信息服务走向知识服务”，成为对过去 50 年我国图书情报事业发展轨迹的一种概括性描述[①][②]。有关知识服务与信息服务关系的研究，一度是国内图书情报学界对知识服务研究的三大热点之一[③]，研究者从多方面对知识服务与信息服务进行了对比。根据这些研究所持观点、基本立场的不同，可以将这些研究分为三类。笔者将其分别命名为“服务发展阶段论”、“服务基底改变论”和“价值取向转型论”，以下分别对三种观点进行阐述。

一 服务发展阶段论

持“服务发展阶段论”观点的学者，将知识服务和信息服务视为一个连续体的不同环节，将知识服务看作信息服务的延伸和发展方向[④]。知识服务由于其理念、工具和目标的提升，往往与信息服务的高级阶段相联系[⑤]，是信息服务发展到一定阶段的必然要求[⑥]，是信息服务的升华[⑦]；信息服务的最高阶段和最终目的是知识服务[⑧]。陈则谦等人[⑨]将科技信息服务机构的信息服务划分为四个层次：①基于文献单元和有序化的文献信息服务；②基于信息单元的、初步信息内容开发的现代信息服务；③基于信息资源整合的、深层次信息内容开发的情报服务；④基于知识单元的、知

① 贺德方等编著《数字时代情报学理论与实践——从信息服务走向知识服务》，科学技术文献出版社，2008。

② 陈则谦、白献阳：《我国科技信息事业发展的轨迹——从信息服务走向知识服务》，《现代情报》2007 年第 12 期。

③ 张丽静：《1999—2003 年我国图书馆知识服务研究述略》，《图书馆理论与实践》2005 年第 6 期。

④ 田红梅：《试论图书馆从信息服务走向知识服务》，《情报理论与实践》2003 年第 4 期。

⑤ 李尚民：《图书馆信息服务与知识服务比较研究》，《现代情报》2007 年第 12 期。

⑥ 安月英：《网络环境下图书馆服务理念的整合——从信息服务到知识服务》，《情报杂志》2002 年第 6 期。

⑦ 王峥：《从信息服务到知识服务》，《情报资料工作》2006 年第 6 期。

⑧ 张丽静：《1999—2003 年我国图书馆知识服务研究述略》，《图书馆理论与实践》2005 年第 6 期。

⑨ 陈则谦、白献阳：《我国科技信息事业发展的轨迹——从信息服务走向知识服务》，《现代情报》2007 年第 12 期。

识内容深度开发的智力密集型的知识服务。虽然他没有明确提出知识服务对应于信息服务的高级阶段，而代之以层次的概念，但从本质上说，也可以归入这一类观点之中。这类研究者在看待知识服务与信息服务的关系时，其着眼点在于强调知识服务与信息服务的内在统一性。如张丽静认为，信息服务与知识服务同出一辙，都是为用户提供服务，并且知识和信息还具有一系列相同的特性，如外部性、可共享性、可学习性和可继承性、不确定性、无限性、多面性等，这些都决定了知识服务和信息服务必然存在一定的关系①。在强调统一性的前提下，研究者将知识服务视作信息服务的一种发展阶段。然而，"服务发展阶段论"学者将知识服务看作信息服务的一个特定阶段，事实上否认了知识服务存在的独立性。既然知识服务只是信息服务的一个阶段，那为何要谈"知识服务"而不是"信息服务的高级阶段"呢？

二　服务基底改变论

部分学者认为，知识服务与信息服务相比，其各种服务活动要素都有着本质区别，因此是一种基底的改变，这使得知识服务与信息服务成为两种明显不同的服务形态。如陈碧叶②认为，将知识服务看作信息服务的继承和发展，或者认为它是信息服务的高级阶段，是一种错误的看法。她认为，信息是物质世界的居民，而知识则是认识世界的居民，知识的宿主是人。因而信息服务以信息资源建设为基础，而知识服务是以人为核心，更重视掌握知识的人，并倚重通过掌握知识的人来促进知识的转移和流动，两者之间具有明显不同。姜永常③则认为，信息服务是为了人们能够在特定时间获取所需要的特定信息而采取的服务措施；而知识服务是基于知识在当今社会经济发展中的特殊重要地位而提出来的，因此"不能简单地把知识服务看成信息服务单方面的继承和发展"。服务基底改变论者认识到了两种服务在本质属性上的某些不同，比如知识服务的服务者是"掌握知识的人"④，这使得知识服务的服务工具更多依靠内化于服务者自身的知

① 张丽静：《1999—2003 年我国图书馆知识服务研究述略》，《图书馆理论与实践》2005 年第 6 期。
② 陈碧叶：《从信息服务到知识服务》，《图书馆杂志》2004 年第 1 期。
③ 姜永常：《论知识服务与信息服务》，《情报学报》2001 年第 10 期。
④ 陈碧叶：《从信息服务到知识服务》，《图书馆杂志》2004 年第 1 期。

识，而不是像信息服务那样依靠外部信息资源；同时，知识服务与信息服务相比，其服务的知识含量更高等。相比“服务发展阶段论”者，“服务基底改变论”者更强调两种服务的差异，但他们更倾向于将这种差异归结为基底的“改变”，而不是基底的“不同”。因此，服务基底改变论者并没有将知识服务与信息服务完全分开，而是认为，两者之间“也存在着密切的联系”[①]。这种联系，源自两种服务所具有的相同作用，即无论是信息服务还是知识服务，都是为了满足特定的信息需求，只不过后者更加依靠知识的作用，更加强调创新的重要性。从这个意义上说，服务基底改变论者并没有完全脱离服务发展阶段论的视野范畴。

三　价值取向转型论

与前两类研究者不同，一些研究者在信息服务与知识服务的关系问题上，并没有一对一的明确区分，而是从图书馆工作的实际情况出发，把知识服务和信息服务看作在新旧环境下图书馆核心价值的两种不同定位。持这种观点的学者中，最有代表性的当属张晓林教授。他认为，现代信息技术和知识经济的宏观环境，对于图书馆工作提出了新的挑战，这种挑战，使得图书馆必须将自己的核心能力定位从过去的文献资源拥有量转变到知识服务上来。他所提倡的知识服务，是与新时期图书馆进行价值取向的转型任务相连的。因此，他指出，“知识服务首先是一种观念，一种认识和组织服务的观念”[②]。以此为理论出发点，进一步构建有关知识服务的组织管理[③]、营销战略[④]、服务模式[⑤]等一系列具体问题的理论框架。可以看出，这种观点的提出，有其特定的机构情景，即图书馆信息服务；也有其特定的时代情景，即信息技术与知识经济的冲击。具体而言，随着外部环境的变化，图书馆用户能够直接地搜寻、检索和获取所需的信息，导致信息服务“非中介化”，用户获得信息的主要障碍已从距离上转变到选择上，

---

① 陈碧叶：《从信息服务到知识服务》，《图书馆杂志》2004 年第 1 期。

② 张晓林：《走向知识服务：寻找新世纪图书情报工作的生长点》，《中国图书馆学报》2000 年第 5 期。

③ 党跃武、张晓林、李桂华：《开发支持知识服务的现代图书情报机构组织管理机制》，《中国图书馆学报》2001 年第 1 期。

④ 李桂华、张晓林、党跃武：《论知识服务的营销战略问题》，《中国图书馆学报》2001 年第 4 期。

⑤ 张晓林：《构建数字化知识化的信息服务模式》，《津图学刊》2003 年第 6 期。

信息载体的收藏已成为一项面临“退化”的社会功能[①]，用户需求的这种转变推动了图书情报机构的价值定位向“知识服务”转变。应当说，持这种观点的学者的立论完全基于新时期的图书情报服务这一特定问题情境，其观点有一定合理性，是一种务实的研究态度的反映。

分析上述三种观点，可以看到，“服务发展阶段论”者和“服务基底改变论”者在看待信息服务业与知识服务业的关系时，实际上都是从服务活动的投入和产出角度进行分析，即认为信息服务与知识服务所基于的生产材料和产品形式是不同的。研究者认为，信息服务主要体现在信息组织、检索与传递上[②]，而知识服务以知识的搜索、组织、分析、重组能力为基础；信息服务仅限于以序化的方式向用户提供信息资源的获取与传递，而知识服务则是一种面向知识内容和解决方案的服务[③]。基于这种分析，研究者进一步推断，由于投入产出的不同，信息服务与知识服务的服务生产过程也具有本质区别，即服务方式、服务手段和服务核心能力不同。

这种思路的问题在于，无论从投入还是产出的形式角度去进行区分，都无法说清知识服务和信息服务的区别。从投入角度看，某些高端信息服务活动，比如信息咨询，不但需要利用大量信息资源，还要高度依赖于服务提供者的专业知识甚至知识网络，这种情况属于信息服务还是知识服务？显然无法区分清楚。从产出角度看，所谓知识服务，其所提供的产品是解决方案，但同时也必然包含大量文本、数据和报告等信息材料，同样需要以信息的序化为基础的信息活动；而高端信息服务活动也同样要求服务者以用户需求为导向，通过提供有针对性的解决方案，帮助用户解决问题，实现价值增值。由此可见，这种分析角度并不能很好地解决信息服务与知识服务的划界问题，因为我们不能仅仅因为某种非全局和非本质的差别区分两种服务形态。

“价值取向转型论”者更关注信息环境和竞争形态的变化对图书情报机构信息服务带来的挑战，并努力寻求通过组织变革和新技术引入提高图书情报机构利用广泛信息资源为用户创造价值的知识和能力[④]。从思想内

① 黎艳：《信息服务向知识服务转变的探析》，《图书情报工作》2003 年第 2 期。

② 柴永红：《论信息服务与知识服务》，《情报杂志》2004 年第 4 期。

③ 戎军涛：《图书馆信息服务新走向——知识服务》，《情报资料工作》2006 年第 5 期。

④ 张晓林：《走向知识服务：寻找新世纪图书情报工作的生长点》，《中国图书馆学报》2000 年第 5 期。

涵来说，这种观点更接近于技术创新研究的理论范式。然而，信息服务作为一种服务业形态存在，看待其发展和创新，更应当遵循服务创新研究的范式。正如清华大学技术创新研究中心的蔺雷等人[①]指出的，服务创新研究需要努力克服“技术偏见”，即认为服务中的创新是严格技术性或适应技术的。从另一个角度讲，当今世界，任何一个服务行业都在经历技术进步带来的巨大改变，但不能因为一个行业技术应用的深化造成的深度改变，就说这个行业消失了或者变成了另一个行业。从这个意义上说，把知识服务作为信息服务在新时代图书情报机构这一特定机构情境下的某种观念上的创新，有其合理性；但若因此将知识服务作为信息服务的替代概念或发展方向，则似乎有失偏颇。毕竟我们在之前的文章中谈到，从产业实践的视角去分析知识服务这一概念，其外延和内涵都与当前所研究的知识服务概念有很大差别——这并不是说我们的学科不能有自己的对知识服务概念的理解方式，但尽量考虑与产业实践的对接总是有意义的；至少也可以考虑在现有知识服务概念的范畴体系之内，对其赋予更深一层的含义，以推动理论与实践之间、学科与学科之间的对话。

为进一步比较信息服务业与知识服务业的区别与联系，以下首先对知识服务业的产业内涵与外延进行分析。从产业层面看，知识服务业不但早已提出，且具有相当完善的理论体系，行业范围非常明确，发展至今，已成为西方发达国家的支柱型产业之一。1962 年，马克卢普在《美国知识生产和分配》一书中提出“知识产业”的概念，他认为，当“无形的”资本形式的知识能够给人们带来收益时，追求利润最大化的市场参加者就会开展大规模的知识生产活动；当这些知识生产活动达到这样的程度，即人类发展的各个方面都已经不可脱离知识资本而发展时，人们就开始认识到在经济领域将知识生产的社会组织活动以“知识产业”概念加以概括而给予特别的对待不仅是必要的，而且是可行的[②]。不难看出，马克卢普在划分知识产业时所遵循的一条重要原则，就是属于“知识产业”的行业，必须是“不可脱离知识资本而发展”的产业，在这些产业中，知识是企业运作所不可缺少的生产要素，是创造价值的重要源泉。

马克卢普对于“知识产业”行业范围的划分思想，直接为后来的知识

① 蔺雷、吴贵生：《服务创新》，清华大学出版社，2007，第 89 ~ 90 页。

② 陈晓东：《浅析马克卢普知识产业理论》，《中外科技信息》2002 年第 6 期。

服务业研究者所继承。丹尼尔·贝尔在《后工业社会的来临——对社会预测的一项探索》一书中指出，后工业社会是以知识和服务为基础的，而其中的“主要人物是专业人员，因为他通过教育和培训把自己装备起来提供各种后工业社会日益需要的技能”①。他认为，知识相关的服务业将与公共服务业一起成为后工业社会的两种主要服务形式。到20世纪90年代中后期，知识服务业作为一个成熟概念开始受到西方学术界的普遍关注。目前，对知识服务业的概念有多种称谓，如知识服务业②、知识服务产业③、知识型服务业④、知识密集型服务业⑤等，无论哪种表述，其具体行业范围所指大致相同，对应的英文原文也基本一致，即 Knowledge Intensive Business Services（KIBS）。对这一产业的定义中，引用较多的是 Miles 等人⑥的观点，其定义的知识型服务业是指那些高度依赖于专业知识，并提供以知识为基础的中介产品和服务的私营企业或组织。我国长城企业战略研究所在2001年也曾对知识型服务业进行界定，认为知识型服务业是以知识为其他产业、企业（组织）或个人提供知识型服务的行业⑦。综合来看，无论哪种定义，其对行业界限的划定，均遵从马克卢普对知识产业进行界定时的基本思路，即必须是以专业知识作为主要生产要素，并依靠知识创造价值的产业活动。

国外学者在研究知识服务业的同时，也对知识服务或知识服务活动的具体内涵进行了探讨。芬兰的 Kuusisto 等人⑧认为，知识服务的提供者是高度依赖于某一具体领域知识或专业技能的服务公司，知识服务就是为客户提供以知识为基础的、对客户的知识流程产生贡献的中间产品和服务。知识服务的最大特征，就是可以将外部信息与内部知识相结合，并转化为

---

① 〔美〕丹尼尔·贝尔著《后工业社会的来临——对社会预测的一项探索》，高铦等译，商务印书馆，1984，第143页。

② 吴艳：《上海市知识服务业发展研究》，复旦大学博士学位论文，2007。

③ 陈静：《知识服务产业社会资本理论与实证研究》，复旦大学博士学位论文，2007。

④ 申静：《知识型服务业的服务创新研究》，北京大学博士学位论文，2005。

⑤ 魏江、胡胜蓉著《知识密集型服务业创新范式》，科学出版社，2007。

⑥ I. Miles, et al. Knowledge - intensive Business Services, Users, Carriers and Sources of Innovation［M］. EIMS (European Innovation Monitoring System) Publication No. 15. 1995.

⑦ 《首都知识型服务业发展战略研究报告》，北京市软科学计划项目成果，项目编号：H010810190119，长城企业战略研究所，2001，第35~36页。

⑧ J. Kuusisto, Viljamaa A. Knowledge - intensive Business Services and Co - production of Knowledge - the Role of Public Sector?［C］. Frontiers of E - business Research, 2004.

能够为客户创造价值的服务①。一些学者②还提出了知识密集型服务活动（KISA）的概念。这一概念最早是由 OECD 于 2001 年提出的，它认为知识密集型服务活动是基于服务的所有知识和技能③。之后，OECD 通过大规模的实证研究，将知识密集型服务活动定义为制造或服务企业从事的服务活动的生产和整合④。各国学者基于自己的研究，进一步阐述了 KISA 的概念。Kong - rae Lee 等⑤在研究韩国软件行业时，将 KISA 定义为基于知识的活动，企业通过创新过程学习和创造知识。Broch 等⑥和 Ebersberger⑦ 则认为，知识密集型服务活动是指从组织的内部或外部向组织提供创新服务的活动。

从知识服务业的产业实践活动角度考察知识服务的概念，可以看到，知识服务这一概念具有以下几个特点。首先，知识服务所基于的主要资源应当是内化于服务者自身的隐性知识，知识服务提供者凭借经过专业学习所获得的高度专业化的知识，向客户提供以知识为基础的服务或产品。在这一过程中，文献、信息、数据等其他数据源虽然可以作为知识服务的投入要素，但只是起到补充作用。其次，知识服务所满足的需求类型非常广泛，无论客户的需求是什么，只要满足客户需求所借助的主要工具和资源是服务提供者的专业知识，并通过知识为客户创造价值，就属于知识服务的范畴。OECD⑧ 曾将知识服务业划分为七大类：信息服务业、研发服务

① C. Hipp, Knowledge - intensive Business Services in the New Mode of Knowledge Production [J] . AI & Society, 1999, (13): 88 - 106.

② S. Kivisaari, Saranummi N. , et al. Knowledge - intensive Service Activities in Health Care Innovation [EB/OL] . Finland, 2004. Available from: http: //virtual. vtt. fi/inf/pdf/tiedotteet/2004/T2267. pdf, 2006 - 10 - 12.

③ OECD, OECD Science, Technology and Industry Scoreboard 2001 - Towards a Knowledge - Based Economy [R], OECD: Paris. 2001.

④ OECD , Knowledge Intensive Service Activities in the Software Industry [R], Draft 2 Only, 2nd December 2003, OECD: Paris. 2003.

⑤ Kong - rae Lee, Sang - wan Shim, Byung - seon Jeong, Jung - tae Hwang. Knowledge Intensive Service Activities (KISAs) in Korea's Innovation System [R] . 2002 Strategic Research Partnership of KDI.

⑥ M. Broch, and A. Isaksen, Knowledge Intensive Service Activities and Innovation in the Norwegian Software Industry, Part Project Report from the OECD KISA study, STEP - Centre for Innovation Research, unpublished paper, OECD: Paris. 2004.

⑦ B. Ebersberger, The Use and Appreciation of Knowledge - intensive Service Activities in Traditional Industries [R]: VTT, 2004.

⑧ OECD. Services Statistics on Value Added and Employment [R] . Paris: OECD, 2001.

业、法律服务业、金融服务业、市场服务业、工程性服务业、管理咨询业。可见，从横向的服务范畴来看，知识服务的范围涵盖了几乎所有现代服务业中对服务者自身专业知识的依赖性较强的那部分服务行为。与之相比，信息服务所覆盖的行业范围更广，不但在服务性行业中广泛存在，在大部分第一、第二产业中也存在信息服务活动，但这些活动所对应的信息需求则对服务者本身的专业知识依赖性不强，而更多通过各类信息资源获取。

基于上述认识，笔者认为，知识服务业是一个涵盖了研发服务、法律服务、金融服务、市场服务、工程服务、管理咨询服务等不同服务形态中对知识的依赖性较强的那部分服务行业形态的集合。界定什么是知识服务，不能从需求角度去考虑，也不能从服务活动的行业性质去考虑，只能从服务所依赖的主要资源是否来自服务者所具备的专业知识这一点去进行界定。

通过上文分析可以看出，对信息服务业与知识服务业关系的辨析，应当从服务活动的基本过程入手进行。就服务的基本层面而言，知识服务与信息服务的一个区别在于，知识服务是一种基于原有的信息、数据或者各种知识生产出“新知识”的过程。这里所谓的新知识，不只是形态上改变或者内容上的重新编排，而应当是在很大程度上提出了前所未有的新的观点、理论、方法或者解决方案。

然而，这种表面上的区分，并不能回答以下几个问题。首先，知识服务产业形态中，知识服务需求与信息服务需求到底有何区别？需求的区别是判断不同服务业态的重要标准。其次，这种新知识的产生，需要基于什么样的知识或信息储备？很显然，对投入要素上存在的差异的分析，不能遵循之前研究的思路，简单地遵循知识－信息的二元划分标准，这被证明是行不通的。因此，必须从更加细化的层面区分两种服务业态之间要素投入的差异问题，这需要我们引入新的分析工具，即波普尔的“三个世界”理论。最后，知识服务中新知识的产生，需要服务者具备什么样的职业素质？这三个方面的问题，与马克思在分析生产力结构时提出的“劳动者－劳动对象－劳动工具”三要素分析法内在对应。马克思在其《资本论》等著作中，也将服务视同于一般的劳动过程，他指出：“服务这个名词，一般地说，不过是指这种劳动所提供的特殊使用价值，就像其他一切商品也提供自己的特殊使用价值一样；但是这种劳动的特殊使用价值在这里取得了‘服务’这个特殊名称，是因为劳动不是作为活动，而是作为提供服务的”。[①] 因此，本书借用马克思的这个分析框架，从服务对象、服务工具和服务者三方面对知识服务与信息服务的区别进行剖析，有其理论可行性。

在正式分析之前，先引入一个理论分析工具，即英国哲学家卡尔·波普尔的“三个世界”理论。“三个世界”理论自刘迅[②] 20 世纪 80 年代初引入国内图书情报学界后，引起过很大争议，但“三个世界”理论的研究对情报学而言具有重要理论指导意义[③]。由语言、文字、科技等被人类存储和传播到全球的人工产物记录下来的人类精神产物，组成了“世界 3”，即客观知识世界。布鲁克斯（Brooks）曾指出，“世界 3”理论为一切与信息相关的专业活动提供了哲学理论基础。在这个意义上，可以把情报学的工作概括为收集、整理、组织、利用“世界 3”的相关内容，而情报理论工作则可以概括为研究“世界 2”（精神状态的世界）和“世界 3”（客观知识世界）的相互作用，从而实现对客观知识（不仅是指文献）的组织化[④]。波普尔的“世界 3”理论，明确阐述了主客观知识世界（“世界 2”和“世界 3”）之间的分野，为本书研究知识服务与信息服务的需求和工具问题提供了理论工具。以下部分，将结合“三个世界”理论，从服务对象、服务工具和服务者三方面阐述知识服务与信息服务的区别。

（一）服务对象

知识服务业和信息服务业服务对象的差别，主要表现为其服务需求的差别。就服务的本质而言，无论是知识服务业还是信息服务业，都是为了满足某种服务需求而产生的。然而，何谓知识服务需求，何谓信息服务需求，如果从知识与信息的区分这个角度出发，显然无法说清；因为知识与信息本身就很难区分清楚。笔者认为，知识需求与信息需求，就其需求形态而言，并没有本质区别，知识需求中必然包含信息需求，而信息需求中

---

① 马克思、恩格斯：《马克思恩格斯全集》（第 26 卷），人民出版社，1979，第 435 页。

② 刘迅：《论图书馆学情报学理论的共同基础——关于波普尔世界 3 理论的思考》，《情报科学》1982 年第 1 期。

③ 王建冬：《后现代主义思潮对情报学基础理论的影响》，《中国图书馆学报》2009 年第 4 期。

④ B. C. Brooks, Foundations of Information Science. part1. Philosophical Aspeets [J]. Journal of Information Science, 1980 (2): 125 - 133.

也会包含一些知识层面的需求。然而，从需求满足所诉诸的方向来看，两者之间的区别则很明显：所谓知识需求，是指那些通过诉诸各类文献、数据或其他信息资源无法得到满足的需求。例如，陷入遗产法律纠纷的客户，要想全面快速地了解遗产法和继承法方面的法律条文或已有判例，并结合案件的实际情况迅速做出决策并选择最优行动方案，显然通过对各类法律文献的检索和阅读无法满足其需求——无论做这项工作的是用户个人还是专业信息服务机构——而必须通过向相关领域的职业律师进行法律咨询来满足其需求。这种类型的需求必须直接求助于内化于服务者的系统化的专业知识和职业技能，属于知识需求。因此，知识需求是和波普尔所说的“世界 2”相对应的。同理，所谓信息需求，就是那些可以通过诉诸各类文献或信息资源来满足的需求。满足这种需求的途径可以有很多，既可以通过客户个人进行信息搜寻，也可以借助各类信息服务机构提供的信息服务。但这些途径所指向的信息源则是相同的，即客观知识世界，因此信息需求是和波普尔的“世界 3”相对应的。

需要指出的是，在满足知识需求的过程中，同样包含很多信息需求。比如上文所说的律师在接受客户咨询的时候，遇到自己不熟悉的问题时，同样需要查阅法律法规和判例等各类信息资源，这就产生了信息需求。然而这种信息服务只是对服务者已有的内化知识所存在的某些缺陷或不足的一种补充，并不能取代真正的知识服务。同样，信息服务者在满足信息需求时，面对一些专业性较强的问题，也会产生一些知识需求，这也只是对外部信息资源无法满足用户情况时所采取的必要补充手段。上述两种情况是发生在知识服务者和信息服务者之间的需求互动，用户在产生需求时，并不会意识到其中可能存在的另一种需求形态，因此这种需求互动过程与用户无关。

（二）服务工具

从知识服务业和信息服务业的服务工具，即“知识”与“信息”来看，如前所言，仅仅通过研究知识服务业和信息服务业究竟是基于“知识”还是基于“信息”所提供的服务，并不能很好地解释两者的区别，因为两种服务形态往往同时需要“知识”和“信息”。这一问题的解决，依然需要借助于波普尔的“三个世界”理论进行解释。既然知识需求主要诉诸内化于服务者的专业知识和技能，那么知识服务的主要投入也必然来自服务者的专业知识积淀和高度职业化的服务技能，或者借助知识服务者通过知识服务网络对隐性知识的共享与传递来提供，即来自波普尔的“世界 2”。信息服务的主要投入则来自两方面：一方面，信息服务需要借助于对广泛分布的外部信息资源的检索、组织和整理，即来自波普尔的“世界 3”；另一方面，某些较高层次的信息服务，还需要服务者本身具备高度职业化的服务技能，即“利用广泛信息资源为用户创造价值的知识和能力”①。然而，这里所谈到的“知识和能力”，是对信息资源进行组织、检索和传递的知识和能力，与前面所谈到的知识服务所需要的专业知识（比如法律知识、财务知识、医学知识等）具有本质区别。认识到这一点，就能明白，目前学界所谈到的种种“知识服务”概念，实际上依然从属于“信息服务”的范畴，只不过这些服务就其所需要具备的与信息资源的检索与利用相关的知识和技能而言，具备了一定意义上的知识服务元素。从这个意义上讲，现有的“知识服务”概念有其合理性，但它只是一种立足于图书情报机构视角的较窄意义上的知识服务，而不是更加广泛的社会意义上的知识服务概念。综合上面两段的论述，可以描绘出知识服务和信息服务中的知识流情况，如图 3－1 所示。

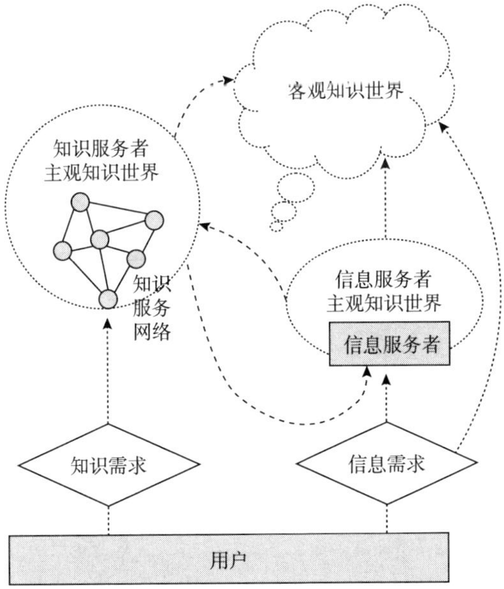

图 3－1　两种服务形态中的知识流

① 张晓林：《走向知识服务：寻找新世纪图书情报工作的生长点》，《中国图书馆学报》2000 年第 5 期。

（三）服务者

基于前文的论述，可以发现，知识服务业和信息服务业需要满足的服务需求和服务工具的不同，对知识服务者和信息服务者的职业素养提出了不同要求。具体而言，知识服务者需要具备专业和相关领域深厚的知识积淀，并通过高度专业化的训练，使服务者能够快速地根据客户的实际需求情况，制定出有效的服务策略，并组织实施，为客户提供完整准确的问题解决方案或其他服务产品。就服务者的职业培训过程而言，这是一个知识从外部世界向服务者自身内化的过程（“世界 3”向“世界 2”的转化）；就服务者提供知识服务的过程而言，则是从服务者流向知识服务用户，即从“世界 2”到用户的过程。这一过程虽然也可能存在一些服务者需要借助各种信息资源完成知识服务的情况，但这并不是知识服务活动中知识流的主要导向。信息服务过程中，信息服务者主要从事从客观知识世界收集、整理和加工信息用户所需知识，并通过提供、咨询或经纪的特定行为方式，确保信息服务产品和服务用户的问题得到解决。由此可见，信息服务中，知识的流向是从“世界 3”到用户的过程，在这个过程中，信息服务者起到重要的中介作用，并且需要投入大量有关信息搜寻、信息整理和信息传递的专业知识和技能，但这种知识流同样也不是信息服务中知识流的主要成分。更进一步，从知识服务者和信息服务者的对比也可以解释前文提到的问题，即为什么知识服务的“新知识”含量相比信息服务高得多：由于知识服务者提供知识服务时，知识基础（Knowledge Base）主要是大量早已通过系统的专业化训练而内化于服务者自身的知识和技能，知识服务者对于这些知识进行加工的便捷度和加工度都比信息服务者深得多，因此其所提供的知识属于新知识的概率也比信息服务大得多。

表 3-6 显示了知识服务业和信息服务业两种服务形态要素的对比分析。

表 3-6　两种服务形态的要素比较

要素	知识服务业	信息服务业
服务对象	对某一方面知识的缺失感，但更加倾向于那些通过外部客观知识世界无法满足的需求	也是对某一方面知识的缺失感，但更加倾向于那些通过外部客观知识世界能够满足的需求
服务工具	主要依靠内化于服务者自身的知识积淀（“世界 2”）	主要依靠外部客观知识世界的资源（“世界 3”）

续表

要素	知识服务业	信息服务业
服务者	需要经过高度专业化的知识学习，并具备相应专业技能	需要具备知识查找、整理与提供方面的专业知识，接受相关专业训练
创新度	主要在知识服务者头脑内或知识服务网络内通过知识共享与传递完成，加工深度较高，创新度普遍较高	通过对信息的序化与转化两种途径实现，知识加工深度较浅，创新度有高有低

第四章　国内外研究述评

如前所述，信息服务业产生和发展的大背景，源自20世纪后半叶以来信息技术在全球范围突飞猛进的发展和服务经济在全球经济结构中越来越明显的主导地位，两者发生的共振效应，催生了各种新经济形态。而专门针对信息服务业的产业研究领域，也在20世纪七八十年代之际，伴随这一产业的发展壮大而逐渐形成。

然而，正如T. Carol[①]在回顾信息产业研究时曾指出的，“信息产业是如此难以定义和分类，以至于从来没有一本年鉴去总结其过去的规律和分析其未来的趋势”。信息服务业同样如此，不同学科、不同行业、不同部门的研究者对于信息服务业的内涵和定位存在认识上的巨大差异。一直以来，信息服务业研究中，应用其他学科理论的多，针对自身特点的理论创新少；从不同专业角度“自说自话”的多，对信息服务业发展进行系统全面探讨的少；对行业发展现状、趋势等表象问题争论的多，对行业演化的内在规律做深入研究的少。这些不足的存在，使得信息服务业自20世纪七八十年代至今尽管一直都是业界和学界关注的热点，尽管针对其发展问题的论述很多，却一直缺乏针对这一行业发展特定规律的基本认识。

基于此，本章试图通过对国内外近几十年来针对信息服务业的学术研究的全面回顾，梳理和归纳这些研究背后所潜藏的研究视角和研究方法上的转变，用历史主义分析的视角，对信息服务业研究的发展规律做深入解读。

第一节　国外信息服务业研究综述

国外信息服务业研究起步较早，就笔者检索的结果看，国外最早关于

① T. Carol, Review on the Book, the NFAIS Year Book of the Information Industry 1993 [J]. Information Processing & Management, 1995 (1).

信息服务业研究的文献可以上溯到 20 世纪 70 年代。可以将国外信息服务业的研究主题归纳为以下几个方面[①]。

一 早期的国外信息服务业研究

从研究对象上看，国外较早关注信息服务业研究的文献其研究对象多集中于科技信息服务业领域之中。如 1975 年罗杰（K. Roger）[②] 撰文对信息服务业的发展战略进行了系统论述，作者把信息社会抽象化为一个由作者、初次出版商、二次出版商、检索服务提供商、图书馆信息中心和终端用户组成的系统模型，从经济学、政治学和专业化（professionalism）三条路径分别进行剖析，并指出，未来信息服务业发展的机遇和挑战都来源于政府、商业机构和非营利组织的信息需求和信息使用的普遍性。同年，E. 斯威齐（E. Sweezy）等[③]发表的论文则对科技信息服务业中的创新障碍问题进行了研究，该文献是目前见到的最早关注信息服务产业创新的研究成果。作者主要关注三个方面的问题：（1）公共部门中的科技信息需求与商业和企业用户之间的有何不同；（2）成本因素对公共部门信息用户的影响与私人部门用户之间有何差异；（3）信息用户和信息供应商在制订计划时如何评估各种独立的因素。多迪克（H. S. Dordick）等[④]最早关注了网络信息服务业的发展问题，分析了网络信息服务的三种发展情景，即分别由技术、市场和政策因素主导的产业发展路径，并认为，信息获取的公平性问题，在未来将成为公众关注的重要话题。

1982 年，R. J. 托马斯（R. J. Thomas）[⑤] 回顾了科技信息服务业的市场研究历史，是目前见到最早的针对科技信息服务业研究的综述性文章。作者指出，科技信息服务业领域的市场研究经历了几个阶段，最早的以用

---

① 王建冬、孙静、童楠楠：《从信息驱动到服务导向：国内外信息服务业研究视角演化述评》，《现代情报》2016 年第 6 期。

② K. Roger, Problems and Outlook for the Information Services Industry［C］. Proceedings of the EUSIDIC Conference, Oslo, 1975（12）.

③ E. Sweezy, Hopper J. H. Obstacles to Innovation in the Scientific and Technical Information Services Industry［R］. Final Report to the National Science Foundation, 1975.

④ H. S. Dordick, Bradley H. G., Nanus B. and Martin T. H. Network Information Services: The Emergence of an Industry［J］. Telecommunications Policy. 1979, 3（3）: 217 - 234.

⑤ R. J. Thomas, Marketing Research in the Scientific and Technical Information Services Industry: Development and Future Directions［J］. Journal of the American Society for Information Science. 1982, 33（5）: 265 - 269.

户为导向的研究已经逐渐被以系统为导向的研究所取代，因为传统的用户研究会导致“近视”的问题，而系统研究则可以对科技信息的政策制定提供更好的支持。而未来，以“管理”为导向的研究则将成为该领域的主流方向。该文中的若干重要观点，如未来信息服务业研究将以管理导向为主等，均已在后来的研究中得到了验证。该文献的发表，同时也意味着以科技信息服务业为主导的信息服务业研究已经存在一段时间，并形成了较为成熟和完整的研究领域。

早期信息服务业研究中，对信息服务业更加一般性的产业问题的研究也开始出现，较为常见的有两类研究。

其一，是对信息服务业与工业化发展之间互动关系的研究。如斯托尼尔（T. Stonier）指出，随着传统资源的稀缺性问题越来越突出，信息资源的开发和运用将替代和弥补这种不足；作为一种可以真正分享的资源，信息的交易可以导致合作，而不像传统物质交易间的竞争，还可以延续工业生产和促进工业化的发展①。R. M. 海斯（R. M. Hayes）等②通过对美国信息服务业与制造业间投入产出关系的计算，发现即便是当时信息经济特征最为明显的美国，其制造业对信息服务业总体上也明显利用不足。布朗斯坦（Y. M. Braunsteim）③ 进一步扩展了海斯等人的分析。恩格尔布雷希特（H. J. Engelbrecht）则通过对新兴工业化国家和地区的实证分析，指出信息服务部门的增长已经被看作发达国家和新兴工业化国家由工业经济向信息经济过渡的一部分④。

其二，是从 20 世纪 80 年代开始，西方国家政府和专业统计机构对信息服务业的行业整体情况的评估研究。如 1982 年，美国商务部下属的信息服务机构国家技术信息服务网（National Technical Information Services，NTIS）⑤

① 〔美〕汤姆·斯托尼尔《信息财富——简论后工业经济》，吴建民等译，中国对外翻译出版公司，1986。

② R. M. Hayes，Bricksony. Added Value as a Function of Perchance of Information Services［J］. Information Society，1982：307 - 308.

③ Y. M. Braunsteim，Information as a Factor of Production：Substitutability and Productivity［J］. Information Society，1985：166 - 171.

④ H. J. Engelbrecht，Are Purchased Information Services Underused in Manufacturing? Evidence From Japan，Korea and Taiwan［J］. Applied Economics，1990：201 - 209.

⑤ 该机构目前依然运作，并成为全美最大的提供由联邦政府资助的科学、技术、工程和商业信息资源的机构库，收录了覆盖 350 多个学科领域的约 300 万份出版物。http：//www. ntis. gov。

发布了《美国信息服务业竞争力评估报告》①。1986年，佐克杰（P. I. Zorkoczy）② 主编的《电子信息服务业的全球结构》报告出版，这是目前能看到的较早对信息服务业产业结构进行系统描述的文献。此外，信息服务业专门统计数据库的建设也开始提上日程。1989年，针对在线信息服务业研究经常与实际情况不相符的问题，欧盟委员会推出一项旨在规范化收集和发布欧洲信息服务业发展的可靠数据的计划，称为信息市场观察（Information Market Observatory，IMO）计划。该计划运作以后，曾发布不少关于欧盟地区信息服务业市场运作情况的统计报告③④。

总体而言，在相对微观的层面上，早期国外关于信息服务业发展状况的研究均将科技信息服务业作为主要研究对象，这是和这一历史阶段的特殊背景密切相关的。即真正现代意义上的大规模的信息服务产业活动，就是起源于二战以后科技事业飞速发展而催生出的通过收集、加工和整理科技领域海量文献，为科研活动提供辅助支持服务的一类服务业态。而宏观层面上分析信息服务业的文献中，尽管没有明确地将信息服务业界定于科技信息服务业之中，但其所考察的产业对象，也没有脱离科技信息服务业的基本范畴。此外，上述关注产业活动的研究，或者主要关注于对科技信息服务活动本身规律加以分析，或者是对信息服务业产业整体情况进行把握，均缺乏对产业结构、产业组织、企业运作等更加细化的产业经济学和企业管理学问题的深入研究。

二 20世纪90年代以后的国外研究

20世纪80年代末开始，随着信息技术在全社会范围内的普及，信息服务活动开始从传统的科技领域扩展到产业信息、生活信息、交通信息等多个领域。与之相对的，欧美国家信息服务业的研究也吸引了来自经济学

---

① National Technical Information Services（NTIS），U. S. Dept. of Commerce. Competitive Assessment of the U. S. Information Services Industry［EB/OL］［2011－04－01］. http：//babel. hathitrust. org/cgi/pt? id = mdp. 39015034853807.

② P. I. Zorkoczy, The Global Structure of the Electronic Information Services Industry［R］. In：Oxford Surveys in Information Technology：Volume 3. Oxford University Press，USA. 1986.

③ W. Schwuchow，The Situation of the Online Information Services Industry in the European Community（with Special Consideration of the FRG）［J］. International Forum on Information and Documentation. 1991，16（1）：6－10.

④ W. Jurgen，The EEC Electronic Information Services Market［J］. Government Information Quarterly，1993，10（3）：369－378.

相关领域的大量学者的关注，这些研究者大量引入产业经济学和企业管理学的研究理论和方法，并开始关注信息服务业发展中与企业经营和生产活动相关的一些更加专深的问题。归纳而言，这一时期欧美信息服务业研究所关注的主题包括以下几个方面。

首先，是对信息服务业产业组织的研究。如巴尔曼（L. E. Bermanb）等①认为，网络服务和数据库服务等信息服务业的一个基本特征就是访问的成功水平。因此，信息服务企业有动力将媒体访问与信息服务绑定起来，并且排除独立的服务提供商。作者提出了一个数学模型来计算交换网络服务、软件服务和电信服务等几种不同的信息服务企业之间的交互行为。结果发现，具有互补关系的服务提供商之间的垂直整合会导致交叉补贴（Cross Subsidy）行为的发生。当其中一家企业能够单方面控制媒体访问的时候，垂直整合行为的发生概率最大。在这种情况下，控制媒体访问的企业有能力实施捆绑式定价（Bundled Pricing）策略，并且能够限制那些独立提供的信息服务的可用性。因此，这种捆绑服务的能力导致了即便在缺乏规模效应的情况下交叉补贴和合并行为依然能够发生。豪厄尔斯（J. Howells）② 对信息服务业国际贸易对区域和国家经济发展的影响进行了分析。韦斯特兰（J. C. Westland）③ 以 DIALOG 为例，分析了信息服务业细分市场中的垄断行为。D. 托马斯（D. Thomas）等④提出了一个公司决策进行外包或者保留信息服务时的结构模型。作者识别了导致信息服务外包决策的基本驱动力，并探讨了影响信息服务外包行为的正向和负向激励因素。施瓦尔（R. Schware）等⑤认为，离岸信息服务业的发展是由工业化国家的企业组织形态变革推动的。企业对压缩时间和降低成本的不断追求，使得 just - in - time 系统和电子数据交换系统开始大规模应用。这

① L. E. Bermanb, Dunna D. A. Service Bundling and Strategic Equilibrium in the Information Services Industry [J]. Journal of Economics and Business. 1987, 39 (2): 115 - 129.

② J. Howells, International Trade in Information Services: Implications for National and Regional Development [J]. Newcastle Studies of the Information Economy, 1988 (5).

③ J. C. Westland, Topic Specific Monopolies in the Information Services Industry: Evidence from the Dilaog Group of Databases [J]. The Information Society, 1990 (6): 127 - 138.

④ D. Thomas, Zmud R. W. and Mccray G. E. The Outsourcing of Information Services: Transforming the Nature of Business in the Information Industry [J]. Journal of Information Technology. 1995 (10): 221 - 237.

⑤ R. Schware, Hume S. Prospects of Information Service Exports from the English - speaking Caribbean [R]. The World Bank, 1996.

些组织变革的结果之一，就是公司越来越多地在数据输入和信息处理等环节倾向于采用外包信息服务的模式。波普（L. Poppo）等①通过对 152 家企业所涉及的 9 种信息服务活动的调研，提出一个企业的信息服务活动边界选择（即选择购买还是自己生产信息服务）模型，主要由交易成本、知识基础和测量解释（Measurement explanations）组成。

其次，是对信息服务业产业结构的研究。这方面，以国别为单位进行的信息服务业行业结构、发展现状和存在问题的分析最为常见。如里德（M. Read）等②分析了英国信息服务业发展现状和全球化形势下面临的挑战，提出要维持英国现代信息服务业持久、健康、高效发展，政府、企业和学者必须在不同的层次实现结合。伍德（L. Wood）③ 通过系统分析罗马尼亚信息服务业市场状况、经济运行、环境、法律、政治等因素对信息服务业发展的重要影响，以及国内信息服务企业的优劣势，提出依据本国特点企业应把现代咨询、软件制造和系统集成服务作为重点发展，关键是依靠技术进步来提高国内信息服务业的竞争力。洛佩斯（A. B. Lopes）等④研究了巴西实时金融信息服务（Real - Time Financial Information Services Industry, RTFIS）企业的经营和竞争状况，研究者通过对两家巴西金融信息服务业企业为时 7 年的定性分析，分析了技术企业依赖更好的内容生成能力来应对竞争的机制。研究发现，即使面对全新的技术和环境的挑战，牢牢扎根于自身的信息资源也是最好的长期竞争策略，公司专注于那些自己能够做到最好的业务，并且不断投资于这些资源的灵活整合，就能够更好地重组其业务流程和业务活动。菲尔德（S. Filder）⑤ 研究了加勒比海地区的巴巴多斯（Barbados）的信息服务业发展现状，并指出，巴巴多斯的信息服务活动开始逐渐占据价值链的上端。在早期，当地的信息服务企

① L. Poppo, T. Zenger, Testing Alternative Theories of the Firm: Transaction Cost, Knowledge - based, and Measurement Explanations for Make - or - buy Decisions in Information Services [J] . Strategic Management Journal. 1998, 19 (9): 853 - 877.

② M. Read, Jones D. Building a Globally Competitive IT Services Industry [C] . Confederation of British Industry, 2006.

③ L. Wood, Research and Markets: View a Market Analysis of the IT Services Industry in Romania With Forecasts of Expenditure Up to 2008 [N] . London Xen, 2004. 08. 20, Research and Markets logo.

④ A. B. Lopes, Reinhard N. Competing in the Brazilian real - time Financial Information Services Industry: Commitment and Adaptation [J] . Information & Management. 2006, 43 (5): 587 - 597.

⑤ S. Filder, Drive to Boost Computer Skills Gets Underway. A Look at the Growing Market for Information Services [N] . The Financial Times. 1995. 03. 26: 35.

业主要从事数据输入等业务，而到20世纪90年代中期其信息服务业的业务范围已经大大拓展，并开始涵盖航空机票服务、金融信息和软件开发等高端形态，并成为推动该国经济发展的重要力量。巴克利（L. A. Barclay）等[①]研究了巴巴多斯的商业环境对跨国信息服务企业的吸引力问题，结果表明，信息服务跨国企业最初决定投资的因素往往是自然资源，但它们的投资活动使得劳动力素质不断得到提升，从而进一步使得区域产业朝向高附加值和技术密集型方向发展。此外，跨国公司本身并不一定导致一个国家的区位优势提升，政府在促进经济发展中的作用也很关键。日本学者藤波（K. Fujinami）[②] 指出，由于计算机的不断普及和单位价格的降低，2002年起日本信息服务业发展进入一个拐点年份，市场竞争越来越激烈，大公司将逐渐占据主导地位。在另一篇文献中，藤波[③]又通过比较多家信息服务业企业的发展状况指出，近年来日本信息服务业的总体市场增长速度趋于平缓，而企业之间经营模式的差异化越来越明显。未来信息服务业呈现明显的优胜劣汰的发展态势，信息服务企业应当采取更加冒险的策略以拓展未来的发展空间，与此同时，构建良好的风险管理机制也变得十分重要。J. Rajasekera[④] 认为，虽然日本是全球信息服务消费第二大市场，却没有培养出世界一流的信息服务企业，原因是除游戏产业外，日本的信息服务企业主要定位于国内市场。

除针对国别的研究之外，针对信息服务业整体的产业结构研究也较为常见。如格雷（D. F. Gray）[⑤] 通过对大量统计数据的分析表明，全球信息服务业市场缺少一个或几个强有力的大企业的领导，这并不利于世界信息服务业的总体发展。卢米斯（B. Loomis）[⑥] 指出，信息服务企业应积极联

① L. A. Barclay, Gray S. J. Upgrading the Diamond of Developing Countries through inward FDI: The Case of Four MNEs in the Information Service Industry of Barbados ［J］. Management International Review. 2001 (10).

② K. Fujinami, Information Service Industry at the Turning Point in Japan ［J］. Optronics. 2005 (282): 174-176

③ K. Fujinami, Information Service Industry Which is Going to be Divided into the Winner and the Loser ［J］. The IT Market Watching. 2006 (295): 198-199.

④ J. Rajasekera, Evolving Strategic Framework for IT Services in Japan ［J］. Global Journal of Flexible Systems Management. 2003, 4 (1): 9-14.

⑤ D. F. Gray, Study: No clear leader in IT services ［N］. ITworld. Com, 2004. 08. 21.

⑥ B. Loomis, M&As Loom for IT Services Industry ［N］. Washington Technology home, 2001. 09. 10.

合或合并以应对激烈的市场竞争，以便于企业充分利用规模优势、技术优势、资金优势和内部融合优势获得快速进步。洛基查尔（P. S. Lokachari）等[①]认为，面对世界信息服务市场的激烈竞争，一些大型信息服务企业应重新确立自己的市场定位，积极主动地转让或整体出售非核心业务的生产、经营和研发，集中优势的人、财、物和技术资源，主攻核心业务，以提高产品附加值、节约成本。贺巴尔（P. Hebbar）[②]指出，相比大型企业，中小信息服务企业在市场竞争中处于明显劣势，其生存和发展的关键在于企业对自身状况的认识和明确的市场定位。

最后，是对于信息服务企业内部管理问题的研究。如 I. S. 海斯（I. S. Hayes）[③]认为，随着信息服务业市场的进一步成熟，信息服务提供企业和信息服务需求客户之间趋向于建立长久、稳定的关系。为了维护这种关系，信息服务企业需不断提升员工素质，通过提供高质量的服务获得高效益。迈克尔（T. Michael）等[④]研究了电子商务（EC）对信息服务业国际化市场营销策略的影响。研究者从商业活动、社会经济和信息管理三个维度探讨了国际市场环境中与电子商务相关的关键性环境要素，并探讨了电子商务对信息服务业的影响机制，提出一个评估信息服务业电子商务市场策略的多准则模糊决策（Fuzzy Multi - Criteria Decision Making，FM - CDM）层级模型。拉杰（S. Rajesh）等[⑤]认为，信息服务业是人力资本、知识技术高度集中的产业部门，员工是信息服务企业生存发展的基础和关键。普拉提约什（B. Pratyush）等[⑥]更强调服务质量的重要性。他们提出主要通过对客户特点和需求状况的研究，不断提升企业员工表现和技术水

① P. S. Lokachari, M. Mohanarangan, Outsourcing of Information Technology Services: A Decision - making Framework [R]. Tata Consultancy Services, Minneapolis, USA, 2003.

② P. Hebbar, Indian IT Services Industry Heading for a Churn. Cyber India Online Limited, 2003.02.12.

③ I. S. Hayes, E - services Strategy Shift [J]. Software Magazine; 2000, 20 (5): 26 - 30.

④ T. Michael, G. H. Tzeng, A Hierarchy Fuzzy MCDM Method for Studying Electronic Marketing Strategies in the Information Service Industry [C]. In: Proceedings of the International Academy for Information Management (IAIM) Annual Conference. 1998.

⑤ S. Rajesh, G. Sahra, IT Service Management by Projects: Grid - based Organization Structure Establishment and Evolution [C]. In 2005 International Conference on Services Systems and Services Management, Proceedings of ICSSSM' 05, 2005: 1335 - 1339.

⑥ B. Pratyush, B. Daniel, Service Quality from the Other Side: Information Systems Management at Duquesne Light [J]. International Journal of Information Management, 2005, 25 (4): 367 - 380.

平，以提高信息服务质量的途径。同样注重服务质量的还有普拉巴图克（V. R. Prybutok）等①，他们认为信息服务质量关系着企业的生存，企业必须积极提升服务质量。鲁宾孙（Y. D. Robinson）② 还引入服务质量模型（SERVQUAL），对信息服务业的服务质量测度问题进行了案例研究。

20 世纪 90 年代末以后，日韩等东亚地区国家的信息服务业研究不断升温，成为国外信息服务业研究的重要力量。从研究主题来看，日韩等地区近十几年的信息服务业关注的热点比较类似，均集中于企业管理理论中对现代企业尤其是知识密集型服务业企业管理运营各方面实际问题的关注。这也在一定程度上验证了前文提到的 80 年代 R. J. 托马斯对未来信息服务业研究趋势的预测。此处归纳了近年来东亚地区信息服务业研究的基本领域和相关文献，见表 4 - 1。

表 4 - 1 近二十年来东亚地区信息服务业研究的基本领域

研究领域	代表研究
知识管理	W. H. Hwang③、Y. C. Huang 等④、T. H. Chiu⑤、E. H. Liu⑥、Y. K. Wang⑦
人力资源管理	K. Y. Feng⑧、T. H. You⑨、C. H. Chang⑩

① V. R. Prybutok, H. Landrum, A Service Quality and Success Model for the Information Service Industry [J]. European Journal of Operational Research, 2004, 156 (3): 628 - 642.

② Y. D. Robinson, Measuring Service Quality in the Information Services Industry: A Case Study Using Servqual [D]. Penn State Harrisburg. 1992.

③ W. H. Hwang, Research on the Intellectual Capital of Information Service Industry [D]. National ChengChi University. 2002.

④ Y. C. Huang, E. L. Chang, Measurement Scale of Intellectual Capital for the Information Service Industry [J]. International Journal of Services and Standards. 2006, 2 (2): 154 - 175.

⑤ T. H. Chiu, Attributes and Factors Affecting the Organization of Knowledge Resources: A Case Study of the Library and Information Service Industry in Taiwan [J]. Knowledge Organization. 2005, 32 (3): 128 - 134.

⑥ E. H. Liu, A Study of Information Service Industry Diagnostic Knowledge Gap within View of Theory of Constraint [D]. National Taiwan University of Science and Technology. 2008.

⑦ Y. K. Wang, A Study on Knowledge Capabilities and Organizational Effectiveness - Information Service Industry as Samples [D]. Ming Chuan University. 2004.

⑧ K. Y. Feng, Relationship between the Adoption of Different Career Strategies and Employee Background: An Empirical Study in the Information Services Industry [J]. International Journal of Management. 2003 (12).

⑨ T. H. You, The Factors of Glass Ceiling Effect: an Exploratory Research of Information Service Industry [D]. National Central University. 2004.

⑩ C. H. Chang, A Comparative Case Study of Cross - Cultural Training and its Performance. Using Two MNCs in the Information Service Industry as Examples [D]. Ming Chuan University. 2009

续表

研究领域	代表研究
人力资源管理	M. Tei 等①
客户关系管理	W. H. Wang 等②③、D. W. Lai④
绩效管理	T. L. Huang⑤、K. J. Shiao⑥、C. H. Chang⑦
产业联盟	S. W. Kao⑧、S. R. Fang⑨、P. S. Hsieh⑩
国际化战略	M. K. Chen 等⑪⑫

① M. Tei, Yamazaki Y. The Impact of Work and Organizational Characteristics on the Health Status, Job Dissatisfaction and Turnover Intentions of Workers in an Information Service Industry [D]. Sangyo Eiseigaku Zasshi. 2003, 45 (1): 20 – 30.

② W. H. Wang, Liang C. J. The Behavioral Sequence of Information Education Services Industry in Taiwan— Relationship Bonding Tactics, Relationship Quality and Behavioral Loyalty. Measuring Business Excellence. 2007, 11 (2): 62 – 74.

③ W. H. Wang, Liang C J. Consumer Behavior of the Information Services Industry in Taiwan – Conceptual Framework and Hypotheses Development. Measuring Business Excellence, 2010, 14 (2): 12 – 21.

④ D. W. Lai, The Factors for Enterprises Adopting Customer Relationship Management Systems? A Case Study on Information Service Industry [D]. Shih Hsih University. 2008.

⑤ T. L. Huang, A Study on Evaluating the Performance of Engineers in Information Service Industry. 2008.

⑥ K. J. Shiao, A Study on the Relationship between Competitive Strategy and Operation Performance in Information Service Industry [D]. Shih Hsih University. 2009.

⑦ C. H. Chang, A Comparative Case Study of Cross – Cultural Training and its Performance. Using Two MNCs in the Information Service Industry as Examples [D]. Ming Chuan University. 2009.

⑧ S. W. Kao, Business Strategy Research for Enterprises IT Dept. Spin off to an Information Service Company (ITTS as a Case Study) [D]. National Taiwan University of Science and Technology. 2008.

⑨ S. R. Fang, A Study on Critical Success Factors for Strategic Alliance of Information Services Industry – The View Point of Strategic Partner Selection [D]. National Chung Hsing University. 2009.

⑩ P. S. Hsieh, Exploring Information Product Development Strategies from Social Capital Perspectives: Lessons Learned from an Information Service Enterprise [D]. National Taiwan University of Science and Technology. 2009

⑪ M. K. Chen, Wang S. C. The Key Dimensions for Information Service Industry in Entering Global Market: A Fuzzy – Delphi & AHP Approach [J]. Advanced Concurrent Engineering, 2009 (12): 713 – 724.

⑫ M. K. Chen, Wang S. C. The Critical Factors of Success for Information Service Industry in Developing International Market: Using Analytic Hierarchy Process (AHP) Approach [J]. Expert Systems with Applications. 2010, 37 (1): 694 – 704.

续表

研究领域	代表研究
信息技术及应用	P. W. Chen①、K. Y. Chang②、H. Q. Lv 等③
服务标准化	F. Kamijo④

第二节 国内信息服务业研究综述

国内信息服务业研究起步于 20 世纪 80 年代中期，相比国外晚 10 年左右。并分别在 90 年代中期、2000 年前后和“十一五”期间出现过三次研究高峰（见图 4－1）。以下对各个时期国内信息服务业研究的发展状况进行分析。

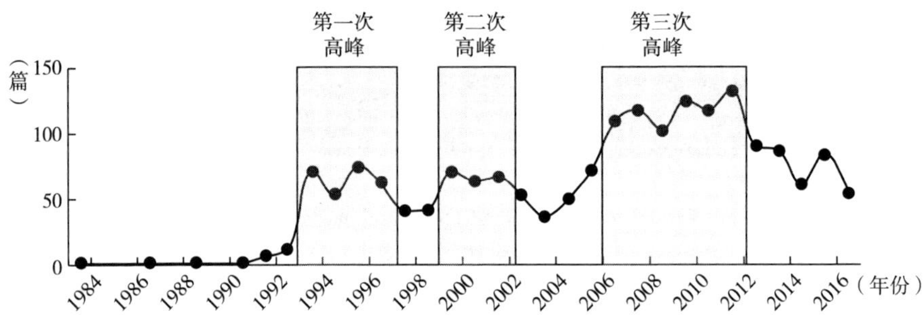

图 4－1 国内期刊文献历年发文量分布情况

一 早期的国内信息服务业研究（1984～1992）

从笔者所收集的文献情况来看，较早出现的有关信息服务业的文献是 1984 年发表于《现代日本经济》的《日本信息服务业的高速发展》，该文

① P. W. Chen, The Study of Management Strategy for Information Service Industry under Cloud Computing Environment [D]. Ming Chuan University. 2009.

② K. Y. Chang, Design and Application of the Management Control Systems in the Information Services Industry – A Case of a Big Company's Taiwan Aubsidiary [D]. Sun Yat – Sen University. 2009.

③ H. Q. Lv, P. Li, Guo L. G. Research on the Application of Personalization Search Engines in Information Service Industry [C]. 2010 International Conference on Educational and Information Technology (ICEIT). 2010.

④ F. Kamijo, Standardization and Japanese Information Service Industry [C]. Fourth IEEE International Symposium and Forum on Software Engineering Standards. 1999 (4).

实际上是一篇只有一二百字的简报，介绍了日本信息服务业过去十年的发展状况，并对其三个子行业，即软件业、信息提供服务业和信息处理服务业的发展状况进行了简介。第一篇较为全面地论述信息服务业发展问题的研究文献则是前文所提到的 1987 年王法锟发表的《发展我国信息服务业初探》一文[①]，该文提出了一个关于信息服务业的定义。可以看出，该定义实际上与其后几十年间国内外学者提出的信息服务业定义基本类似，说明学界对于信息服务业基本内涵的认识比较一致。但总体而言，20 世纪 90 年代之前，国内学术界对于信息服务业的关注并不多见。

二　国内信息服务业研究的第一次高峰（1993～1997）

在政府的大力倡导下，1994 年起，国内学术界对于信息服务业的研究进入了第一个高峰期。据笔者统计，仅 1994 年一年，国内学术期刊中收录的关于信息服务业的学术论文就达到 75 篇，超过之前十年研究文献的总和。很多科技情报界和图书情报界的知名学者，如娄策群等[②③]、曾民族[④⑤]、霍忠文[⑥]、高新民[⑦]、查先进[⑧⑨]、卢泰宏[⑩]等均曾专门撰文探讨信息服务业的发展问题。此外，这一波信息服务业研究热潮，也吸引了一些信息经济学领域学者的关注，如乌家培教授等就曾发表多篇关于信息服务业发展的文章[⑪⑫]，其对于信息服务业和信息产业关系的定位被后来的诸多文献所采纳。

这次信息服务业研究高峰一直持续到 1997 年。这一阶段的研究文献尽管较多，其中也不乏颇具真知灼见的经典文献，但总体来看，跟风之作

① 王法锟：《发展我国信息服务业初探》，《经济纵横》1987 年第 9 期。

② 娄策群、程鹏：《发展我国信息服务业若干问题的调查与分析》，《情报学报》1994 年第 3 期。

③ 娄策群：《论信息服务业的发展机制》，《情报杂志》1995 年第 3 期。

④ 曾民族：《信息技术的发展对信息行业的影响》，《情报学报》1994 年第 1 期。

⑤ 曾民族：《面向电子信息资源的信息服务业及其技术发展动向》，《情报学报》1996 年第 1 期。

⑥ 霍忠文：《论信息服务业结构调整的实践原则》，《情报理论与实践》1994 年第 6 期。

⑦ 高新民：《我国信息服务业发展前景及对策》，《信息世界》1994 年第 2 期。

⑧ 查先进：《论信息服务业发展中的反不正当竞争》，《情报理论与实践》1995 年第 1 期。

⑨ 查先进：《开发利用信息资源 促进信息服务业发展》，《情报科学技术》1996 年第 3 期。

⑩ 卢泰宏：《论发展信息服务业的政策保障》，《南方经济》1996 年第 3 期。

⑪ 乌家培：《我国信息服务业的现状与未来》，《中国工业经济研究》1992 年第 6 期。

⑫ 乌家培、周起凤：《中国信息服务业的发展及其对策》，《中国信息导报》1994 年第 11 期。

居多，研究类型主要以软科学研究为主，研究内容限于信息服务业的定义、现状、存在问题以及对策分析等①。由于研究不够深入，这类研究热潮在持续数年之后开始逐渐消退。

三 国内信息服务业研究的第二次高峰（1999～2002）

2000年前后，随着国内外经济社会发展形势出现的一系列重大变化，学术界关于信息服务业的研究热潮再度兴起。从研究的主题分布来看，可以将这一轮信息服务业研究热潮的起因归结为网络技术兴起、知识经济的到来、西部大开发和加入WTO四个大背景。相应地，这段时期研究论文的主题也可以分以上几个主题。笔者对所收集的1999～2002年信息服务业研究文献进行了主题归纳，如表4－2所示。

表4－2 四类主题的信息服务业研究比例分布

单位：%

研究主题	比例
知识经济	7.0
网络技术	10.4
西部大开发	7.4
加入WTO	12.2

从研究主题上看，这个时期信息服务业研究内容相比数年前更加丰富，并且对很多特殊信息服务业领域，如医学、农业、石化、金融等信息服务业的研究有所关注。但从研究方法上来看，这个时期的大部分研究依然没有摆脱软科学研究的基本框架，对产业发展的深层次结构问题的关注不足，缺乏实证性和模型化的研究工具。这一轮研究热潮的出现，依然是由外部经济社会环境的变化催生的“外生性”增长，而并非因为学科自身的理论基础或者方法论出现大的突破。

2002年到2004年，单纯从发文数量上看，国内信息服务业研究开始进入低谷期。但值得注意的一个现象是，在这一时期，国内信息服务业研究者开始尝试应用现代产业经济学的分析工具对信息服务业发展的相关问题进行

① 李玉兰：《我国信息服务业研究综述》，《情报资料工作》1996年第2期。

分析。较有代表性的如何绍华对信息服务业的供应链管理[①]、质量管理[②]、绩效评估[③]等问题的一系列探讨，以及李纲[④]对企业产权重组等问题的研究等。此外，单薇[⑤]使用计量经济模型对信息服务业的倍增效应进行了分析，并发现信息量的扩大、信息设备投入的增加对信息服务业发展具有明显的促进作用，是国内较早基于产业统计数据对信息服务业进行量化研究的文献。

另一个比较重要的研究成果是2002年陈建龙主持的国家统计局第二次基本单位普查项目的成果《我国信息服务业的现状、问题与对策研究》[⑥]。研究者引入产业经济学和国民经济学的统计方法，并首次使用基本单位普查数据对国内信息服务业发展现状进行了系统分析。研究成果获得了较大反响，不仅被许多学术文章和著作引用，而且被银川市、宜春市、济宁市、潍坊市等不少地方统计部门作为信息服务业统计范围的参考标准，对信息服务业研究的规范化和成熟化起到了积极推动作用。总体而言，2002～2004年国内的信息服务业研究尽管在研究规模上与前期无法相比，但在研究方法和研究视角上的大胆突破，成为这一时期的一大亮点，并拉开了国内信息服务业研究转型的序幕。

四 国内信息服务业研究的第三次高峰（2006～2012）

“十一五”时期前后，我国信息服务业研究再次趋于活跃。出现这种情况的原因，依然可以归结为国家层面对于信息服务业的高度重视。《2006～2020年国家信息化发展战略》明确提出“发展信息服务业，推动经济结构战略性调整”，“大力发展以数字化、网络化为主要特征的现代信息服务业”。国务院《关于加快发展服务业的若干意见》（国发〔2007〕7号）也明确指出要“积极发展信息服务业，加快发展软件业，坚持以信息化带动工业化”。2006年，原信息产业部专门制定并发布了《软件与信息服务业“十一五”专项规划》。在国家层面的大力倡导下，多数省份在各类“十一五”规划中均辟出专门章节或以较大篇幅专门论述信息服务业的

① 何绍华：《信息服务业的供应链管理模式探讨》，《情报学报》2001年第5期。
② 何绍华：《信息服务业质量管理体系研究》，《图书情报知识》2001年第4期。
③ 何绍华：《信息服务业绩效的自我评定标准体系研究》，《图书情报知识》2002年第2期。
④ 李纲：《论信息服务业产权重组与机制转换》，《中国图书馆学报》2000年第2期。
⑤ 单薇：《信息服务业发展的倍增效应》，《经济经纬》2002年第3期。
⑥ 国家统计局普查中心：《我国信息服务业的现状、问题与对策研究》，[2011-04-01]，http://www.stats.gov.cn/tjfx/ztfx/decjbdwpc/t20030814_97724.htm。

发展问题[①②]。部分地方政府还发布了信息服务业专项规划，如《天津市信息服务业“十一五”规划》《浙江省软件与信息服务业“十一五”发展规划》《江苏省信息服务业“十一五”发展规划》《四川省信息服务业发展规划（2008~2012年）》等。

在国家和地方各级政府的大力推动下，2007年起，我国信息服务业发展再次进入高潮期。与20世纪90年代中期和2000年前后的两次高潮期不同，这一时期国内信息服务业研究带有以下三个重要特征。

第一，是对于区域问题的高度重视。笔者对2007~2009年三年间信息服务业研究文献进行了统计，其中关于区域和地方信息服务业发展问题的文献比重接近40%。其中，绝大部分为以省级为单位的研究文献，还有部分文献是针对区域（如西部、中部、长三角等）和重点城市（如大连、南京、厦门等）信息服务业发展问题的研究。这种对区域信息服务业发展问题的密切关注，可能与地方政府在各地“十一五”规划中对信息服务业高度重视的政策导向有关。针对各省份的信息服务业发展问题研究的文献数量分布如表4-3所示。

表4-3 各省份信息服务业研究文献分布情况

单位：篇

省份	发文量	省份	发文量
上海	11	福建	2
北京	8	山西	1
河北	6	江苏	1
山东	5	吉林	1
四川	3	湖南	1
天津	2	黑龙江	1
宁夏	2	贵州	1
辽宁	2	广东	1
广西	2	甘肃	1

第二，这一时期信息服务业研究在研究方法上开始摆脱软科学研究的一般模式，并大量引入产业经济学、区域经济学和技术创新经济学等

① 陈建龙、王建冬：《我国地方政府信息服务业发展模式和热点领域分析》，《图书情报工作》2009年第24期。

② 陈建龙、王建冬：《我国地方信息服务业发展的经济环境和发展阶段分析》，《图书情报工作》2010年第4期。

学科的研究方法和研究工具，对信息服务业发展中的深层次问题进行实证研究和定量分析。较有代表性的包括对信息服务业产业集群[①②③]、产业竞争力[④⑤⑥⑦⑧]、技术创新[⑨⑩⑪⑫]、产业区位[⑬]、服务外包[⑭⑮⑯]、供应链管理[⑰⑱]等问题的研究。研究方法的空前丰富，使得这一阶段的信息服务业研究相比前两个阶段的学术价值大为提高，也标志着国内信息服务业研究开始走向成熟，基于方法创新或理论创新的学科“内生性”增长态势逐渐形成。而这种研究方法上的丰富和多样化的背后，则是这一时期信息服务业研究者学科背景的多样化发展，除了传统图书情报学领域的学者之外，经济管理专业背景的学者也开始大量关注信息服务业的发展问题。

---

① 曹顺良、刘杰、李宁、张爱清、王建会：《上海市信息服务业产业集群分析》，《软科学》2008 年第 11 期。

② 王颖：《虚拟信息服务业集群研究》，华中师范大学硕士学位论文，2009。

③ 王龙：《广州信息服务业集群竞争力研究》，广东商学院硕士学位论文，2010。

④ 石宝军：《河北省信息服务产业竞争力评价模式初探》，《衡水学院学报》2009 年第 5 期。

⑤ 石宝军、郑艳玲、高建山、李雪征、王振宇：《河北省信息服务产业竞争力影响因素研究》，《图书情报工作》2009 年第 18 期。

⑥ 石宝军、郑艳玲、高建山、李雪征：《河北省信息服务业产业竞争力关键影响因素及提升策略研究》，《图书情报工作》2010 年第 20 期。

⑦ 赵弘、汪江龙：《比较视角下的北京信息服务业竞争力分析》，《中国科技论坛》2009 年第 7 期。

⑧ 张启祥、余文华：《南京市信息服务业竞争力透视》，《信息化建设》2010 年第 1 期。

⑨ 姚莉媛：《中国信息服务业技术效率的区域差异及影响因素研究》，湖南大学硕士学位论文，2010。

⑩ 郑亚玺：《信息技术对信息服务业的影响》，上海社会科学院硕士学位论文，2010。

⑪ 徐盈之、赵玥：《中国信息服务业技术效率和生产率变动的研究——基于随机前沿生产函数的分析》，《东南大学学报》（哲学社会科学版）2009 年第 5 期。

⑫ 李雄、李向南、于英川：《上海市信息服务业共性技术识别与分析》，《上海企业》2008 年第 12 期。

⑬ 张惠萍、俞兆云、陈旭：《闽台信息服务业的产业转移与发展定位》，《科技信息》（学术研究）2008 年第 30 期。

⑭ 林少敏：《广州如何承接国际信息服务业外包》，《中国信息界》2007 年第 2 期。

⑮ 张惠萍、俞兆云、陈旭：《基于 IT 外包角度的信息服务业发展策略——以福建省为例》，《科技和产业》2009 年第 1 期。

⑯ 程义太：《大连外包服务与我国现代信息服务业发展》，《中国信息界》2007 年第 Z2 期。

⑰ 陈新平：《服务业供应链 IUE－SSC 模型及其在信息服务业的应用》，《图书馆学研究》2008 年第 7 期。

⑱ 吴迪、王晓煜、关胜：《现代信息服务业发展趋势的探讨——基于信息化的供应链管理研究》，《中国市场》2008 年第 28 期。

第三，这一时期的国内信息服务业研究开始高度重视与国际研究的接轨。从这一时期开始，大陆学者在海外学术期刊或会议上发表的针对中国信息服务业的研究成果逐渐增多。如 J. W. Shen① 研究了面向日本的北京软件与信息服务业外包业务的发展情况。作者发现，目前该产业的行业集中度较低，并已经具备了垄断竞争的基本特征。Q. Xia 等②构建了一个评价现代信息服务业发展水平的指标体系，将江西省信息服务业发展水平与其他省份进行对比，找出江西信息服务业发展存在的问题，并提出对策建议。X. N. Fan 等③使用 1999～2008 年的大连经济发展的基本数据，基于 C－D 生产函数测算了软件和信息服务业对大连经济发展的贡献率。结果表明，软件和信息服务业对于大连经济发展起到了综合性的影响，并且成为大连经济发展必不可少的组成部分。近年来，我国台湾地区也高度重视信息服务业发展。台湾"资讯市场情报中心"（Market Intelligence Center, MIC）④ 产业技术知识服务计划（Industry & Technology Intelligence Service, ITIS）还专门推出了《资讯服务产业年鉴》等官方统计报告⑤。杨（Y. H. Yang）⑥ 分析了台湾信息服务业的产业结构和国际竞争趋势，并总结了信息服务业的三种基本业务模式，即硬件买卖、系统整合、软件开发与咨询服务，并指出，由于硬件销售的附加值不断降低，传统的硬件产业必须向软件开发和信息咨询方向转变。总体而言，这些研究与同期东亚其他国家和地区的研究所遵循的定量研究范式比较相似，说明近年来我国学者的信息服务业研究已经呈现越来越明显的国际化趋势。

---

① J. W. Shen, Structural Analysis on Japan－Oriented Sector of Beijing Software and Information Service Outsourcing Industry ［C］. 2009 International Conference on Information Management, Innovation Management and Industrial Engineering. 2009.

② Q. Xia, H. P. Gong, Performance Evaluation and Countermeasures to Modern Information Service Industry in Jiangxi Province ［C］. International Conference on E－Business and Information System Security, 2009. EBISS 09. 2009：1－5.

③ X. N. Fan, X. N. Bao, Dai M. H. The Empirical Analysis on the Contribution of Software & Information Service Industry to Economic Growth in Dalian, China ［C］. 2010 International Conference on Management and Service Science（MASS）. 2010.

④ 该机构 2009 年更名为"产生情报研究所"（Market Intelligence & Consulting Institute, MIC）。http：//mic. iii. org. tw/index. asp.

⑤ 2010 资讯服务产业年鉴［EB/OL］［2011－04－01］. http：//www. itis. org. tw/pubinfo－detail. screen？industry＝1&ctgy＝9&pubid＝57778447。

⑥ Y. H. Yang, An Explorative Study on Business Models of the Information Service Industry in Taiwan ［D］. National Taiwan University. 2004.

论著方面，这一时期国内也出现了不少以信息服务业为专门研究对象的学术专著，且其作者大多具有经济学研究背景。如北京工商大学的冯梅等撰写的《北京信息服务业发展问题研究》，以及上海大学熊励撰写的《长三角现代信息服务业——理论、实证与发展》等专著。一些地方政府还编写出版了很多区域信息服务业发展研究报告，如北京市信息化工作办公室组织编写的《北京市信息服务业发展报告》，从2004年开始出版，共出版四册。上海市信息化委员会也编写并出版了《上海市信息服务业产业地图》和《上海信息服务业发展研究报告》等多部报告。此外，大部分国内近年来出版的研究现代服务业或高端服务业的学术专著中，均将信息服务业作为其重要组成部分，并辟出一章专门进行论述。如陈秋玲、李怀勇等撰写的《中国服务产业研究》中，将信息服务业发展划分为隐性信息市场阶段（1978年以前）、信息产业形成阶段（1978～1983年）、信息服务业形成阶段（1984～1992年）、信息服务产业发展阶段（1992年至今）[①]，其中年份的划分与国内信息服务业研究的重要时点不谋而合，颇具参考价值。

五　近年来的国内信息服务业研究（2013～2018）

从数量上看，近年来，国内对于信息服务业的研究热度相比“十一五”前后明显有所下降。从研究的主要方向看，这一时期的主要研究成果大致可以划分为以下几类主题。

一是继续延续“十一五”期间学界对于区域性信息服务业发展路径的研究，并在研究主题上进一步深化和专业化，如丁玲华等[②]、杨嫩晓等[③]对广东、西安等地信息服务业发展与当地经济总体增长的耦合效应的分析，以及胡平等[④]、张惠萍[⑤]分别对长三角和福建省信息服务业的空间分

① 陈秋玲、李怀勇等著《中国服务产业研究》，经济管理出版社，2010，第262页。

② 丁玲华、张倩男：《现代信息服务业与区域经济耦合协调发展研究——基于广东省数据的实证分析》，《广东行政学院学报》2015年第2期。

③ 杨嫩晓、王雪、杨洵：《信息服务业对西安经济增长的影响分析》，《西安邮电大学学报》2015年第1期。

④ 胡平、石娟、焦阳：《长三角信息服务业集群网络特征及其动态发展》，《科研管理》2016年第2期。

⑤ 张惠萍：《信息服务业的空间分布、区位策略与集聚——以福建省为例》，《华东经济管理》2013年第7期。

布和区位集聚的结构化分析。赵枫[①]依据波特的竞争力“钻石模型”理论和相关区域竞争力理论，在寻找共性、量表设计、样本选取、数据采集和因子提取的基础上建立我国软件和信息服务业竞争力评价指标体系，并采用层次分析法确定各指标权重，应用模糊多因素、多层次综合评价方法对我国具有代表性的 14 个地级市进行了综合评价和排序。

二是对信息服务业企业运营管理中的一些具体问题的研究，特别是对于信息服务业企业的人力资源管理和人才培养问题的关注[②][③][④][⑤][⑥]，此外，张化[⑦]、杨雪等[⑧]还对信息服务业上市公司的绩效管理、信息披露等问题进行了研究。卢安文等[⑨]立足于信息服务业不正当竞争频发这一现实背景，运用 Bass 模型、附随扩散模型等模型，研究信息服务业产品扩散的具体表征、动因以及发展趋势，构建了激励和管制信息服务业企业间竞争合作与资源共享的政策路径。

三是学界开始高度关注近年来出现的一些新兴信息技术，如云计算、大数据、物联网、三网融合等对于信息服务业创新发展的影响。较有代表性的如张晨然[⑩]、马省轩[⑪]对大数据背景下我国信息服务业模式创新问题的探讨，以及林文清[⑫]对三网融合、林大鹏等[⑬]对物联网、魏明等[⑭]对云计

① 赵枫：《软件和信息服务业竞争力评价指标体系研究》，大连理工大学出版社，2014。

② 胡平、杨弘博、齐杰：《社交工具的使用与求职行为和结果的关系研究——以信息服务业为例》，《人力资源管理》2016 年第 12 期。

③ 冯万贵：《现代信息服务业中 IT 运维服务管理课程的定位》，《电子商务》2016 年第 11 期。

④ 陈晶晶、沈敏敏：《创业型经济视角下的职业结构特征分析——以浙江省信息服务业为例》，《浙江工业大学学报》（社会科学版）2016 年第 2 期。

⑤ 丁荣涛：《面向信息服务业人才培养的教学资源库构建》，《中国商贸》2013 年第 27 期。

⑥ 周屹、雷国华、杨茹、安波：《面向信息服务业的校企合作人才培养研究》，《计算机教育》2014 年第 4 期。

⑦ 张化：《基于 DEA 模型的软件与信息服务业上市公司绩效研究》，《商》2016 年第 6 期。

⑧ 杨雪、胡超群：《信息服务业上市公司内部控制信息披露评价研究》，《税务与经济》2014 年第 6 期。

⑨ 卢安文、刘进、敖永春：《信息服务业产品扩散机制与管制模式》，人民邮电出版社，2014。

⑩ 张晨然：《大数据背景下信息服务业的商业模式分析》，《中国市场》2016 年第 28 期。

⑪ 马省轩：《浅谈大数据时代信息服务业的发展模式转变》，《电脑开发与应用》2014 年第 3 期。

⑫ 林文清：《三网融合推动信息服务业跨越式发展》，《福建电脑》2014 年第 2 期。

⑬ 林大鹏、孙作龙：《加快物联网应用开发助力现代信息服务业发展》，《通信管理与技术》2013 年第 4 期。

⑭ 魏明、王杏、尹丽英：《云计算背景下的我国信息服务业转型方向》，《西安邮电大学学报》2016 年第 5 期。

算等新技术推进信息服务业发展的研究。

总体而言，近年来我国信息服务业研究实际上还是对此前十余年信息服务业研究路径的进一步延展和细化，但对于物联网、大数据、云计算等新技术对信息服务业模式创新的关注，则是这一时期研究的新亮点。

第三节 国内外信息服务业研究的基本特征

综观国内外近几十年信息服务业研究的发展历程，可以看出，信息服务业研究具备以下几个特点。

一 研究问题的学科交叉性

国内外信息服务业研究都源于科技信息服务的产业化问题，都是以科技信息服务业研究为信息服务业研究的发端。而随着政府和学界对信息服务的不断重视、信息技术对经济社会发展各领域的不断渗透，信息服务越来越成为一个横断性、普适性的支撑保障体系，信息服务业逐渐突破科技信息服务的范围，开始发展成为涵盖科技、经济、社会方方面面的综合性信息服务产业体系。信息服务业研究也开始逐渐超越科技情报的研究范围，研究的学科交叉特征越来越明显。从研究者的专业背景上看，早期信息服务业研究人员多具备科技情报背景，随着信息服务行业范围的不断扩展，又得到来自信息管理（LIS）、经济管理、信息技术等背景专业研究人员的大量关注。

这方面，国内文献由于收集较全，笔者进行了一个文献计量学分析。将近30年来国内信息服务业研究者的学科背景按照单位粗略划分为“经济管理”、“科技信息”、“信息管理”和“信息技术”四类。具体方法为：单位名称中含有“经济”“商学院”“管理学院”（不含“信息管理学院”）等字样的，归为经济管理类专业之下；单位名称中含有“科技”“科学技术”“技术”（不含“信息技术”）等字样的，归为科技信息类专业之下；单位名称中含有“信息管理”“信息资源”“图书馆”“图书情报”“资讯管理”等字样的，归入信息管理类专业之下；单位名称中含有“信息学院”“信息技术”“信息工程学院”“计算机”等字样的，归入信息技术类专业之下。经过归类，属于上述四类专业的研究者发表文献共609篇，占所有期刊文献的65%。

图 4－2 显示了四类专业研究文献的历年分布情况。

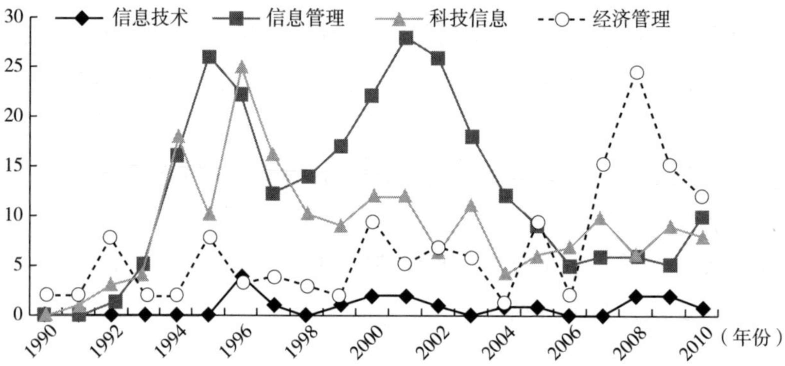

图 4－2　三次热潮期间四类专业背景研究的频次分布

从图 4－2 可以看出，除信息技术类专业背景的研究文献较少之外，不同专业背景的学者在三波信息服务业研究热潮中对信息服务业关注的热度具有显著差异。大体而言，1994 年前后兴起的第一波信息服务业研究热潮得到了信息管理和科技信息两类专业背景学者的普遍关注；而 2000 年前后兴起的第二波信息服务业研究热潮的主要参与者则大多为信息管理类学者；2008 年前后的第三波信息服务业研究热潮的参与者，则大多为经济管理专业背景的学者。

出现这种情况的原因，实际上也是与三波信息服务业研究热潮出现的时代背景密切相关的。

第一波信息服务业研究热潮的兴起，是由国家科委直接推动的，各级科技情报所和高校图书情报机构等均投入了大量研究力量对信息服务业进行了广泛研究。可以说，1994～1997 年兴起的第一波信息服务业研究热潮，是信息服务业的战略意义被我国学者和各界人士初步认识后出现的，对其关注的人员范围之广、研究热情之高，是后来的两波研究热潮所难以望其项背的。尽管在今天看来，这一时期的信息服务业研究成果学术深度有所欠缺，但依然为我国信息服务业研究的持续深入发展奠定了良好的基础。

2000 年前后出现的第二波信息服务业研究热潮，则主要以信息管理学界的研究人员为主。出现这种情况的原因，是因为在世纪之交，面对知识经济、网络技术等新事物的冲击与挑战，信息管理学界的众多学者开始探讨这些问题对于图书情报工作的影响。而科技信息背景的文献在这一阶段并未出现明显的上升趋势，则在一定程度上说明，信息服务业已走出以科技信息服务业为主导的形态，并初步实现了《关于加快发展科技信息服务业的规划纲要和政策要点》中提出的“融科技、经济、社会信息为一体的综合信息服务体系”的目标。

“十一五”期间出现的第三波信息服务业研究热潮，以经济管理学背景的研究者为主。这种现象的出现，实际上可以看作信息服务业开始突破“信息”、“信息经济”和“信息产业”研究的范围，其概念内涵中属于“服务业”的那部分特质开始受到国内学者的关注。信息服务业作为“服务业”而不仅仅是“信息产业”的发展问题，如服务业集群、价值链管理、服务外包、服务创新等问题的研究开始被大量引入信息服务业研究之中，使得信息服务业研究的理论基础和研究工具大为丰富，也使得国内信息服务业研究焕发出新的活力。

二　从“信息”视角到“服务”视角的逐渐转变

无论是国内还是国外，对应于“信息”和“服务”这两个信息服务业的基本特质，信息服务业研究实际上存在信息产业和服务业两种研究视角。这两种研究视角的差异，可以从研究群体、学科定位、研究方法和价值定位等多个角度加以阐述。

首先，从研究群体的角度上说，可以把目前国内外信息服务业研究群体大致分为两部分人群。一部分是以科技情报、信息（产业）经济学、信息化理论等为学科背景的研究人员，这类研究者对于信息服务业的关注最早，往往将信息服务业作为信息产业的子行业，从此出发，对信息服务业发展的基本规律进行研究，并指导信息服务业发展政策的制定。另一部分则是以产业经济学、创新理论、服务经济理论等为学科背景的研究者，这类研究者对信息服务业研究的关注较晚，倾向于将信息服务业作为服务业的子行业，关注信息服务业发展的各种产业实际问题。从这两类视角出发的研究者，由于其学术背景和研究旨趣上的差异，对信息服务业发展做出了不同的解释和分析。

其次，从学科定位的角度上说，第一种取向的信息服务业研究，从信息服务业的“信息”特质的角度关注产业运作模式及其与其他产业的互动等问题，以信息产业和信息化理论为其上位学科；而第二种取向的信息服务业研究，从信息服务业的“服务”特质的角度关注企业层面的业务运作、服务创新和产业层面的集群发展等问题，以服务经济学、产业经济学和企业管理学为其上位学科。由于其研究定位的不同，两类研究者对于信息服务业发展中的各种问题的解读和分析视角均存在比较明显的差异。

再次，从研究方法的角度上说，信息产业视角的信息服务业研究，主要继承信息产业和信息化等研究传统，而把主要作为一种制造业的信息产业的发展手段和发展思路移植到信息服务业的发展研究之中，并注重对信息服务业的运作机制、技术支撑等问题进行分析。而服务业视角的信息服务业研究，则更加倾向于将信息服务业作为服务业的一个子类进行研究，而把服务业甚至制造业的某些分析工具，如产业聚集、产业关联、产业结构等应用于信息服务业研究之中。

最后，从价值定位的角度上说，信息产业视角的信息服务业研究关注的是信息服务业作为一种依托于现代信息技术而成长起来的全新行业门类，由于信息和信息技术对经济社会方方面面的渗透作用而具有的横断支撑意义。服务业视角的信息服务业研究，则更加关注信息服务业作为一种高端现代服务业，其产业辐射能力和附加值的不断提升的发展趋势，在推动信息产业乃至整个国民经济向着产业“微笑曲线”的右端不断延伸的战略价值。

需要指出的一点是，以上两种视角的分野，并不是从产业发展的驱动要素角度进行的分类。从产业发展要素驱动的角度看，技术投入、需求驱动、社会环境、融资环境、人才储备等各种因素都可能对信息服务业发展产生驱动作用。以上两种视角的信息服务业发展路径，实际上均包含了上述各种产生驱动要素的作用机制。两种视角的分析维度，彼此之间并不矛盾。

以上两种视角的信息服务业研究均有其合理性，但也都存在一定程度的不足。

就第一种视角的信息服务业研究而言，尽管信息服务业属于信息产业的一种，但其“服务”的基本特质，决定了信息服务业的产品形态的无形性和过程性。服务业与制造业是两种本质不同的经济活动形态。正如布瓦索（M. H. Boisot）① 所说，适用于工业经济的组织和管理理论是以牛顿学说的模型为基础的控制论系统；而依托信息技术发展的现代服务经济，其经济

---

① M. H. Boisot, Knowledge Assets: Securing Competitive Advantage in the Information Economy［M］. Oxford University Press. 1998: 1.

活动却以非线性和复杂性为特征，发展工业经济时行之有效的投入－产出系统理论，在服务经济时代难以继续沿用。而信息视角的信息服务业研究，对于信息服务业作为现代服务业所具有的特殊经济学规律把握不足，因此在指导信息服务业产业政策的制定时也会存在一定的局限性。

而第二种视角的信息服务业研究，则把信息服务业基本等同于一般的服务业来看待，在制定信息服务业的发展目标时，将着眼点放在如何提升信息服务业的行业发展层次、提升产品附加值或者壮大规模等外部的行业指标上，沿用发展一般服务业的指标体系，如产值、利税、就业等，而对于信息服务业作为信息产业的一个重要门类而具有的推动整个国民经济发展的层次和产业升级的战略意义认识不足。而信息服务业对经济和社会发展的这种横断性支撑作用，恰恰来自信息技术作为一种“通用目的技术”（General Purpose Technologies，GPTs）① 所具有的独特属性。随着信息技术在经济社会发展各领域的不断渗透，信息服务业已经发展成为涵盖多个领域的综合性服务支撑体系，其战略价值的立足点在于信息和信息技术对于经济社会发展的支撑引导作用。

三 研究维度遵循四个基本象限

由于信息服务业这一经济现象具有复杂性和全局性，若没有一个对信息服务业的本质属性和规律的底层认识，而仅仅试图从信息管理学、经济学、信息产业研究等不同上位学科自身的研究理论和研究方法出发去思考信息服务业的发展问题，其结果只能是“盲人摸象”，不可窥其全貌。为此，在展开对本书研究问题的具体论述之前，笔者拟首先对现有国内外学者对信息服务业研究的相关观点做一个系统梳理，并力求将信息服务业研究中的不同视角做一个有机融合，形成一个一体化的学科分析框架。

首先，如前所述，信息服务业研究存在信息产业取向（信息视角）和服务业取向（服务视角）两个基本方向，这在上一小节中已经有过详尽的论述，在此不再赘述。

其次，从另一个方面看，实际上无论是信息产业取向还是服务业取向

① T. F. Bresnahan, Trajtenberg M. General Purpose Technologies “Engines of growth”? [J]. Journal of Econometrics. 1995, 65 (1): 83－108.

的研究，都关注两类基本问题，即信息活动本身的发展趋势和演变规律，以及信息服务业对于经济社会发展的影响与辐射作用。卡斯特尔（M. Castells）曾将人类有史以来对信息的研究归纳为计算模型和经济模型两种观点[①]，计算模型帮助人们将效率和信息作为指令来理解问题，关注信息和信息技术的应用对于提高人类信息驾驭能力的意义；而经济模型则关注信息消除不确定性的作用，认为信息带来的价值是预先获得消息和没有获得消息所带来的选择之间的差值[②③]。国内学者中，冯梅等[④]也表达过类似观点，并认为，学术界对信息的研究一开始就出现了两个不同的研究方向：一是把信息活动作为新兴产业，研究它的价值与价格、需求与供给、规模与收益、投入和产出、投资与融资机制等一系列经济学问题；二是把信息作为商品流通的条件或经济决策的要素，考察信息在工业生产过程和商品流通中对价格、成本和其他生产要素的影响。

卡斯特尔等学者归纳的两类信息研究，实际上从另外一个角度提出了信息服务业研究的两个基本维度。卡斯特尔所说的计算模型，实际上关注的是信息和信息活动本身在组织和社会中的运行规律，说的是信息“为何”的问题；而所谓经济模型，实际上关注的是信息活动对经济社会运行中的其他事物的影响，说的是信息“何为”的问题。

以上两个维度的划分，与前文笔者总结的“信息视角”与“服务视角”之间并不重合，正好相反，无论是信息视角还是服务视角的研究，其对于信息服务业这一特定经济现象的研究都可以区分为对信息服务业本身的内在规律，以及对信息服务业对经济社会的影响两个研究角度。基于这一认识，本书将现有国内外信息服务业研究者的观点区分为四个象限，即“信息视角－内部运作”、“服务视角－内部运作”、“信息视角－外部联系”和“服务视角－外部联系”，如表4－4所示。

---

① 〔美〕卡斯特尔主编《网络社会：跨文化的视角》，周凯译，社会科学文献出版社，2009，第166页。

② J. Hirshleifer, The Private and Social Value of Information and the Reward to Inventive Activity [J]. The American Economic Review. 1971, 61 (4): 561－74.

③ K. J. Arrow, Economic Welfare and the Allocation of Resources for Invention, in: Nelson R. R. (ed.), The Rate and Direction of Inventive Activity: Economic and Social Factors, National Bureau of Economic Research, Conference Series. Princeton, NJ: Princeton University Press. 1962: 609－625.

④ 冯梅、陈志楣著《北京信息服务业发展问题研究》，经济科学出版社，2007，第59页。

表 4-4 信息服务业研究基本观点的归纳

信息视角——内部运作	服务视角——内部运作
◆早期各国科技信息机构制定发布的信息服务业产业结构报告（NTIS，1982；P. I. Zorkoczy，1986；W. Schwuchow，1991；W. Urgen，1993；陈信祥等，1991；陈通宝等，1993；马远良等，1992） ◆网络信息服务业分别遵循技术、市场和政策因素主导的产业发展路径（H. S. Dordick，1979） ◆信息技术发展带来的信息传递和信息处理技术的飞跃对信息服务业发展产生根本性影响（曾民族，1994；曾民族，1996） ◆电信技术发展、办公自动化普及以及现代企业组织变革是信息服务业出现的基本要素（R. Pearson 等，1993；T. J. Saunders，1994） ◆信息资源和信息处理能力的整合是信息服务业发展的重要保证，未来网络服务、软件服务和电信服务商的产业链纵向整合将成为趋势（L. E. Bermanb，1987） ◆新兴国家应当通过技术进步不断提升信息服务业国际竞争力（L. Wood，2004）	◆信息服务业具有沿产业价值链不断向高端攀升的内在趋势（S. Filder，1995） ◆企业对压缩时间和降低成本的不断追求所催生的组织变革，导致信息服务外包的大量出现（D. Thomas 等，1995；R. Schware 等，1996；P. S. Lokachari，2003），信息交易成本和知识基础等同样会影响信息服务外包决策的制订（L. Poppo，1998） ◆产业联盟越来越成为信息服务业企业提升竞争力的重要手段（B. Loomis，2001；S. W. Kao，2008；S. R. Fang，2009；P. S. Hsieh，2009） ◆信息服务客户将成为未来信息服务业发展的核心资源（I. S. Hayes，2000；W. H. Wang，2007；W. H. Wang，2010；D. W. Lai，2008） ◆信息服务业需要通过员工培训等不断提升企业服务质量（S. Rajesh，2005；B. Pratyush 等，2005；V. R. Prybutok 等，2004；Y. D. Robinson，2002） ◆信息技术之外，信息服务企业对信息内容的把握能力对自身发展同样重要（A. B. Lopes，2006）
信息视角——外部联系	服务视角——外部联系
◆信息资源能够弥补传统资源的稀缺性问题（T. Stonier，1983） ◆信息服务部门的增长是工业经济向信息经济过渡的重要条件（H. J. Engelbrecht，1990） ◆发达经济体工业经济对信息和信息技术的利用依然不足（R. M. Hayes，1982；Y. M. Braunstein，1985） ◆网络技术影响下的信息服务业发展将对社会产生深远影响（H. S. Dordick，1979）	◆官产学结合是信息服务业发挥联动作用的重要保障（M. Read，2006） ◆信息服务业跨国投资是推动新兴经济体实现产业升级的重要力量（L. A. Barclay 等，2001） ◆信息服务业对于区域经济发展起到了综合性的影响，成为现代服务经济必不可少的组成部分（X. N. Fan，2010）

四 对当前我国信息服务业研究重点方向的思考

综上，从过去几十年间信息服务业研究的历史来看，各国信息服务业研究视角都经历了从“信息产业”视角向“服务业”视角逐渐转型的历史进程，研究维度则遵循“信息视角—内部运作”、“服务视角—内部运作”、“信息视角—外部联系”和“服务视角—外部联系”四条路径。从时间上看，信息服务业研究视角的转型方面，不同国家完成的时间差别较大，欧美国家早在20世纪90年代初就完成了研究视角从“信息产业”向“服务业”的转变；日本、韩国等东亚国家和地区是在20世纪90年代中后期完成这一转型；我国内地则在“十一五”期间才开始转型。如笔者在前文中指出的，上述研究视角转变的发生，是由以个人计算机和网络技术为代表的一代信息技术从兴起到普及的历史进程所决定的，因此这种研究视角的转变，并不是单向或者不可逆的，而很可能会随着新一代信息技术的又一轮兴起和普及而出现一个新的“轮回”。另外，当前我国在新的历史条件下，正面临推动信息服务业“弯道超车”的战略使命，因此对于“服务业视角”的研究依然是学术界研究的热点。综合上述两方面要素，笔者认为，未来我国信息服务业研究将形成信息技术驱动信息服务业创新研究和信息服务业产业经济研究并重的新格局。

第二部分　信息技术创新与信息服务业

第五章　信息技术创新及其对信息服务业的影响

第一节　信息技术的概念界定

信息技术的概念内涵本身比较清晰，学界也已形成比较一致的看法。文献[①]总结了关于信息技术的9种定义，并提出一种从广义、中义、狭义三个层面来定义信息技术的思路；因篇幅所限，且与本书研究主旨关系不大，这里就不一一介绍。本小节主要关注信息技术的边界划分问题，以作为后续研究的基础。

信息技术常见的技术划分方法有很多，如基于表现形式（硬技术、软技术）、基于信息设备（电话、电报、广播、电视、复印、缩微、卫星、计算机、网络等）、基于传播模式（传者信息处理技术、信息通道技术、受者信息处理技术、信息抗干扰技术等）、基于功能层次（基础信息技术、支撑信息技术、主体信息技术、应用信息技术等）。上述划分方法虽有各自的理论依据，但均立足于信息技术本身的技术特征或应用属性，而不是信息本身的特征来进行划分。本书的研究从信息技术入手，但落脚点是在信息和信息服务业的问题上。因此，需要遵循一种基于信息本身的信息技术划分方案，才能更好地支撑完成本书的研究任务。

目前，学术界基于信息本身的信息技术划分方法，大致可以分为两种，即基于信息生命周期的划分方法和信息空间理论的划分方法。

一　基于信息生命周期的划分

基于信息生命周期理论的划分方法最为常见，这种方法的基本思想，

---

① 彭绍东：《信息技术教育的定义、目标与定位》，《中国远程教育》2000年第12期。

就是依据信息生命周期划分的思想，从信息的获取、传递、存储、加工等环节出发，对不同环节所涉及的信息技术进行归纳和分类。例如，在信息获取环节，相关技术包括信息的采集、感知、搜索、接收、过滤等方面；在信息传递环节，则包括各种信息的单通道、多通道与广播传递等技术；在信息存储环节，包括了从古代的印刷术，到近代以来的照相、录音、录像、缩微照相、磁盘、光盘等各种存储技术；在信息加工环节，则包括早期的算盘、标尺等计算机械，以及近代以来的计算机、人工智能、云计算等现代信息技术[①]。

基于信息生命周期理论，在对信息技术创新本身的技术规律的研究中，较有代表性的包括杨剑将信息技术的演化划分为信息传输技术、信息存储技术、信息处理技术、信息获取技术、软件技术五个方向[②]，并认为信息技术先后或同时在这五个方向上发展，最终整合在一起，建构了当今世界的信息技术空间。陈德人[③]将信息技术的发展归纳为信息存储技术、信息传输技术和信息处理技术三个方面的技术进步，并认为，信息存储技术发展进程中，经历了造纸和数字纸张两次革命性进步；信息传输技术经历了无线通信技术和互联网技术两次革命；信息处理技术则经历了集成电路和网络计算两次革命。可以看出，以上观点都是用信息生命周期中的不同环节来界定信息技术的不同层面。这种划分方法尽管在概念上简单明了，但在实际情况中，各个环节相互之间的界限十分模糊，无法解释很多涵盖多个环节的信息技术的进步。因此并不是分析信息技术换代问题的合适框架。

二 基于信息空间理论的划分

国外学者布瓦索提出的信息空间理论[④]，为信息技术的维度划分提供了一个新的思考视角。布瓦索将信息空间划分为三个基本维度：抽象、编码、扩散，从而跳出了信息生命周期理论的樊篱，为信息技术的分析提供了一个新的框架。然而，布瓦索是从政治经济学的角度出发分析信息的基

① 彭绍东：《信息技术教育的定义、目标与定位》，《中国远程教育》2000 年第 12 期。

② 杨剑：《信息技术空间：权力、网络经济特征与财富分配》，上海社会科学院博士学位论文，2008。

③ 陈德人：《信息技术的革命加快现代服务业发展进程》，《中国建设信息》2007 年第 8 期。

④ 〔英〕马克斯·H. 布瓦索：《信息空间——认识组织、制度和文化的一种框架》，王寅通译，上海译文出版社，2000。

本问题，他划分信息空间的标准，不是信息或信息技术的自身属性，而是信息在经济活动中的效用。换句话说，布瓦索所探讨的信息维度，实际上是信息的“超我”问题，而非“本我”问题。

三　本书的思考

从信息的本质属性出发，可以把布瓦索提出的三个维度进一步合并，把信息技术划分成“形式”（信息载体技术）和“内容”（信息内容技术）两个基本维度，如图5－1所示。

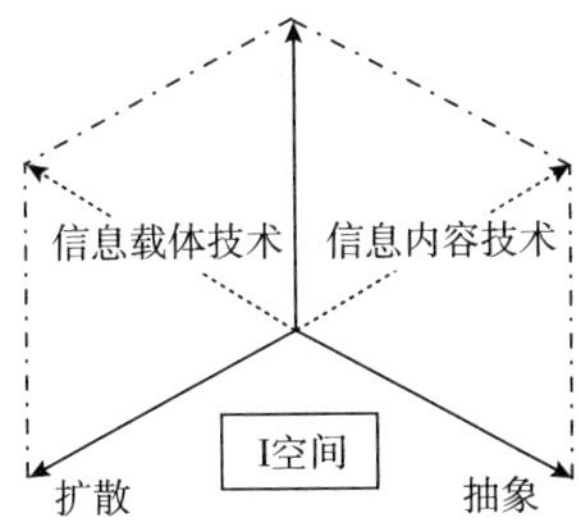

图5－1　信息空间理论与“载体－内容”分类法

其中，信息载体技术涵盖了信息技术中与信息内容的处理无关的技术，如信息存储、信息传输、信息获取等。信息载体技术的目的，是在不改变信息内容的前提下，提高对信息的编码存储和扩散传播能力，对应于布瓦索所提到的“扩散”这个基本维度和“编码”维度的一部分。在信息技术进步的历史中，烽火台、纸张、印刷术、驿站、电报、电话、电视、互联网等技术均属于信息载体技术。可以说，在近代以前，人类社会的信息技术进步，实际上主要就是沿着信息载体技术的维度向前发展。

信息内容技术涵盖了信息技术中与信息内容的加工、梳理、抽象、提炼等工作相关的技术范畴，包括信息组织、数据挖掘、智能推理、机器学习等。尼古拉斯·卡尔（N. Carr）将其称为“智力技术”[①]。信息内容技术的目的，是帮助人们从不断增长的信息中快速挖掘出有效的信息（知识），对应于布瓦索所提到的“抽象”这个基本维度以及“编码”维度的一部分。尽管当前信息内容技术已经成为信息技术发展的热点领域，但事

① 〔美〕卡尔著《浅薄：互联网如何毒化了我们的大脑》，刘纯毅译，中信出版社，2010，第48页。

实上信息内容技术在人类信息技术进步的历史中出现较晚，它主要是在20世纪初，随着科层制集中企业的出现，企业管理者首次面对大量信息需要分析的时候才出现的。而最早的信息内容技术，包括制表技术、绘图技术、加法器等都首先应用于企业。

最后，需要说明的是，尽管本书在进行信息技术的概念界定时，并没有对应用于大众传播、影视制作等归入本书研究的信息服务业范畴之外的服务形态的信息技术进行明确区分，但在后文所关注的信息技术与信息服务业的演化机制中所探讨的信息技术，主要是与此处所界定的信息服务业行业范围密切相关的那些信息技术，而对诸如广播、电视、留声机、唱片技术等信息技术并没有过多涉及。这并不是说笔者认为上述信息技术不属于信息技术的范畴，而是受到本书的研究框架的限制，将信息技术演进脉络分析主要聚焦于与信息服务业密切相关的信息技术领域之中。

第二节　信息技术演进对经济发展的影响

学术界一般将信息通信技术归入“使能性技术”（Enabling Technologies）或者“通用目的技术”（General Purpose Technologies，GPTs）的范畴。所谓使能性技术，是指一项新技术投入使用后可以使得既存技术能力得以改进和提升，可以为使用者架设“使然技术”（know - what）与“应然技术”（know - how）之间的桥梁，使能性技术的使用者和尝试者节省了熟悉该技术机理的时间，可以很快适应该技术①。通用目的技术的概念则是布雷斯纳汉（T. F. Bresnahan）等提出的，他们认为“在任何时点上，核心的概念是，一系列‘通用目的技术’均以在许多部门具有普遍使用潜力（potential for pervasive use）和技术活力（technological dynamism）为特征。一项GPT的演化和进步，引发和培育了全面的生产率收益，它扩散到整个经济体”②。基于此，秦海认为，信息通信技术是当今最为典型的通用技术，其在发展和演化后已具有非常广阔的应用空间，且它的使用不受任何个人偏向的约束和引导，可以服从于所有行业和活动的需要③。本

① 白重恩、阮志华主编《技术与新经济》，王森编译，上海远东出版社，2010，第ix页。

② T. F. Bresnahan, Trajtenberg M. General Purpose Technologies “Engines of growth”? [J]. Journal of Econometrics. 1995, 65 (1): 83 - 108.

③ 白重恩、阮志华主编《技术与新经济》，王森编译，上海远东出版社，2010，第xiv页。

小节拟对国内外学者就信息技术演进对服务经济和信息服务业发展的影响途径和影响模式的研究成果进行回顾。

关于信息技术创新对经济增长的作用，王欣①归纳为三个基本方面，即IT资本的深化、信息部门全要素生产率的提高和其他部门生产率的增长。德朗（J. B. Delong）认为，相比于历次产业技术革命而言，信息通信技术强化和延伸的是人的智能，而不是一般工业技术所强化的人的机能和组织的技能②。因此，信息技术并不能代替各个企业本身，但它是促进有效决策、提高劳动效率的重要手段③。鲍恩（T. S. Bowen）④、韦斯特（J. P. West）等⑤认为，当信息技术融入商业程序而成为基本的管理工具时，它就能为企业提供优化的生产和管理流程，使管理知识得以分享以及将其在不同的时间和项目之间进行合理化转移，孕育协同增效和继续学习。C. 夏皮罗（C. Shapiro）和V. 哈尔（V. Hal）⑥运用差异化产品、互补品定价、搜寻成本和转换成本、标准竞争、路径依赖和锁定效应，以及规模经济、范围经济和网络效应、沉淀资本增长和边际资本投资缩减等，论述了信息通信技术对市场结构和产业组织的影响。在此基础上，2005年，V. 哈尔等又出版了《信息技术经济学导论》⑦一书，探讨了技术变迁与市场结构、供给方和需求方的规模经济等问题。技术经济史学家默克尔（J. Mokyr）⑧和克莱福特（N. Crafts）⑨等则通过产业革命的历史比较

① 王欣著《信息产业发展机理及测度理论与方法研究》，吉林大学出版社，2010，第165页。

② J. B. Delong, The Triumph of Monetarism [J]. Journal of Economic Perspectives. 2000 (4). Available at: http://www.j-bradford-delong.net/Econ_Articles/monetarism.html.

③ 聂进：《中小企业信息技术采纳影响因素研究》，科学出版社，2010，第13页。

④ T. S. Bowen, Building Collaboration [J]. Computerworld, 2001, 35 (45): 39-40.

⑤ J. P. West, E. V. Berman, The Impact of Revitalized Management Practices on the Adoption of Information Technology: a National Survey of Local Governments [J]. Public Performance &. Management Review. 2001, 24 (3): 232-253.

⑥ C. Shapiro, V. Hal, Information Rule: A Strategic Guide to the Network Economy [M]. Harvard Business School Press, 1998.

⑦ V. Hal, J. Farrell, C. Shapior, The Economics of Information Technology: An Introduction [M]. Cambridge University Press, 2005.

⑧ J. Mokyr, Innovation and Its Economies: The Economic and Political Roots of Technological Inertia, in Olson M. and Kahkonen S., eds. A. Not So Dismal Science [M]. Oxford University Press, 2000: 61-91.

⑨ N. Crafts, Quantifying the Contribution of Technological Change to Economic Growth in Different Eras: A Review of the Evidence [EB/OL] [2011-04-01]. http://www2.Ise.Ac.uk/economicHistory/pdf/wp7903.pdf.

来分析信息通信技术革命所带来的影响。

在服务经济时代，信息技术正发挥着相比以前各个时期更加重要的作用。信息作为新技术成分形成了不同以往的特殊动力，对地区变革具有催化作用；已成为特别重要的战略资源，正取代劳动和资本成为领导生产的因子，为高效的生产和流通以及经济领域各方面的服务所依赖。正如路紫所说，“本世纪在改变人类行为上比任何其他社会力量起更大作用的将是ICTs”①。萨帕赛特（K. Sapprasert）② 也认为，由于服务活动对于信息技术的这种天生友好，一旦信息技术与服务部门融合，服务业将得到快速发展。国际经合组织（OECD）2000 年的调查③表明，目前服务部门是新技术的主要使用者，特别是服务部门广泛采用了许多新型的信息和通信技术。由此可见，现代服务业与技术进步之间存在千丝万缕的联系，甚至在一定意义上可以认为，现代服务业的出现和演化，本身就是信息技术进步的产物④。

第三节　信息技术演进对信息服务业发展的推动作用

信息技术变革对信息服务业发展的影响，一直是相关领域学者比较关心的问题。总体而言，研究大多基于近 20 年间，随着全球化和信息化进程的推进而呈现出来的两者之间的互动。如金（T. Kim）⑤⑥ 较为系统地研究了全球化维度下的现代产业重构中的新技术驱动的信息服务业的发展。他认为，现代信息服务业同时需要满足感知本地化需求和实时感知全球市场的两难困境，使得信息服务企业的选址成为公司竞争力的一个重要方面。而信息服务业的全球化进程，已经被全球信息城市中的本地

① 路紫：《信息经济地理论》，科学出版社，2006，第 1 页。

② K. Sapprasert, The Impact of ICT on the Growth of the Service Industries [EB/OL] [2010 - 05 - 24] . http: //iri. jrc. ec. europa. eu/concord - 2007/papers/strand6/Koson%20Sapprasert. pdf.

③ OECD. Science Technology and Innovation in the New Economy (2000) [EB/OL] [2010 - 05 - 24] . http: //www. oecd. org/dataoecd/3/48/1918259. pdf.

④ 姚战琪等《技术进步与现代服务业：融合、互动及对增长的贡献》，社会科学文献出版社，2009，第 32 页。

⑤ T. Kim, The Development of the Advanced Information Services Industry: the Global - Local Paradox [D] . Unpublished Ph. D. thesis. University of Newcastle - Upon - Tyne, 1996.

⑥ T. Kim, Geographical Development of the Advanced Information Services Industry [J] . Journal of the Korean Geographical Society. 1999, 34 (5): 531 - 542.

化力量打乱了，现代信息服务业的全球分布呈现出更加明显的地域集中性，这反过来又进一步加强了信息服务业全球发展的不均衡。邓巴克（A. Dolbeck）① 指出，随着技术的不断进步，信息服务企业应根据顾客需求的差异，提供个性化和专业化的服务。这是信息服务业发展的趋势，也是企业将来能否生存的关键。马蒂（R. Marty）② 认为，现代信息技术的发展和广泛应用使得传统的信息服务业，如印刷、出版、报纸、图书馆、广播等产业，既面临严峻的挑战也面临良好的发展机遇；传统信息服务业要与现代信息技术实现各层次的结合，使得传统产业面对新信息技术的发展更具生机。总体而言，上述研究由于所关注的时间跨度较短，因此缺乏从长期来看信息技术的更新换代催生信息服务业新业态的研究。

国内方面，郑英隆曾将信息技术的创新内容划分为几个阶段，20 世纪 90 年代的信息技术创新则以信息网络技术创新为主流。这种技术创新方向的变化，是信息服务业在近十几年来不断发展壮大的深层次原因。他同时指出，在信息网络经济条件下，软件变成在某组概念统率下的“知识综合组织者”，使知识在各网络节点间自由流动，创新知识随着节点的增多呈指数增长；软件成为创新、有效管理和创新竞争优势的核心因素③。牟锐曾以美国硅谷为例，分析了信息技术创新与信息服务业集群之间的伴生关系。他指出，硅谷众多的企业、研发机构、生产机构之间的创新网络十分密集，涵盖了从创新设计、研发到生产、市场投入各个环节。在这其中，很多非生产性公司，比如研发实验、产业设计服务、猎头、风投、法律服务、市场调查、咨询等相关辅助性部门对于创新链的有效运转发挥了重要作用，它们与高新技术企业形成了互补互助的关系，并共同集成于技术创新④。总之，信息服务产业链条中每一个环节丝丝入扣，共同协调发展，最终推动了整个产业不断成熟和完善。伴随技术的不断发展和商业模式的不断创新，信息服务价值链不断延伸，正将越来越多的国民经济行业

① A. Dolbeck, Valuation of the Custom Software and IT Services Industry [EB/OL] [2011-04-01]. http://findarticLES.COM/P/ARTICLES/MI_QA3755/IS_20070430/AI_N19111608/.

② R. Marty, Information Services Overview, in U.S. Industry Quarterly Review [R]. Information Today. 2001, 18 (11): 53.

③ 郑英隆：《信息产业的全球一体化发展研究》，经济科学出版社，2006，第 215 页。

④ 牟锐：《中国信息产业发展模式研究》，中国经济出版社，2010，第 151 页。

纳入其中，其对整个国民经济的带动作用正显著增长①。

前文中，笔者曾对40多年间国内外关于信息服务业的研究进行了回顾，通过研究发现，几乎所有信息服务业的研究者均不约而同地将信息技术作为信息服务业发展和演化的一个默认的，或者说“不言自明”的假设前提。这种观点并不难理解，因为现代意义上的信息服务业的出现，其基本前提就是信息技术在现代经济社会发展中的空前普及及其对人类生产生活的不断渗透。正如陈建龙等所说，信息技术与信息服务的服务手段、服务管理、服务主体、服务意识、服务客体、服务能力和服务前景是互动的关系②。

然而，正是由于所有信息服务业的研究者均将信息技术作为信息服务业的“题中应有之义”，真正从历史的角度系统地反思和回顾信息技术与信息服务业演化之间互动关系的研究反倒并不多见。笔者通过对过去几十年来信息服务业研究的文献计量分析发现，在我国过去的信息服务业研究的历次高潮中，信息管理、科技信息和经济管理背景的学者研究均经历过显著的爆发期，但信息技术背景的信息服务业研究的数量一直保持在较低的水准，这也从一个侧面反映了直接关注信息技术与信息服务业之间联系的研究实际上一直不多。

这一悖论——信息技术的高重要性和低关注度并存——的出现，实际上并不奇怪。因为对技术本身的研究热潮，总是出现在这一技术在相关实践领域中真正普及之前，而非普及之后。正如莫斯可（V. Mosco）所指出的：“新技术的真正力量并不是出现在它们的迷思性阶段，即当它们因为能够带来世界和平、社区复兴，或者终结贫乏、历史、地理或政治而受到热情欢呼的时候；相反，当技术变得稀松平常的时候——真正地（例如，电力）或者象征性地成为寻常之物，它们的社会影响力却达到了顶峰。”③换句话说，人们对信息服务业中的信息技术因素关注度不高，恰恰是信息技术已经成为信息服务业一种根本属性的表现。如果从一个更长的历史跨度来看待这一问题，则可以发现，这一悖论的存在有其特定的时空背景，

① 北京市信息化工作办公室编《北京市信息服务业发展报告2006》，中国发展出版社，2007，第7页。

② 陈建龙、申静：《信息服务学导论》，北京大学出版社，2017，第52～53页。

③ 〔加〕莫斯可著《数字化崇拜：迷思、权力与赛博空间》，黄典林译，北京大学出版社，2010，第17页。

那就是近30年间以计算机和网络技术为代表的一代信息技术大行其道这一特定历史时期。从现代信息服务业研究出现之初，信息技术就主要指以计算机和网络技术为代表的现代信息技术，其发展的轨迹基本是一个单向的不断普及、不断渗透的过程。过去数十年间信息服务业研究中对信息技术问题的“忽视”，在某种程度上恰恰说明了信息技术在信息服务业发展中所具有的不可或缺的基础作用。

另外，通过对国内外信息服务业研究的系统回顾发现，过去几十年间，国内外信息服务业的研究视角普遍经历了一个从“信息”视角向“服务”视角的转变过程。这种转变的出现，其背后的根本原因也与以个人计算机和网络技术为代表的一代信息技术从兴起到普及的历史进程密切相关。具体而言，这种内在联系表现为两个基本层面：一方面，信息技术的普及和推广应用，是信息服务业之所以产业化而从一般的信息服务活动中独立出来的根本原因——这恰恰是早期“信息”视角的信息服务业研究关注的主要问题；另一方面，信息技术在全社会各个领域内无处不在的渗透作用，又使得信息服务从依附于科技活动领域而迅速蔓延到经济社会发展的各个领域，信息服务业也得以成为一个横断性、支撑性和战略性的服务活动门类——这又是“服务”视角的信息服务业研究出现的现实基础。

如此，我们可以对过去几十年中信息服务业研究视角的迁移路径做出这样的描述：在早期，信息服务业是脱胎于科技信息服务的，其依附于科技产业活动的特征比较明显，尚未形成完全独立的产业形态，因此早期的信息服务业研究多关注信息技术和网络技术等对于传统信息服务活动带来的深刻影响，从属于“信息产业”的研究传统。而随着信息服务业越来越脱离科技信息服务业的范围，其产业形态越来越完善，产业自身的集聚效应和辐射效应不断加强，最终发展成为一个对经济社会发展具有举足轻重地位的产业类别。在这一过程中，人们对于信息服务业产业定位的认识也在不断迁移，越来越多的人开始关注信息服务业作为“服务业”的集聚性、辐射性和独特的运作规律。不同国家与地区信息服务业转向的早晚，也与信息技术在这些地区普及程度的高低呈正相关关系。

目前，全球范围内以物联网、云计算、传感网等为代表的新一代信息技术也得到世界各国的高度重视。欧、美、日、韩等国和地区纷纷推出各种雄心勃勃的新一代信息技术发展计划。新一代信息技术的兴起，对信息服务业的服务创新必然带来十分深刻的影响。如前所述，既然上述信息服务业研究“转向”的背后，是对应于以计算机和网络技术为代表的一代信息技术的兴起与普及，并且与特定时空背景和技术经济背景密切相关，那么这种研究的“转向”本身也并不是一个固定或者单向的历史进程，恰恰相反，它也很可能会随着新一代信息技术的普及与应用而出现一个新的轮回——这是当前信息服务业研究需要高度重视的时代背景。当前，在信息技术面临全面升级、新一代信息技术产业已经得到世界各国高度重视的历史时期，对于信息服务业的研究，不能简单沿用过去的某一种研究范式。而必须站在历史的高度，基于演化经济学的研究视角，思考在信息技术与信息服务演化的历史进程中，两者相互作用、相互影响的历史脉络。基于对这种研究脉络的梳理，预测和分析新一代信息技术出现和壮大的过程所催生的信息服务业新模式和新业态。

第六章　信息技术创新驱动信息服务业创新：历史回顾

经济史学家莫里斯 - 铃木（T. Morris - Suzuki）曾指出，通过100年前就已开始的一系列实践，公司结构合理化和工作重组的过程就已经以研究生产如何进行的管理信息为基础，且反过来产生新的信息[①]。信息技术的发展历程，并不仅仅包含计算机和网络技术兴起后风起云涌的几十年时间。同样地，信息服务业尽管只是在近三四十年间才引起学术界的重视的，但其诞生和发展的历程同样可以追溯到很久以前。夏肯（H. Shaiken）也认为，企业寻找一个衡量信息生产的价值和产值的标准的努力要早于数字计算机的问世，它差不多与公司形式被运用于商业企业是同步的[②]。换句话说，如果我们把信息技术看成在现代计算机诞生之前很早就有的一种经济技术现象，那么信息服务也同样经历了一个相当漫长的过程；在这一过程中，信息服务业也不断发展和壮大着。本章拟对近代以来信息技术和信息服务业在发展中相互作用和不断演变的历程做一个简要回顾，以期从中发现信息技术作为一种技术经济现象而不断演进的基本规律，以及在这种演进的过程中信息服务业新业态不断被催生出来的动力模型。

本章的研究主要从历史研究和划代研究的角度展开。历史研究法是对创新和技术进步问题研究的主要方法之一。技术创新经济学是二战以后出现的一个重要经济学分支。1956年，经济学家罗伯特·索洛（R. M. Solow）[③] 提出了全要素生产率增长算法，并发现高达87.5%的增长无法使用各投入要素的增长率来解释，这就是著名的“索洛残值”（Solow Residual）。索洛

---

① T. Morris - Suzuki, Robots and Capitalism [J], New Left Review , 1984, 160 (4): 120 - 121.

② H. Shaiken, Work Transformed: Automation and Labor in the Computer Age [M] . New York : Holt, Rinehart and Winston, 1984: 34 - 50.

③ R. M. Solow, Technical Change and the Aggregate Peoduction Function. Review of Economics and Statistics. 1957, 39 (8): 214 - 231.

残值表明，经济的发展高度依赖于技术进步，而技术进步的过程是一个充满不确定性的非线性演进过程①。创新经济学或技术进步经济学家们普遍反对新古典经济理论对技术外部化的理论假设②，在研究方法上，也放弃基于严格假设的计量和模型方法，转而高度重视技术史和企业史研究，并于20世纪七八十年代形成了一个独特的流派，即演化经济学派。本章总体上也属于技术创新经济学和演化经济学的范畴，并同样以历史研究法作为主要研究方法。本书对信息技术驱动信息服务业发展的机制与途径的分析，遵循演化经济学的基本观点，即认为包括信息问题在内的一切经济现象的“演化过程包含着持续的或周期性出现的新事像（Novelty）和创造性，并由此产生和维持制度、规则、商品和技术的多样性”③。当然，本书并不像演化经济学那样关注技术演进在整个社会经济系统中运行的一般规律，而是采用一个相对中观的视角，分析近代以来随着信息技术的不断进步，信息服务业的业态和服务模式的不断演化，以及这种变化与信息技术变革之间或紧或松、或明或暗、或直接或间接的关系。具体来说，本书将近代以来的信息技术创新史和信息服务创新史作为分析的两条主线，通过对近代以来信息技术演进和信息服务业新业态涌现的系统回顾，提出信息技术演化进程中信息技术创新与信息服务创新之间互动关系的分析框架。

在历史研究法的整体框架之下，本书对于近代以来信息技术和信息服务业演进历程的回顾，则主要采用划代分析的方法。划代分析法是经济史和技术史学研究的基本方法之一，是一种针对很长时段内某一特定现象演进的宏观态势进行分阶段对比的分析方法。这种方法可以上溯到以布劳代尔（F. Braudel）、布洛赫（M. Bloch）等为代表的年鉴学派（Annales School）的若干做法。历史年鉴学派相信，“地理、经济、社会洪流的存在，使得检验历史上潜在的可观察事件背后的长期结构过程与延续成为可能”④。因此，年鉴学派往往关注长达一个世纪甚至数世纪之久的时间段

① R. Nathan, Uncertainty and Technolohical Change// Ralph L., Taylor T., Wright G. The Mosaic of Economic Growth. Stanford University Press. 1996.

② 路风：《走向自主创新：寻求中国力量的源泉》，广西师范大学出版社，2006，第32~33页。

③ 克里斯·弗里曼、弗朗西斯科·卢桑著《光阴似箭：从工业革命到信息革命》，沈宏亮译，中国人民大学出版社，2007，第2页。

④ C. Lloyd, Explanation in Social History［M］. New York: Basil Blackwell. 1986: 112.

内的社会结构变迁，并通过对不同时代经济社会运行情况的纵向比较，找出其中的共性规律和个性差异，从而分析出在大的历史尺度下，决定社会经济运行方向和路径的更加本质性的东西。在经济学领域，划代分析的理论渊源是经济周期理论。马克思就曾指出，资本主义的基本矛盾运动，使得资本主义经济危机的爆发具有周期性，并依次经历复苏、高涨、危机、萧条四个阶段。在马克思之后，关于经济周期问题的研究一直为技术经济史学家们所关注。很多著名的技术经济学研究者，如康德拉季耶夫（N. D. Kondratieff）、欧内斯特·曼德尔（E. Mandel）和美国社会积累结构（Social Structure of Accumulation，SSA）学派等分别提出了决定不同的经济演化周期的技术创新“长波理论”，将近代以来的西方资本主义社会发展划分为若干大的历史阶段，并把不同阶段的演进与技术领域的重大进步联系起来。不难看出，“长波理论”实际就是对经济发展的一种划代分析思路。本书对信息技术与信息服务演进规律的分析同样借鉴了“长波理论”的基本分析思路，即认为每一代信息技术从出现、兴起、成熟到被下一代技术取代的过程是一个不断循环的技术经济周期，在这种长周期的经济波动中，某些基本规律是固定不变的，并决定了技术创新系统在一个相对稳定的轨道中不断循环前进。而信息服务作为由信息技术通过直接和间接方式驱动的附加品，在这种技术经济周期的更替中也不断进行着新陈代谢。本书试图引入划代分析的思路，通过对信息技术变革的代际划分，分析不同代信息技术和信息服务业的代际传承关系，比较不同代信息技术和信息服务业业态的基本特征，以从中找出具有普适性的基本规律，并将其作为后续研究开展的理论基石。

第一节 从“剩余价值吞噬者”到价值创造者

一 近代以前的信息技术与信息服务

陈建龙指出，人们对于信息的需求很早就产生了，但是现代意义上的信息服务业的兴起却相对较晚①。信息服务古已有之，早在秦汉时期，我国就已经形成一套驿传制度，这在某种意义上可以说是现代信息传输服务

① 国家统计局普查中心：《我国信息服务业的现状、问题与对策研究》，[2011－04－01]. http：//www. stats. gov. cn/tjfx/ztfx/decjbdwpc/t20030814_ 97724. htm.

的雏形。在两汉时期，人类进入以文字传播为主的时代，造纸术和印刷术的发明，是古代信息技术的一次重要进步[①]，并催生了诸如消息报送、印刷出版、图书馆（藏书楼）等信息服务活动[②]。但是近代以前以自给自足为基本特征的经济社会形态，则决定了信息服务活动尚难以被称为“产业”。人类历史上的大部分时间，从原始社会末期开始，一直到产业革命之前，农业一直是人类社会的主导产业。农业经济的基本特征就是自给自足、消费与生产合一，家庭是其生产和消费的基本单位。在这种情况下，交易很难产生，因为生产出来的产品主要用于满足生产者的基本生活所需[③]。在这一阶段，由分工和交易产生的企业信息服务需求几乎没有。同时，由于人均消费能力较低，大多数人的需求只限于维持其生命及家庭延续，个人服务需求很少，更没有广泛的个人信息服务需求。

在这样的背景下，近代以前的信息服务活动大多是政治和军事活动的附属产品（如我国古代的烽火制度，就是出于国防需要而产生的信息传输活动），很少由单纯的经济活动产生。除了一些小范围、零散的信息服务活动外，这一时期缺乏产生和发展生产性和消费性信息服务业的必要条件。戈公振曾专门论述汉朝邸报的出现原因，他指出，汉朝幅员广阔、工商繁荣、文化发达，各藩王与汉武帝之间关系密切，对于京师的政治情报，就产生了殷切的信息需求[④]，这种信息需求就是典型的政治活动的产物。到封建社会中后期，城市文明不断发展，农业劳动者普遍产生了移居城市的愿望。城市的发展和城市经济的逐渐强大，使得社会阶层出现大规模分化，城市中产阶层人数大大增加，这部分人群在满足其基本生活需求的同时，也产生了一部分消费性信息需求。到我国明代时，手写信息传播已经成为上至首辅、下至平民百姓的日常工作和生活中的一种重要信息服务，出现了诸如朝报、京报、塘报、牌报、邸钞、急选报、日报传抄等各种针对不同受众和不同用途的信息报送形式。

但总体而言，在近代工业革命之前，人类社会并没有真正意义上的信息服务业。一方面，信息技术发展相对缓慢，对于推动这一时期的信息服务模式创新的作用尚未明显体现出来；另一方面，则是源于农业经济时代

① 方汉奇：《中国新闻传播史》，中国人民大学出版社，2002，第 3 页。

② 李敬一：《中国传播史论》，武汉大学出版社，2003，第 205 ~ 225 页。

③ K. Bucher, Industrial Evolution [M]. Toronto: Toronto University Press. 1901.

④ 戈公振：《中国报学史》，上海古籍出版社，2003。

自给自足的经济模式，使得诸如新闻、广告、市场调查、法律、金融服务之类的信息密集型活动尽管很早就已经产生了，但“根本不是生产性的”[①]。P. 巴伦（P. Baran）和 P. 斯威齐（P. Sweezy）在回顾近代以前的广告活动时指出，广告“构成了大公司系统本身不可分割的一部分”，但是广告花费“明显与生产和分配的必要成本没有关系，不管你是多么广泛地界定成本概念”[②]。因此，他们将与信息相关的一系列生产经营互动称为“剩余价值吞噬者”（Surplus Eaters）。到 19 世纪末，曾被巴伦和斯威齐视为非生产性的大部分信息密集型活动，主要还是通过自我雇佣的个人来完成的[③]。马克思则认为，“在很大程度上，这类工作甚至并没有达到从形式上被归为资本的地步，本质上属于过渡阶段”，因此它们是“当从总体上来考虑资本主义生产时，可以忽略的边缘现象”[④]。

二　近代以来信息服务业的兴起

农业社会的经济社会形态对信息技术商业化的这种阻碍作用，直到近代早期电报出现之后依然体现得十分明显。早在 19 世纪初，电报技术（包括光学电报）已经在欧洲，尤其是法国得到高度重视。但这种发展依然不是市场驱动的，而是依附于政治和军事目的：法国大革命期间，光学电报曾被作为动员全国民众和战场通信的重要技术手段。帕特里斯·费里奇（P. Flichy）认为：“电报变成一个现实，只是因为它是一场巨大的思想动荡：由启蒙运动准备的法国大革命的动荡的组成部分。出现在法国大革命时代的一种法国式的空想就是普世性：以均匀的方式重新划分空间……以保证一种完善的信息交往并使社会变得自我透明。”[⑤] 然而，法国社会在电报的商用和私人用途方面却阻力重重。当时的一种共识，就是为了阻止私人出于商业利益而利用电报从事投机、垄断和非正当竞争，必

---

① 〔美〕席勒著《信息拜物教：批判与解构》，邢立军等译，社会科学文献出版社，2008，第 9 页。

② P. Baran, P. Sweezy, Monopoly Capital: An Essay on the American Economic and Social Order [M]. New York: Monthly Review, 1966: 125.

③ 〔美〕席勒著《信息拜物教：批判与解构》，邢立军等译，社会科学文献出版社，2008，第 9 页。

④ K. Marx, Capital Volume 1: The Results of the Immediate Process of Production [M]. New York, Labor Publications, 1976: 1044 – 1048.

⑤ 〔法〕帕特里斯·费里奇著《现代信息交流史：公共空间和私人生活》，刘大明译，中国人民大学出版社，2008，第 31 页。

须由政府控制电报的使用。当时法国集权思想主导的结果，使得国家限制了私人网络的发展，而这些在法国大革命中建立的国家电报网络，又随着法国大革命的消退而被废弃，并最终被后来兴起的商业电报网络取代。直到19世纪下半叶，电报才在自由主义主导的英美等国得到了普遍发展，并“引领了区别于国家网络的网络的产生”①，在这些国家，商业自由主义构成了一个有利于电报发展的优越环境，技术创新和商业革命最终形成了一场伟大的共振式发展。

“信息服务不会一直是一个自我雇佣的领域”②，近代以后，信息技术和信息服务第一次摆脱自给自足式小农经济模式的束缚，信息服务业由此产生，其大规模的商业化运作，使得信息与产业发展和社会生活的结合越来越紧密。今天，曾被称为“剩余价值吞噬者”的信息服务业的发展，以及信息存储、处理、复制和传送等领域的技术创新形成的合力，加速了现代资本主义生产中生产者与产品和生产过程越来越多的分离。昔日的“价值吞噬者”摇身一变而成为“价值创造者”。正如席勒（D. Schiuer）所述③：

> 在被纳入大型企业或进入专业服务公司的岗位之后，先前自我雇佣的从业者日益转变为直接的生产性工资劳动者。他们的劳动不仅增加了汽车的价值，更加重要的是为会计公司、广告代理商、研发实验室、公共关系公司和企业营销部门的老板创造了剩余价值。这一趋势还在继续，而且在教育、出版、医药以及其他被资本接管的社会劳动领域，事实上还在加速。

服务经济学应用杨格（A. Young）的分工理论解释现代服务业出现的思路，也有助于理解我们近代以后信息服务业出现的原因。黄维兵认为，服务业的产生和发展是适应社会分工的结果④。产业分工深化会不断延长

① 〔法〕帕特里斯·费里奇著《现代信息交流史：公共空间和私人生活》，刘大明译，中国人民大学出版社，2008，第40页。

② N. Garnham, Contribution to a Political Economy of Mass - Communication ［J］. Media, Culture and Society, 1979 (1): 123 - 146.

③ 〔美〕席勒著《信息拜物教：批判与解构》，邢立军等译，社会科学文献出版社，2008，第9页。

④ 黄维兵：《现代服务经济理论与中国服务业发展》，西南财经大学出版社，2003。

企业生产和交易链条，并不断拓展企业交易规模、交易频率、交易种类和交易网络规模，在这一过程中，交易信息量增加导致的交易信息不对称现象也会越来越突出。在这种情况下，能够掌握多少信息量，将成为各个交易主体实现自己交易意愿的关键性因素。面对复杂多变的外部市场环境，每个交易者都去自己搜集和整理信息的成本必然很高，会导致大大推高交易成本。在这种情况下，专门负责收集、整理、提供和发布信息的机构，比如广告业、咨询业、中介服务、评估代理服务等信息服务机构就应运而生了。

在本章接下来的内容中，笔者拟对近代以来信息服务业演化与信息技术之间的互动关系史做一个系统回顾，通过这一回顾可以发现，正是这种信息技术与信息服务业之间产业形态的共振，形成了信息技术革命与产业变革之间普遍联系的桥梁，从而引发了企业运营模式的一次次巨大变革。为便于表述计，在下文中，除非特别所指，所谈到的数次信息技术革命均不考虑近代以前的情况。

第二节　服务规模经济：第一代 IT 与信息服务业

一　第一代信息技术及其经济社会影响

在前文中，笔者曾将信息技术的演进维度划分为信息内容技术和信息载体技术两类。按照这样一种对信息技术演进维度的划分视角，在近代以前，由于大规模工业企业尚未出现，人类在生产生活中需要处理的信息量不大，因此信息技术创新的需求一直主要来自信息载体技术方面。近代以来，人类社会开始从古老的商业时代进入工业时代，在这一过程中，以电报、电话等为代表的信息技术对于改变企业的组织形态起到至关重要的作用。这是人类历史上信息技术与产业革命之间产生的第一次共振效应：电报、电话等信息技术的出现，为企业开展大规模的工业化生产提供了技术条件；而大规模工业化生产所产生的巨大信息量，又催生了信息技术的下一次革命，即以计算机为代表的信息处理技术的革命性进步。

这一时期的信息技术革命的主要特征，就是电首次作为信息的载体被引入[①]。这是人类通信史上的革命性变化，因为电信号能够瞬时穿越以往

① 王达生、王先冲编著《信息科技简史》，中国水利水电出版社，2010，第 123 页。

需要数周甚至数月才能穿越的空间距离。这种载体技术的巨大飞跃，对人类社会的生产活动产生了两个方面的影响。

首先，是空间不确定性的不断消弭。随着电报、电话的出现和大规模普及，以往在空间上因为距离遥远、通信时间漫长而产生的巨大不确定性被有效地消弭了。1865 年，林肯遇刺之后，路透社通过一条穿越大西洋的电缆传输的电报而率先得到这条消息，当即被伦敦股票市场的投机者们斥为谣言，然而之后到达的急件证明了这一消息——路透社也因此而获得巨大声望，一举确立其“在新闻代理方面的卓越地位”①。这一历史事件预示着，人类第一次具备了消除遥远的空间距离所带来的巨大不确定性的能力，并最终对人类社会的运行造成了深远影响，这种影响包括现代期货制度、交易所等的建立。如 R. R. 约翰（R. R. John）所描述的②：

> 虽然电报并没有彻底消除投机交易，但是它却改变了投机行为的性质。既然价格数据能够通过电报方式传输，那么商人们就不能利用他们预先知道的远处的价格差别信息进行投机买卖了。取而代之的是，他们开始通过猜测在未来某个特定日期农产品最有可能的价格进行投机。这样，时间就取代空间成为最大的未知数。很快，这种活动就导致了期货市场的建立。

其次，则是规模经济和范围经济的兴起。19 世纪中后期起，以电报和铁路为依托的交通及通信网络，大大降低了分销过程中的风险和储藏成本，从而为生产和分销过程中利用规模经济和范围经济奠定了技术基础和组织基础③。而电话通信系统更是“以多种方式塑造了美国的商业”④。R. R. 约翰指出：电话为高层管理者提供了监督领班、中层经理以及其他下属的有力工具，这就促进了工厂车间与行政办公机构实现地理上的分离，这是形成中央办公区的一个必要前提。

---

① 〔美〕保罗·利文森著《软边缘：信息革命的历史与未来》，熊澄宇等译，清华大学出版社，2002，第 53 页。

② 〔美〕钱德勒等编《信息改变了美国：驱动国家转型的力量》，万岩等译，上海远东出版社，2008，第 84 页。

③ 〔美〕小艾尔弗雷德·钱德勒著《规模与范围：工业资本主义的原动力》，张逸人等译，华夏出版社，2006，第 55 ~ 57 页。

④ 〔美〕钱德勒等编《信息改变了美国：驱动国家转型的力量》，万岩等译，上海远东出版社，2008，第 101 页。

二　第一代信息技术驱动的信息服务新业态

与信息技术领域的革命性进展相呼应，产业革命的发生，使得近代以来人类社会中工业部类的产值规模、就业人口等比重不断上升，并成为主导部门——这又与社会化分工的出现与不断深化相伴相生。亚当·斯密认为，分工、专业化的过程，就是生产和消费分离，并形成迂回性生产的过程①。在这一演变过程中，企业成为基本的社会生产单位，家庭蜕变为单纯的消费单位。与农业经济中消费与生产合一相比，在工业经济中，生产性活动大量被剥离出消费单位（家庭），以土地、资本、劳动力为核心的生产要素市场大量出现，并成为重新组合分配产业要素的制度安排工具，大大加速了社会生产的效率。另外，由于企业规模、组织层级和管理复杂度不断增加，企业内部协调成本不断上升，当内部成本超过外部交易成本［“科斯天花板”（Coasean ceiling）出现］时，企业就会将零部件生产、原料采购、市场销售等环节外包出去。在这一过程中，企业逐渐实现了施蒂格勒（G. J. Stigler）所说的由全能型企业向产业内专业化分工的转变②。社会分工的发展，使得劳动生产率大大提高，同时衍生出更多的中间需求，交易的中间产品种类增多，以及部门交易变得更加复杂和交易数量扩大，最终导致整个产业体系的总产出增大。这一阶段，社会分工的出现与深化导致了大量双方交易的出现。而交易的普遍化，恰恰是信息服务向现代意义上的信息服务业形态转变的基本前提。

一方面，由于工业化的不断深入，跨地区（国别）、跨行业的股份制大型企业日益成为产业主导，这又对社会分工造成了深刻影响，企业对生产性服务的投资不断增加。工业生产的进步，需要不断提升产业的科技水平和生产制造水平，这需要各种先进技术和数据的支撑，这就促使企业不断加大对信息咨询、技术中介、市场调查等服务活动的投资——因为这越来越影响到生产企业的产品能否广泛迅速地占领市场。而服务业的发展，需要借助于现代通信工具的不断完善，这又直接催生了现代通信传输服务业的诞生和发展。

另一方面，自19世纪50年代开始，工业企业开始大规模利用电报所

① 〔英〕亚当·斯密著《国富论》，唐日松等译，华夏出版社，2005。

② 〔美〕G. J. 施蒂格勒著《产业组织与政府管制》，上海人民出版社、上海三联书店，1996，第22页。

提供的通信服务，从而有效地管理协调公司的生产与销售，而这种协调成为工业时代商业企业的一个关键特征①。由于新的通信和交通基础设施的建造打开了更广阔的市场，生产技术得以改进，大规模量产型的制造业企业开始出现。以往只有巨大的铁路公司才会面临的内部协调和控制问题开始扩散到经济的各个领域。随着公司的组织结构同时向垂直方向（增加管理层）和水平方向（增加底层工人和部门的数量）扩张，新的中层经理（大部分是工程师出身）感到他们正失去对生产流程的控制，缺乏协调正在导致生产混乱和效率低下②。为了应对这种压力，系统化管理的思想开始出现。系统化管理思想的核心，就是要利用一个精心设计的系统以实现管理控制并达到较高效率，这包含两个核心任务：（1）通过把个人责任和业务程序系统化和文档化，使组织的运行不再依赖个人，无论其是业主、经理还是普通工人；（2）通过系统化的方法收集和分析信息，以此作为企业协调运行的基础，系统化管理的原则要求书面交流而不是口头交流③。在这种情况下，随着产品数量和产品种类的增加，公司运营和管理中产生了大量信息，既包括报告或部门间文件等非数字化信息，也包括财务报表数据、销售市场分析等数字化信息。这种信息需求激增的一个佐证，就是负责处理信息的办公室文员数量快速增长——在美国，办公室文员数量就从1870年的仅仅74200人发展到1920年的2837700人，增长了37倍之多④。

从消费性信息服务需求的角度看，邮政网络、电报、电话等信息技术，创造了全新的信息服务消费需求，从而催生出很多新的信息服务业态。在整个19世纪，邮局成为西方国家的信息服务中心，无论是在乡村、小城镇还是在大城市，邮件的到达都是人们日常生活中的一件大事，因此那时的邮局差不多都坐落在商业区的中心地带，并且经常会聚集很多渴望获得最新消息的人⑤。电话等语音通信技术的革新和大规模普及，又促进

① 〔美〕钱德勒等编《信息改变了美国：驱动国家转型的力量》，万岩等译，上海远东出版社，2008，第87页。

② 〔美〕钱德勒等编《信息改变了美国：驱动国家转型的力量》，万岩等译，上海远东出版社，2008，第111页。

③ J. Yates, Control through Communication: The Rise of System in American Management [M]. The Johns. Hopkins University Press, 1989: 159 - 160.

④ K. F. Angel, Engendering Business: Men and Women in the Corporate Office, 1870 - 1930 [M]. Baltimore: Johns Hopkins University Press, 1994: 4.

⑤ 〔美〕钱德勒等编《信息改变了美国：驱动国家转型的力量》，万岩等译，上海远东出版社，2008，第67页。

了“那些依靠专业技术和语言技能建立其文化权威（Cultural Authority）”的阶层的崛起，包括律师、银行家、医生等在内的一大批知识密集型服务活动从业者，开始成为职业中产阶级的一个重要组成部分①。社会成员对于信息服务消费欲望的增加，既源于人们收入和知识水平的普遍提高，也源于人们对于提高自己在市场上竞争能力的强烈诉求。彼得·F. 德鲁克（P. F. Drucker）指出，在这一阶段，知识具有了新的意义，它被应用于工作，这引起了生产力革命，并将无产阶级转变为具有较高收入的中产阶级②。

值得注意的是，在现代信息服务业发展刚起步的时期，这一行业的大规模整合思维就占据了主导地位。由于信息所具有的普适、通用和横断支撑的特征，信息服务业（特别是以大众通信服务为主导的信息传输服务业）的发展离不开国家力量的支持、强有力的行业整合和具有远见的行业领导者的引领。正如加兰博斯（L. Galambos）在研究贝尔电话公司发展历史时所指出的：“通信产业发展早期的一代极具天才的商业领袖们轻视竞争，笃信公共监督、系统整合和技术专长的独特理念，让他们有一种使命感。正是这种使命感，最终使 AT&T 成为极具创新性的公司”③。因此，信息服务业的行业整合，从现代信息服务业形成之初就开始出现了。1881 年，贝尔电话公司获得了美国西部电气公司的控股权，并使之随后成为贝尔公司长期的排他性电话设备供应商——这可看作当下各种 IT 公司垂直整合产业链上下游的先驱。

综上，从 19 世纪中期到 20 世纪初，以铁路邮件、电报、电话等信息技术为代表的第一代信息技术，催生了诸如电报通信服务、铁路邮政服务、家庭电话服务、期货交易、市场行情通报服务、企业电话系统服务等一代信息服务业新业态。在企业管理领域，那些应用于企业生产和运营过程中的远程通信技术，对企业实现跨越地域的远距离协同生产和运作提供了条件，从而引发了钱德勒所说的服务经济和范围经济革命，第一代信息服务业为这种规模经济的有效运作提供了必不可少的服务支

---

① 〔美〕钱德勒等编《信息改变了美国：驱动国家转型的力量》，万岩等译，上海远东出版社，2008，第 102 页。

② 〔美〕彼得·F. 德鲁克：《后资本主义社会》，傅振焜译，东方出版社，2009，第 10 ~ 43 页。

③ L. Galambos, N. Theodore, Vail and the Role of Innovation in the Modern Bell System [J]. Business History Review. 1992, 66 (1): 123.

撑与保障。

第三节 应对海量信息：第二代IT与信息服务业

一 第二代信息技术及其经济社会影响

规模经济和生产与经营的空间分离，使得企业需要处理的信息总量开始激增，人类历史上首次面临针对大量信息的分析处理技术的发展需求。随着公司的增长、信息流的增加和办公室职员数量的增多，企业对用于信息处理的办公用品的需求飞速增加。在1879年到1919年，美国制造业公司仅仅花费在办公用品一项上的资金总额就增长了2700%[①]。信息需求的持续增长促进了信息处理技术的供给不断增长，在19世纪末到20世纪初的几十年中，企业在管理中采用了大量信息技术，包括收款机、打字机、加法器、记账和簿记机器、表格技术、图形表示法、计算器、制表系统等。这些信息技术的采用，主要目的除了对信息的记录、存储之外，更重要的则是对信息的检索、分析和交流等[②]，因此这一波信息技术大多数属于信息内容技术的范畴。在这些信息技术中，制表技术堪称计算机最直接的先驱，它主要由三部分设备构成——卡片穿孔机、排序机和制表机。可以看出，它已经具备计算机的基本架构：输入设备（卡片穿孔机）、存储设备（卡片）、处理设备（排序机）、输出设备（制表机）。正因如此，J. Yates指出，在计算机诞生前的信息技术和基于计算机的信息技术之间，制表技术是一个重要桥梁[③]。

从20世纪60年代开始，数字计算机开始得到迅速商用。这一信息技术的变革，使得分散在组织不同部门的信息处理能力得到空前提高。同时，随着企业规模和经营领域的不断扩大，一些大公司（如通用电气公司等）开始倡导“分权化管理”的思想[④]。以多分支机构为主要特征的“多

① 数据根据美国人口调查局统计数据计算而得，转引自〔美〕钱德勒等编《信息改变了美国：驱动国家转型的力量》，万岩等译，上海远东出版社，2008，第115页。

② N. C. Richard, The Typewriter and the Men Who Made It [M]. University of Illinois Press, 1954: 59－73.

③ 〔美〕钱德勒等编《信息改变了美国：驱动国家转型的力量》，万岩等译，上海远东出版社，2008，第134页。

④ 〔美〕小艾尔弗雷德·D. 钱德勒著《看得见的手——美国企业的管理革命》，重武译，商务印书馆，1987，第551页。

部门功能层级结构”（Multidivisional Functional Hierarchy，又称 M 型机构）开始出现。采用这种结构的公司会视不同市场的需要而设立拥有自主经营权的事业部，每个事业部都包括垂直的生产部门（例如制造或市场）和员工管理部门（例如财务或采购）。最初问世的大型计算机，以及运行其上的层次结构数据库系统——例如 IBM 的 IMS（信息管理系统）——正好体现了这一组织结构①。

在这里，信息载体技术和信息内容技术之间体现出一种明显的前后逻辑关系：电报、电话等信息载体技术的出现，使得现代大工业生产和中央商务区的出现成为可能，而这种生产经营模式的变革，又催生了用于企业运作和管理的大量信息，这种对海量信息的处理需求进一步催生出各种新一代信息内容技术，后者成为计算机技术的先驱。因此，各种信息技术的演进，尽管从表面上看似彼此之间并无明显关联，但如果将其放在整个技术经济史演化的大进程中看，则其前后之间的历史推演逻辑十分清晰。这种内容技术和载体技术之间相互催生、交替演进的规律，在 20 世纪的几十年间，同样表现得十分明显，后文中将对此加以详细论述。

二　第二代信息技术驱动的信息服务新业态

大规模的遵循层级制管理制度的现代巨型企业，是世界经济的规模化运营发展到高级阶段的产物。然而，与规模化经营带来的交易成本降低相伴生的，是企业规模扩张带来的内部管理成本上升的趋势。企业管理成本主要来自企业对内部参与各方的利益协同和资源共享的花费，企业规模越大，则企业的管理成本就越高，当企业内部管理成本高于企业内部交易相比在市场交易所节省的成本之后，企业就失去了存在的意义。这就是所谓“科斯天花板”理论。因此，随着现代工业体系中专业化生产的不断完善，在社会分工基础上，产业越来越呈现供应链不断延长的迂回化生产特征，企业内外部的生产和管理越来越复杂，管理成本越来越高，越来越依靠外部的专业化服务支持。在这种情况下，“外包”成为规模化企业维系生产发展的必然选择。这一过程是企业不断将原来

① 〔美〕钱德勒等编《信息改变了美国：驱动国家转型的力量》，万岩等译，上海远东出版社，2008，第 221 页。

由企业内部从事的服务活动外部化给专业性服务企业的过程。因此，直接为市场交易提供基础设施服务的生产性服务业是现代服务业中发展最快的部分①。

这种大规模、层级式的企业管理需求，使得系统管理的思想开始盛行，这对企业信息服务提出了两方面的需求。首先，是全新的企业投资和成本会计方法的出现。从19世纪五六十年代开始，以纽约－伊利铁路公司为代表的一批大型企业开始尝试并推行新的财务会计方法②，这些新的会计方法以广泛的内部文档流动的方式收集和储存信息，并需要一套详细而复杂的体系来分析、处理和传送信息。其次，大型公司内部出现的大量纵向和横向流动的信息。向下流动信息包括规章制度、管理指令、操作规范、情况通报等，这些信息确保了大型公司各个业务环节基层人员操作的标准化。部门之间则通过横向的信息流动来实现生产的协同开展。从下向上流动的信息主要是下级向上级汇报的生产第一线的实际情况，以作为决策层实施监督和制定决策的基础。

因此，19世纪中叶到20世纪早期的信息技术进步，与信息服务业新业态之间形成了一种比较显著的因果关系。首先，这一时期的信息技术在很大程度上消除了空间距离对企业生产经营活动带来的阻碍；其次，这种空间性的消弭，使得企业的规模化经营和大范围经营成为这一时期经济社会运行的重要形态；最后，规模经济所催生的巨大信息服务需求，以及分工社会结构下的信息交易化的出现，成为现代信息服务业产生的历史背景。这一时期信息服务业的主要业态包括电报服务、现代邮政服务、电话服务、办公信息处理服务等。

这一时期是以海量文献信息处理为使命的图书管理、档案管理等信息服务行业发展的黄金阶段。19世纪末到20世纪初，随着文件分类系统与系统化管理方法的关系越来越密切，有关文件分类和档案整理的文章陆续出现在管理期刊上和有关档案整理的教科书或专著中。耶茨（J. Yates）指出，在这一时期出现的很多针对企业内部信息管理的技术和设备，包括立式文件柜、文件分类方法、卡片数据等，都“可溯源到图书馆界的做

① 〔加〕格鲁伯、沃克著《服务业的增长：原因与影响》，陈彪如译，上海三联书店，1993，第220页。

② 〔美〕小艾尔弗雷德·D. 钱德勒著《看得见的手——美国企业的管理革命》，重武译，商务印书馆，1987，第114～120页。

法”[①]。此外，公司内部文件管理和档案管理的需求，又促使专业的档案管理服务这一行业最终出现。正是在这种强劲的行业需求的推动下，这一时期的图书馆学、档案学理论等取得了大发展，并奠定了其学科基础。稍后，计算机检索服务的出现，使得情报学也最终成为一门独立学科。

综上，从20世纪初到70年代，以打字机、加法器、表格技术、图形表示技术、计算器、制表系统以及后来的计算机为代表的第二代信息技术，催生了诸如卡片数据分析服务、计算机系统集成服务、情报检索服务、个人信息处理、办公自动化、企业财务管理等一系列信息服务业新业态。在企业管理领域，正是与规模经济和范围经济相适应的大规模层级式企业的盛行，使得企业总部汇集了来自各地各部门的大量信息，企业面临着前所未有的处理海量内外部信息的挑战。第二代信息服务业正是以应对这些海量信息的处理为主要使命的。

第四节 走向网络互联：第三代IT与信息服务业

一 第三代信息技术及其经济社会影响

第二代信息技术诞生的产业基础，是大规模的层级式企业的盛行。然而有意思的是，尽管诸如卡片分类、财务数据分析、文件存储设备等技术出现的初衷是维持高度集中的层级式企业结构的有效运转，但由于上述信息存储和分析技术的出现，部门和个人处理信息的能力大幅提升，反而导致“部门、个人以分散化的方式存储文件得以迅速蔓延”[②]。这又催生了对公司内部乃至公司之间进行便捷和广泛信息交流的需求。正是这种需求，使得自20世纪中叶计算机兴起并在企业应用之后，企业经营者开始积极尝试将计算机通过网络联结起来，从而达到共享公司内部不同电脑内数据资料的目的。

自20世纪70年代初开始，非联网的大型机批处理的工作方式开始发生变革，计算机通过通信线路与输入设备如穿孔卡、读卡器等实现了联

① 〔美〕钱德勒等编《信息改变了美国：驱动国家转型的力量》，万岩等译，上海远东出版社，2008，第119页。

② J. Yates, Control through Communication: The Rise of System in American Management [M]. The Johns. Hopkins University Press, 1989: 62 - 63.

结；后来，在读卡器的方式上又进一步改进，可以使用“哑终端”直接利用键盘向计算机输入数据。允许多个用户分时共享大型机的联机工作模式也得到广泛应用。这种联网处理的趋势在20世纪80年代微机普及之后，变得更加不可阻挡。由于个人电脑在组织中的普及，个人信息处理能力得到极大提高，通过员工之间信息共享而达到提高效率和较少损耗的全面质量管理（Total Quality Management，TQM）理念开始普及。到20世纪80年代中期，各组织开始将信息视为一种资源，层次型的组织结构被打破。在这一背景下，客户机－服务器架构的企业内联网开始出现，并成为组织内部信息资源共享的基本载体；以网络为中心的计算（Network Centric Computing，NCC）理念开始出现①，网络时代最终到来。

网络技术的变革，对人类社会产生了巨大影响。卡斯特（M. Castells）曾指出，在以微电子技术为基础的网络技术最终大规模普及之前，人类社会尽管也存在如铁路、远洋定期客轮以及电报等构成的自身具有重新配置能力的类似全球网络的第一批基础结构设施，但由于通信技术便捷性和并发性的落后，基于社会组织的网络化形式存在许多重要的限制，当其规模、复杂性以及交互容量超越一定极限时，与垂直组织的命令和控制结构相比，它们的效力要低一些。因此，人类不得不采用传统的垂直组织结构，这一现象塑造了人类历史：国家、宗教机构、战争统治者、军队、官僚机构及其管理生产、贸易和文化的下属机构②。计算机网络技术在出现后的几十年间以让人惊讶的速度从广度和深度两个方面迅速拓展了原有的局部、稀疏的人类传播网络。计算机技术和网络技术的大规模普及，使得人类知识和信息传播网络变得日益复杂和密集，其影响力也日益增强。随着时间的流逝，本来作为人类沟通辅助工具的网络，越来越成为人类大脑的重要延伸。甚至可以说，网络的出现最终“导致进化向纯粹思维的领域飞跃”③。从人类交流的工具演化来看，在近代以前，人与人之间的交流只能通过自然的方式进行，很难形成大规模的群体交叉式互动模式；而近

① A. K. Cebrowski, Network－centric Warfare: Its Origin and Future［J］. US Naval Institute Proceedings, 1998: 59－73.

② 〔美〕卡斯特主编《网络社会：跨文化的视角》，周凯译，社会科学文献出版社，2009，第5～9页。

③ 〔加〕莫斯可著《数字化崇拜：迷思、权力与赛博空间》，黄典林译，北京大学出版社，2010，第21页。

代以后，借助网络和计算机技术，人类才逐渐实现了多对多的大规模交叉互动。另外，从人类的社会结构演进来看，近代以前，由于人与人之间的沟通渠道十分有限，社会结构基本是由无数个相对孤立的小圈子组成的，圈子与圈子之间的维系途径很少，力度也比较有限；整个社会的协同运作则主要通过共同的社会伦理和知识等组成的软文化维系，并基于此构建起等级式的社会结构。近代以后，电报、电话等技术手段加强了原来的小圈子之间的跨界合作，“地球村”初步形成，另外，电视、广播等点对多的大众传播手段的出现，又使得社会文化的趋同性得到强化，原来的软文化维系能力得到了强化，社会的等级结构更加稳固。网络时代则可以看作人类迈进新时代的一个过渡，因为网络，尤其是 Web 2.0 的出现，使人类首次获得了在全世界范围内进行大范围交叉互动的能力，多对多的交互形式在全人类的层面上首次出现。但由于交互手段的单一，这种影响力还没有完全呈现出来。

在网络社会，比人与人之间的信息沟通方式变革更加具有决定意义的，是作为经济活动主体的企业组织形式的变革。孙伟平指出，网络化的企业组织对传统的科层组织形式的改造，使企业组织由工厂化时期的大量生产转变为弹性生产，或者说从“福特式”生产转变为“后福特式”生产，也即根据客户的需求来从事生产。尤其是信息产业或网络产业，是更具弹性的一种产业，其生产弹性更大、更灵活。新的管理方式则更强调组织内部和组织外部的各种联系、协作和合作关系。企业组织在管理流程上呈现水平化，同时向下拓展出企业网络，所有这些都建构着某种新的企业组织形式[①]。

回顾 20 世纪信息技术的发展可以看出，从制表机、计算机（大型机、小型机、微机）到网络技术的发明和普及，实际上体现了信息技术两个基本维度之间交互作用的另一次轮回：计算机的发明，使得组织内部各个分支机构乃至个人的信息处理能力得到空前提高，这种信息处理能力的提升，是各种现代企业管理思想，包括事业部管理、全面质量管理等得以实现的前提。而这些管理思想的核心，就是组织和整合机构与个人的力量，形成一体化的组织运作机制，这成为网络技术出现和迅速普及的制度基础。在网络时代，互联网和企业内联网等网络基础设施，将消费者、经销

① 孙伟平著《信息时代的社会历史观》，江苏人民出版社，2010，第 48 页。

商和供应商以一种前所未有的紧密程度联结起来，不但大大提高了企业之间服务联动和资源共享的便利性，更使得经济越来越朝向于全球化的方向发展。企业组织越来越呈现高度有机、灵活的网络组织结构。用户需求导向的敏捷制造型企业、以合作创新为特征的网络型企业、企业联盟等成为新时期企业运营的主流模式。

二 第三代信息技术驱动的信息服务新业态

网络时代到来之后，信息已经成为主导全球经济运行的一种关键性要素。正如席勒所说，在电信基础设施的支持下，信息已经成为一种跨越所有经济部门的日益重要的生产要素，这些经济部门涵盖农业、制造业和高科技服务业①。从信息服务业纵向的产业演化来看，信息服务业作为生产性服务业的典型特征在这一时期已经具备，并随着这一时期信息技术和企业运营模式的不断发展而呈现不同的演化阶段。霍顿（T. A. Hutton）②曾总结在西方经济从福特主义时代到后福特主义时代转变的过程中，生产性服务业的角色演化，并将其划分为如表 6－1 所示的三个阶段。

表 6－1 生产性服务业模式演化的三个阶段

阶段 1	阶段 2	阶段 3
辅助管理功能 润滑剂（Lubricating）	管理促进功能 生产力（productivity）	战略导向功能 推进器（propulsive）
◆会计 ◆库存控制 ◆公共关系 ◆证券交易	◆管理咨询 ◆市场营销咨询 ◆咨询工程 ◆商业银行 ◆商业地产	◆信息和 IT 技术 ◆创新与设计 ◆技术合资公司 ◆全球金融中介 ◆国际大型项目融资
1950～1970 年	1970～1990 年	1990 年至今

可以看出，作为生产性服务业典型代表之一的信息服务业在 20 世纪后半叶的产业定位的演变，也可以归纳为从“管理促进”向“战略导向”的提升。

① 〔美〕席勒著《信息拜物教：批判与解构》，邢立军等译，社会科学文献出版社，2008，第 29 页。

② T. A. Hutton，Service Industries and the Transformation of Asia－Pacific City Regions［M］. Singapore：Centre for Advanced Studies，National University of Singapore，2001.

首先，1973年微机问世以来，信息技术进入了个人计算机为主导的时代。微机时代的到来，大大降低了信息技术在组织中扩散的应用成本，较低的成本使计算机能够在组织内普及，同时，组织也变得更加网络化，从而打破了中层管理和高层管理之间的界限[①]。管理咨询、企业流程管理等企业服务需求的扩展，催生了CIO等信息化职位的出现，同时催生了信息咨询、IT外包等生产性信息服务业新业态的诞生。

其次，20世纪80年代中后期开始，信息技术从企业内联网逐渐演化到全球互联网的阶段，网络时代最终到来。网络时代的互联网和企业内联网等网络基础设施，将消费者、经销商和供应商以一种前所未有的紧密程度联结起来。企业组织越来越呈现高度有机、灵活的网络组织结构[②]。网络时代大大提高了企业之间服务联动和资源共享的便利性，更使得经济越来越朝向全球化的方向发展。这一阶段典型的生产性信息服务业应用，如企业资源规划（ERP）、企业信息共享服务等，则越来越成为企业创新发展的核心动力，发挥着战略导向器和推进器的重要作用。在这一阶段，企业越来越多地将其自身价值链的多个环节外包出去，使得信息服务业的服务范围覆盖了创意策划、研发设计、营销推广等生产经营的核心环节，产生了良好的联动性和引导性。而这些环节恰恰是企业价值链中所谓“软三元”[③] 的部分，具有极高的附加值。

在生活性服务业领域，信息服务的手段和模式不断进步，特别是互联网等新兴信息技术的广泛应用，使得信息服务提供商得以超越市场的时空界限，依托各种虚拟平台，向消费者提供远程教育、电子商务、远程医疗等服务活动。此外，由于互联网等的飞速发展，信息服务的内容、形式、覆盖范围大大扩展，集成不同类型、不同介质、不同来源的服务内容于一个服务接口，从而为人们提供“一站式”集成信息服务的新模式开始

---

① 〔美〕钱德勒等编《信息改变了美国：驱动国家转型的力量》，万岩等译，上海远东出版社，2008，第221页。

② N. Hohrie, R. G. Fxcles, Networks and Organizations: Structure, Form, and Action [M]. Boston: Harvard Business School Press, 1992.

③ “软三元”理论最早由郎咸平教授提出。他在其著作《供应链管理：香港利丰集团的实践》一书中指出：“一件商品在美国的零售价是四元，其生产成本仅为一元，要再减少实在困难，只有从另外的三元入手。这三元就是供应链各个环节的价值，包括产品设计、原材料采购、物流运输、批发零售、信息和管理。从这个方向思考，企业尚有很多机会可节省成本、增加利润，而供应链管理的重点就是在这‘软三元’内的工作。”

兴起。

综上，从 20 世纪 70 年代到 2000 年前后，以局域网、企业内联网、互联网等为代表的第三代信息技术，催生了诸如网络集成服务、电子商务服务、网络社区服务、网络门户服务、ERP、CRM、SCM 等为代表的一系列信息服务业新业态。在企业管理领域，第三代信息技术的出现，源自第二代信息技术对个人和部门信息处理能力的有效提升，使得个人之间、部门之间乃至公司之间进行信息交流和共享的需求空前提升。而为满足这种信息交流与共享需求而出现的第三代信息技术，则给企业的生产和经营模式带来了空前深远的影响。

第七章　信息技术演进规律与信息服务业创新驱动机制

在对信息技术与信息服务业发展历程回顾的基础上，本章拟归纳出信息技术演进和信息服务业新业态涌现的基本规律和动力机制，以作为后续章节论述未来新一代信息技术图景下信息服务业新业态出现的理论基础。本章的论述沿着两条基本脉络展开：首先，分析自近代以来三代信息技术演进本身所具有的内在规律，以此为基础，对下一代信息技术所应当具备的技术内涵和规律性特征进行演绎；其次，分析三代信息技术演进与信息服务业新业态涌现之间的互动机制，为后文分析新一代信息技术所驱动的信息服务业新业态提供一个完整的分析框架。

在展开正式论述之前，首先对信息技术演进对信息服务业新业态的“驱动”作用做一个明确界定：就本书的总体观点而言，笔者认为近代以来信息技术的演进对于信息服务业新业态的驱动作用十分明显。但这种观点与常规所认为的“技术决定论”思维有着明显差异。本书的研究主要基于演化经济学的历史研究范式开展，因此所关注的历史事件的时间跨度更大，分析层面也更宏观。这种观点最早可以追溯到熊彼特（J. Schumpeter）在20世纪初提出的关于经济社会发展的循环流转的观点。他认为，社会发展的循环内因在于新事物的创造性突变所引发的内在动态均衡过程，“每个经济时代……成为下一个时代的基础，不仅为下一个时代提供技术基础，而且还引致这样的结果：引导经济共同体的成员在下一个经济时代，以同样的方式重复同样的过程。”[①] 在这里，熊彼特实际上区分了两种不同的技术进步模式的影响。笔者将其称为“技术创新”和“技术变革”，技术创新可以是细微的、局部的甚至仅仅是表面

---

① J. Schumpeter, Therory of Economic Development: An Inquiry into Profits, Captial, Credit, Interest, and the Business Cycle. Havard University Press. 1934: 43.

的；而技术变革则是显著、全局和深刻的技术进步。引发技术创新的原因很多，既可以是技术创新主体自发驱动的，也可以由企业管理甚至经济发展政策推动，是一种技术驱动和需求拉动交叉作用的模式，在很大程度上，技术创新可以通过创新政策的科学规划和实施来有效地推动；而技术变革则一定是由某一个或一系列科学技术领域的重大突破驱动的，这种重大突破来自科学家的探索和创造精神，它很难通过产业规划或政治意识的作用人为实现。

在信息技术领域，强调信息技术创新和信息技术变革的区别的意义则在于，在信息技术的代际演进没有实现一轮完整的螺旋式上升之前，信息技术的任何进步都只能用“创新”而不是“变革”来形容。在信息技术的一个完整轮回完成之前，信息技术创新与企业业务模式变革之间的关系永远都是相互促进、相互依赖的。换言之，在很多情况下，与其说信息技术是改变企业业务模式的必要条件，倒不如说，是企业业务模式的变革催生了信息技术的创新。本书所谈到的信息技术演进，主要针对信息技术变革的现象而言，而对于信息技术领域无时不在发生着的渐进式创新活动，尽管其同样会催生很多新的信息服务项目，但由于其驱动的方向和机制很难明确，在本书中并不过多涉及。

更进一步说，从微观细节上看，即便信息技术变革驱动信息服务创新的最终方向相对明确，但其具体过程依然十分复杂。因为从信息技术成果到信息服务产品的转化过程中，随时可能会因为种种突发情况的出现而需要创新主体角色调整或轮转（如技术研发人员在成果转化后期将被界面设计和服务设计人员所取代）、转化过程折返甚至叫停（如信息技术在应用过程中发现缺陷或问题而需要重新进行基础应用研究等）。因此，在这样一个多波段、多回旋的复杂过程之中，试图归纳出信息技术对信息服务业新业态作用的具体路径是很难的。本书的研究主要遵循演化经济学的历史研究范式，力图从更大尺度的宏观历史演进周期中，考察信息技术对信息服务业新业态涌现的驱动作用。因此，本书并不打算过分纠缠于微观层面上信息技术变革对信息服务创新的驱动作用的实现细节，而是着力于描述这种驱动的最终方向，并落脚于分析预测信息技术演进驱动的信息服务业新业态的模式、特点和类型。

第一节　近代以来信息技术演进的基本规律

学界关于信息技术进步的研究中，总结和归纳的信息技术演进的基本规律很多。然而，总体而言，这些研究成果或者其所关注的核心问题是信息技术进步的经济规律，如梅特卡夫定律（Metcalfe Law）、马太效应（Matthews Effect）、边际效益递增律等[①]；或者尽管关注信息技术本身的演进规律，但所考察的时间跨度很短，仅为十几年或几十年，如摩尔定律（Moore's Law）等。本书拟基于对近代以来信息技术发展的系统回顾，梳理和归纳出长时间跨度内信息技术本身的演进规律。

一　技术-服务共振共生律

关于技术和经济社会发展的关系，是技术经济学界关注已久的经典话题。一般认为，技术与经济之间相互促进、相互制约、共同发展。在现代社会，技术进步是推动经济社会发展的根本性推动力，但技术进步本身又受到当时当地的社会经济环境的制约。正如费尔南·布罗代尔（F. Braudel）所说："一种革新，只有符合支持它和强制它的社会推动力才有价值"[②]。技术与经济之间伴生关系的另一个原因，则是技术进步与经济发展之间的关系过于复杂，个人的创造发明、企业的进取精神、技术政策的倾向性、技术工人的创新素质等，都可能干预科学发现、技术创新与社会应用的过程。因此卡斯特称之为"复杂的互动模式"[③]。

回顾信息技术100多年来的发展历程可以发现，信息技术发展的过程同样具有这种特征——尤其体现在信息技术与信息服务（业）之间的互动关系上。在总结信息技术革命的本质时，卡斯特曾指出："当前技术革命的特性，并不是以知识与信息为核心，而是如何将这些知识与信息应用在知识生产与信息处理及沟通的设施上，这是创新与创新的运用之间的一种

① 陈东：《信息技术创新的组织实施问题研究》，上海财经大学出版社，2011，第14页。

② 〔法〕费尔南·布罗代尔著《15至18世纪的物质文明、经济和资本主义（Ⅲ）》，顾良等译，三联书店，1993，第477页。

③ 〔美〕曼纽尔·卡斯特著《网络社会的崛起》，夏铸九等译，社会科学文献出版社，2006，第4页。

累积性反馈回路。”[①] 他所谈到的“创新”与“创新的运用”之间的互动反馈关系，实际上就是此处所说的信息技术与信息服务的关系，笔者将其总结为“技术－服务共振共生律”。严怡民等则将其总结为“信息基础设施业与信息服务业的对称律”[②]。近代以来信息技术的发展和普遍应用，极大地改变了企业的生产经营过程和个人的消费行为模式，从而为信息服务业的创新发展提供了无限空间；另外，企业生产经营过程的变革催生出的众多信息服务活动，又反过来对信息技术的创新提出了更高要求。

近代以来，电报、电话等第一代信息技术的出现，为企业总部与生产车间的物理分离提供了条件，催生了以规模经济和范围经济为基本特征的众多大型企业。这些大型企业生产经营过程中产生的海量信息处理的需求，使得办公信息服务、会计信息服务、人力资源信息服务等信息服务形态不断涌现。而为了应对这种海量信息处理的需求，以自动制表技术、文件管理技术、自动报账系统等为代表的第二代信息技术随即出现，并最终成为计算机技术的先驱。这是信息技术与信息服务的第一次共振共生效应。

第二代信息技术，包括计算机技术的出现和普及，又极大地提高了部门和个人的信息处理能力。信息资源成为维系企业生存和发展的关键性要素，信息资源管理服务应运而生。而人们占据尽可能多的信息资源的本能，使得第二代信息技术普及后的企业开始由严格的科层制模式向事业部模式转变，M 型企业成为这一时期企业经营模式的主流。这种去中心化和离散化的信息分布态势，使得在企业内部的信息流动迅速突破了上下级之间的局限，而更多朝向于个人之间、部门之间、企业之间的常态化流动。这种信息交流服务的强烈需求，催生了以计算机网络为代表的第三代信息技术。这是信息技术与信息服务的第二次共振共生效应。

与以互联网技术、Web 2.0 技术为代表的第三代信息技术相适应的，是以敏捷化、虚拟化、扁平化、定制化和网络化为特征的经营管理模式成为主流模式，与这种企业运营模式相对应的，是以信息技术外包、电子商务、客户关系管理、供应链管理等为代表的一代信息服务。第三代信息技术飞速发展的一个结果，就是网络带宽正迅速向计算机内部总线的方向靠近，而这种通信技术上的飞跃，带来的则是计算模式的革命。谷歌首席执行官埃里克·

① 〔美〕曼纽尔·卡斯特著《网络社会的崛起》，夏铸九等译，社会科学文献出版社，2006，第 27 页。

② 严怡民等《现代情报学理论》，武汉大学出版社，1996。

施密特（Eric Schmidt）曾有一个著名的论断："当网络变得和处理器一样快时，计算机中的信息就会释放出来，遍布整个网络"①。在这种情况下，单体计算机的概念实际上已经被淡化了，取而代之的是作为一个有机体的互联网。这种计算模式的颠覆性变化，现在被赋予了一个商业化的名称，即"云计算"。这是信息技术与信息服务的第三次共振共生效应。

二 载体 - 内容交替演进律

在以上分析中，笔者曾经多次表达过一个观点，那就是自近代以来，信息内容技术和信息载体技术这两个信息技术演进的基本维度之间，表现出一种十分明显的互为依托、交替演进的态势。笔者将其称为近代以来信息技术的"载体 - 内容交替演进律"：信息载体技术发展到一定阶段之后，必然会带来新一轮的对信息处理技术的创新需求，反之也一样。在过去100多年中，信息技术经历了从"电报、电话"（载体技术）到"制表技术、计算机"（内容技术），再到"企业内联网、互联网、Web 2.0"（载体技术）这样两次交替演进的过程，目前正面临新一轮的交替，即从载体技术向内容技术的转变，这就是以云计算、嵌入式计算、网络计算、分布式计算等为代表的计算模式的革命性发展。

如笔者在上一小节中所表述的那样，这种信息技术的演进逻辑，并不是单纯的技术或技术群本身的进步，从电报、电话到计算机，各种信息技术之间并没有直接的技术上的因果关系。只有从信息与社会经济发展互动关系的整体出发，在整个信息技术经济史演化的大进程中看待这种技术演进的历程，才能找出其中的因果逻辑。信息技术第一次交替演进的出现，归功于现代大工业生产和中央商务区的出现，这对处理企业运作和管理过程中产生的大量信息技术提出强烈需求，催生出各种新一代信息内容技术，并成为现代计算机技术的先驱。信息技术的第二次交替演进的出现，则是由于第二代信息技术对部门和个人的信息处理能力的巨大提升，使得规模化企业的信息分布的离散化趋势越来越明显，进而导致事业部型企业架构出现，产生了处理企业内部和企业之间的电子化信息交流的需求，这成为企业内联网和互联网出现的经济社会基础。

图 7 - 1 简要地展示了近代以来信息技术演化的基本路径。

---

① 〔美〕斯蒂伯著《我们改变了互联网，还是互联网改变了我们?》，李昕译，中信出版社，2010，第36页。

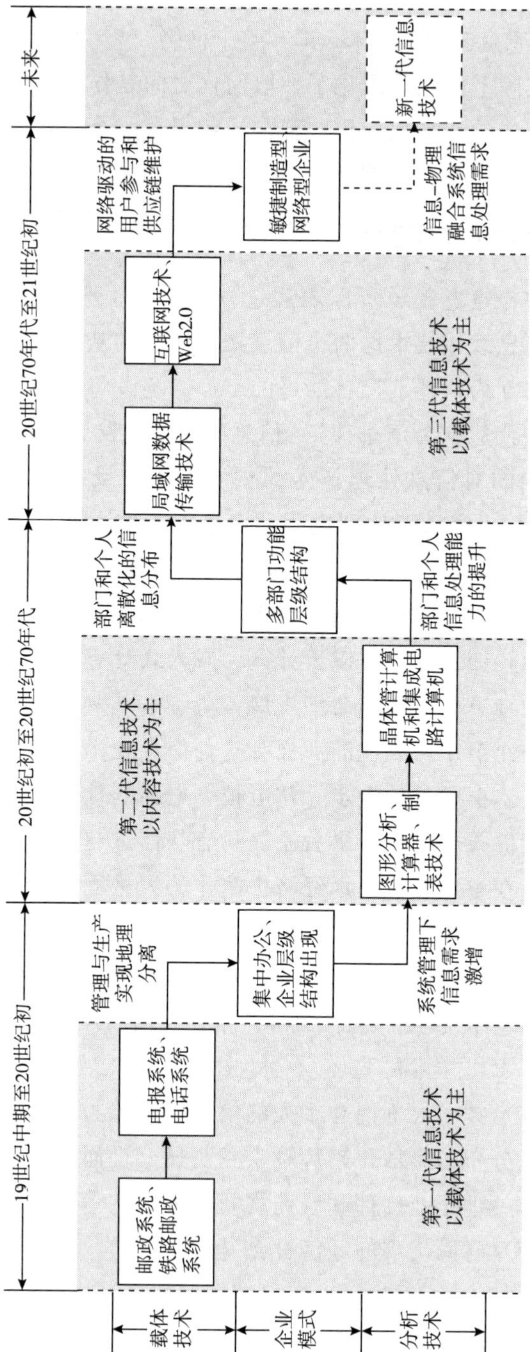

图7-1 近代以来信息技术演化升级的路径分析

当然，应当承认，本书此处所说的这种维度之间的交替演进规律，并不是一种硬性和机械的切分。实际上，每一代信息技术的作用都是二元统一的，计算机技术中同样涉及信息的传输问题，而电话技术中传输的也是信息的内容。本书在此处所做的这种区分，来自第一章中基于布瓦索的信息空间三维度理论而进一步归纳形成的“形式”（信息载体技术）和“内容”（信息内容技术）二分法。这种划分方法的内在假设，是以信息技术得以研发和产业化为主要目的，可以按照是不是对信息内容的处理而进行区分。例如，电话技术尽管也涉及对信息内容的编码处理，但这种处理依然是为信息传输服务；而计算机技术中所涉及的信息内容传输，则是为了便于计算机内部各部件之间的协同运转，以实现对信息更加高效可靠的处理。因此，此处所说的不同维度之间的交替演进，是一种辩证的关系。

基于上述分析，笔者认为，新一代信息技术的出现，也应当在信息技术演进的这样一个大的历史逻辑之中运行。然而，这种演进并不是简单的技术维度的切换，还是一个新一代信息技术吸纳、包容、超越上一代信息技术的螺旋式上升的过程。只有明确了这一点，才能更好地理解以云计算、物联网等为代表的新一代信息技术的技术和产业内涵。

三　吸纳－融合螺旋上升律

螺旋式上升是一个哲学术语，意指事物变化发展的方向和道路总是由肯定到否定再到否定之否定的循环往复的前进过程。信息技术的载体－内容交替演进的过程，并不是简单地从一种技术向另一种技术的切换。如前所说，由于这种交替演进是嵌入信息技术和经济社会变迁的大的历史进程中的，因此这种技术演进维度的交替过程，实际上其背后的演化逻辑，是经济社会发展的新需求，无形中规定了信息技术演进的大方向，而最终选择某一种或几种技术成为主流技术，则是一个包含无数理论探索和技术试错的复杂过程。但无论信息技术演进的过程如何多变，其最终演进的结果，一定是产生了一个既能很好地满足经济社会发展的新需求，又能够较方便地实现对现有信息技术的传承和发展，同时还满足商业化运作下成本降低的标准的新的技术方案。

第一代信息技术的出现，包含了对过去传统的信息技术进行融合和超越的成分：铁路邮政技术的成熟，逐渐替代了传统的马车邮政的通信方式；电话在商用之初，则选择以传统的通话管、拉铃索等家庭内部通信设施的升级技术的方式打开市场。第二代信息技术的出现，实际上可以看作对第一代信息技术的补充，这些主要用于公司总部管理和业务运行的信息处理技术，和电报、电话等远程通信工具构成的生产控制系统一起，形成能够胜任大规模科层制企业运营所需的“完整的信息处理过程”[①] 能力。第三代信息技术则从技术上就是对单个计算机的计算能力和计算模式的提升和一定程度的整合。

这也提示我们，下一代信息技术的技术内涵，是信息技术演进维度从上一代的信息载体维度向信息内容维度的交替；而其产业内涵，则是网络技术发展到一定阶段之后，企业间信息交互和传播能力空前增强的前提下，发展和提升对不同主体间信息资源群落的高效集成和时空综合处理能力。具体内容将在第八章继续展开。

第二节　信息技术催生信息服务业新业态的 TICP 模型

通过对近代以来信息技术与信息服务业演化历程的回顾，可以发现，信息技术的更新换代，与信息服务业新业态涌现之间具有明显的互动作用。而这种互动的影响和发挥作用的渠道是多样化的，其中既包括与信息技术的出现或演化直接相关的各类信息服务业新业态，也包括信息技术的出现和普及，改变了个人和企业的行为模式，进而催生出的信息服务业新业态，甚至还包含两种作用共同影响下出现的信息服务业新业态。

这两种作用机制发挥的途径各不相同，但总体而言，前一种情况下信息服务业新业态是直接依附于信息技术的创新而出现，其根本目的是为新的信息技术与经济社会运行之间搭建“桥梁”，起到连通信息技术创新和经济发展的基本作用。这种模式恰恰符合前文提到的“信息”视角，因此称之为信息视角的信息服务业新业态。后一种情况下的信息服务业新业态，则是在信息技术规范应用于企业、组织和个人，对企业运营、组织管理、个人生活等各个方面产生了行为层面的影响之后，由组织和个人的全新信息服务需求而催生的。这种模式则与“服务”视角相对应，因此称之为服务视角的信息服务业新业态。一般而言，后一种信息服务业新业态往往具

① 〔美〕钱德勒等编《信息改变了美国：驱动国家转型的力量》，万岩等译，上海远东出版社，2008，第 134 页。

有个性化、定制化的基本特点，属于信息服务业中附加值较高的部分。

进一步分析，从信息服务业新业态形成的机理上说，信息视角的信息服务业新业态和服务视角的信息服务业新业态均可以从计算模型和经济模型两个角度分别加以区分。信息视角的信息服务业新业态出现的方式，包括直接依附于新的信息技术形态而形成的信息服务业（遵循计算模型），将其称为技术型（Technology - based）新业态，以及新的信息技术与旧有信息技术（服务）之间相互融合而形成的信息服务业新业态（这种融合模式从其微观的形成机理上说，是信息服务企业出于降低成本、形成规模效益等经济目的而推动实现的，因此遵循经济模型），笔者将其称为融合型（Integrated）新业态。服务视角的信息服务业出现的方式，则可以划分为面向由信息技术应用激发最终消费者新信息服务需求的创新服务模式（遵循计算模型），我们将其称为消费型（Consumer - oriented）新业态，以及应对企业因信息技术应用导致的经营模式变化的新服务业态（遵循经济模型），我们将其称为生产型（Producer - oriented）新业态（见图 7 -2）。

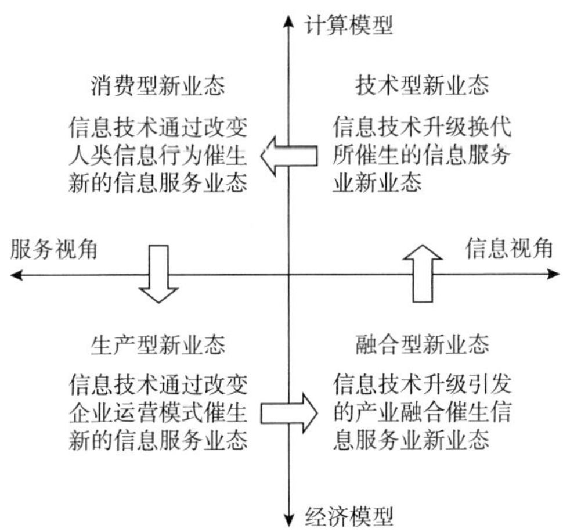

图 7 -2　信息技术创新驱动信息服务创新的基本原理

基于上述基本思路，我们提出图 7 -3 所示的信息技术创新驱动信息服务创新的总体框架。总体而言，技术型新业态和融合型新业态是与新的信息技术直接伴生的服务业态；而消费型新业态和生产型新业态则是信息技术通过改变个人和企业的生产生活行为而间接催生的新业态。这两种新业态的出现，是新技术、技术型新业态和融合型新业态共同作用于企业和个人的行为与运作模式的结果。

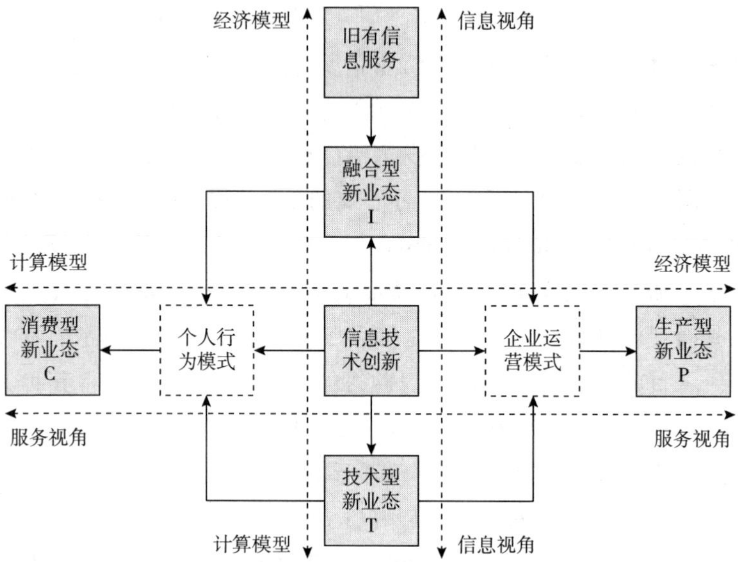

图 7－3 信息技术创新驱动信息服务创新的总体框架

以下部分，基于近代以来信息技术进步与信息服务业新业态演化的历史，分别对融合型、技术型、生产型和消费型信息服务业新业态在各个历史阶段的出现方式进行总结。

一 技术型信息服务业新业态（T）

技术型新业态，是指信息技术创新本身所带来的信息服务业新业态，即直接因为信息技术创新，尤其是新的信息技术形态而出现的信息服务业新业态。这种影响最集中地体现在邮政、电信、大众传播等以现代化信息传播技术为载体的信息传输服务业领域。自近代以来，正是铁路邮政、电报、电话、广播、电视、互联网等信息传播技术的不断变革，催生、培育和壮大了现代信息传输服务业这一庞大的产业体系。很多信息传播服务业领域的著名企业，往往直接诞生于一个或一类技术的创新成果。如贝尔电话公司（AT&T 的前身）成立的源头，就来自公司创始人贝尔在有限语音传输设备领域申请的一系列专利。除大众信息传输服务业之外，很多纯粹的信息技术制造领域的 IT 厂商所提供的系统集成等技术服务，也可以归入技术型信息服务业新业态之中。如 IBM 在转型成为一个综合性信息服务提供商之前，也是一家典型的技术型服务企业，其在发展的早期阶段，主要专注于穿孔卡片数据处理设备的制造，并成为美国仅有的两家制表设备销售商之一，在20世纪50年代才转向计算机生产销售和系统集成领域。

从信息服务的对象上看，这类服务既包括面向企业用户的生产型信息服务业，也包括面向个人用户的消费型信息服务业。一般而言，这类服务所提供的是面向大众的普遍性服务。因此，一方面，这类行业往往具有垄断性或国家控制的特点；另一方面，这类行业在新技术出现的早期，其技术的可替代性较小，往往具有较高的行业附加值，而在新技术进入成熟期和普及期后，随着技术可替代性的提升，市场竞争日趋激烈，行业附加值往往趋于下降。这也是这类企业近年来纷纷希望转型成为综合性信息服务提供商的原因。笔者从对中国、美国、欧盟、巴西等国家信息服务业发展现状的对比发现，欧美发达国家的信息服务业产业构成中，以技术型信息服务业为主的信息传输服务业产值比例普遍较小，在20%左右；而中国、巴西等发展中国家的信息服务业产业构成中，信息传输服务业产值比例则相对较高，巴西为39.8%，中国这一比重更高达47.6%[①]。

当前，在信息技术面临新一轮变革的时代背景下，信息服务业的技术型新业态也正处于喷涌期之中。这些新业态包括以嵌入式软件、传感器、移动通信技术为依托的工业软件服务，以大规模存储和计算技术为依托的云计算和大数据服务，以地理信息系统、移动通信技术、智能终端技术、卫星导航技术等为依托的位置服务（Location Based Service，LBS），等等。由于新一代信息技术已经超出了传统的计算机和网络的范畴，而更加强调与物理世界其他载体之间的无缝结合，因此依托于新一代信息技术的技术型信息服务业新业态的行业外延大大拓展。

这是一个十分值得关注的产业发展趋势，即传统的以计算机服务为主要对象的这一类信息服务业业态正在逐渐向更加宽泛、更加嵌入的方向发展。在行业统计范畴上能够反映这一行业转变趋势的一个例证是：2011年发布的新版国民经济行业分类体系（GB/T 4754－2011）中，将原来的“计算机服务”替换为“信息技术服务”，从而把原G门类“信息传输、计算机服务和软件业”调整为新版的I门类“信息传输、软件和信息技术服务业”。这种表述变化实际上很好地反映了当前技术型信息服务业新业态依托新一代信息技术的服务领域泛化的趋势，即从局限于计算机应用相

① 陈建龙、王建冬、刘合翔等：《信息服务业发展的国际比较研究》，第二次全国经济普查课题研究报告，2010。

关服务而不断扩散到工业控制、市政交通、医疗卫生、智能家居等更加广泛的应用领域。

二 融合型信息服务业新业态（I）

融合型新业态，是指新的信息技术在普及之后，对依托旧有信息技术的信息服务业业态进行升级和融合，从而产生出的信息服务业新业态。大卫·约菲（D. B. Yoffie）将融合定义为各类信息技术之间从功能差异明显到功能逐渐趋同的过程。他以电话和计算机为例，说明了这种技术型融合的实质。大卫·约菲指出，“电话和计算机同样使用数字技术，但历史上它们的功能截然不同，服务的市场也截然不同。数字融合的过程暗示着计算机开始集成有通信设备的功能，电话同样也开始具备计算机的功能”①。换句话说，这种数字融合，可以使得“相同的基础设施可以操作和传输语音、图像和数据”②。

从历史上看，信息服务业的融合发展自信息技术普及以来就一直存在。例如前文所提到的1881年贝尔电话公司对美国西部电气公司的控股权的收购，从而形成了通信服务和电话设备供应的产业链整合。但信息产业领域的产业融合发展问题正式被提出，是在20世纪七八十年代人类社会进入信息时代逐渐成为普遍共识之后的事。如陶长琪指出的，“工业经济的本质是分立，信息经济的本质是融合”③。1977年，日本电气公司（NEC）提出了C&C（Computer and Communications）的口号④。NEC管理层预测，随着数字技术在通信领域中找到合适的位置，通信技术与计算机功能的融合不可避免。1978年，未来学家尼葛洛庞帝（N. Negroponte）用三个重叠的圆圈来描述计算、印刷和广播三大产业的技术边界，认为三个圆圈的交叉处将成为成长最快、创新最多的领域⑤。

---

① D. B. Yoffie, Competing in the Age of Digital Convergence［M］. Harvard Business School Press. 1997：1－2.

② D. B. Yoffie, Competing in the Age of Digital Convergence［M］. Harvard Business School Press. 1997：1－2.

③ 陶长琪著《基于融合的信息产业自主创新与产业成长的协同机制》，中国人民大学出版社，2010，第3页。

④ 冯禹丁、金子肇：《中国好像一块试金石——专访NEC（中国）总裁金子肇》，《商务周刊》2006年第7期。

⑤ 陈映：《规制变革：媒介融合研究的新定向——基于文献回顾与探讨》，《新闻界》2009年第3期。

从信息服务业自身融合产生新业态的途径来看，融合型信息服务业出现的模式包含以下两种。

第一种模式是所谓替代性融合（Convergence in Substitutes），是指新的信息技术对旧有信息服务业业态的升级，或者直接涵盖了旧有的多种信息技术，从而产生新的信息服务业业态。如铁路邮政技术（包括连续分拣式的邮件分发技术等）对传统的马车邮政服务的升级，从而产生了铁路邮政信息服务。再如，计算机技术的普及，使得传统的基于卡片技术的图书馆信息服务向联机检索服务和电子化图书馆的方向发展；而网络技术的普及，又进一步促使图书馆服务与网络信息服务深度融合，出现了“无墙图书馆”和数字图书馆等全新服务模式。再如目前业界普遍关注的“三网融合”技术，就是对过去的互联网、电信网和广播电视网的技术实现融合对接，而这种技术上的融合，又导致基于上述三种网络的各类信息服务业态之间相互融合，从而催生出诸如位置服务（互联网+移动通信网）、移动电视（广电网+移动通信网）、IPTV（互联网+广电网）等各种新的信息服务业态。

替代性融合的信息服务业模式出现的根本原因，就是信息技术的进步。大卫·约菲曾举过一个例子对此进行说明：20世纪70年代，大型机（Mainframe）和微机（Minicomputer）产业是完全独立的，它们分别面向不同的客户，满足其不同的需求，大型机面向商业用户满足其复杂计算的需求，微机则主要完成重复性简单任务。然而70年代中期的技术革新模糊了二者的差别，增加了它们相互间的替代性[①]。由于计算机的网络化和微型化发展趋势日趋明显，大型机的集中式处理和主机/哑终端模式越来越不能适应人们的需求，在这种情况下，大型机的部分功能逐渐被微机所取代；而传统大型机服务则转型为以I/O能力、非数值计算能力、稳定性、安全性等为主要卖点的服务器领域。这可以看作产业替代性融合的一种较为典型的模式。

第二种模式是所谓互补性融合（Convergence in Complements），即一系列具有功能或产业互补性的产业或服务，在同一标准下形成的兼容性集合，并由此而催生的信息服务业新业态。这种模式从表面上看，与信息技

① D. B. Yoffie, Competing in the Age of Digital Convergence [M]. Harvard Business School Press. 1997: 12-25.

术的进步无关，但其本质实际上还是新的信息技术普及后，主导新信息技术的行业企业出于强化产业链控制力的需求，对信息服务的上下游产业链环节进行整合，从而产生新的信息服务业态。如前文所提到的贝尔电话公司收购美国西部电气公司，打造电话设备制造－销售－服务上下游一体化的产业链。近20年来，IT服务领域这种并购式融合的案例更是举不胜举。较典型的如1995年专业信息服务业企业EDS兼并了管理咨询企业科尔尼咨询公司，从而实现了从IT服务到战略服务的产业链整合。2002年IBM收购普华永道，使IBM具备了为企业提供从策略变革、应用科技服务、应用管理服务、市场营销服务到财务管理、人力资产管理服务、客户关系管理服务、供应链管理及采购服务一体化的整合业务解决方案的能力——这次业务转型事实上成为2004年底IBM甩掉其PC业务并彻底转型为软件和信息服务提供商的重要基础。2007年，全球最大的专业信息服务和出版企业汤姆森公司并购路透集团，从而帮助集团从传统的教育出版领域转型为电子金融和专业信息提供商。

上述四个替代性融合案例的产业路线图各有不同，但均通过对信息服务产业链上下游的并购与整合，使得新成立的市场主体具备了良好的产业链覆盖能力和规模效应，这种并购行为在近20年间的大量发生，事实上催生了许多全新的信息服务业业态。而这类并购行为的背后，无一不是出于信息技术的巨大推动力：第一个案例的技术背景，是电话技术对传统电报技术的取代；第二个案例的技术背景，则是计算机技术对企业运营模式渗透与影响的日渐加强；第三个案例的技术背景，是网络技术的日渐普及，使得IT产业的行业核心环节从传统的单机制造销售逐渐让位于专业化、全覆盖的基于IT的业务整合服务；第四个案例则是传统信息资源与专业智力资源之间通过网络环境实现整合的信息服务新模式。

三 消费型信息服务业新业态（C）

消费型新业态，是指在面向终端消费者的信息服务领域，基于信息技术变革对人类信息行为的影响，间接催生出的信息服务业新业态。信息技术的演进，其技术层面上的升级只是分析信息技术演进的基本维度。作为一种“通用目的技术”和“使能性技术”，信息技术的每一次重大进步，都会给人类社会带来意想不到的深远影响。这种影响，首先体现在对人类行为的影响上。海德格尔曾将技术对人类的影响归之为“集置”（Ge－

stell）作用，并指出“集置的作用就在于：人被坐落在此，被一股力量安排着、要求着，这股力量是在技术的本质中显示出来而又是人自己所不能控制的力量”[①]。尼古拉斯·卡尔（N. G. Carr）在《浅薄：互联网如何毒化了我们的大脑》一书中，非常详尽地回顾了自印刷术以来，数百年间人类大脑和思维方式被信息技术改变的历史。他甚至不无夸张地形容道：“过去几年来，我有一种不祥之感，似乎某些人或某些东西正在熔化改造我的大脑，重布我的神经电路，重写我的记忆程序。我的神志还没有消失——至少到目前为止还没有消失，但是它在改变。我不再以过去习惯的思维方式来思考……”[②]

尽管信息技术对于人类行为的改变十分深刻，但这种改变并不一定总以某种非常明显和剧烈的方式发生，恰恰相反，大多数信息技术的变革在最初的时候并不那么具有明显的“划时代”意义，而总是曲折地、渐变式地普及开来，其对人类行为的改变也总是以一种“润物细无声”的方式悄悄地发生，从而“以微妙的方式持续地对我们的制度模式和文化规范的形成与发展产生深远影响”[③]。消费型信息服务业新业态，主要集中在依托信息传输和信息处理服务基础设施的衍生增值服务上。电话、电报兴起后出现的私人电报传呼服务[④]、私人电话服务等；个人计算机兴起后出现的PC软件服务、电脑游戏、个人信息处理等服务；网络兴起以后，电子商务、网络社区、网络门户等新的信息服务业态，均可以归入这一领域。这类服务面向个人用户的个性化需求，因此服务的针对性更高，附加值也更高。此外，由于这类服务的受众范围一般较小，因此多以中小型企业为主。2011年10月，上海市信息服务业行业协会曾通过对信息服务业新业态的调研，颁发了“新业态、新模式、新应用金点子奖”，获奖的企业包

① 孙周兴：《在思想的林中路——海德格尔的哲学》，载〔德〕海德格尔《海德格尔选集》，孙周兴译，上海三联书店，1996。

② 〔美〕卡尔著《浅薄：互联网如何毒化了我们的大脑》，刘纯毅译，中信出版社，2010，第3页。

③ 〔美〕钱德勒等编《信息改变了美国：驱动国家转型的力量》，万岩等译，上海远东出版社，2008，第60页。

④ 由美国区域电报公司（ADT）在19世纪70年代创设于纽约，用户可以借助一个小手柄向总局发送信号（警察、消防员、医生等）。在发展到巅峰时，这一服务在纽约的用户数量达到3万人，而当时全美电话用户只有15万人。详细介绍参见〔法〕帕特里斯·费里奇著《现代信息交流史：公共空间和私人生活》，刘大明译，中国人民大学出版社，2008，第149～150页。

括快钱、云中书城、我爱我家网等。可以看出，这些企业所提出的新服务模式，实际上均建立在新一代信息技术对人类信息行为的深刻改变的基础上：快钱所提供的电子支付及清结算服务，源于电子商务和网购行为在我国网民中的大量普及；云中书城的发展主要得益于电子书阅读器、智能手机、手持平板电脑等移动智能终端的大量普及，使得网民对通过移动终端阅读电子书的需求空前膨胀；我爱我家网则是一个在家庭装修领域的电子商务网站，其商业模式的最大优势，就是电子商务技术对传统线下家居装修市场的巨大信息不对称现象的有效降低。当前，在互联网对人类信息行为空前改变的背景下，人们对于新的信息服务的技术接受度正处于前所未有的高水平上，可以预见，未来消费型信息服务业新业态将拥有更加广阔的发展空间。

四　生产型信息服务业新业态（P）

生产型新业态，是指在面向企业生产的信息服务领域，信息技术的普及应用，以及与之相伴生的企业生产、运营和管理模式变革，所共同催生出的各种生产型信息服务业新业态。信息技术的普遍应用，从深层次上改变了企业的组织架构和业务模式，正如凯希（J. I. Cash）①所指出的，信息的主导范式与组织结构的主导设计范式是相关的。荆林波②曾参照波士顿咨询公司研究报告，梳理了自 20 世纪 60 年代到 21 世纪初的几十年间，信息技术在沃尔玛公司的供应管理与订单管理中应用的历程，如表 7－1 所示。

表 7－1　沃尔玛公司供应链管理发展的历程

年份	供应管理	订单管理	信息技术
1969	计算机跟踪存货		数据库
1980	条形码技术	可以利用条形码了解订单流向	条形码技术
80 年代	横向物流管理		

① J. I. Cash，Building the Information－Age Organization：Structure，Control，and Information Technologies［M］. Chicago：R. R. Donnelley，1994.

② 荆林波：《信息技术对服务业的渗透与影响——对“鲍穆尔模式”的再思考》，《财贸经济》2004 年第 7 期。

续表

年份	供应管理	订单管理	信息技术
1985	地区的分销中心 开始采用电子数据交换	集中采购	分布式数据交换
1986	全面推广电子数据交换 首次采用卫星定位系统 引入无线扫描枪	多层次采购	卫星定位 无线扫描枪
1989	72 小时订货到送货的时间		
1990		IT 供应商通过网上进行销售分析	网络技术
1992	应要求当天送货	通过订单分析系统加快信息沟通和共享	数据挖掘
1995	减少店员	加快供应链速度	
1998		用于小型/当地供应商的自动化供应链	
90 年代后期	与宝洁公司联合开发“有效顾客反应系统”	向商店经理和大堂经理提供顾客购买类型的详细资料，并且通过视图连接	多媒体技术
2000	网站访问量增长 570%	感恩节获得 11 亿美元的史上最大单日销售量	
2001	启动网站改造	引进搜索引擎，提高消费者查找商品效率	搜索引擎
2003	推广 EIIINT AS2，建立行业标准系统	其他大零售商开始接受沃尔玛的标准系统	标准化

从表 7－1 可以看出，信息技术在沃尔玛供应链管理的不断应用，实际上是与沃尔玛供应链管理模式的不断改进相伴生的。随着沃尔玛的供应链管理朝着即时化、弹性化和标准化的不断演进，数据库管理、条形码技术、分布式数据交换技术、数据挖掘技术、多媒体技术、搜索引擎技术等不断被应用到公司的业务流程中去。

当前，新一代信息技术出现，也深深扎根于企业业务模式的变革之中。而随着信息技术融入商业程序而成为基本的管理工具，技术就能为企业提供优化的生产和管理流程，使管理知识得以分享以及将其在不同的时间和项目之间进行合理化转移，孕育协同增效和继续学习[①]。在这一过程中，会在企业生产经营的各个环节催生出种种新的信息服务业形态。可以说，这类信息服务业新业态在整个信息服务业发展的历程中是最活跃也是最关键的一部分。

基于TICP模型，对近代以来的三代信息服务业的具体形态进行简单总结，如表7－2所示。

表7－2　近代以来三代信息服务业的形态对比

信息服务	第一代 (1850s～1910s)	第二代 (1910s～1970s)	第三代 (1970s～2000s)
信息技术	载体（传输）技术 铁路邮件、电报、电话	内容（处理）技术 打字机、加法器、图形表示技术、制表技术、计算机技术	载体（传输）技术 企业内联网、互联网
T	电报服务、电话服务	打字服务、卡片数据分析服务、计算机应用服务	网络集成服务、互联网服务
I	铁路邮政服务	机器检索服务	电子商务服务
C	私人电报传呼服务、私人电话服务	PC软件服务、电脑游戏、个人信息处理	网络社区服务、网络门户服务
P	期货交易、市场行情通报、企业电话系统	办公信息处理、财务信息管理、文件管理服务	ERP、CRM、SCM、IT外包

第三节　信息技术催生信息服务业新业态的条件分析

如前所述，信息技术变革催生信息服务业新业态的过程实际上是一个复杂多变、充满不确定性的过程。尽管本书主要探讨的是在一个较长的历史尺度中，信息技术的重大变革对信息服务业新业态的驱动作用，着力于对这种驱动作用最终方向的描述。但应当指出，这种驱动作用并不是无条件或者绝对的，它会受到来自产业创新政策、配套条件、用户接受能力、

① 聂进：《中小企业信息技术采纳影响因素研究》，科学出版社，2010，第13页。

竞争对手以及技术本身的创新生命力等多种条件的制约。基于此，本小节拟对信息技术驱动信息服务业新业态出现的历史条件做一个初步的梳理和归纳。

一　政策支持力度

回顾近代以来信息技术驱动信息服务业新业态发展的历史可以发现，国家和地方层面产业政策的影响十分明显。一方面，对于某些政府产业发展的决策者认为应当支持的产业，相关产业政策会在资金、税收、法律、审批流程等各方面予以倾斜，而在这些产业政策支持范围之内的相关信息服务业项目就会从中受益；相反，如果信息技术创新项目或信息服务业企业与产业政策或法规相违背，行业发展所面临的风险就会增加，行业受到压制甚至消失的可能性也会提高。

关于产业政策对信息服务业发展的正面促进作用的典型案例，是美国联邦政府在18世纪末出台的关于扶持美国邮政服务业发展的相关法规政策。《1792年邮政法》明确规定，报纸被允许以很低的费用通过邮政系统递送，同时还明确，将原属于行政机构的新邮政路径规划和控制权移交给国会。这两条政策的制定，对于推动邮政服务业的发展起到至关重要的作用。据统计，在该条例颁布后的相当长一段时期内，全美报纸占邮政业投递总重量的比例高达95%，然而创造的收入占总收入的比例却不到15%；如果没有政策的补贴，很难想象报纸能以如此巨大的数量在如此广阔的地理范围内流通①。而这一政策的制定和贯彻实施，对于推动邮政业这一短期内很难见到投资收益的信息服务业业态超脱地方行政机构的短视行为而获得长远发展起到重要作用，从而在一个更加长远的层面上有效推动了信息在美国社会的流动。而在前文中曾经提到的法国政府采取的压制电报通信服务市场化的政策，则是产业政策对信息技术驱动的信息服务业新业态产生阻碍作用的案例。

二　产业配套条件

一项新的信息技术转化为信息服务产品，进而催生一项新的信息服务

① 〔美〕钱德勒等编《信息改变了美国：驱动国家转型的力量》，万岩等译，上海远东出版社，2008，第64页。

活动，是一个复杂多变的过程。这一过程不仅涉及信息技术研究水平，还涉及信息技术转移、信息服务企业的转化能力、政府的法律法规及政策环境等，是信息技术领域的不同创新主体共同作用、不同科技资源和创新能力进行动态组合的复杂经济活动。在信息技术转化为信息服务产品的过程中，设计、研发、中试、市场推广等各个环节的主体之间需要紧密配合，正如曾主管微软研究院全球事务的德里克·拉希德所指出的："在现实世界里，并不仅是一个'开发'和一个'研究'，而是一个连续的过程。"[①] 为帮助不同产业环节的创新主体实现协同工作，微软成立了专门的技术转化组。技术转化组是架设在研究组和产品团队之间的桥梁，负责把最新研究成果转化为产品，并继续为"技术转化"提供支持，它跨越研究和产品开发，能够促进研究院迸发出新的思想火花。可见，信息技术变革催生信息服务新业态的过程，是需要一系列配套产业和相关创新主体在形成命运共同体的基础上通力合作的高度互动的过程。在很多时候，产品配套支撑是否健全，是决定一项信息技术能否成功转化成为信息服务产品的重要因素。

在贝尔发明电话的同时甚至之前，有很多人实际上做出了几乎同样程度的发明。德国人 J. P. 赖斯（J. P. Reis）早在贝尔注册电话专利之前 6 年，就向法兰克福物理学会展示了一台电话原型，因此很多德国人一直将 J. P. 赖斯看作电话的发明者。而贝尔之所以最终将电话从一项技术发展成为一个庞大的服务产业，实际上得益于其最初选择与出资人哈伯德、企业管理者维尔三人的联盟。正是这三人之间的通力合作，使得贝尔电话公司在最初成功地在专利诉讼中战胜了西联公司，并且借助合适的市场定位和成功的公司管理不断发展壮大。

另一个十分典型的产品配套案例，是早期电报服务与铁路运输服务之间的共生关系。正如钱德勒等人所说，在 19 世纪，美国的铁路公司和电报公司"就像'商业连体婴'在美国大陆携手并进"[②]。铁路出现后，和电报服务业之间形成了相互促进的关系。铁路和信息技术一样，都是在远距离传输能力上的一种突破，因此这两种技术从一开始出现，就显示出广

---

① 康大臣、陈光华、王建冬：《论科技战略研究与经济发展方式转变》，《科技成果纵横》2010 年第 3 期。

② 〔美〕钱德勒等编《信息改变了美国：驱动国家转型的力量》，万岩等译，上海远东出版社，2008，第 85 页。

阔的结合前景。一方面，铁路网络对邮件运输能力的巨大提升，以及基于火车的连续分拣式的邮件分发技术，给传统邮政业带来巨大冲击，催生了铁路邮政信息服务业。电报出现以后，同样高度依赖于铁路网络。19世纪美国最大的电报服务公司西联公司，其3/4的电报局都位于火车站，这正是铁路在工业时代的信息基础设施中占据极重要地位的一个明证①。另一方面，用电报进行火车调度能够帮助列车管理人员避免事故、协调运营，并生成用以监控运输流量的必要数据，因此应用电报等远距离通信技术，提升铁路公司的大范围运营管理能力的思路，几乎在电报商用之初就开始被人所关注：早在1851年，美国纽约－伊利铁路公司就开始依靠电报进行列车调度——这时离电报的最初发明尚不到20年②。

三 用户接受能力

创新产品最终能否在市场上被消费者所承认和接受，是对创新产品的最终考验。基于一项新的信息技术而推出的信息服务产品，在推出伊始，由于市场消费者无法及时方便地了解其性能，而往往持观望态度或作出错误的判断。从而导致信息服务产品的推出时间和产生需求的时间呈现一定的距离，而这两者之间的时间差距过大，将导致信息服务企业开发新产品的资金难以回收。因此，一项新技术驱动的信息服务业新业态出现之初，探索出一种能够不剧烈改变人们的信息行为方式而又可以快速撬动应用市场的商业模式至关重要。这有两方面的原因：首先，只有当市场空间被打开，新技术得到普及之后，人们才会不断提升对新技术改变自身信息行为模式的容忍度，如果一种新技术在出现之初就要求人们明显地改变自己的某种使用习惯，那么这种信息服务产品就很可能面临夭折的商业命运；其次，一种新技术出现伊始，总是会面临各种技术瓶颈性问题需要克服，而这些问题的解决，需要有一个产品应用的平滑过渡期作为缓冲。

举例来说，电话在商用之初，因为通话距离的限制，电话无法做到像电报那样的远距离传输。因此，销售商们选择了中产阶级家庭的内部通话服务作为市场突破口。在当时，美国一个中产阶级家庭就可以雇佣一个或多个仆人，在电话出现以前，主人和仆人隔着房间的通信主要依靠通话

---

① 〔美〕钱德勒等编《信息改变了美国：驱动国家转型的力量》，万岩等译，上海远东出版社，2008，第78页。

② 一般认为，电报的发明以1837年美国人莫尔斯发明第一台电报机为标志。

管、拉铃索等。而电话的应用，在没有改变这些中产家庭的主仆通话行为的习惯的前提下，大大提高了沟通的效率和便捷度，从而很快赢得美国中产阶级家庭的青睐，从而一举打开市场。而“一旦房主们习惯于使用这一新技术……他们就会迫切地要求将这项新技术应用到商店和办公室”[①]。这样，电话服务以中产阶级家庭为切入口，很快又被美国的商业和企业所接受，从而迅速在市场铺开。

四 技术生命力

技术生命力是指一项信息技术本身在IT服务创新环境中存活的能力。这种存活能力又可以包括几个方面。首先，是一项信息技术转化为信息服务产品的便捷程度，即技术成熟度。信息技术转化过程中存在技术效果、应用前景、研发风险等诸多方面的不确定性，一项信息技术在转化过程中遇到的不可控因素越少，则这项技术在市场上存活的能力就越高。其次，是信息技术与时代之间的差距的大小。一般而言，一项信息技术问世后，与市场同类技术之间保持“适度领先”很重要。如果落后于市场同类技术，固然无法生存；但如果过于超前，也会导致企业和用户因陌生而产生抗拒心理，从而影响这项信息技术转化为信息服务新产品的前景。例如，贝尔实验室作为世界顶尖的信息技术研究机构，其很多伟大发明，如光纤、数据网络、移动蜂窝电话等技术，均早于大规模市场应用几十年。但由于过于超前，与贝尔电话系统的技术轨道之间容易形成冲突，因而这些技术大多被贝尔公司“雪藏”，事实上造成了不必要的浪费。最后，是技术的可替代性。信息技术领域的技术更新换代速度极快，一项正在研究的信息技术，很可能尚未成功就被其他的更先进技术所替代，从而导致研究者的投入难以收回，造成较大损失。例如日本的显像技术一度领先全球，但其技术发展一直选择模拟技术的道路，而美国则选择了数字技术的道路，前者的技术可替代性很强，从而导致在这一领域日本企业的技术竞争力很快就受到美国的严重威胁。

五 竞争对手实力

一项新的信息服务产品一经推向市场，必然会对市场中相同领域的其

① 〔美〕钱德勒等编《信息改变了美国：驱动国家转型的力量》，万岩等译，上海远东出版社，2008，第90页。

他竞争者造成冲击，这种冲击在那些容易对原有技术轨道造成颠覆性改变的领域会来得尤为强烈。因此一般来说，由信息技术变革而催生的信息服务新业态在出现之初，必然会遭到竞争对手的强烈压制，电话服务、广播服务、互联网服务等出现之初无不如此。因为这些服务领域的最初竞争者无一不是在原有市场中占据垄断地位，且技术实力和政策背景十分雄厚的寡头企业。在这种情况下，新的技术创新者进入市场就面临着很高的壁垒。

20世纪40年代，电话乖乖（Hush - A - Phone Corporation）公司曾发明了一个安装在电话话筒上的消音器装置，能够使得通话者的声音不会被在场的其他人听到。这项发明解决了公共场所的私人通话隐秘性问题，因此一经推出就受到市场的广泛欢迎，最多时曾售出十几万台[①]。这一发明尽管很不起眼，但它是当时电话市场上出现的第一个电话服务衍生产品，在此之前，贝尔公司独家垄断了全美电话系统的所有服务。电话乖乖的出现，很自然地被贝尔公司视为对其技术创新轨道的挑战，因此遭到了贝尔公司的一系列诉讼，最后电话乖乖公司尽管在法律上取得了胜利，但贝尔公司通过不断更换电话款式设计的方式，使得这家公司的产品更新速度无法跟上贝尔公司的步伐，最终只能宣布倒闭。这是一个较为典型的潜在信息服务新业态因为市场竞争对手过于强大而没有获得成功的案例。

---

① 〔美〕吴修铭：《总开关：信息帝国的兴衰变迁》，顾佳译，中信出版社，2011，第91页。

第八章　新技术驱动的信息服务业创新模式：信息视角

当前，无论政府、学术界还是业界，普遍关注的一个热点问题就是新一代信息技术的兴起及其潜在影响。霍顿提出的现代服务业发展三阶段模型①也指出，从时间点上分析，过去60年间，现代服务业每过20年就出现一个新阶段，目前正是现代服务业的第三个阶段满20年的时候。这似乎都提醒我们，当前风起云涌的新一代信息技术浪潮，其与包括信息服务业在内的现代服务业升级换代之间有着密切的互动关系。从本章开始，将基于第七章提出的信息技术驱动信息服务业演化的TICP模型，对新一代信息技术驱动信息服务业新业态涌现的基本原理、动力机制、代表模式等进行深入研究，并分别从信息视角和服务视角对新一代信息服务业业态展开分析。

从信息技术的技术属性来看，以网络和互联网为代表的上一代信息技术，其对人类社会最大的改变，就在于对基于网络的共享的极大促进，从而带来所谓“网络经济效应”。正如艾布拉姆森（B. Abramson）② 指出的，网络的本质特征在于其成员价值将随着网络扩张而增加，大的网络则能够增进所有成员的财富和福利。纵观人类历史，网络并不很多。只是在工业革命后，网络才大规模地出现。每一种新网络都将经济体中的更多部门带入网络经济，并创造出在所有网络成员间共享的新财富。信息时代加速了网络的出现，因而使我们更加富足。

而当前正在进行的新一代信息技术变革的技术本质，则是一种融合信息空间和物理空间的一体化运算模式，这种运算模式对于人类信息行为产

---

① T. A. Hutton, Service Industries and the Transformation of Asia－Pacific City Regions [M]. Singapore: Centre for Advanced Studies, National University of Singapore, 2001.

② 〔美〕艾布拉姆森著《数字凤凰：信息经济为什么能浴火重生》，赵培等译，上海远东出版社，2008，第13页。

生了深刻影响，并使得对人类行为空间中时空要素的无缝、平滑和一体化的处理成为可能。这种新的计算模式的一个重要特征，就是对以往异构的技术平台和业务模式以一种前所未有的力度进行整合，并由此而催生一大批融合型的信息服务业新业态。

本章将从分析新一代信息技术的技术属性入手，探讨其在信息技术演进的大的历史进程中的角色定位和基本特征，引入新一代信息技术的CPS[①]分析框架，并基于这一框架展开对信息视角下的新一代信息服务业业态的分析。

第一节 信息视角下新一代IT的基本属性

一 新一代信息技术的基本内涵

严格来说，新一代信息技术并非一个学术概念，而是一个行业概念。新一代信息技术的各种代表性技术理念，也大多不是刚刚提出的新概念，有的概念甚至早在20世纪七八十年代就已经被提出，有的概念尽管近一两年才为人们所熟知，但实际上在某些领域也早已有了成熟的应用案例。早在2001年，未来学家托夫勒（A. Toffler）就曾撰文指出，数字革命仅仅是新经济这一更大、更长的过程的第一阶段。第二阶段将是信息技术与生物革命的充分融合。在上一阶段中，信息技术使生物学发生巨变，而在下一阶段中，生物学将使信息技术发生巨变[②]。李国杰院士则认为，下一代信息技术将呈现新特点，即更加重视与纳米、生命、认知等科学的交叉研究[③]。上述思考的角度尽管各有不同，但其核心观点则均强调新一代信息技术与其他高新技术的紧密结合。

新一代信息技术的这种与其他技术之间紧密结合的原理，在产业应用层面上则表现为嵌入式软件、物联网、移动智能终端等技术形态。近年来，学术界对于新一代信息技术的行业内涵的理解主要源于国家层面的政策表述。2010年发布的《国务院关于加快培育和发展战略性新兴产业的

① CPS即“信息－物理融合系统”（Cyber－physical Systems），具体含义后文将有详细介绍。

② 转引自甄炳禧《对美国新经济的再认识》，《国际问题研究》2001年第6期。

③ 李国杰：《关于技术转移的战略思考》，［2010－05－24］，http：//www. cast. org. cn/n435777/n616445/34092_ 1. html。

决定》，将“新一代信息技术产业”列入七大国家战略性新兴产业体系之中，并将这一领域发展的重点方向和主要任务设定为：“加快建设宽带、泛在、融合、安全的信息网络基础设施，推动新一代移动通信、下一代互联网核心设备和智能终端的研发及产业化，加快推进三网融合，促进物联网、云计算的研发和示范应用。着力发展集成电路、新型显示、高端软件、高端服务器等核心基础产业。提升软件服务、网络增值服务等信息服务能力，加快重要基础设施智能化改造。大力发展数字虚拟等技术，促进文化创意产业发展”①。2011 年发布的《中华人民共和国国民经济和社会发展第十二个五年规划纲要》中，将新一代信息技术的产业发展重点进一步归纳为新一代移动通信、下一代互联网、“三网融合”、物联网、云计算、集成电路、新型显示、高端软件、高端服务器和信息服务等几个领域。从上述行业界定可以看出，目前国家支持的所谓新一代信息技术，实际上是若干代表行业发展热点和战略方向的技术群体，因此只是一个从纵向代际划分的角度给出的技术定义，并没有涉及新一代信息技术本身的特征和趋势。

从新一代信息技术的技术进步特征来看，新一代信息技术源自一系列局部性的技术进步成果的量变式积累，并最终实现质变式的跃迁。朱晓荣等指出，以物联网等为代表的新一代信息技术，使得“人类历史上第一次出现了几乎任何系统都可以实现数字量化和互联的事实”②，这一论断非常贴切地指出了新一代信息技术与之前的信息技术的根本区别。从技术积累的角度看，新一代信息技术变革过程中的技术进步并不是根本性的，而主要来自用户接口环节可用性和网络可接入性的巨大改善，这些用户接口环节的局部性创新主要包括触摸屏技术、智能移动终端技术、传感终端技术等。由于这些网络接口技术创新的实现，网络可接入性产生了巨大改善，而使得网络在用户基数和使用频率方面发生了巨大的跃迁，从而形成一个质变的过程。同时也要看到，任何技术创新，尤其是局部性的技术创新现象的发生，都有其经济背景和技术背景。新一代信息技术在用户接口环节的技术进步的前提来自两个方面，即不同类型网络用户规模的巨大增长，以及网络融合态势的初步显现。移动网络、互联网、无线局域网（基

---

① 《国务院关于加快培育和发展战略性新兴产业的决定》（国发〔2010〕32 号），［2011 - 04 - 01］，http：//www.gov.cn/zhengce/content/2010 - 10/18/content_ 1274.htm。

② 朱晓荣等《物联网与泛在通信技术》，人民邮电出版社，2010，第 257 页。

于 Wi-Fi 或蓝牙等）、广电网等不同类型的网络用户群体在不断增长的同时，带来了不同网络中用户群的同质性服务需求，这为各种网络的异构融合奠定了用户基础。正是在此背景下，近年来以“三网融合”为代表的网络融合发展的呼声越来越高，在国外发达国家，已经形成若干较有代表性的产业模式。

从新一代信息技术的经济社会影响来看，新一代信息技术对人类社会的改变是全方位的。著名学者米切尔（W. J. Mitchell）① 认为，信息和通信技术的发展逻辑，就是人类身体和智慧扩张与增加的进程。在 21 世纪早期，该过程以便携式机器的迅猛发展为特征，这样的机器可以提供无所不在的无线通信和计算能力。这使得社会单元（个人或者组织）能在任何地点、任何时间进行交互活动，同时依赖于在分布式动力格网内管理物质资源的支持基础设施。在其代表作中，米切尔更加详细地描述了新一代信息技术对城市、产业和空间带来的重构性效应。他指出，“今天，无所不在的通信网络、智能机器、智能建筑，与供水、废物处理、能量传输以及交通运输系统相结合，构成了一个不分时间、不论地点的全球化互联世界。那种旧式的社会结构——由受地点和时间制约的大众维系在一起——已经出现了裂痕”②。“这一最新的层面将改变现存的城市组成要素的功能和价值，并彻底重建它们之间的关系。其结果是新的城市组织将具有以下几个特征：生活/工作一体化公寓，24 小时社区，联系松散而覆盖面广的电子媒体会议中心，灵活分散的生产、销售和物流系统，以及电子收发服务等。这将重新定义建筑师、城市规划师以及其他关注我们日常生活空间和场所的人们的知识结构和工作日程”③。

从新一代信息技术的技术演化规律来看，新一代信息技术的出现，与笔者在前文中总结的近代以来信息技术演进的三大规律密切相关。

首先，新一代信息技术遵循“载体 - 内容交替演进律”。新一代信息技术革命发生的根本原因，来自上一代信息技术发展所导致的网络带宽快

---

① W. J. Mitchell, Me + + : The Cyborg Self and the Networked City ［M］. Cambridge, MA: MIT Press. 2003.

② 〔美〕米切尔著《伊托邦——数字时代的城市生活》，吴启迪等译，世纪出版集团、上海科技教育出版社，2005。

③ 〔美〕米切尔著《伊托邦——数字时代的城市生活》，吴启迪等译，世纪出版集团、上海科技教育出版社，2005。

速上升，并迅速接近计算机内部总线的传输速度，使得主机间的传输能力（反映了系统的通信能力）与主机内部的传输能力（反映了系统的计算能力）之间的差距逐渐缩小，“通信”和“计算”的界限逐渐消弭。因此，新一代信息技术的核心是对来自不同的技术渠道的信息的融合计算能力的提升，也就是说，新一代信息技术的进步主要来自内容维度，因此遵循笔者在上文中所归纳的“载体－内容交替演进律”。

其次，新一代信息技术遵循“吸纳－融合螺旋上升律”。新一代信息技术的诸多应用模式，如云计算、分布式计算、网格计算等，是深深扎根于以网络技术为代表的第三代信息技术的土壤之中的。然而，新一代信息技术超越网络的革新之处，则在于其将分布在物理环境各个角落的信息终端通过网络和云平台连接成为一个有机体，形成信息空间和物理空间紧密联动的格局，从而有效消弭了网络时代“计算”、“通信”和“控制”过程之间的技术隔阂。从这个意义上说，新一代信息技术同样遵循笔者归纳的信息技术演化的“吸纳－融合螺旋上升律”的特征。

最后，新一代信息技术遵循“技术－服务共振共生律”。与之前的三代信息技术一样，新一代信息技术下计算模式的革命式变革，对未来企业运营模式的影响也将是颠覆性的。而与之相呼应的新一代信息服务业业态，包括社会化软件、软件即服务（SaaS）、面向服务架构（SOA）、智慧社区服务等，也正逐渐浮出水面，并将引发信息技术与信息服务业的共振共生效应。

二　新一代信息技术的3Cs框架

目前，关于新一代网络的基本特征，一般归纳为“宽带”“融合”“泛在”（Ubiquitous）。也有人在此基础上再加上“智能”或者“安全”（如《国务院关于加快培育和发展战略性新兴产业的决定》的提法）。应当说，前三个关键词比较准确地揭示了新一代信息网络的技术特征。从本质上说，这三个特征实际上是一个层级不断提升的关系：“宽带”是针对物理层而言的；“融合”是网络层的异构平台的整合；而“泛在”则是说在应用层能够随时随地提供服务。与这三个关键词相比，“安全”实际上是政策上的一种导向，并不能算是下一代信息技术的本质属性，不能够与之并列；而关于“智能”，则更多是新一代信息技术的宽带、融合与泛在的网络架构所带来的经济社会效应，关于这一问题，将在后续章节中继续论述，此处不再赘述。但是这些结论只是针对新一代信息技术的网络特征这一方面的归纳，并不能代表新一代信息技术的整体特征。实际上，在科学上能够概括新一代信息技术概念的涵盖领域和技术特征的概念也已经提出，这就是最早由美国国家基金委员会提出的“信息－物理融合系统”（Cyber－ physical Systems，CPS）。

CPS 的基本含义，就是将新一代信息技术归纳为一种集计算、通信和控制能力于一体的“信息－物理融合系统”①。CPS 概念由美国国家基金委员会在 2006 年提出，并将其列为第一优先的研究课题②③。在我国，国家层面也已开始高度重视这一领域的研究，自 2010 年开始，国家自然科学基金、“973 计划”和“863 计划”等均已把 CPS 的相关研究作为资助重点④⑤。

对于 CPS 的定义，Lee 提出，CPS 是计算进程（computation）和物理进程（physical processes）的一体化，嵌入式计算机和网络监视器控制着物理进程，物理进程又通过反馈环来影响计算进程⑥。王振东等认为，CPS 是一种由嵌入式系统（具备感知能力）、网络（下一代网络）组成，计算进程与物理进程紧密结合，具备自我感知（Self－Awareness）、自我判断（Self－Judgment）、自我调节（Self－Adjustment）、自我控制（Self－

---

① 因为概念出现较晚，关于 CPS 的中文译法目前并不统一，有“物理网络系统”“信息化的实体系统”“信息物理系统”“网络物理系统”“信息－物理融合系统”“计算物理系统”等多种译法。科技部于 2010 年 10 月发布的国家高技术研究发展计划（863 计划）主题项目指南中，将 CPS 译为“信息－物理融合系统”，当为比较权威的提法，此处笔者亦取其译法。

② E. A. Lee，Cyber Physical Systems：Design Challenges. Invited Paper，International Symposium on Object/Component/Service － Oriented Real － Time Distributed Computing（ISORC）[EB/OL]．[2010－03－22]．http：//chess. eecs. berkeley. edu/pubs/427/Lee_ Cyber-Physical_ ISORC. pdf.

③ E. A. Lee，Cyber－physical Systems—Are Computing Foundations Adequate [C]．Position Paper for NSFWorkshop on Cyber－Physical Systems：Research Motivation，Techniques and Roadmap，Austin October，2006，39.

④ 中国国家自然科学基金委员会：《2010 项目指南：重点项目》，[2010－03－21]．http：//www. nsfc. gov. cn/nsfc/cen/xmzn/2010xmzn/02/06. html。

⑤ 中华人民共和国科学技术部国家科技计划项目申报中心：《国家重点基础研究发展计划、国家重大科学研究计划 2010 年度重要支持方向》，[2010－03－22]，http：//program. most. gov. cn/htmledit/E9ED307C－D6A1－81D7－EE32－8C09D9FDEDAA. html。

⑥ E. A. Lee，Cyber－physical Systems—Are Computing Foundations Adequate [C]．Position Paper for NSFWorkshop on Cyber－Physical Systems：Research Motivation，Techniques and Roadmap，Austin October，2006，39.

Control）能力的下一代智能系统[①]。中国科学院信息领域战略研究组认为，CPS是计算机驱动的数字世界和物理世界交互的网络系统，该系统通过传感器和执行器将数字系统连接到物理世界，具有关键的监视和控制功能[②]。

从以上定义可以看出，CPS具有计算与物理实体相结合的基本特征，它是继互联网将计算机与计算机连接之后，进一步将计算机与物理世界连接的一种全新信息技术范式，因此有学者将其称为继计算机和网络技术之后的信息技术第三次浪潮。如何积丰指出："CPS的最终目标是实现信息世界和物理世界的完全融合，构建一个可控、可信、可扩展并且安全高效的CPS网络，并最终从根本上改变人类构建工程物理系统的方式"[③]。

CPS的核心，就是3Cs（Computation、Communication、Control）的融合[④]。CPS是一种实体的工程系统，其中计算能力（Computation）是一种嵌入式的架构，其基本要求是实时、分布式且可重构。在这一系统中，信息部件和实体部件共同控制系统功能，并实时相互作用。因此，CPS实际上是一系列新一代信息技术的集成，其应用中涵盖了物联网、无线传感网、移动互联网、嵌入式软件、大数据计算、云计算平台等多种技术，可以看作新一代信息技术的集成者。新一代信息技术的种种技术形态之间，实际上是存在比较明显的交叉和重叠关系的。例如，物联网、云计算和嵌入式软件三类技术之间，在大量实际应用中是共同存在、难分彼此的。物联网的实现，以分布在大量物理实体中的嵌入式软件驱动的传感器为信息采集的基础，而其核心节点的信息运算，又必然采用云计算的模式。从技术实现的角度，可将云计算和物联网的融合方式，归纳为三种方式，即：（1）单中心，多终端；（2）多中心，大量终端；（3）信息、应用分层处理，海量终端。[⑤]

更进一步说，新一代信息技术所涵盖的种种技术形态，实际上都是围

---

① 王振东、王慧强、陈晓明等：《Cyber Physical Systems——物理网络系统》，《小型微型计算机系统》2011年第5期。

② 中国科学院信息领域战略研究组：《中国至2050年信息科技发展路线图》，科学出版社，2009，第62页。

③ 何积丰：《Cyber - physical Systems》，《中国计算机学会通讯》2010年第1期，第25～29页。

④ J. M. Wing，Cyber - physical Systems Research Challenges. In Keynote Speech：Cyber Physical Systems Week（CPSWEEK）［EB/OL］．［2010 - 03 - 22］．http：//www. slideworld. org/viewslides. aspx/Cyber - Physical - Systems - Research - Challenges - ppt - 2269918.

⑤ 曹鲁：《初探云计算与物联网的"蓝海"》，《通信世界》2010年第7期。

绕某一个共同的技术内核，按照不同视角或不同维度组织整合而成的。基于 CPS 的分析范式，重新审视新一代信息技术的各种技术形态之间的关系，可以发现，现有的种种新一代信息技术，实际上可以归纳为计算维度、控制维度和通信维度三类。这三个维度各有侧重，但技术内核相同，所遵循的技术范式也本质上相似，如图 8－1 所示。

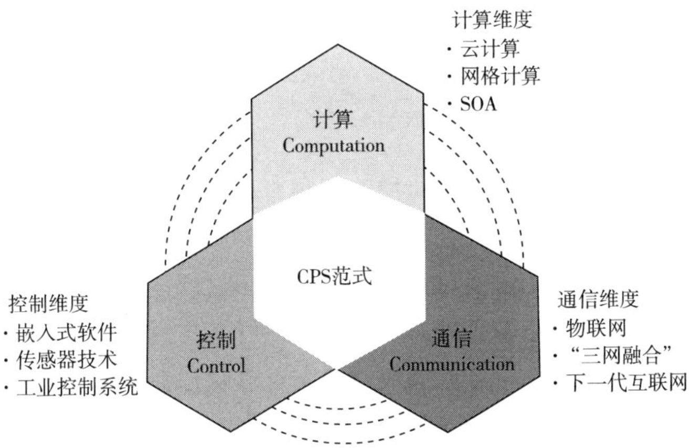

图 8－1　基于 CPS 范式的新一代信息技术分析框架

从图 8－1 可以看出，从不同的分析视角出发，可以对新一代信息技术进行不同维度的划分。笔者将这种分析框架命名为 3Cs 分析框架。

——计算维度的新一代信息技术。包括云计算平台、SOA、网格计算、大数据计算等技术，这类技术的着眼点是提升 CPS 系统中的计算能力，但其最终实现，还需要基于移动网络、传感网、互联网等多种网络融合而成的通信基础设施的支撑，其计算的数据来源，则依赖于嵌入各个物理实体之中的数据采集终端。

——通信维度的新一代信息技术。主要包括物联网、下一代网络等技术，这类技术的着眼点是提升 CPS 系统中的通信能力，但其最终实现，同样需要依赖云计算等计算模式，以及嵌入式的数据采集终端。

——控制维度的新一代信息技术。包括嵌入式软件、高端软件等。这类技术的着眼点是提升 CPS 系统的控制能力。具体来说，主要包括两个部分，第一个部分是信息采集端，即各种通过嵌入式软件控制的感应和传输设备；第二个部分则是将各种经过云计算系统发出的控制信号，经过各种高端工业软件转化为机器执行的命令。因此，这类技术实际上与计算和通信两个维度的技术同样密不可分。

通过上述分析可以看出，新一代信息技术尽管目前行业概念纷杂，看似边界模糊不清，但实际上这一类技术所遵循的技术范式是一致的，就是整合通信、计算和控制领域的多种信息技术，实现在一个开放体系中计算进程和物理进程之间的持续交互与深度融合，提供一种消弭不同行为空间区域和活动领域的“间隙”、满足人类时空一体化的信息需求的运算能力的信息技术群体。

三　本章的分析框架

本章对于新一代信息技术驱动的信息服务业新业态的分析，主要沿着两条基本主线展开。

首先，是信息技术驱动信息服务业新业态出现的基本模型，即前文提出的信息技术驱动信息服务业新业态出现的 TICP 模型。基于该模型，新一代信息技术驱动下的信息服务业新业态可以从信息视角和服务视角两个角度加以分析。本章主要从信息视角切入，另外，如本书第七章所指出的，无论是信息视角还是服务视角，又都可以进一步按照计算模型和经济模型进行细分。因此，信息视角下新一代信息技术驱动的信息服务业新业态可以区分为技术型信息服务业新业态（信息视角 - 计算模型），以及融合型信息服务业新业态（信息视角 - 经济模型）。

其次，是新一代信息技术区别于前代信息技术的特殊属性，即本小节中提出的 3Cs 分析框架。按照该框架，可以进一步将新一代信息技术的信息属性区分为计算、通信和控制三个维度。如此，可以进一步分别将技术型新业态细分为计算维度（T_1）、通信维度（T_2）和控制维度（T_3）三类；将融合型新业态也细分为计算维度（I_1）、通信维度（I_2）和控制维度（I_3）三类。

在这里，信息技术驱动信息服务业新业态的“计算模型”和新一代信息技术的 3Cs 框架中的“计算维度”是两个比较容易混淆的概念，特作进一步解释说明：前者的提法源自卡斯特尔对信息和信息活动的分类标准[①]，其基本意图是关注信息和信息活动本身在组织和社会中的运行规

① 〔美〕卡斯特尔主编《网络社会：跨文化的视角》，周凯译，社会科学文献出版社，2009，第 166 页。

律，并以此与关注信息活动对经济社会运行中的其他事物影响的“经济模型”相区分；而后者的提法源自美国国家基金委员会提出的 CPS 理论，其中提出的计算维度，是对一类以提升 CPS 系统计算能力为目的的技术群体的简称，以与通信维度和控制维度相区分。前者是一个经济学概念，而后者是一个技术概念，概念划分的标准和背景不同，因此含义也截然不同。

基于上述分析，本章的基本分析框架如图 8－2 所示。

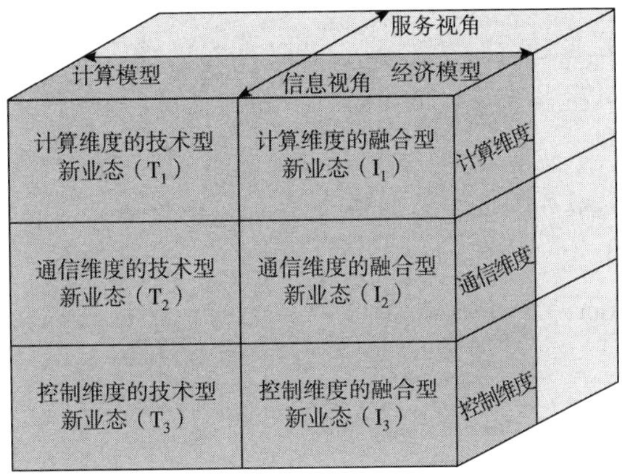

图 8－2 信息视角下新一代 IT 驱动的信息服务业新业态

第二节 新一代 IT 驱动的技术型信息服务业新业态分析

新一代信息技术是一个包括网络通信、新材料、传感器、海量计算等多种相关技术在内的技术群，其技术的外延已经超出了传统的计算机和网络的范畴，因此直接依托于新一代信息技术的技术型信息服务业新业态的行业外延也得到了进一步拓展，不仅包含各种与网络和计算机应用密切相关的信息服务业态，而且扩展到嵌入式系统、工业控制、智能终端、卫星定位系统等新领域。基于上一节提出的 3Cs 分析框架，可以将新一代信息技术背景下的技术型信息服务业新业态划分为以下三类。

一 计算维度的技术型信息服务业新业态（T_1）

计算维度的新一代信息技术主要是指以云计算和大数据计算等为代表的一组旨在改变传统的系统计算模式，并大规模提高计算能力的技术群。

（一）云计算服务

云计算服务是一组相关技术和服务的总称，这些技术包括SOA技术、网格计算技术（Grid Computing）、效用计算（Utility Computing）、并行处理（Parallel Computing）和分布式计算等——这些计算概念的混合演进并跃升为商业实现，就是云计算[①]。

关于云计算的定义目前有很多，笔者比较认同美国国家标准与技术研究所（NIST）的信息技术实验室给出的定义：云计算使用按用量付费的模型，它实现了通过网络访问的、可配置的计算资源池（如网络、服务器、存储、应用和服务等）的可达性、便捷性和随需应变性，使得仅需最少量的管理工作或与服务提供商的沟通就能快速获得和释放资源[②]。

关于云计算服务的类型，目前业界有很多种表述，其中NIST所归纳的三类交付模式，即软件即服务（SaaS）、平台即服务（PaaS）和基础设施即服务（IaaS），在业界获得较多认同。这种模式被称为S－P－I模式[③]。

云计算模式的基本特征，就是将用户所需的应用程序、所处理的数据从原来的个人电脑迁移到互联网大规模服务器集群和数据中心之中。云计算服务企业的主要职能，是负责运维数据中心，确保为用户提供所需的计算和存储能力。用户则在不需要考虑自身能力的情况下，以按需付费的方式，在所需时间、所需地点，以所需的方式连接并享用云计算服务商提供的服务。因此，这种模式让软件服务变得和传统水电气服务很相似[④]。

在面向企业的服务领域中，云计算模式带来了在企业中空前灵活的应用模式。首先，对于很多初创型的小公司而言，云计算模式大大拓展了这些公司的成本控制余地。以虚拟社区网站Animoto为例，其提供了一项以艺术手法让用户将照片转变为漂亮的类似于MTV的音乐视频服务。当它在社区网Facebook上出现时，需求在三天内急剧增长，以至于其位于亚马逊网络服务之上的虚拟服务器数量从50台增加到3500台。对这种急剧膨

① 蔺华等编著《大师访谈：云计算推动商业与技术变革》，电子工业出版社，2011，第6页。

② 〔美〕林西克姆著《云计算与SOA》，马国耀译，人民邮电出版社，2011，第7～8页。

③ 〔美〕林西克姆著《云计算与SOA》，马国耀译，人民邮电出版社，2011，第34页。

④ 〔美〕贝尼奥夫著《云攻略》，徐杰译，海天出版社，2010，第23～24页。

胀的服务需求的满足，只有借助于云模式下高度灵活的资源调配方式才能实现。正如亚马逊网络服务副总裁塞利普斯凯（A. Selipsky）所说，“你可以给我无限的资金支持，但我不知道如何在72小时内部署这么多服务器”[①]。其次，对于大型企业而言，云计算的积极意义，除了成本可控性之外，还在于其对于企业形成快速反应能力和组合创新能力的高度支持。通过云平台模式，企业将各种应用于自身创新的标准化服务封装成一个个在云端可自由调用的应用，这些应用可以很方便地实现共享、重用和协同——这成为企业根据竞争的即时需求开展组合式创新的基础。

在承认云计算的种种积极意义的同时，另一个无须回避的事实是，云计算本身并不是“新鲜”的概念，其基本思想的提出甚至可以追溯到20世纪60年代。被誉为“人工智能之父”的约翰·麦卡锡（J. McCarthy）在1961年麻省理工学院一百周年纪念会上曾经发表一段极有预见性的言论，他指出：

> 如果我所倡导的那种计算机成为未来的计算机，计算有可能在某一天被组建成一个公共设施，正如电话系统是一个公共设施一样。计算机设施有可能成为一个新的、重要的工业基础[②]。

在约翰·麦卡锡看来，计算能力迟早有一天会像电话系统一样成为一个公用的基础设施。可以看出，在上一代计算机产业先驱者的思想里，“计算能力”就已经被设想成为与水、电、气相似的能够按需供给和弹性付费的公共服务产品。在早期的大型机时代，“分时系统”的出现也蕴含了云计算的某种理念——分时系统允许多个用户同时联机使用计算机，操作系统采用时间片轮转的方式处理每个用户的服务请求，而云计算实际上可以看成“分时”或者在多用户间共享计算资源的能力[③]。网络兴起之后，关于将整个网络计算能力进行整合的构想也一直存在。早在1984年，Sun公司的约翰·盖奇（J. Gage）就曾宣布：“网络即计算机。”[④] 互联网

---

① P. Fingar, Dot Cloud: The 21st Century Business Platform Built on Cloud Computing. Meghan - Kiffer Press, 2009: 26.

② P. Fingar, Dot Cloud: The 21st Century Business Platform Built on Cloud Computing. Meghan - Kiffer Press, 2009: 18.

③ 〔美〕林西克姆著《云计算与SOA》，马国耀译，人民邮电出版社，2011，第21页。

④ P. Fingar, Dot Cloud: The 21st Century Business Platform Built on Cloud Computing. Meghan - Kiffer Press, 2009: 20.

刚刚开始普及不久的1996年，网络计算机就问世了，这种机器使用廉价的芯片，没有硬盘，主要依靠在互联网络上存入或提取内容，因此售价很低。在理论上，网络计算机的所有者可以使用这种机器收发电子邮件，进行文字处理，并浏览数据库和环球网的网址。为存取电子数据表和电子游戏节目，用户会把专业性很强的应用程序从互联网络上卸载下来，完成计算任务后再把数据送回网络。

然而，这些设想最后均没有获得如预期的成功，而这其中的最根本原因就是带宽的限制——当网络带宽与计算机内部总线带宽相差数百乃至数千倍的时候，使用网络进行数据存取的时间成本是用户难以容忍的。只有到了互联网带宽极大提高的今天，互联网信息传输才具备了与计算机内部总线接近的潜力；移动互联网的兴起，又使得用户随时随地访问网络成为可能。在这个前提下，云计算模式才真正具备了商业价值，企业通过高度便捷的网络存取，能够像使用本地资源一样使用云计算资源。而这种情况甚至在“几年前都很难实现”①。这可以看作本书提出的“载体 - 内容交替演进律”的一个例证——云计算实际上也是一个信息载体技术变革引发信息内容技术变革的典型案例，因为云计算最终获得成功的技术前提，恰恰是宽带时代的到来。

（二）大数据计算服务

计算维度下，与云计算服务关系密切的另一个重要的技术型信息服务新业态是近年来兴起的大数据（Bigdata）计算服务。2012年3月29日，美国白宫网站上发布了《大数据研究和发展倡议》（*Big Data Research and Development Initiative*）②，该倡议书中提到，大数据计划的实施，旨在帮助美国获得从海量复杂数据集中萃取知识的能力，借此提高国家应对急迫挑战的能力。这一计划类似于过去美国联邦政府在高性能计算和互联网等领域的战略性投入，并旨在推动国家提升在科学研究、教育和国家安全等领域的能力。目前已经有6个美国联邦部门和机构同时承诺，将新提供超过2亿美元用于改善从海量数据信息中获得、组织和收集知识所必需的工具和技能。该倡议书的发布，标志着大数据计算服务已经上升为美国在计算

① 〔美〕林西克姆著《云计算与SOA》，马国耀译，人民邮电出版社，2011，第21页。

② Big Data is a Big Deal［EB/OL］，［2012 - 04 - 20］，http：//www.whitehouse.gov/blog/2012/03/29/big - data - big - deal.

服务领域的国家战略。

所谓大数据，是区别于过去的海量数据等概念而言的。随着当前社交网络、移动计算和传感器等新的渠道和技术的不断涌现和应用，互联网中越来越多的信息是不规则的半结构化甚至非结构化数据。大数据计算服务的目的，就是对当前互联网领域80%以上的非结构化和半结构化数据进行智能分析，并且实时地将计算结果通过网络反馈给终端用户。Gang - Hoon Kim 等①认为，大数据技术属于第5代决策分析技术：从20世纪60年代的数据处理技术，70～80年代的信息应用，90年代的决策支持模型，2000年后的数据仓库和数据挖掘技术，直到当前的大数据技术。现在大数据时代刚刚开始，大部分相关技术和分析应用仅仅是从2010年前后才开始出现②。大数据分析可以分为三类：一是描述性分析，主要是形成一些标准报告、应急性报告和报警性报告等；二是预测性分析，主要围绕预测和统计建模展开；三是定题性分析，主要关注优化和随机性测试研究③。

关于大数据计算服务的基本特征，IBM公司概括成了三个V，即大量化（Volume）、多样化（Variety）和快速化（Velocity）。

首先，大数据所处理的数据量级以Pb（1Pb＝1024Tb）计，由于社交网络、移动计算和传感器的大规模应用，网络数据容量增长的速度大大超过了硬件技术的发展速度，大数据计算服务需要解决应对这种超大规模数据量计算的问题。

其次，在云计算平台下，来自不同数据源的不同类型的数据被整合到一起，尤其是在多媒体环境下，图片、声音和视频等非结构化数据已经占到互联网数据的绝大多数，处理如此复杂和异构的数据对象，是大数据计算服务的第二个重要任务。

最后，在当今日渐复杂的全球化和网络化环境中，大数据服务的实时反馈能力至关重要。2011年3月日本关东大地震，美国国家海洋和大气管理局（NOAA）在地震之后9分钟就第一时间发布了详细的海啸预警，通

① Gang - Hoon Kim, Silvana Trimi, Ji - Hyong Chung. Big - data Applications in the Government Sector［J］. Communications of the ACM. 2014 Volume 57 Issue 3: 78 - 85.

② H. Hen, R. H. L. Chiang, and Storey, V. C. Business Intelligence and Analytics: From Big Data to Big Impact. MIS Quarterly 36, 4 (Dec. 2012), 1165 - 1188.

③ T. H. Davenport, "What Do We Talk about When We Talk About Analytics?" Enterprise Analytics, T. H. Davenport, ed., Pearson Education, 2013, pp. 9 - 18.

过对海洋传感器获得的实时数据进行计算机模拟，NOAA 制作了详细的海啸影响模型，并将结果发布在 YouTube 等网站平台之上[①]。这种快速反应能力，是有效应对未来全球性突发事件的关键因素。NOAA 在全球范围内设置了庞大的海洋传感器网络，通过这些置于海面和海底的传感器，NOAA 源源不断地获取全球范围的海洋信息，并将这些信息存储在位于美国新泽西州的数据中心。而对如此巨大的数据量（超过 20Pb）进行快速计算和实时反馈，正是大数据计算服务的核心优势所在。

当前，大数据手段已经与商业化场景紧密结合，通过运用基于大数据的分析和挖掘技术手段，使得商业智能从过去的报告和决策支持模式跃升到商业预测和未来决策（next - move decision making）的模式[②]。例如，上海迪士尼乐园推出 MyMagic 旅游精准服务系统，通过为每个入园顾客发放嵌入无线传感器芯片的腕带“Magic Bands”（魔法带），不仅能够实现与遍布全园的各种无线设备通信，实现自动为顾客开门、推送信息等智能化功能，还能对游客个人信息（比如生日、消费记录、旅游偏好等）进行精准画像和预测，为游客提供定制化的旅游服务，比如晚餐预定、旅游路线设计等，并为每一个游客提供个性化的旅游服务内容和价格方案。这种精准化、个性化的服务，会让未来的信息服务系统“比顾客自己还要了解自己”，将成为新一代智慧化信息服务的重要基石。

二　通信维度的技术型信息服务业新业态（T_2）

通信维度的技术型信息服务业，主要指融合云计算的计算模式和嵌入式的数据采集终端技术，通过对各种异构网络的整合，为用户提供一体化的通信服务的一类新技术。从技术的主要类型上看，通信维度的技术型信息服务业新业态主要包括两个发展方向：一是以面向物理世界的通信控制为主的物联网技术；二是面向个人用户提供泛在通信服务的技术，包括“三网融合”、移动信息服务等。

（一）面向物理世界的通信服务：物联网

物联网（Internet of Things，IOT）也是一个很早就被业界所关注的概

① 吴以四：《大数据的大价值》，《商业价值》2011 年第 8 期。

② O. hlhorst, F. J. Big Data Analytics: Turning Big Data Into Big Money. John Wiley & Sons, Hoboken, NJ, 2013.

念。早在1995年，比尔·盖茨在《未来之路》中就曾提出类似物联网的概念，他曾设想一个高度数字化和智能化的"由硅片和软件建成的"住宅[①]，在这个住宅中，所有建筑构件，包括窗户、墙壁、台灯、楼梯等都通过嵌入在其中的数码设备实现了互联，每一个进入房间的访客都通过一根电子别针实现和房间里各种电子服务的通话。比如随着人的走动，嵌入在墙壁中的显示屏会自动显示与访客兴趣相关的图片；每个房间自动播放访客所喜欢的音乐，而不是所有房间都是同样的音乐；灯光也会随着人的走动而实时调整亮度；来电时，只有离访客最近的电话才会响，等等。这些功能的提出，在当时无疑是非常理想化，甚至带有一些"异想天开"的色彩，然而十几年后，比尔·盖茨当时所设想的各种物联网服务概念很多都已成为现实。

1998年春，英国工程师阿什顿（K. Ashton）在宝洁公司的一次演讲中首次提出了物联网的概念，当时的目的是以RFID取代现在的商品条形码，通过电子标签来实现宝洁公司零售商品供应链管理的透明化和自动化。因此，他将物联网的作用理解为把所有物品通过射频识别等信息传感设备与互联网联结起来，实现智能化识别和管理。2005年11月，在突尼斯举行的信息社会世界峰会（World Summit on the Information Society，WSIS）上，国际电信联盟（International Telecommunications Union，ITU）发布了《ITU互联网报告2005：物联网》，分别从物联网简介、可用技术、市场机会、潜在挑战、发展中国家的机遇、美好前景和新生态系统等七个方面全面介绍了物联网的发展前景。从这之后，物联网服务的概念开始受到全世界各国的高度重视，并进入了高速发展期。

目前，物联网的传输手段已经涵盖WiMax、2G及3G网、Wi-Fi、万维网等多种网络模式，并形成了由感知层、网络层和应用层组成的三层体系架构。这其中，感知层负责将现实世界中的各种物理信号转化为数字信号，以供虚拟世界处理。网络层的主要功能是依托各种企业内联网、电信网和互联网等各种网络设施，实现数字信号的统一传输与处理。应用层的主要目的，则是实现物联网与行业应用场景的融合，通过提供以定位追踪、自动监测、调度指挥、远程维保等为支撑的最终应用服务内容，推动实现行业应用智能化[②]。

---

① 〔美〕比尔·盖茨等著《未来之路》，辜正坤译，北京大学出版社，1996，第255~279页。

② 陈海滢、刘昭等编著《物联网应用启示录：行业分析与案例实践》，机械工业出版社，2011，第1~5页。

当前，物联网与云计算、专家系统、人工智能等智能化、自动化信息技术的交叉结合，正成为全球范围内智慧化深度应用的重要引擎。2009年，IBM正式提出“智慧的地球”战略，成为目前全球应用物联网技术的典型服务模式。IBM提出，通过将新一代信息技术应用于各行各业，把各种传感器和嵌入式装备与铁路、公路、建筑、电网、油气管网等实体设备运行相结合，构成全球范围内万物相联的物联网系统，并借助具备超级计算能力的服务器集群，就能实现人类社会与物理社会的深入融合，实现对人、机、物等各种要素资源的实时调度与控制，从而支撑以一种更加精细化和智能化的方式管理生产生活，让全人类达到一种全新的“智慧”状态，全面改善人与自然的关系①。

（二）面向个人用户的通信服务：移动服务

移动服务并不是最近才出现的一种信息服务形态。早在电报时代，应用于海运的移动服务就已经形成成功的商业模式了。然而，仅仅是到了3G时代，随着移动通信带宽的增长以及智能终端的普及，基于多媒体信息的多类服务能够统一基于手机终端开展位置服务、多媒体传输、内容增值服务、移动办公等，各种服务被整合到一起之后，就形成了一场“移动革命”②。

下一代移动服务的革命性进展，并不是体现在移动服务本身，而是体现在移动服务作为一种载体或平台，整合各种其他服务，从而形成跨平台、跨链条的融合化新服务业态的能力。例如，将移动服务与地理定位服务结合起来的位置服务（Location Based Services，LBS），就是通过定位技术获得移动终端的经纬度坐标数据等位置信息，实现以移动用户本人或移动终端为核心，整合各种与饭店、旅馆、加油站等时空位置相关的业务主体所提供的服务内容，在方便用户生活的同时，也大大提高了这些服务主体的业务流量。再如，很多社交网站把位置服务功能整合进来，用户通过手机访问社交网站，还可以查看同时也在周边活动的好友信息。这就催生了一大批融合型的信息服务业新业态，这将在下一节中进行详细论述。

---

① 《IBM公布“智慧的地球”新策略》，［2010－05－24］，http：//tech.163.com/09/0224/10/52TMLMDG000915BD.html。

② 〔美〕丹·斯坦博克著《移动革命》，岳蕾等译，电子工业出版社，2006。

（三）面向虚拟经济的通信服务：区块链技术

区块链（Blockchain Technology，BT）是近年来被学界和业界广泛关注和讨论的一种新技术，也被称为分布式账本技术。区块链技术的本质，是通过一种特定的技术机制，确保特定网络中的每个人均可参与记录的一种网络数据库技术。简单而言，区块链的基本原理主要包括交易（Transaction）、区块（Block）和链（Chain）三个部分。其中，交易可以泛化地理解为用户的一次操作（可以指狭义而言的一次交易，也可以是任意一种行为记录），每一次用户的操作会导致整个区块链账本状态发生改变，比如增加一条记录。区块则是对当前账本状态的一次共识或确认，从而记录下当前往前追溯一段时间内的交易状态结果；区块的本质，实际上是区块链网络中各个节点之间建立信任、获取权益的一种算法。链，顾名思义，就是一个个区块按照一定顺序串联而成的一套数据结构，是整个区块链系统状态变化的日志记录集。用计算机的语言，可以把区块链看作一个状态机（State Machine），区块链系统中的所有主体（用户）每发生一次交易（操作），就会让整个系统的状态发生一次改变，而每次参与者对所有交易内容导致的状态改变进行确认或共识，就会产生一个区块。可见，区块链实际上是分布式数据存储、点对点传输、共识机制、加密算法等计算机技术相融合后形成的一种新型应用模式。

区块链的潜在应用范围非常广泛，它实际上可以被看作未来虚拟经济时代一切虚拟的流通交易对象（如比特币、数据交易等）底层可信交易机制的核心组件。以数据交易为例，当前围绕数据登记、数据确权、评估定价、数据审核、在线交易、交易结算、交易监管等各个环节，亟须建立一套实现数据共享、流通、开放、审计全流程监管、全链条回溯的技术平台。这其中区块链技术是最重要的一种技术支撑手段。例如，京东万象数据交易平台通过引入采用以太坊基层架构的区块链平台，搭建了一套可回溯、可审计的可信数据流通体系。进入京东万象平台的卖家，首先要对自身的数据进行确权登记，平台自动将确权证书同步到各个交易节点上；未经许可的数据则会由于缺乏确权证书，或者证书与区块链存储的记录不匹配，而被平台确认为非法交易，从而确保数据流通的正版和合规性。未来，在覆盖全社会的数据交易流通体系中，应当探索建立数据流通区块链运营中心，实现以数据流通为核心的数据智能合约、数据券管理、数据台账校验、数据安全核验、主权化分层管理等基础功能。

三　控制维度的技术型信息服务业新业态（T_3）

控制维度的技术型信息服务主要以嵌入式软件服务为代表。所谓嵌入式软件，就是嵌入在硬件中的操作系统和开发工具软件。目前，我国嵌入式软件因我国制造业升级、新一代通信技术和业务的推动与普及，成为软件产业增长的一个热点。我国正在实施的工业化和信息化融合战略，使嵌入式应用在中国汽车电子、航空航天电子、轨道交通、金融商用、医疗器械等产业都出现了爆发性增长，嵌入式软件与传统产业的结合日益紧密。同时，我国居民收入的稳定增长，使中国手机、MP3 等产量和拥有量都居全世界第一，我国成为世界最大的家用电子产品消费市场，这使得移动通信行业成为嵌入式软件最重要的应用领域之一，手机嵌入式软件几乎占到整个嵌入式软件应用规模的 60%。随着 3C 融合进程和我国传统产业结构升级的加速，嵌入式系统正日益受到重视，成为各领域技术创新的重要基础。有数据显示，当前市面上销售的 CPU 只有不到 10% 流向了各类通用计算机系统，而超过 90% 的 CPU 则被装在了各类嵌入式系统中①。

在当前全球产业链在研发—制造—销售等不同环节的“微笑曲线”效应日渐明显的背景下，研发环节的增值能力已远高于其他环节。在设计环节，由于新产品的芯片、外设等外在的硬件条件在竞争对手之间日益趋同，未来嵌入式软件的设计和功能已经成为产品的核心竞争力和高端产品的利润来源。以汽车产业为例，据赛迪顾问研究②，中国汽车产业收入比重中，行业设备收入比重从 2006 年的 64.1%，下降至 2010 年的 46.7%，呈现软性服务收入比重持续上升的发展态势。而车载服务中，大部分产品都需要基于嵌入式软件开发。目前有些低端汽车的制造利润只有 500 元到 1000 元，但是一些嵌入新型电子信息服务系统，比如通用汽车公司的汽车信息服务系统 Onstar，每年要收服务费几百元，其服务所占的利润甚至比造一辆车的利润都高。

① 奉旭辉：《中国嵌入式软件发展现状及趋势》，《信息技术与信息化》2005 年第 4 期。

② 赛迪顾问：《2006—2010 年中国 Telematics 产业结构预测》，《中国计算机报》2006 年 5 月 26 日。

从嵌入式软件服务目前的发展态势和未来技术走向来看，可以将目前嵌入式软件产业形态按照其所生产产品的面向对象的不同，划分为产品级、产业级和网络级三类嵌入式产品。而实际上，嵌入式软件成为催生新一代信息服务业态的技术平台，恰恰是在第三个阶段，即随着嵌入式硬件条件的不断提升和物联网的兴起，嵌入式软件产品是在逐渐朝向强调互动和协变的网络型产品过渡的过程中出现的。

（一）产品级的嵌入式软件服务模式

产品级的嵌入式软件是我国目前嵌入式软件产业的主流形态，目前我国嵌入式软件产品大部分用于数字电视、手机、PDA 等产品，其面向的客户是终端消费者，而不是工业控制领域。由于嵌入式软件能够有效提升产品的使用性能和附加值，因此，在这类嵌入式系统产品的产品设计和研发过程中，越来越强调由纯粹的基于异构平台对接的技术层面的整合向以消费者行为分析和市场分析为导向的产品整合方向转变。驱动这类产业形态发展的主要动力也由最初的纯技术驱动向技术 + 市场的混合驱动转变。目前，该领域的行业领军企业如华为、中兴等已经具备很强的嵌入式软件设计研发能力。

（二）产业级的嵌入式软件服务模式

产业级的嵌入式软件属于更加强调直接面向制造业生产管理升级的推动“两化融合”意义上的工业软件，这类嵌入式软件产业是近年来中央和各级政府大力倡导和鼓励的产业形态，主要面向企业研发设计、生产自动化、流程管理等环节的信息化和智能化升级过程中的各种嵌入式应用需求。产业级嵌入式软件是新时期我国推动“两化融合”的重要推手，因此它既是一种异构产品整合的有效工具，同时扮演着协调、推动信息产业与制造业产业融合发展的重要角色。在其产品设计和服务提供的过程中，技术作为一种必要工具越来越居于次要位置，市场和产业发展的实际需求则将成为该领域创新发展的主要驱动力量。

（三）网络级的嵌入式软件服务模式

目前，嵌入式技术受制于 8 位和 16 位 CPU，主频未能达到 33MHz，大多数嵌入式系统像一块印刷电路板中独立的集成电路。随着物联网技术、

5G通信技术，以及廉价微处理器的日益成熟，可以预见，未来嵌入式设备将会与各种日常用品紧密结合，从而全面融入人类日常生活之中。垂德尼克（N. Tredennick）指出①，在未来，“每一个嵌入式器件都基于T比特的带宽，而不是现在的吉比特”，这将使得未来20年中全球嵌入式市场出现较过去20年更加显著的变化。随着嵌入式硬件条件的不断提升和物联网的兴起，嵌入式软件产品将逐渐朝强调互动和协变的网络型产品过渡。未来，嵌入式软件产业将会逐渐由过去那种单纯技术驱动型转换为更加强调智能、互联、交互等特性的混合驱动型模式，并成为构建全社会范围内多层次、多维度的互联互通机制的灵魂和枢纽，从而迎来产业发展模式的整体性转变。

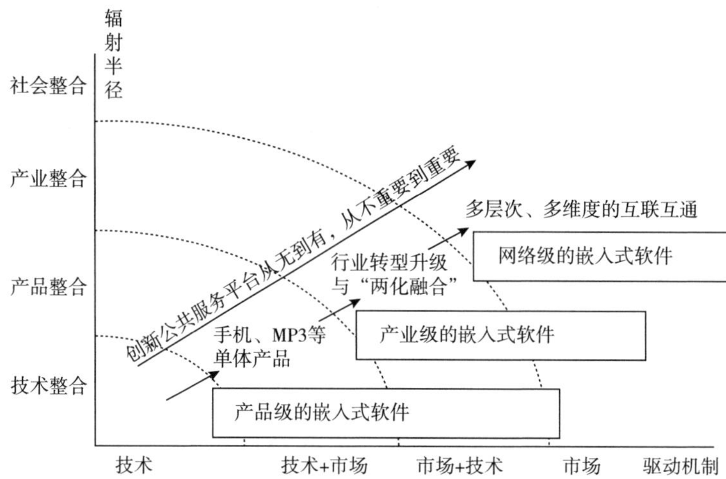

图8-3 嵌入式软件服务演化的三个阶段

可以预见，在未来，嵌入式软件将成为全社会各种智能设施的基石。正如著名未来学者萨佛（P. Saffo）所预测的②：“我们在驶向一个‘智慧存在’（Smartifacts）的世界；也就是说我们所有的行动都受到隐藏的嵌入式处理器的引导，这将影响我们生活的每一个方面。”对这方面的进一步论述，将在下一章中详细展开。

① 《嵌入式设计将成为主流，多核开发挑战最大》，[2012-04-22]，http://www.gkong.com/item/news/2008/04/21324.html。

② 《嵌入式系统会议二十周年：所有的设计都将转向嵌入式设计》，[2010-05-24]，http://www.eet-china.com/ART_8800519518_617693_NT_410afa24.HTM。

第三节　新一代 IT 驱动的融合型信息服务业新业态分析

第三次科技革命以来，生产力的发展越来越不依赖于劳动强度和生产要素的投入，而主要依靠技术创新。新的产业活动形态的出现，也主要起源于不同领域的技术创新交叉融合所带来的非对称聚合。这种非对称聚合的模式，催生了一大批新兴的服务形态，促进了社会生产结构的变化，推动了国际经济格局的调整和科技竞争。这种融合，在信息技术发展的历史中体现得尤为明显，甚至可以说，每一次不同种类的信息技术之间的融合，都会催生出一批全新的行业。正如周智佑指出的，“在信息时代真正具有决定意义的是通信及计算机这两种技术的结合。以前通信主要是针对话语，而计算机主要是集中在数学计算。在过去的 20 年中，这两方面都发生了变化，由于它们日益紧密地结合及相互作用从而产生了许多新事物”①。

然而，实际上直到网络时代以前，信息服务业的融合并不是一种普遍和大规模的现象。马健指出，20 世纪 90 年代前，计算机、通信和消费电子产品的技术进步大多发生在本产业边界内部，并没有带来产业融合的任何可能性②。网络时代的到来，使得原来仅仅发生在信息相关产业内部的融合现象逐渐扩散到金融、旅游、物流和专业服务等其他领域，信息技术和信息服务通过产业渗透、产业交叉和产业重组等各种方式，实现了对传统产业的改造和升级。这种融合尽管在范围上大大扩张，但其融合的本质，则与前网络时代一样，是一种制造业模式下的产业融合路径，即遵循从信息技术与传统技术的集成，到产品的信息化，再到产业融合的基本路径。

一　计算维度的融合型信息服务业新业态（I_1）

当前，随着云计算平台的逐渐普及，电信运营商开始推出基于云计算平台的融合型信息服务，这是一种基于信源端的技术型融合服务模式。固网电信运营商和移动电信运营商拥有庞大的用户需求和用户群体，从而具备协调多个行业、整合多个环节的资源和能力，这是电信运营商发展基于信源的技术融合服务的基础。如前所述，在底层技术方面，云计算技术本

① 周智佑编著《信息技术应用：技术经济及政策市场广角探索》，海洋出版社，2008，第 8 页。

② 马健：《产业融合理论研究评述》，《经济学动态》2002 年第 5 期。

身就是SOA技术、网格计算等相关技术相互融合发展的产物；在网络服务方面，云计算服务则是一种将软件（SaaS）、平台（PaaS）和基础设施（IaaS）服务融为一体的综合性服务。在云计算模式下，企业信息服务外包模式将逐渐从原来的应用程序开发外包和系统维护外包的人/月模式，转变成为整体基础设施外包和服务外包的租用服务模式。这种新的服务外包模式的优势在于其复用性更强，能够大规模地降低企业IT运维成本。基于这样一种融合与集成的技术架构，云计算服务商可以很方便地发挥集成优势和规模优势，为企业用户提供低成本和更专业的信息服务。

案例介绍：Rackspace与鹏博士公司的融合式信息服务模式

美国云计算服务商Rackspace号称全球三大云计算中心之一。目前该公司在全球拥有10个以上数据中心，管理超过64000台服务器。其云计算服务综合优势的发挥，即来自对云计算相关服务的逐步集成。Rack-Space Cloud由三部分服务合并而来，即成立于2005年的网站托管服务商Mosso CloudSites，以及2008年公司收购的主机服务提供商Slice Host和云存储服务商Jungle Disk。在整合上述三类服务资源之后，Rackspace在2009年又进一步开放其云API标准，吸引了众多程序开发者在其云平台上使用各种语言进行开发。2010年12月，公司发布云服务器托管服务，使得公司云产品除了进行公有云服务外，还能开展为更多大型企业所接受的私有云托管服务。这种基于云计算平台，在信源端通过对不同信息服务的异构整合，为用户提供一体化服务的模式，已经成为当前通信产业领域发展的重要趋势。

国内最大的民营电信运营商鹏博士近年来也在不断推进这种基于信源端技术融合的新型信息服务模式。鹏博士公司专业从事基于互联网服务业务的电信增值服务业务，在互联网专线接入、互联网数据中心（IDC）、内容分发网络（CDN）服务等领域具有很强的技术实力。为推动公司自身向综合型云服务商的转型，近年来鹏博士公司在云服务领域开展了一系列并购。2011年，鹏博士收购了北京树蛙科技有限公司，该公司的主要技术优势就是将云计算、海量存储、大规模数据处理等业务模式和核心技术应用于电信运营商的智能管道建设和管理。因此此次并购有助于鹏博士云存储、云分发和云主机平台的构建。同年，鹏博士收购了希望电脑技术公司，该公司拥有较强的云安全技术，能够帮助鹏博士构建基于McAfee SaaS的云安全平台及相应的安全服务。2012年，鹏博士再次斥巨资收购了中信网络旗下的长城宽带公司，该公司拥有一个国内除电信、移动、联通三大固网运营商牌照之外的唯一一张固网经营牌照（奔腾一号骨干网）。至此，鹏博士已经初步实现电信服务领域的产业链全覆盖计划，并为其下一步对云计算相关服务的全面整合提升打下了良好基础。

二 通信维度的融合型信息服务业新业态（I_2）

通信维度的融合型信息服务业新业态以“三网融合”技术为依托，这是一种基于信道的技术融合模式。“三网融合”技术在我国的发展由来已久。1993 年，我国“金桥工程”方案在构想阶段时，就曾有人提出“三网合一”的构想，即以计算机网络为基础，统一承载图像、话音和数据三种业务。1998 年 3 月，原体改委体改所“经济文化研究中心电信产业课题组”发布的《中国电讯产业的发展战略》报告中，大力倡导“三网结合”概念[①]。报告发布后，随即引起了一场大辩论。反对者针锋相对地指出，“美国法律鼓励三网竞争共存，谈不上三网结合”[②]。这次辩论之后，“三网融合”的概念逐渐为多数人所接受。2001 年发布的《中华人民共和国国民经济和社会发展第十个五年计划纲要》中第一次明确提出，要“促进电信、电视、计算机三网融合”，在国家层面正式明确了行业发展方向。

三网融合的技术基础，实际上就是借助数字化技术和计算机通信技术的进入，将原本通过电信网络、有线电视网络、互联网等各种网络传输的信号进行统一数字编码转化，形成基于 0/1 编码的数据包，再通过计算机网络进行传输处理。这样，借助三网融合技术，在业务层面，原本来自不同网络体系的通话语音、数据、音视频等信息都可以在一个业务系统中统一处理、传输和接收。技术架构层面的互联互通，成为更高层面的业务融合的重要基础。三网融合不仅涉及技术整合问题，更涉及技术服务、商业模式、行业监管等多层面的统筹整合。1997 年欧盟委员会发布的《三网融合绿皮书》就指出，电信、广播电视和出版三大产业融合不仅是个技术性问题，更是涉及服务、商业模式乃至整个社会运作的一种新方式[③]。在三网融合模式

① 王小强：《中国电讯产业的发展战略》，《广播电视信息》1998 年第 12 期。

② 吴贤纶：《对“中国电讯产业的发展战略”一文的质疑》，《广播电视信息》1999 年第 3 期。

③ European Commission. Green Paper on the Convergence of the Telecommunications, Media, and Information Technology Sectors, and the Implications for Regulation [R]. http://ec.europa.eu/avpolicy/docs/library/legal/com/greenp_97_623_en.pdf.

下，电信业务、计算机网络业务、光纤传输业务和有线电视业务等都可以转化为以 IP 为基础的业务，从而全面打破原来为不同业务设计建设的各种物理网络和业务系统之间的界限。在这一过程中，在政策法律层面，各国政府都在逐渐破除 IT 产业、电信业、有线电视业之间的政策性壁垒。

在三网融合的技术模式下，通过将电信网、电视网和互联网上的不同服务业态进行组合，就能够形成各种全新的信息服务模式。举例来说，IP 电话就是一种十分典型的基于网络融合而提供的融合型信息服务，它属于利用互联网和 IP 技术开展的电信业务，通过数字化传输技术，把语音编码、存储交换、解包解压、分配路由等原本属于电信业务范畴的任务统一置于互联网架构之下进行处理，通过 TCP/IP 协议实现语音通信，较典型的服务产品如 Skype 等。

为实现业务层面的融合，不同领域的信息服务提供商也开始通过并购等方式进行整合。从 20 世纪 90 年代中期以来，计算公司、电信公司、有线电视公司相互之间战略并购重组或组建产业联盟的案例越来越多。通过企业间的大规模兼并重组和业务整合，原本属于单一业务领域的企业开始转变为横跨多个行业的全业务型信息企业。如美国电话电报公司（AT&T）从 20 世纪 90 年代初开始，就开展了在互联网、移动通信、有线电视等各个领域的一系列眼花缭乱的并购活动：1991 年收购制造计算机的国民现金出纳机公司（NCR）；1994 年收购制造移动电话的 McCaw Cellular 通信公司，令 AT&T 一跃成为美国最大的移动运营商之一；1998 年，AT&T 购买了美国最大的竞争性本地接入服务商 TCG 公司；同年 6 月，收购美国最大的媒体企业 TCI（远程传播公司）；1999 年把 IBM 环球网络业务纳入囊中；次年 6 月，完成了对美国第四大电缆运营商 MediaOne 公司的收购，一举成为拥有 1500 万网络用户的美国最大宽带有线电视公司。上述一系列并购的完成，使 AT&T 由传统的长途电话公司转变为全业务的信息服务公司，可以为全球用户提供包括互联网服务、有线电视、固定电话、移动通信等在内的“一揽子”信息服务产品。

三 控制维度的融合型信息服务业新业态（I_3）

控制维度的融合型信息服务业新业态，主要表现为基于信宿的技术融合模式。近年来，随着智能移动终端的大行其道，集成了多媒体播放、游戏娱乐、网络访问、卫星定位、蓝牙传输等多种功能的移动终端，使得基于信宿的技术融合，成为融合型信息服务业新业态的重要技术载体。

例如，在图书馆信息服务行业，利用手机的网络访问、文本阅读和短信服务等功能推出的集手机阅读、短信通知、书目查询等多种功能于一体的“手机图书馆”服务正在兴起。2000年，日本富山大学图书馆开发了基于i-MODE手机的书目查询OPAC系统，成为手机图书馆的雏形。通过手机图书馆服务，读者可以与图书馆基于移动终端实现跨越时空界限的信息互动，获得在线图书续借、预约、证件挂失等更加便捷的服务，又可以将智能移动终端作为获取图书馆信息内容服务的一种载体，实现在线阅读、在线查询。

另一种较为典型的基于智能移动终端的技术融合模式是手机优惠券服务。手机优惠券是一种以电子文本或手机图片形式存储在手机中的无纸化电子文件①。由于目前的智能手机一般具备短信/彩信订阅、移动语音呼叫业务、网络门户下载、手机拍照、蓝牙等多种技术功能，因此商家可以提供不同方式的手机优惠券下载方式，便于实施整合式营销。举例来说，一些商家在旅游类平面杂志上刊登的广告中附加了优惠券信息，用户可以用手机拍照的方式获取优惠券，从而将传统的平面媒体与手机媒体结合起来。此外，近年来使用蓝牙推送优惠券的模式也开始出现，在机场候机大厅、超市等人流量较多的地方，商家可以通过张贴打开蓝牙的告示牌提示手机机主打开蓝牙，接收手机优惠券。目前北京家乐福超市就在很多网点尝试开通了卖场的蓝牙优惠券功能，取得良好的效果。

当然，上述划分方式之间并不是绝对的互斥关系。在很多时候，融合型的信息服务模式同时具有信道整合和信宿整合等多种特性。例如近年来，随着智能手机终端的逐渐普及，一些大的电信企业推出了手机电视业务，用户可以在智能手机终端上利用流媒体视频技术流畅地观看电视内容，这就是一种把移动网络和电视网融合在一起的信息服务模式，但同时也需要借助于手机移动终端性能的不断提升。此外，以家用电视或PC为终端，还可以实现互联网与电视服务的融合，近年来兴起的交互式网络电视业务，使用户可以通过网络电视同时接受传统的电视内容推送和互联网浏览、在线游戏、在线教育、电子商务等服务内容。

对本章提到的信息视角下新一代信息技术驱动的信息服务业新业态做一个简单梳理，如表8-1所示。

① 樊玮：《手机优惠券成为移动互联网业务新热点》，《通信企业管理》2009年第9期。

表 8-1 信息视角下新一代 IT 驱动的信息服务业新业态

业态分类		业态名称	业态描述
技术型新业态	计算维度（T_1）	云计算服务	SOA 技术、网格计算技术（Grid Computing）、效用计算（Utility Computing）、并行处理（Parallel Computing）和分布式计算等相关技术和服务的总称
		大数据计算服务	对社交网络、移动计算和传感器等新的渠道产生的半结构化和非结构化数据进行智能分析与挖掘，并且实现快速响应和实时反馈
	通信维度（T_2）	物联网服务	基于 Wi-Fi、WiMax、移动通信网、万维网甚至公共电话交换网等多种传输手段，将现实世界中的物理变量通过传感器网络转化为虚拟世界可处理的数字化信息，提供各种应用服务
		移动服务	基于 3G 技术和智能终端技术，实现以各类移动终端为平台的一体化服务，包括位置服务、多媒体传输、内容增值服务、移动办公和在线手机游戏等各种服务内容
		区块链技术	区块链技术：基于特定的技术机制，确保特定网络中的每个人均可参与记录，基本原理主要包括交易（Transaction）、区块（Block）和链（Chain）三个部分，是分布式数据存储、点对点传输、共识机制、加密算法等计算机技术相融合后形成的一种新型应用模式
	控制维度（T_3）	嵌入式软件服务	通过嵌入在硬件中的操作系统和开发工具软件，提升各种设备的智能化水平，并提供面向企业研发设计、生产自动化、流程管理等环节的信息化和智能化升级过程中的各种嵌入式应用服务
融合型新业态	计算维度（I_1）	基于信源的融合服务	基于云计算模式，将云存储、云安全、互联网数据中心（IDC）、内容分发网络（CDN）等网络增值服务，与传统的互联网接入（ISP）服务相互融合而形成的新服务模式
	通信维度（I_2）	基于信道的融合服务	基于“三网融合”技术，推动宽带通信网、数字电视网、下一代互联网等异构网络信息统一向数字编码转换，实现对话音、数据、声频和视频等各种信息的一体化传输，并通过将电信网、电视网和互联网上的不同服务业态进行组合而形成的信息服务新模式，如 IPTV、IP 电话、飞信服务等
	控制维度（I_3）	基于信宿的融合服务	借助智能移动终端的普及，在移动终端上集成多媒体播放、游戏娱乐、网络访问、卫星定位、蓝牙传输等多种技术应用，并提供基于智能终端的整合化信息服务，如手机图书馆、手机银行、手机优惠券等服务

第九章　新技术驱动的信息服务业创新模式：服务视角

20 世纪 60 年代以后，现代服务业呈现快速增长的态势，服务经济已成为现代社会的主要特征①。而服务经济与信息技术之间天然地有着千丝万缕的联系。姚战琪等②指出，在服务经济时代的各式各样的技术中，能够最深刻地影响服务生产与传递的是信息和通信技术（ICT）。伊万格丽斯塔（R. Evangelista）则认为，服务活动具有明显的以信息为基础的特征，使得信息和通信技术很容易在服务业中得到广泛应用，因此，信息技术的产生和应用在服务企业创新活动及其绩效提高中扮演着重要角色③。在服务经济时代，信息技术作为一种使能性技术和通用目的技术，其技术本身的进步一旦普及，就会对经济社会的各个方面产生深远影响。

在新一代信息技术变革大规模普及的历史背景下，新一代信息服务业的服务对象——企业、机构和个人等各类社会主体的信息行为和信息需求也将随之产生复杂而深刻的变化。在新一代信息技术的图景中，共享、交互等上一代信息技术（即网络时代）的服务属性依然重要，但并非决定性的因素。如克莱·舍基（C. Shirky）所言："信息共享的提高再重要，它也只是故事的一部分。更简单和广泛的信息传播改变了群体意识，但是如果没有集体行动方面的变化，其作用仍然有限。"④ Web 2.0、社区计算、

① 李怀勇、陈宪、康凡艺：《服务经济结构的形成、特征与演进》，载陈宪、程大中、殷凤《中国服务经济报告 2008》，经济管理出版社，2009，第 5 页。

② 姚战琪等：《技术进步与现代服务业：融合、互动及对增长的贡献》，社会科学文献出版社，2009，第 32 页。

③ R. Evangelista, Sectoral Patterns of Technological Change in Services [J] . Economic Innovation and New Technology, 2000 (9): 183 – 221.

④ 〔美〕舍基：《未来是湿的：无组织的组织力量》，胡泳、沈满琳译，中国人民大学出版社，2009，第 97 页。

软件即服务（SaaS）等的出现已经而且将继续对管理、商业产生深远影响[①]。具备全新形态的群体性行为的大规模涌现，将成为新一代信息技术框架下的人类信息行为的新模式。这种主体行为模式上的变化，一方面是立足于新一代信息技术本身的技术属性；另一方面，也将间接地决定新一代信息服务业的模式创新的方向和路径。

本章将从新一代信息技术的服务属性分析出发，探讨 CPS 框架下的新一代信息技术对主体行为模式产生影响的方式和路径，并基于此分别探讨消费型信息服务业和生产型信息服务业新业态的具体内容。

第一节 服务视角下新一代 IT 的基本属性

基于第八章中提出的 3Cs 分析框架，分别从通信、计算和控制三个技术维度出发，对新一代信息技术沿着不同技术维度对人类信息行为产生的影响进行分析。

一 动态结盟：计算维度新一代 IT 的服务属性

（一）“多对多的交互盛宴”

从计算维度去思考新一代信息技术的特征，实际上可以把新一代信息技术看作对之前的信息技术中计算能力的综合集成：在过去，计算能力分散在世界的各个角落，绝大部分计算任务都要依靠本地资源完成，通信环节只是负责计算内容传递，通信和计算是割裂的；而新一代信息技术模式下，计算和通信做到了高度统一，对于用户而言，使用远程的计算资源和使用本地的计算资源具有几乎完全相同的体验。

如果仅仅从技术上思考这一问题，那么新一代信息技术无非带来了效率的提高，以及更好的使用体验而已。然而，事实并非这么简单，这种计算模式上的变革，对人类基于网络的交流互动行为产生了微妙而深远的影响：在过去，由于计算和通信的割裂以及计算资源的分散化，通信资源成为联动整个网络的核心要素，因此在过去的互联网中，属于通信端资源的网络主体（电信运营商、网络内容提供商等）处于整个互联网的核心位

① P. Fingar, Dot Cloud: The 21st Century Business Platform Built on Cloud Computing [M]. Meghan - Kiffer Press, 2009: 9.

置。而在新一代信息技术的图景中，由于计算和通信之间的高度统一，属于通信端资源的网络主体随着通信环节的“透明化”而逐渐退居幕后，用户成为网络世界事实上的主角。

从人类信息传播的发展历程来看，不同类型、不同历史时期的信息传播技术，都是强化了人类信息交流链条中的某一个环节。电报和电话实现了点对点沟通能力的跨越式发展，它们实际上可以看成过去依靠信件的信息沟通方式的延续；电视和广播实现了大规模、点对多的信息交流，但是这种交流是单向的，这也可以看成过去烽火台式信息传播的延续；互联网出现后，人类获取信息的途径大大丰富，原来的点对点双向交流和点对多单向交流两种模式在一个技术平台上得以共存，但就网络整体而言，由中心节点（网站管理者）控制的、点对多的信息交流模式并没有出现明显改变，网络的“去中心化”趋势只是刚刚起步。只是在 Web 2.0 出现以后，博客、微博等全新的社交网络应用的普及，推动了网络用户由互联网信息内容的被动接受者向主动创造者转变，人类的信息交流模式才真正具备了大规模、多对多双向交流的可能性。

在面向企业的 IT 应用领域，同样经历了这样一场变革。在过去的几十年间，企业信息化经历了从部门分散的信息化到企业内联网，再到互联网的演进历程。在互联网时代，企业借助网络将自己的部分服务环节以电子商务和网络广告等方式对外开放，但这种互联网服务并不能真正帮助企业实现其核心业务创新资源的跨界联动。真正与 Web 2.0 对个人信息行为的改变方式相仿的企业 IT 应用是云计算。如前所述，云计算模式的重要意义，不仅体现在对企业 IT 运作成本的显著降低上，还体现在企业管理模式的深刻改变上。基于企业运作模式的这种深刻变革，面向企业的生产型信息服务业新业态开始不断涌现。

（二）“交互”抑或“结盟”？

需要指出的是，尽管本书一直在强调新一代信息技术模式下“交互”行为前所未有的技术便捷性，但无论是对于个人还是企业而言，上文所描述的这种交互性更多是停留在“技术可行”，而不是“认知可行”的层面上。最早提出虚拟社区理论的莱恩格尔德（H. Rheingold）曾非常乐观地认为[①]，

① H. Rheingold, The Virtual Community: Homesteading on the Electronic Frontier [D]. MA: Addison - Wesley, 1993.

互联网已经成为一个充满互动、沟通和建构的虚拟社区。然而事实上，Web 2.0 自其兴起到现在，都没有能够形成一个全世界范围内的真正意义上的互动机制。阻碍这种理想化的互动方式的原因，不是来自技术层面，而是来自人类认知能力的限制。正如克莱·舍基所指出的："网络使交互性在技术上成为可能，但是技术赐予的，社会因素又把它拿走了。"[①] 克莱·舍基发现，在博客应用出现的早期（大致在2002年前），各种各样的博客作者之间有着很特别的松散结合的交谈，以合理速度更新的参与者都可以视自己为其中的一员；在那时，写博客主要是一个交互的活动，它发生得如此自然以至于人们容易把交互想象为其最基本的内容。然而，在博客用户群体达到百万量级规模的时候，"社会性限制开始起作用了"。他写道：

> 如果你有一个博客，而有1000名其他博客作者都指向你，你没办法读完他们都说了些什么，更不用说做出任何反应了。多就是不同……在这种规模下，"交互性"会是这样的——与绝大多数受众几乎没有互动，和剩下的少数人有不经常和极少的互动。这对于各种类型的媒体都富有意味。博客不会打碎名声的单面镜，"互动电视"则只是一个矛盾修饰法，因为电视规模的观众群体已经否决了比为"美国偶像"投票更具互动性的任何可能[②]。

在这里，克莱·舍基指出了将网络技术的交互性作为网络的一个基本属性进行分析的不可行性："尽管双向联结的可能性包含深刻的好处，它并不是什么万灵药。在网上交互性不受技术性限制，但它仍然还受到人的认知的重大限制：无论你是谁，你只能读这么多博客文章，只能和这么多人交换电子邮件，等等"[③]。新一代信息技术也是如此，交互是其中一个十分重要的技术特征，但交互远不能概括新一代信息技术对人类行为所带来的影响。在很多时候，交互的范围是局部、临时和松散的，并且与交互

① 〔美〕舍基：《未来是湿的：无组织的组织力量》，胡泳、沈满琳译，中国人民大学出版社，2009，第57页。

② 〔美〕舍基：《未来是湿的：无组织的组织力量》，胡泳、沈满琳译，中国人民大学出版社，2009，第58~59页。

③ 〔美〕舍基：《未来是湿的：无组织的组织力量》，胡泳、沈满琳译，中国人民大学出版社，2009，第58页。

主体的目的密切相关。

正因如此，本书将“动态结盟”而不是泛化的“大规模互动”作为计算维度下新一代信息技术所驱动的信息服务新模式的基本特征。这两者的区别在于，结盟更加强调目的性，是一种根据随时变化的目的而“随需应变”的应对方式；互动则主要强调参与双方的投入，是一种比结盟更加泛化的提法。在协同的程度上前者深于后者，或者说，后者是前者发生的前提，前者则是后者行为的深化。关于从互动到结盟的必然性，克莱·舍基曾提出了解释 Web 2.0 时代的松散式群体活动形成原因的“科斯地板”（Coasean Floor）理论。这一理论是针对科斯（R. Coasean）的企业理论的分析框架提出的。“科斯地板”理论是针对那些在组织看来开展起来价值过低的群体性工作而提出的。由于组织最初的最低成本相对较高，某些组织活动虽然具有一定价值，但这个价值不足以使人们以有组织的方式去追求它，从而落在了“科斯理论的地板底下”（lying under a Coasean floor）：它们对一些人有价值，但以任何机构的方式做都太昂贵，因为欲使机构成其为机构，其基本和不可拆卸的成本都决定了那些行为不值得实施①。

以上从个人消费者的角度，分析了新一代信息技术背景下，计算和通信界限的模糊化，使得传统的互联网服务越来越朝向于以用户为中心的内容生产模式，用户通过在互联网上的实时动态的结盟活动，而获得前所未有的网络空间行动自由。从企业生产的角度理解计算维度新一代信息技术的服务属性，同样具有动态结盟的特征，那就是随着云计算技术在企业生产流程中的深入和普及，基于云平台的企业之间开展联动式创新和跨界合作行为越来越重要，对这部分内容将在后文进一步展开论述。

二　泛在交流：通信维度新一代 IT 的服务属性

在第八章中，笔者曾论述新一代信息技术发展中“融合”这一基本特性。所谓融合，就是受益于数字技术、光通信技术、软件技术的发展，新一代信息技术所具有的对电信网、有线电视网、数据通信网、移动互联网、无线传感网以及蓝牙等原本具有不同技术架构、从属于不同应用领域的技术平台进行整合并提供服务的能力。这种异构网络技术之间相互融合

① 〔美〕舍基：《未来是湿的：无组织的组织力量》，胡泳、沈满琳译，中国人民大学出版社，2009，第 12 页。

发展的趋势，不仅改变了信息及其相关产业领域的运营模式，催生了各种融合型的信息服务业形态，更重要的是，这种网络的融合，对人类的信息行为产生了深刻影响，那就是随着网络融合的发生，人与人交往层面上的机器环节开始逐渐“消解”，这使得原来从属于不同技术链条的信息行为融为一体。

在近代以前，人与人的交往是直接的（“个人－个人”），尽管也存在以书信相互交流的方式，但那只是人类信息交流中很小的一部分。近代以来，随着电报、电话、电视、网络等信息传播技术的出现，人与人的交流链条中出现了一个“机器”的环节。这一现象造成了两个后果：一方面，人类的信息交流能力得以通过机器的力量实现超越时空的重大发展；另一方面，机器开始成为人与人的信息交流链条中不可或缺的一环，这种现象就使得人类之间信息交流的程度和范围，都高度受限于交流设备的便捷性和可用性。

在互联网时代，人类进行全球化沟通和实施交流互动所需的各种技术手段都已经发展成熟，但是，这些信息传播技术本身的可用性和便捷性没有明显改善，并且不同技术架构的媒体之间的融合尚未形成，导致人们日常的信息交流被技术手段割裂成了一个个孤立的行为链条。举例来说，用户可能通过电视广告看到了某一款化妆品的信息，产生了购买的欲望，但是用户无法直接通过电视广告实现即时的订购，而必须通过电子商务或者实体商城才能完成订购的行为。在这里，“广告浏览”行为和“网上订购”行为之间尽管已经非常接近，但依然由于电信网和互联网的技术分离而被割裂成了两个单独的行为链条。

新一代信息技术演进的核心要素，就是“泛在”（Ubiquitous）和“融合”。因为“融合”，人们不再需要根据不同的需求使用不同的沟通工具；因为“泛在”，人们在购物、排队、乘车甚至吃饭时都可以实现基于网络的一体化交流。这实际上是把人与人交往链条中的“机器”环节消解掉了，从而回到最原始的“个人－个人”的交往链条。这实际上是人类信息交流行为模式螺旋式上升的过程：从近代以前的人与人直接交往，到近代以来的“人－机器－人”的交往模式，再到未来的机器环节的逐渐消解；表面上是行为模式的“回归自然”，但实际上行为的能力和量级已经有了质的提高。在新一代信息技术的辅助下，人类社会实现随时随地的“泛在交流”将不再遥远。

与这种“返璞归真”相伴生的，是新一代信息技术背景下人类信息行为的两个基本特征的形成——“即时化”与“此在化”。一方面，随着MySpace、Facebook、Twitter等基于手机平台应用的即时化社交网站的普及，网络业务的发展达到了有史以来的最高速度。正如Twitter网站的一句口号所说的那样，这些公司致力于为数以百万计的用户进行“实时更新”，提供永无止境的“数据流”，他们可以随时发送简短的信息，交流“此时正在发生的事情”①。尼古拉斯·卡尔（N. Carr）将其总结为时间概念上的“即时化”。另一方面，随着定位服务（Location Based Service，LBS）的兴起，空间和位置要素在基于社交网络的信息行为中占据了前所未有的地位。而空间要素的背后，则是海德格尔的此在与当下的价值在新一代信息技术所构筑的人类信息行为图景中的凸显，姜奇平将其称为空间概念的“此在化”②。

时间上的“即时化”与空间上的“此在化”，共同构成了新一代信息技术快速聚合不同时空维度的异构行为链条的能力。这种能力实现的基础，是CPS范式对信息进程和物流进程的超级整合能力。而这种通过提供泛在信息服务，帮助人们实现由信息设备而导致的异构割裂的行为链条重新走向缝合，这实际上就是“机器”从近代以来人类信息行为的一个无法绕过的环节而逐渐向透明化和泛在化过渡的过程。正如米切尔所描述的：

> 真实的办公桌、房间和其他摆设——而不是它们的电子替代物——开始起到计算机界面的作用。我们也能制造一些有趣的、将虚拟与现实结合起来的混合体。这样，我们在物质世界里的活动就被紧密而又不易察觉地与网络空间里的活动联系在了一起。我们就不仅仅是计算设备的使用者，变成了电子媒体环境（Electronically Mediated Environment）里的真正居民③。

可以设想，未来有一天尼葛洛庞帝（N. Negroponte）所预言的“数字化生存”终将实现，但这种实现的前提，恰恰是“数字化”本身的“消

① 〔美〕卡尔著《浅薄：互联网如何毒化了我们的大脑》，刘纯毅译，中信出版社，2010，第15页。

② 姜奇平：《传媒即思维》，载〔美〕卡尔著《浅薄：互联网如何毒化了我们的大脑》，刘纯毅译，中信出版社，2010，第XV页。

③ 〔美〕米切尔著《伊托邦——数字时代的城市生活》，吴启迪等译，世纪出版集团、上海科技教育出版社，2005，第47页。

解”或“透明”——只有信息设备退隐到人类信息行为的背后，变成像空气和水一样与人类的本能相适应的东西，人类才会适应所谓的数字化生存。正如尼葛洛庞帝所指出的：“电脑将是我们日常生活中到处存在却无形的一部分：我们住在电脑里，穿戴着电脑，甚至食用电脑。”①

在企业层面上，同样发生着类似的故事。新一代信息技术平台的异构整合，使得应用层面上不同主体行为之间出现了“平滑的过渡”，而这种人类信息行为模式的变化，最终体现到企业业务运作上，就是现代企业管理越来越朝向于快速反应和组合创新的模式发展，业务平台的交叉联动成为现代企业管理的核心理念。早在互联网出现之前，麦克卢汉就预言，网络将给人类带来一种超越分工个体的生命智慧②。如姜奇平所指出的，机械世界的特点是分工，生命世界的亮点在融合③。如果说，互联网将人联结起来，赋予了网络互联的知识世界一种生命属性的话，那么物联网通过将人与物的联结，给整个物质世界都重新赋予了一种生命的属性。这意味着现实企业价值链的不同环节之间、企业与企业之间、行业与行业之间的联结将更加密切。

三　分布智能：控制维度新一代 IT 的服务属性

（一）“众愚成智”：基于嵌入式网络的智能控制模式

如前所述，新一代信息技术的背景下，在人与人互动的层面上，机器被“消解”了；而在物与物互动的层面上，人又被“解放”出来。在过去，物与物之间的互动，除了遵循自然界的运行规则之外，在人类生活的世界中是无法自动实现的，而必须以人来作为物物相联的中介，从而遵循“物 - 人 - 物”的活动链条。新一代信息技术在控制维度上的革命性进步，就是“嵌入”的理念：通过在各种物体中安装嵌入系统，一方面，感知物体的温度、质量、位置、活动状态等实时信息；另一方面，还可以根据接收到的指令或信号，控制物体进行一些基本的动作。在很多个安装了嵌入式系统的物体之间，可以通过传感器、云平台、通信网络和 RFID 等技术

---

① N. Negroponte, 1998. Beyond Digital. Wired, 1998 (12): 288.

② 刘建明：《跨越麦克卢汉的预言——全球化媒介的历史与未来》，《今传媒》2006 年第 1 期。

③ 《21 世纪财富的新源泉——告别亚当·斯密》，[2010 - 05 - 24]. http://tech.sina.com.cn/news/computer/1999 - 8 - 2/3336.shtml。

实现简单的相互“对话”，物与物之间可以不经过人的判断和调度而直接开展相互配合，形成了“物－物”的互动链条。所谓物联网，实际上就是实现了这样一种物与物“直接对话”的理念。在这种模式下，人从上述链条中被解放了出来。当然，所谓“解放”，并不是说人在物与物的互动之中完全缺位，而是人类不再从事一些简单的事务性和操作性的工作，而代之以机器自动执行，人们可以将更多的精力投入各种复杂的思维活动和人际交往之中。在未来，各种重复性、操作性的服务行为在服务经济活动中的比重将大大降低，服务者之间的协作将主要体现为知识交流与联合创新，服务经济活动将真正实现以知识为驱动，以人才为根本，以联动谋创新，并通过人才的发掘、聚集、培育和有效使用，使得各种潜在的服务需求得到有效满足，变幻莫测的外部服务环境被有效应对，各种配套项目或工程得以有效实施，持续性发展需求得到有效满足。

上述许许多多简单个体实现的低层级互动，会带来网络整体层面上颠覆性的“智能化”效应。通过对蜜蜂群落的观察，可以更好地说明这一变化的决定性意义。在蜂群中，蜜蜂通过舞蹈来表达信息。这是一种简单却十分有效的多对多的信息沟通方式（实际上类似于今天的微博）。尽管每一只蜜蜂只探寻极少的几个地方，但通过舞蹈，就会吸引有兴趣的蜜蜂前去探寻，而后来的蜜蜂如果觉得这个地方很好，就会飞回来重复之前蜜蜂的舞蹈。如此循环往复，就在蜂群中形成了一种正反馈机制，形成十分惊人的群体行动力。正如凯文·凯利所说，“这是一个白痴的选举大厅，由白痴选举白痴，其产生的效果却极为惊人”①。复杂系统研究表明，大量简单行为主体通过动态网络联结起来并形成互动关系之后，就会形成很强的智能性——凯文·凯利将这种现象称为“众愚成智”。这实际上与人类大脑智能形成的机制类似，认知科学家认为，人类大脑的意识并没有一个真正意义上的中枢机构，而实际上是一种“基于分布式网络的模式涌现”现象，即基于无数个微小且无意识的神经环路组成的分布式网络，由不同情境或神经指令所触发或涌现的复杂模式（念头），这些模式的涌现很多时候带有随机性——这也解释了为什么人的思维会有很多“灵机一动”甚至是“下意识”或“潜意识”的现象。正如丹尼尔·丹尼特（D. Dennett）

① 〔美〕凯文·凯利著《失控：全人类的最终命运和结局》，东西文库译，新星出版社，2010，第18页。

所指出的，“如果你仔细看看大脑内部，会发现里面其实空无一物”，实际的情况更像是“有许多微不足道的小东西，本身并没有什么意义，但意义正是通过其分布式交互而涌现出来的”①。

（二）全球网络与“全球脑”

上述分析的“智能”是以无数嵌入式组件为基础形成的局部性现象，从全球范围来说，在以泛在为标志的新一代信息技术普及之前，由于用户接口技术的不成熟，机器一直是人与人之间沟通的桥梁，而这个桥梁或者渠道一直是不流畅的。而新一代信息技术则在很大限度上“消解”了机器的存在，极大地提高了人们随时随地与其他人沟通的便利程度。因此，在很大程度上，新一代信息技术的最终普及将使人类获得一种随时随地与全世界的其他人沟通交往的能力。正如克莱·舍基所说：“我们正在经历人类历史上表达能力的最大一次增长过程。更多的人可以就更多的事与更多的其他人交流，这些在过去都是不可能的。在一代人内从少于100万的参与者发展到超过10亿用户，即使与过往的通信工具革命相比，如此增长的规模与速度也使得这个变革前所未有”。②

新一代信息技术的智能性，是源自其宽带、融合和泛在的网络架构，使得全世界范围内的用户具备了共享智慧的基础。在未来有一天，随着整个人类社会因为新一代信息技术的普遍应用而具备了全球性的动态结盟和泛在交流能力，人类社会的组织结构将从目前以层级结构为主的系统模式向松散结盟和动态演变的生态模式转变，而这也将对当前的社会结构带来颠覆性效应——“全球脑”将有可能因此而形成。正如杰弗里·斯蒂伯（J. M. Stibel）所指出的：“当信息处理云模式和信息交流云模式结合在一起，以类似于人脑的迂回渐进的思维方式并行运行时，人一样的智慧就可能在互联网上出现”③。

被美国前副总统阿尔·戈尔称为“对自己人生最有影响的思想家”的

① 〔美〕凯文·凯利著《失控：全人类的最终命运和结局》，东西文库译，新星出版社，2010，第60～70页。

② 〔美〕舍基：《未来是湿的：无组织的组织力量》，胡泳、沈满琳译，中国人民大学出版社，2009，第66页。

③ 〔美〕斯蒂伯著《我们改变了互联网，还是互联网改变了我们?》，李昕译，中信出版社，2010，第36页。

宗教思想家德日进（T. de Chardin）可以说是对“全球脑”最早的预见者，他“在网络出现的半个多世纪之前就已经预见了它的到来”①。在100年前发表的著作中，德日进就提出，地球的发展已经进入一个新阶段，除了金属内核、包围的岩石或者岩石圈以及水和大气的流体表层，地球上正在出现一个“智慧圈”（Noosphere）。他写道：“这个圈层更加连贯一致，与以前的圈层一样广阔。这是一个全新的圈层——‘思想层’，自从第三纪晚期其萌芽之时以来，它已经广布大地，并凌驾于植物和动物世界之上。”② 当然，德日进所说的智慧圈，实际上是指随着人类语言的出现而形成的人类传播网络，与我们今天所探讨的全球脑并不完全一样。然而实际上“全球脑”的出现并不意外，随着人类相互之间沟通手段和沟通方式的不断进步，上文所说的局部性的智能逐渐扩展到全球范围内，社会越来越发展成为一个带有自己的神经系统、具有判断思考能力的有机体。正如米切尔（W. J. Mitchell）描述的，随着新一代信息技术的不断普及，“新的标签和传感器技术使物体之间已能意识到彼此的存在，并且开始互相交流。这是迈向人工生态系统和智能物质社会的第一步，也是最基本的一步。我们将会不断发现，在我们生活的世界里，物品不再只是放在那里，而能够真正地思考它们打算做什么，并选择相应的行动”③。这样一个使用网络和通信技术联结起来的人和物体之间彼此作用的庞大有机体，就好像是人类的大脑，“地球是一个脑，每个人是一个神经元”④。在这样一个有机体中，全球智慧可以随着分散在全球的访问者的不断增长而实现自然进化。杰弗里·斯蒂伯对于上述这种由全球网络互联驱动的分布式进化有过一段精彩的表述：

> 10年前，没人会想到软件程序会由无数独立的程序员在世界各地设计和实现。但事后看来，这就是Linux操作系统的成功，这个资源开放的操作系统不是由一家公司开发的，而是由数百万用户共同参与开发的。5年前没有人会想到，一部维基百科全书会由数百万的参与者不断补充而发展，并且仍然保持其独立性。但是这样的事情现在就发生在维

---

① J. C. Kriesberg, A Globe, Clothing Itself with a Brain [J]. Wired Online, 1995 (6).

② DE Chardin T. The Phenomenon of Man [M]. Harper, 1959: 182.

③ 〔美〕米切尔著《伊托邦——数字时代的城市生活》，吴启迪等译，世纪出版集团、上海科技教育出版社，2005。

④ 杨友三：《全球脑》，吉林出版集团，2010，第4页。

基网上。同样，在未来10年，各种游戏、家具、社区和普利策奖小说也会以同样的方式来补充和完善，这也是不足为奇的①。

四 本章的分析框架

与第八章类似，本章对于服务视角下新一代信息技术驱动的信息服务业新业态的分析，同样沿着两条基本主线展开。

首先，依然是信息技术驱动信息服务业新业态出现的TICP模型。本章主要从服务视角切入，并且进一步按照计算模型和经济模型进行细分。从而将服务视角下新一代信息技术驱动的信息服务业新业态区分为消费型信息服务业新业态（服务视角-计算模型），以及生产型信息服务业新业态（服务视角-经济模型）。

其次，同样基于新一代信息技术区别于前代信息技术的特殊属性，即本小节中提出的3Cs分析框架，将新一代信息技术的服务属性区分为计算（动态结盟）、通信（泛在交流）和控制（分布智能）三个维度。如此，可以进一步分别将消费型新业态细分为计算维度（C_1）、通信维度（C_2）和控制维度（C_3）三类；将生产型新业态也细分为计算维度（P_1）、通信维度（P_2）和控制维度（P_3）三类。

基于上述分析，本章的基本分析框架如图9-1所示。

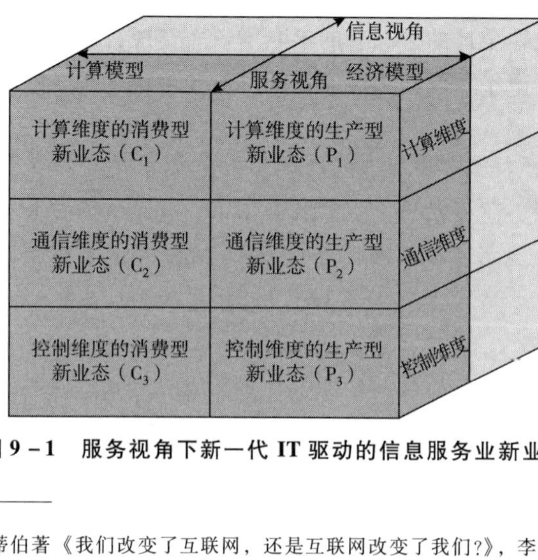

图9-1 服务视角下新一代IT驱动的信息服务业新业态

① 〔美〕斯蒂伯著《我们改变了互联网，还是互联网改变了我们?》，李昕译，中信出版社，2010，第XXXIV页。

第二节　新一代 IT 驱动的消费型信息服务业新业态分析

一　平台化服务：计算维度的消费型信息服务业新业态（C_1）

如前所述，在新一代信息技术的背景下，计算模式朝向计算和通信一体化的新模式演化的结果，是用户最终成为全球网络的内容生产者。在这样一种技术模式变革的召唤下，近年来博客、微博、Mashup、RSS 订阅等 Web 2.0 应用，以及诸如 MySpace、Facebook、Twitter、Flickr 等社交网络平台大行其道。这些服务的核心理念，就是以平台化服务为网络用户根据特定需求而快速结盟的网络群体行为模式提供条件——也就是克莱·舍基所说的“科斯地板”下的组织活动。克莱·舍基曾以 Flickr 的照片分享功能为例，说明了社会网络工具在解决这类问题时的做法：

> 聚合并发布照片这种事并不像把人送上月球的那种任务。在像 Flickr 这样的服务发明之前，阻碍照片分享的并不是某种绝对难度，而是其相对难度。显而易见，无论是对摄影者还是观众，把照片拿出来对他们都有一些价值。但在许多情况下，由于机构困境的存在，这些价值敌不过成本门槛。Flickr 避开了这些问题，它的办法不是增加管理层对于摄影者的监管，而是首先完全放弃监管的企图，改为提供工具，让那些潜在的群体自我同步和协调①。

在这一过程中，技术的作用主要体现在两个方面：其一，是实现了信息的跨时空共享，从而消除了信息的地域局限性；其二，则是最关键的，就是提供了传统组织方式下无法逾越的“科斯地板”障碍，使得公众在一些原本不可能产生群体性合作的行为领域开展广泛合作。利用新一代信息技术，人们可以轻易地基于某种特殊的兴趣、爱好、目标来组建各种兴趣群体、社会运动和商业性活动。这种群体和以前的组织群体具有本质性的不同：它们没有传统的中心式的集中结构，而是分布式和去中心化的；它们也没有明确的层级结构组织，而是松散协调的；它们没有稳定的组织形

---

① 〔美〕舍基：《未来是湿的：无组织的组织力量》，胡泳、沈满琳译，中国人民大学出版社，2009，第 26 页。

态，而是以一种流变的方式存在，并根据不同的任务或目标迅速兴起与瓦解。我们将这种行为方式称为“动态结盟”。

这种行为方式的涌现，一个重要的前提，不是来自技术上的突破性进展，而是其社会网络密度的空前增加。在2000年以后，随着全球网民数量的突飞猛进，网络拥有了真正的社会密度。从而使得每一个网民在网络上根据自己的兴趣爱好寻找到一群同好者这个任务变得无比简单。正如克莱·舍基所说：“这些事情成为可能，不仅是因为技术上可行，更是因为社会密度终于赶上了技术的步伐。”①

未来，最为典型的平台化信息服务模式，就是社交网络服务（Social Network Service，SNS）。社交网络本质上还是一种为互联网用户沟通和交互提供便利的互联网应用，但其实现了以用户的社会关系或共同兴趣为纽带，为具有一定关联关系的用户提供多种形式的在线聚合服务，建立现实社会关系（或者纯粹虚拟社会关系）在虚拟社会中的情感沟通和互动交流机制，从而实现了以用户为中心、以人为本的服务理念。从广义上说，电子邮件、BBS等都可以看作社交网络服务的雏形。后来出现的即时通信工具（IM）和博客（Blog）则实际上是上述两种服务的进一步升级。同期出现的一些其他社交网络应用，如社会化标签（Tag）、RSS等则是一些旨在提高社交网络服务效率的技术应用。事实上，近两三年来，尽管社交网络的应用空前火爆，但其技术功能上的创新依然没有超出过去的范畴。所不同的是，目前的社交网络工具开始越来越多地与其他互联网应用结合起来，比如与多媒体应用结合的Del. icio. us 、Flickr、YouTube等，和手机移动服务结合的Facebook、Twitter、微米等，和位置服务（LBS）结合的陌生人交友网站等。

除了纯粹的面向个人娱乐和交友需求而提供的平台化服务之外，一些商家也开始利用社交网络的巨大人气，探索各种将电子商务与社交网络结合的商业模式。如淘宝推出的“淘江湖”服务，是淘宝网基于其庞大的用户群体而自动创建的社交平台，但这种硬性复制的社交网络其用户的活跃度很低，效果并不理想。另一种将时尚与社交网络绑定的应用模式则取得了较好的效果。2011年，由前Google亚太及拉美地区运营总裁卡西迪

① 〔美〕舍基：《未来是湿的：无组织的组织力量》，胡泳、沈满琳译，中国人民大学出版社，2009，第13~14页。

（S. Cassidy）出任 CEO 的社交网站 Polyvore 创造了一个非常成功的商业模式：用户可以从该网站已有的海量图片库中寻找适合自己风格的图片，或上传心仪的图片，搭配出一整套着装，并将其分享到 Facebook、Twitter 或 Polyvore 自身的社区内，供网友搜索、评分、分享和留言。由于 Polyvore 里面所有物品都是独立的，用户可以任意增减组合，这种自由设计组合的乐趣大大激发了购买欲，而 Polyvore 再将每一款产品指向特定的购物网站，即能产生颇为丰厚的广告收入。目前，Polyvore 每月拥有近千万独立访问用户，不少时尚品牌商也已开始将其作为品牌宣传和影响的一个重要阵地。

此外，近年来分享经济快速兴起，成为消费型信息服务业新业态的典型代表。分享经济以互联网作为信息共享和供需对接平台，由网络主体（终端消费者）基于 P2P（点对点）的方式进行交易，典型模式如知识付费、网络直播、单车分享、网络约车、在线民宿等。以滴滴出行为例，其从最初仅仅立足于出租车信息互联网化而实现网络叫车功能，到现在基于数千万车主和数亿用户信息构建的云端智慧调度系统和线上线下相结合的智能出行体系，其背后的技术逻辑依然是“互联网 + 交通”，从而实现 P2P 交易互动模式。

二 聚合化服务：通信维度的消费型信息服务业新业态（C_2）

时间上的“即时化”与空间上的“此在化”，共同构成了新一代信息技术快速聚合不同时空维度的异构行为链条的能力。仍然以前文所说的网上购物行为为例来说明新一代信息技术的这种整合时空和不同行为链条的能力。电子商务网站淘宝推出了一款名为“随身购”的手机客户端软件，其所实现的功能很简单，就是允许用户使用智能手机直接通过移动互联网络访问淘宝商城。我们可以设想这样一个场景：

> 一位职业女性，每天要在公车上坐两个小时。闲得无聊就看看公交电视，发现电视上明星金泰熙戴的新款耳环很漂亮。公车上又挤又吵，不过没关系，掏出手机快速登录淘宝网，搜索关键词“金泰熙韩式耳环”后马上出来了最新款韩式耳环，还附带各种实拍图片。这位职业女性可以很轻松地通过手机的上下键滑动来选择自己喜欢的耳环。找到后在“随身购”的帮助下进行订购，很容易就买到了自己心仪的耳环。

上述功能的实现，从技术上说并不复杂，但是它借助手机的移动通信能力，巧妙地整合了“广告促销”和“上网购物”这两个看似毫无关系的价值链条。正如克莱·舍基所描述的那样，“随着通信技术的改变，上述通信模式之间的分别也在消失”，各种“通信方式之间的明确断层正在变成平滑的过渡”[①]。由于新一代信息技术融合与泛在的基本特征，使得人们生产生活中原来互相割裂的行为链条之间出现了若干“焊接点”，这些行为链条的焊接点是上述信息服务创新模式的前提。

正是基于对这种趋势的判断，中国移动集团提出了“聚合服务”的概念，并将其定义为“聚集多领域的资源和能力，整合各种信息、内容和应用，将不同主体提供的各种业务和服务有机地结合在一起提供给客户，从而满足客户泛在化和一体化的需求，并为客户创造额外价值的一种服务”[②]。在现实生活中，聚合化服务既包括中国移动集团提出的这种显性化的聚合服务，也包括一些相对隐性和柔性化的聚合服务，因此笔者此处以“聚合化服务”的提法来表达这样一种相对而言外延更加泛化的含义。

之所以要强调这种泛化的含义，是因为在现实中，构成聚合化服务的行为基础是异构行为链条整合，而异构行为链条整合的对象本身就比较宽泛，既可以是一个普通消费者自身的不同行为链条，也可以是建构在一个信息服务平台上的不同用户的行为链条。这其中，第一种情况相对比较好理解，但第二种情况比较不引人关注，但恰恰对当今的信息社会治理提出了一个全新的挑战。举一个简单的例子：随着近年来“微博”的爆炸性增长，有人提出，微博赋予了人前所未有的信息获取权，因而将为中国带来信息民主；但从另一个方面来看，现实世界中的名人所引发的巨大的微博关注效应，使得这些名人在微博世界里面可能获得比现实世界中更大的影响力或话语权——这很可能是对民主的一种侵害。例如，在 2011 年引起巨大轰动的“药家鑫案”发生后，著名音乐人高晓松在微博中发言强烈声讨药家鑫，引发了媒体和网友的热烈讨论。这是一个在微博世界里面很平常的一个案例，但值得注意的是，在现实世界中，高晓松作为一位文化界的名人对法律问题不能有太大影响力，但由于微博服务提供了一个一体化且具有庞大社会受众的社交平台，用户在某一个线下领域所获得的巨大影

---

① 〔美〕舍基：《未来是湿的：无组织的组织力量》，胡泳、沈满琳译，中国人民大学出版社，2009，第 55 页。

② 李正茂主编《聚合服务：移动互联网时代的蓝海》，人民邮电出版社，2010，第 32 页。

响力可以通过这一平台快速扩散到其他线下领域之中。这实际上可以看作我们所谈的行为链条整合的一个扩大化的案例。

成功的聚合化服务的前提，是庞大的用户群体所带来的规模化效应。一个佐证是，目前市场上成功的聚合化服务案例，比如腾讯的QQ平台、盛大的游戏平台、淘宝网的网购平台等无不是依托于现有的庞大的存量用户群体而展开的。需要指出的是，这一点与前文所提到的“平台化服务”具有明显不同：平台化服务的核心，是用户主动参与互动和社会交往的意愿，而这种意愿并不会因为用户群体的庞大集聚而有所增加；而聚合化服务则更多带有一种主动推送的意味，在大多数时候，接受聚合化服务的用户相对更加“被动”，当然聚合化服务最终也要有良好的用户体验作为基础，但在用户最早接收服务时，却并不一定完全是出于自身的主动意愿，因此聚合化服务提供商完全可以依托自身庞大的用户群体开展各种聚合服务创新——这实际上已经成为当今互联网服务领域最成功的主流盈利模式。

案例介绍：湖南卫视的全媒体传播整合战略

近年来，湖南卫视通过整合电视、广告、移动通信、平面媒体等一系列媒体资源，依托了自己的品牌影响力，成功运作了“超女”比赛平台，堪称依托庞大用户群体开展聚合化信息服务的经典范例。湖南卫视通过自己的品牌影响力、超强的运作能力在2004～2005年成功举办了“超级女生”比赛，利用蒙牛、天娱传媒和参赛者的投入，以零价格卖给观众，同时收取巨额的节目广告费[①]。同时，湖南卫视还整合了移动通信服务的资源，与电信运营商、短信增值服务提供商等联手，让每一个关注“超女”的人都有为自己心爱的“超女”投票的机会，激发了受众的空前热情。此外，湖南卫视还利用自制的电视娱乐节目揭秘“超女”比赛台前幕后的故事，吸引受众关注[②]。在比赛期间，湖南卫视还邀请参赛的超女共同参加这期间播出的电视剧《大长今》的宣传[③]。“超女”比赛之后，湖南卫视在举办大型活动时，把这些有着大批粉丝追随的家喻户晓的“超女”明星

---

① 王建国：《1P理论——网状经济时代的全新商业模式》，《中国中小企业》2007年第4期。

② 李艳梅：《湖南卫视电视剧经营策略探析》，《青年记者》2009年第2期。

③ 郭韶华：《广告暴露频次·注意力传播与〈大长今〉》，《广告大观》（媒介版）2006年第3期。

请来，以此又能获得更大的关注。这样，湖南卫视通过一个“超女”比赛的运作，带动了旗下一大批频道栏目的热播，取得了良好的协同效应。

最后，对此处所探讨的聚合化服务与前文所提到的“融合型信息服务”之间的关系做一个辨析。基于本书提出的分析框架，这两者之间的概念分野非常明确：所谓融合型信息服务，是从属于“信息视角”的；而此处所探讨的聚合化服务，则是从属于“服务视角”的。因此，对前者开展的各种探讨，是基于下一代信息技术所带来的技术层面的融合，以及依附于这种技术融合的信息服务融合和信息服务企业整合。换句话说，融合型信息服务的分析视角，是基于信息服务提供商的技术层面的分析，它不涉及消费者信息行为的改变问题，也不涉及信息服务提供商因为用户信息行为的改变而创新信息服务模式的问题——而这恰恰是此处所探讨的聚合化服务所关注的问题。但是，在实际的产业边界上，以上所分析的两种信息服务形态之间确实存在某些重合的现象。

三 智慧化服务：控制维度的消费型信息服务业新业态（C_3）

控制维度的新一代消费型信息服务，是基于前文所探讨的分布智能在人们日常生活中的深度应用而形成的。以日本为例，早在10年之前，日本社会基于二维码技术的智慧化服务已经十分普及。日航公司早在2007年就提供了二维码移动票务服务。日本的手机厂商、移动服务提供商甚至用户个人均可针对二维码业务进行应用开发，二维码遍布日本大街小巷，人们可以通过传单、杂志、报纸、海报、公共广告牌等各种渠道扫码获取信息和服务，基于二维码的各种电子优惠券、登机牌、公交票卡、电子票等应用异常丰富。一个小小的二维码，就能够将各种云端的智慧化应用与人们的日常生活紧密结合起来。可以预见，未来在人们日常生活中的各种物品通过在其中嵌入的无处不在的传感器、射频标签、嵌入式软件，借助无线网络、互联网络和物联网络构建一个实时交互的智能系统，形成一个智能空间（Smart Space），将大大提高人们未来生活的智能化程度。

目前，在人们日常生活的衣、食、住、行、用各个方面都可以见到很多基于新一代信息技术的智慧化服务的踪影。例如，目前已经开发出应用传感器技术等的“智能服装”，在医疗护理、军事指挥、老年监护等领域得到了广泛应用。这种智能服装能够基于嵌入其中的各种无线传感器，实时收集病人的血压、呼吸、心率、脉搏等各种生命体征数据。甚至有人开发出了可消化的传感器，病人将这种传感器与药物一起服用下去后，就能够实时监控药物效用发挥情况。在此基础上，基于物联网 M2M 技术，可以把远程病人数据传输到各级医疗机构，由专业人员进行集中分析和决策，从而大大节省医疗监护的人力成本。此外，在军事领域，智能服装的应用更加普遍，士兵通过所装配的智能服装实时地感知周边地形、天气情况、敌我分布态势、自身能耗情况等数据，从而对瞬息万变的战场情形作出快速响应。

在食品安全控制领域，目前基于 RFID 的食品安全智能控制体系已经成熟，2009 年 11 月，成都市全面实施生猪产品质量安全可追溯体系，在成都市五城区的标准农贸市场生猪肉经营店配备专门的电子溯源秤，消费者在购买生猪产品时，可索取印有食品安全追溯码的收银条，根据小票上的食品安全追溯码可通过登录网站、发送短信和拨打电话三种方式查询到猪肉产品的各种食品质量安全信息，生猪来源、屠宰场、质量检验检疫是否合格甚至购买猪肉的经销菜市场和摊位这些信息都可以查询获取[①]。

在居住领域，智能楼宇、智能家居等应用也早已走进人们日常生活之中。安装了自动管理电力系统、智能安保系统、智能给排水系统的智能楼宇已经在北京等大城市推广。在三网融合的基础之上结合物联网的应用也已经全面走入人们的生活，现在人们可以方便地实现实时控制式的“智能家庭体验”，如利用手机、电视等终端遥控指挥空调、洗衣机、冰箱、电饭煲等家电设备，开关电动门窗[②]。这方面最为出色的案例是小米的 MIUI 智能家居平台，其以小米手机作为操控中枢，通过开放 MIUI 接口等手段，建立起以 MIUI 为核心的智慧家庭系统，并整合了一大批传统家电厂商。在未来，小米的智能家居云服务系统不仅为用户个人提供智能化、便利化的服务，还能够有效提升整个社会的智慧化水平。

在出行服务方面，目前车联网服务已经较为成熟。所谓车联网，顾名思义，就是利用无线通信和物联网技术，将每辆汽车作为网络节点中的一个数据源，通过整合车辆位置信息、车况信息、出行信息、交通信

---

① 《猪肉安装电子芯片 成都全程追溯猪肉质量安全》，[2010－05－24]，http：//www.agronet.com.cn/Tech/366016.html。

② 陈海滢、刘昭等编著《物联网应用启示录：行业分析与案例实践》，机械工业出版社，2011，第 185 页。

息等多种数据源，形成为交通管理部门、车主、汽车销售部门等车辆出行相关各类主体提供综合服务的信息服务网络。利用车联网服务，交通部门可以真正实现对全国或某个区域内交通、路况的实时管控，为交通疏导、道路维护、车辆监管等提供便利；车主则可以基于车载装备，实时接收交通路况信息，从而及时调整行驶路线，甚至未来基于车联网实现完全自主无人驾驶服务；4S 店等汽车销售部门则可以通过车联网，及时掌握售出车辆的异常状态，从而为车辆保险、车辆维修保养等提供决策依据。

在日用产品的智能化服务方面，基于全球网络的智能服务应用更是层出不穷。从全球范围来看，当云计算、移动互联网、物联网将全世界的各种信息融合为一个整体呈现在我们面前时，网络所联结的无数人的智慧，将汇聚在一起，形成一种全球性的智能。对于这种网络，有人将其归之为 Web 3.0，而 Web 3.0 的本质也是与新一代信息技术紧密相连的。如彼得·芬加（P. Fingar）所说，“Web 1.0 是‘只读的’，Web 2.0 是‘可读可写的’，Web 3.0 将是‘智能的、可读可写、可执行的’——当然，需要处于云中”。Web 3.0 的最终目标，就是实现人与机器、人与人、机器与机器一体化的对话。而其真正威力，则在于其通过互联网络调动全球范围内的计算资源来应对用户需求的智能性。这种智能性在物理世界（包括智能手机、笔记本电脑、电视等物理载体）与信息世界（互联网）之间的持续交互的过程中体现得尤为明显。

案例介绍：苹果公司的 Siri 语音控制服务

苹果公司在其推出的 iPhone 手机上应用的 Siri 语音控制服务，是一项十分典型的结合了云计算服务、位置服务、语音识别及合成、人工智能和智能终端等多种技术的新一代云计算应用案例。有了 Siri 服务，iPhone 手机实际上就变身为一台智能化机器人。Siri 支持自然语音输入，可以调用 iPhone 手机自带的搜索、天气、日程等应用；Siri 还具有自动学习功能，能够不断学习掌握用户新的声音语调，并不断完善对话式应答服务。Siri 的基本工作原理是：当用户对 iPhone 说话后，语音将被立即编码，通过互联网发送至云计算服务器，而服务器中的模块将识别用户所说的内容。与此同时，用户的语音将在手机端被识别，并与云计算服务器通信，了解指令是否适合在本地被处理（比如播放一首歌曲），不能本地处理的指令则需要用手机连接至网络，寻求进一步的帮助。根据用户的声调和语序，云服务器创建具有不同可信度的解决方案（返回用户附近的咖啡馆位置导航、查找天气或酒店信息等）。如果可信度不高（可能是用户的语音含义过于模糊），那么计算机将会询问用户，例如用户希望查找的联系人是埃里卡·奥尔森（Erica Olssen）还是埃里卡·施密特（Erica Schmidt）①。很显然，Siri 能够提供远远优于市面上其他类的语言控制服务的根本原因，就在于它拥有一个强大的云服务器资源，在云端存储了海量的语料库信息、网页信息和强大的语音处理与合成计算能力。而这一过程的实现，则完全依赖于良好的网络通信带宽，使得语音信息传输、云计算、网页搜索能够在用户不易察觉的微小时间差内完成。

第三节　新一代 IT 驱动的生产型信息服务业新业态分析

信息技术对于改造升级传统产业具有重要支撑作用，正如《信息技术改造提升传统产业“十一五”专项规划》中指出的，“信息服务业蓬勃发展，并逐渐呈现专业化的细分趋势，针对不同行业、不同规模企业有特色的信息服务将有助于提高服务的质量，也为传统产业的信息化改造提供了很好的外部环境”②。在新一代信息技术背景下，信息技术驱动的信息服务业新业态主要包括以下几个方面。

一　企业“云重构”：计算维度的生产型信息服务业新业态（P_1）

在未来，云服务模式在企业中的推广应用，将对企业的经营和运作模式产生重构性效应，通过云平台，企业和其价值链上的合作伙伴一起构建全新的具备快速反应和动态适应能力的商业运营平台，该平台“可使公司改变其商业模式，与客户、供货商、贸易伙伴以一种全新的威力无比的方式合作——这在以前是绝不可能做到的”③。从企业信息化历史

---

① 《Siri 工作方式详解：本地语音识别 + 云计算服务》，［2012 - 02 - 01］，http://tech.sina.com.cn/t/2011 - 11 - 03/21236271941.shtml。

② 《信息技术改造提升传统产业“十一五”专项规划（全文）》，［2012 - 02 - 01］，http://cn.chinagate.cn/economics/2008 - 01/10/content_ 9509837_ 2.htm。

③ P. Fingar, Dot Cloud: The 21st Century Business Platform Built on Cloud Computing. Meghan - Kiffer Press, 2009: 12.

的演进来看，云平台是对过去以 ERP 为代表的企业内部信息化的全面超越。ERP 等信息资源管理服务尽管起到了帮助企业重组原本日益僵化的业务流程管理的作用，但由于其过于庞大和复杂，缺乏应对现代企业竞争环境所需的灵活应变的能力，因此往往应用效果不理想，甚至加剧了企业经营的困难，以至于业界有人戏称企业“上 ERP 是找死，不上 ERP 是等死”①。

在云平台下推进企业间的业务链重构，是基于云架构的企业信息服务业态的重要内涵，即通过对企业不同价值链条的动态整合，形成一种全新的网状、弹性、自组织的业务流程管理格局，从而引发一场“战略性的、企业级的、贯穿整个价值链的深度变革”②。这种端对端的企业价值流程管理的根本任务，是让企业之间实现面向任务的快速协同。信息服务将从过去面向特定领域的局部性服务，转化为嵌入企业价值链全流程，以横跨不同业务流的信息链为基础的全局性服务，例如为企业建立企业云的所有参与者的业务渠道通用的客户标识，构建多层次、多维度的复杂账户管理体系等。在这种管理模式下，企业的业务流程的实施和管理不再直接基于信息系统，而是采用一种面向服务的交付方式，有 IT 业务流程服务外包提供商为企业提供商业流程管理服务，通过该服务的实施，将流程设计、部署、执行、监控与优化等工具直接延伸至企业用户。彼得·芬加对符合这种管理模式的企业架构有过一段精彩的论述：

> 作为对工业时代分工这一概念的继承，今天许多公司的架构都是隐含的，围绕各种诸如工程、会计、营销等“功能特性”而组织的，这是功能管理。这种企业架构反映在传统的“组织结构图”中。但是，机构的工作常跨越整个组织结构图，当需要将工作从一个区块转交到另一个区块时，笨拙的交接与不衔接就成了较为普遍的事。相反，今天运转良好的公司采用不同的企业架构。它们采用以工作为导向的架构（也称面向流程的架构），其中，工作以动态的、并行的，常常是混乱的、跨越组织图中部门区块的、囊括价值链中所有公司的工作流程的形式来完成。在以工作为导向的架构中，工作单元取代了

① 谢勤龙：《“不上 ERP 等死，上了 ERP 找死”》，《石油石化物资采购》2011 年第 7 期。

② P. Fingar, Dot Cloud: The 21st Century Business Platform Built on Cloud Computing. Meghan - Kiffer Press, 2009: 4.

功能化的部门，成为企业运作的基石①。

总之，云服务大部分应用架构在云端的基础架构，使得基于云平台重构的企业组织和业务流具有良好的可重用、可共享和可拆分的特性，因此能够帮助企业管理实现两个方面的跨越。

首先，是“快速反应”。在云计算模式下，企业创新所需的IT资源被抽象成为像电力一样的“IT服务能力”，这种可用性的根本性提升，使得企业的组合式创新变得轻而易举——而组合式创新恰恰是服务经济时代企业获得快速反应能力的根本保障，企业面对一个新的产品需求，可以快速调用相关能力，形成一个新的产品流程。正如彼得·芬加所指出的：“由于云是经由遵循各种标准的电子服务组合而成的一个大集合，组合创新会变得更容易。这一面向服务的架构对现有的公司更为重要，因为它将从企业资源规划（ERP）系统的紧箍咒中解放其内部琐事（他们的‘商业流程’）并使这些流程易于适应新的需求，如启动一个新产品所需的新流程。”②

其次，是“联动创新”。在云计算模式下，企业无须像以前那样花费大量时间、精力和成本在本地定制和部署IT系统，面向新产品开发的IT服务能力都放置在云端，创新链条上的企业群可以在云平台上快速找到所需的服务能力，很方便地实现资源共享和服务协同，从而跨越公司、产业、地域的边界来协调整个价值交付系统上多个公司的工作。在这种模式下，企业的组织完全采用SOA式的结构化组织，通过云计算等技术平台，实现对各种企业运作所需的标准化电子服务的快速调度，从而帮助不同企业之间合作实现组合式创新。例如，重庆中冶赛迪集团基于其所推出的“赛迪云”服务，通过为冶金、设计制造、工程建设等行业企业提供云化的ERP、MES、CAE分析等服务，将制造业沟通、分享、协作汇聚一处，联结各种工具、系统和服务，帮助企业将各领域、各行业的优势资源与能力集聚共享。目前，重庆市正在大力推进以中冶赛迪等为代表的制造业智能化改造项目。据统计，目前智能化改造项目完工后的企业，生产效率平均提高32.7%，产品

① P. Fingar, Dot Cloud: The 21st Century Business Platform Built on Cloud Computing. Meghan - Kiffer Press, 2009: 64 - 65.

② P. Fingar, Dot Cloud: The 21st Century Business Platform Built on Cloud Computing. Meghan - Kiffer Press, 2009: 27.

研发周期平均缩短 12.5%，能源利用率平均提高 8.4%[①]。

二 价值网管理：通信维度的生产型信息服务业新业态（P_2）

在工业经济时代，产业间关联以物质流为主导，表现为产业间中间产品和资本物品的交易关系，信息流处于从属地位，只是起着支持物质流的作用[②]。新一代信息技术将彻底改变经济活动的资源流动模式，并彻底改变传统产业互动中物质流主导的格局，信息流、知识流将替代物质流、资金流成为产业关联的主导，并使得服务经济时代的产业关联的范围和形式突破了物质流的束缚。正如夏皮罗和瓦里安指出的，网络带给我们的新东西，是控制信息的能力，而不是可获得的信息的总量[③]。这种控制信息能力的增强消除了时空障碍，使服务产业间关联更加密切，并在更大的范围内实现复合化的产业集成，最终形成产业联动的格局。未来的服务经济活动，更加依赖于各种服务主体通过彼此之间不断的解构、链接、联盟、组团、入网、成链等活动而动态地形成服务价值链[④]。服务活动日益复杂化、多样化，并且成为庞大而精细的社会化生产系统顺利运行的黏合剂[⑤]。卡斯特认为，服务经济时代通信技术的高度发达，将改变服务经济的空间概念，世界经济将由“地点空间”（Space of Place）转向“流动空间”（Space of Flows），而“流动空间”的特征，就是跨越了广大领域而建立起功能性链接，在物理性的地理上则有明显的不连续性[⑥]。

可见，受益于新一代信息技术的强力推动，未来的经济运行和人类生活将更加呈现网络化特征，现有的社会分工模式将被不断打破，角色多元化、功能复合化、服务全程化将成为未来信息服务业运作的基本特点。原来的服务经济活动在明确的社会分工框架下进行，而未来服务经济时代的分工将在很大程度上被破坏或重构，以往经济功能相对明确和单一的各种

① 《智能化引领重庆迈向更美好未来》，［2018－10－05］，http：//sh.people.com.cn/GB/n2/2018/0823/c134768－31968811.html。

② 周振华：《信息化与产业融合》，上海三联书店，2003。

③ 〔美〕卡尔·夏皮罗、哈尔·瓦里安：《信息规则：网络经济的策略指导》，张帆译，中国人民大学出版社，2000。

④ 童楠楠、孙静、王建冬：《我国信息服务业产业关联模式的实证分析》，《现代情报》2016 年第 6 期。

⑤ 黄维兵：《现代服务经济理论与中国服务业发展》，西南财经大学出版社，2003。

⑥ M. Castells, The Rise of the Network Society［M］. Blackwell Publishing Ltd., 1996.

制度设置，如政府、科研机构、企事业单位等都必须相互交叉、相互渗透，从而兼有其他社会经济主体的功能，从而出现了打破社会明确分工的混同式、一体化发展特点。网络融合的不断发生，最终通过人类信息行为的融合化趋势，反映到企业运作模式上，将使得自信息技术出现以来就一次次被打破和模糊化的企业界限进一步模糊，并将这种边界的模糊化趋势进一步推进到产业与产业之间。

在这种情况下，现代经济活动对于多价值链互动的需求，使得以项目为载体很难实现对异构价值链的整合，更无法满足提供全程化服务的新需求。因此，过去传统的单体型或离散型的项目实施与管理模型，将不再适合未来的服务经济需求，全面问题解决方案和在工程及项目策划实施建成后的运营管理以及各种咨询将成为未来服务经济活动的一个必不可少的中枢。因此，未来的公司管理制度中，传统的线性供应链管理将让位于动态的、由客户驱动的价值网管理。

近年来，京东集团依托其电商平台和物流体系所积累的海量用户电子商务交易大数据，在供应链金融领域进行了大量探索，通过开发“京保贝”、“京小贷”和“动产融资”相结合的产品形态，构建了基于新一代信息技术的企业价值网管理体系。其中，“京保贝”是通过整合京东电商平台上的供应商采购经销和财务数据，以及银行应收账款和融资数据，形成的平台化中小供应商授信风控系统，其服务供应商已经超过 2000 家。“京小贷”则根据京东开放平台商家的经营情况，面向商家提供信用评级和授信额度，实现全线上操作和个性化还款方案定制，目前已为超过 5 万商家提供小额贷款服务。“动产融资”则允许京东客户以自身动产为抵押，向京东平台申请融资服务，这种模式主要基于京东平台的海量数据构建商品价值动态评估模型，并通过与仓储公司合作实现对商品全链条数据的交叉验证，从而在盘活中小企业库存的同时，实现对风险的有效控制。

总之，在新一代信息技术的背景下，异构网络的融合、云计算等模式下企业创新活动的模块化和组件化趋势，都使得企业经营边界不断模糊化，企业间联动成为决定企业经营效果和竞争能力的重要方面，这又进一步导致企业间的价值链之间相互交叉、相互缠绕，形成有机的价值网络体系（见图 9－2）。

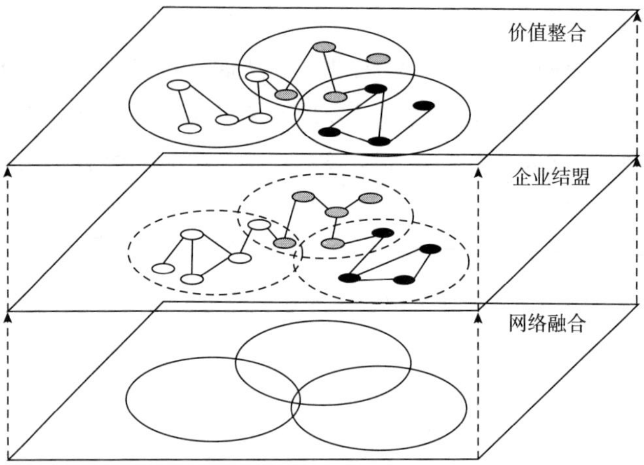

图 9-2 新一代信息技术催生企业价值网管理的机制

关于这种网状的价值链整合与管理，国内外很多学者均曾有过论述。除斯莱沃斯基（A. J. Slywotzky）① 等提出的“价值网”概念之外，安迪·穆荷兰（A. Mulholland）等还提出了企业“网状合作”（Mesh Collaboration）的概念②。雷金纳德·范李（R. Van Lee）等③则将这样一种企业组织运行的创新模式归结为“群”（Megacommunities）结构，并做出了更加系统的论述。基于他们的研究，笔者将这种结构的基本特征归纳为以下三个方面。（1）具备分布式的结构布局，并因此而具备很好的自适应能力，“群结构没有中心决策机制，也没有明确的个人领导，群中的每一个人都有着独特的影响力”④。（2）参与群的成员之间应当具有相契的目标函数和价值结构，而鉴于价值体系并不是静态的，因此群的成员“还必须对其他人的价值体系保持谨慎、全面而敏锐的预知力”⑤。（3）群成员之间应

① A. J. Slywotzky, D. J. Morrison, Andelman B. The Profit Zone: How Strategic Business Design Will Lead You to Tomorrow's Profits [M]. Random House Inc, 2002.

② A. Mulholland, N. Earle, Mesh Collaboration [M]. Evolved Tech. 2008.

③ R. Van Lee, M. Gerencser, F. Napolitano, C. Kelly, Megacommunities: How Leaders of Government, Business and Non-Profits Can Tackle Today's Global Challenges Together [M]. Palgrave Macmillan, 2008: 128.

④ R. Van Lee, M. Gerencser, F. Napolitano, C. Kelly, Megacommunities: How Leaders of Government, Business and Non-Profits Can Tackle Today's Global Challenges Together [M]. Palgrave Macmillan, 2008: 53.

⑤ R. Van Lee, M. Gerencser, F. Napolitano, C. Kelly, Megacommunities: How Leaders of Government, Business and Non-Profits Can Tackle Today's Global Challenges Together [M]. Palgrave Macmillan, 2008: 65.

当建立和维持良好的信息沟通机制。群需要基于定位服务、Web 2.0、移动互联网等新一代信息技术开展活动，需要建立及时通报的沟通机制（包括简单的交流信息、仪表盘工具、定期更新的进程报告等），维持群结构的透明状态，满足群对能力聚合和信息的需求。

基于这种价值网络的管理模式而形成的信息服务创新模式的基本特征可以表述为：在新一代信息技术所提供的技术平台的基础上，通过大量分布式和智能化的信息技术手段的应用，信息服务商通过整合行业内的优质信息资源和管理咨询、技术咨询、政策咨询、人才服务和金融服务等不同价值链，形成能够帮助提升企业信息链各个环节的价值的综合集成技术和战略管理能力。在新一代信息服务模式中，传统企业出于对于外部信息掌控程度较低、多数据源整合能力较差等原因，将越来越倾向于"价值链"外包的运营模式，即将创意生成、方案制定、市场调研、风险评估、产品研发、运作管理和市场推广等传统产业生产经营各个环节中的信息工作外包给具有较强资源整合能力的信息服务提供商（如阿里、京东等超大型互联网企业），并由这些信息服务提供商来统一调配行业资源，形成最优化解决方案。这种信息服务模式的核心在于，信息服务提供商将来自不同价值链的行业资源有效整合起来，这种整合的粒度是基于价值链层面的，是产业网络中的各种平台之间的集成、互动、整合。这种模式作用的发挥没有打破原有的产业单元或经济个体的组织方式，而是依赖于云计算、物联网、语义网、智能网络等信息技术平台作用的充分发挥，消弭异构平台整合时所出现的信息不对称以及资源要素配置不合理的问题。

这种对异构价值链的整合与一体化管理的信息服务模式，从其实现的途径上看，可以包括以下几种模式。

首先，是依托新一代信息网络的技术整合能力，在信息源一侧，对信息资源进行整合，为企业提供一站式的信息服务，提升企业及时获取信息的能力，这是价值链整合服务的最基础的形态。例如，中国移动推出的针对农村市场的"农信通"（12582）产品，实现了覆盖短信通知、语音通话、移动网络等多渠道一体化传播。除新闻快讯、农业科技、政策法规、市场供求、农事气象等信息之外，农信通还提供了"咕哇池塘"（微博）、村官家园（SNS）、大队（群组）等服务，从而面向农民、村干部、"三农"企业等目标人群，以村干部为核心构建新农村信息链[1]。这样，通过不同网络的整合，实现对农村生产、农产品贸易、农民交友、农村管理等不同价值链条的聚合化管理能力。

其次，是由独立于相关企业之外的“第N方”机构承担对企业群中异构价值链的整合任务，通过对跨组织的服务资源进行深度整合而形成行业层面的联动协同效应。例如，在物流领域，随着云计算、RFID、物流信息系统等技术的不断发展，出现了一种能够为全行业提供规划、咨询、物流信息系统、供应链管理等服务活动的供应链集成服务，被称为第四方物流（Fourth party logistics）。在物流产业中，供需双方是第一和第二方，物流服务供应商是第三方，第四方物流服务的目的，是借助所拥有的信息技术、整合能力以及其他资源，在对现有资源和物流运作流程进行整合再造的基础上，对企业客户所处供应链的整个系统或行业物流的整个系统进行详细分析后，形成行业中观层面的解决方案。以往，国内第四方物流领域较有影响力的信息服务提供商有埃森哲咨询、上海天睿、亿博物流咨询、杭州通创咨询等，近年来阿里集团旗下的菜鸟网络则异军突起，充分依托阿里集团的电商平台优势，通过有效整合线上线下资源提供一体化解决方案，成为这一领域当之无愧的领军企业。菜鸟网络利用物联网、互联网、大数据等新技术手段构建了一套服务全国各种电商、仓储、物流、供应链服务等领域企业资源的社会化仓储设施网络体系。菜鸟第四方物流系统整合对接了分拣配送、智能产出管理、交通路况、天气预报、社交网络、电商平台等各类第三方系统数据资源，通过运用大数据分析技术，为第三方物流企业规划路线、配置资源、管理仓储等提供数据支持。基于菜鸟第四方物流系统的大数据服务，第三方物流企业可以提前预测即将出现的畅销商品批次和型号，将相关商品提前配备到距离目标客户最近的物流中心和配送点，并结合路况信息等为配送员规划最优配送线路，从而大大提高了配送效率、降低仓储成本。依托菜鸟网络在区域中心城市建设的智能骨干物流中心，第三方物流公司能够以较低成本完成大批量产品的分拨和仓储管理。菜鸟网络还充分发挥O2O（线上-线下）模式的作用，将各种超市、饭店、小区门房、连锁店铺等线下网点发展成为帮助消费者代收货物的菜鸟驿站，消费者根据提货短信即可在菜鸟驿站就近提取货物，从而打通了物流配送成本最高、影响用户体验最深的

① 《中国移动农信通》，[2018-10-05]，http://www.12582.com/。

“最后一公里”服务。总之，菜鸟网络的第四方物流模式，其实质就是运用新一代信息技术，整合电商平台、供应商、第三方物流机构、配送员、终端用户等各类资源，从而大大提升物流产业的智慧化和精准调度能力。

最后，是IT制造、信息咨询、软件服务等不同领域的信息服务相关企业，通过企业间兼并重组，形成上述的异构价值链整合能力。具体来说，这种模式创新具有两种方向。第一，是信息服务公司对咨询业务能力的整合。由于缺乏对企业价值链进行有效分析和管理的能力，传统的信息服务商无法提供能够与企业经营和生产各环节紧密契合的全套解决方案。因此，近年来，很多世界一流的IT服务公司都大力发展咨询业务，以求有效提升自身的信息服务水平。比较有名的案例有IBM并购普华永道、EDS兼并科尔尼咨询公司等。第二，则是传统咨询公司拓展信息服务业市场。最典型的案例就是毕博在世界跨国管理咨询公司中第一家设立了IT研发中心，从而将自身改造为解决方案提供商、系统集成商和世界级企业管理软件开发商。

三　嵌入式智能：控制维度的生产型信息服务业新业态（P_3）

移动网络、智能移动终端、Web 2.0等技术的出现，极大地提升了全球网络互联互通的程度。在此基础上，物联网、传感网和移动互联网等技术驱动时空一体化的智能网络。这种智能的基础，由无数嵌入物理实体内部的传感器、存储器和软件芯片组成，因此笔者将其称为“嵌入式智能”。尼葛洛庞帝曾断言，“嵌入式智能（电脑）工具将是PC和因特网之后最伟大的发明”①。在嵌入式智能的模式下，物理世界是由无数个传感器和执行器紧密耦合之后形成的复杂网络，这些底层设备之间的互动尽管只是一些低级反射，但同样构成了一个类似人类大脑那样的分布式网络，并最终涌现出与人类大脑相类似的智能。如米切尔所描绘的，“随着正在展开的数字革命而出现的建筑、社区、乡镇和城市仍将保留许多我们所熟悉的东西。不过，在过去遗留下来的东西上所添加的，就像在我们原有的布满沟回的大脑上生长出更新的神经结构一样，将是由高速通信链接、智能场

① 《嵌入式系统：后PC时代的擎天之柱》，［2010－05－24］，http：//www.yesky.com/20011129/207485_ 1.shtml。

所（smart places）和越来越必不可少的软件所组成的全球性结构”①。今天，嵌入式软件已经悄然遍布我们四周的各种设施。早在20世纪90年代中期，专门在智能产品里安装的微处理器在数量上已超过个人计算机上千倍②。基于无处不在的嵌入式软件，物联网和移动通信技术能够把任何物品与互联网连接起来，进行信息交换和通信，以实现智能化识别、定位、跟踪、监控和管理。这种分布式的人工智能，还是前文所说的企业开展价值网管理的基石。如彼得·芬加所指出的，“当‘你的公司’必须维护多条价值链以实现你的客户需要的、大众化的、可定制性与足够的个性化时，智能代理技术，即分布式人工智能将至关重要”③。斯坦福大学教授大卫·勒克姆（D. Luckham）也指出，对某些简单和低层次的事件处理的模块化和云计算化，是形成商业智能的重要途径，“这些低级事件一旦组合成一定模式，可能因群体智慧而显示出高级的商业智能”④。

目前，基于无线传感网的嵌入式智能服务在农业和工业生产的诸多领域已经取得了很大进展。在环境监控和精细农业方面，无线传感网系统最为广泛。早在2002年，英特尔公司率先在美国俄勒冈州建立了世界上第一个无线葡萄园，这是一个典型的精准农业、智能耕种的实例，并实现了利用无线传感器技术对葡萄园作物的温度、湿度、露点、光照等环境信息的监测和自动控制。传感器节点被分布在葡萄园的每个角落，每隔一分钟检测一次土壤温度、湿度或该区域有害物的数量，以确保葡萄可以健康生长。通过长年的数据记录以及相关分析，从而精确地掌握葡萄酒的质地与葡萄生长过程中的日照、温度、湿度的确切关系⑤。

在工业领域，尤其是油田勘探和冶金等环境恶劣、流程复杂、涉及大量物理环境的参数采集和整合的大型工业应用上，以传感网、物联网和移

① 〔美〕米切尔著《伊托邦——数字时代的城市生活》，吴启迪等译，世纪出版集团、上海科技教育出版社，2005，第6~7页。

② 估算参见刘易斯（Ted Lewis）的“Binary Critic”栏目，IEEE Computer，September 1997。转引自〔美〕米切尔著《伊托邦——数字时代的城市生活》，吴启迪等译，世纪出版集团、上海科技教育出版社，2005，第50页。

③ P. Fingar, Dot Cloud: The 21st Century Business Platform Built on Cloud Computing［M］. Meghan－Kiffer Press, 2009: 53.

④ D. Luckham, The Power of Events: An Introduction to Complex Event Processing in Distributed Enterprise Systems［M］. Addison－Wesley Professional, 2002: 23.

⑤ 彭孝东、张铁民、陈瑜、李继宇：《无线传感网络在农业领域中的应用》，《农机化研究》2011年第8期。

动通信技术等为代表的新一代信息技术的应用已经十分广泛。原中国石油集团董事长周吉平曾指出："21 世纪的石油科技担当着寻求智能化、集成化、环保化及人性化发展的历史重任。信息技术将加速其与石油工业相融合的步伐，最终，在勘探开发及炼油领域智能控制及决策的水平将得以持续提高。工业上大量的指导性技术，如决策系统、油藏神经网络模拟、智能完井、数字油田、先进的炼油控制技术将得以持续发展。油藏管理及油气利用将在本质上发生改变"①。而新一代信息技术在数字油田建设的过程中最大的作用，就在于其能够把油气工业的各种工作流程和不同领域活动所涉及的各种信息，通过无数个嵌入式传感器和无线传感网络整合在一起，实时采集分析油田生产过程中的油泵压力、位移、载荷、压力、温度、流量等参数，实现地下油藏、油井生产监控和地面控制系统的数据流的交叉分析与动态组合。

再比如，三一重工集团的数字车间和工业物联网管理平台，基于大数据、虚拟现实、建模仿真等技术手段先期构建虚拟车间，在对车间工艺布局、生产流程、调度能力等进行全方位仿真试验的基础上建设实体车间，并实现 SAP 智能数据录入系统、智能物流系统、智能检测系统、柔性化生产系统等智能管理功能。在每一台设备上植入一块自主研制的控制芯片 SYMC 控制器，有了这个控制系统，三一的设备就跟人一样，可以看到施工现场的状况，可以"听取"收集客户的意见，可以感知外部环境的变化和危险等并发出警告。目前，该技术已经全面应用于三一集团旗下的 20 多家工厂。如果把整个车间比作一个大机器人，以上信息技术的融合，使大机器人具备了一个十分聪明的大脑，他收集并下达指令，指挥车间的人和设备工作。以生产一台泵车为例，从订单签订开始，制造系统就会发出指令，物料从立仓"自动"配送上架，机器之间相互"传达"生产信息，人、设备、公共资源迅速协调；仅 1 个小时，一台全新的泵车就能成功下线，三一的"智造"体系随着每一款"智能产品"的下线，而变得越来越有价值。随着工业物联网系统积累数据的不断增多，这些数据又反过来用于指导企业的研发、制造、服务以及生产和经营，为企业发展提供决策支持，甚至为国家的宏观经济提供数据支撑。随着数据不断上传至云端，

① 周吉平：《在世界石油大会首届青年全体会议上的报告》，《石油商报》2004 年 10 月 19 日。

三一搭建起行业唯一的“终端 + 云端”工业大数据平台，并基于平台成立了树根互联公司，为有需求的中小企业提供智能服务。

对本章提到的服务视角下新一代信息技术驱动的信息服务业新业态做一个简单梳理，如表 9 - 1 所示。

表 9 - 1 服务视角下新一代 IT 驱动的信息服务业新业态

业态分类		业态名称	业态描述
消费型新业态	计算维度（C_1）	平台化服务	基于计算和通信一体化的新服务模式，构建覆盖互联网、移动通信网和传感网的一体化平台和服务应用，便于全球网络用户在其上根据特定活动需求而动态开展网络群体行为。相关应用包括博客、微博、Mashup、RSS 订阅等 Web 2.0 应用，以及诸如 MySpace、Facebook、Twitter、Flickr 等社交平台
	通信维度（C_2）	聚合化服务	聚集多领域的资源和能力，整合各种信息、内容和应用，将不同主体提供的各种业务和服务有机地结合在一起提供给客户，从而满足客户泛在化和一体化的需求，并为客户创造额外价值的一种服务
	控制维度（C_3）	智慧化服务	通过嵌入人们日常生活中的各种物品的泛在传感器、射频标签、嵌入式软件，以及无线网络、互联网络和物联网络构建一个实时交互的智能系统，形成一个智能空间，为人们日常生活的衣、食、住、行、用各个方面提供智能服务，包括智慧医疗、智慧楼宇、智慧交通等
生产型新业态	计算维度（P_1）	企业“云重构”	在云平台下推进企业间的业务链重构，通过对企业不同价值链条的动态整合，形成一种全新的网状、弹性、自组织的业务流程管理格局，帮助企业之间实现面向任务的快速协同，从而使现代企业具备快速反应和联动创新两大能力
	通信维度（P_2）	价值网管理	通过大量分布式和智能化的信息技术手段的应用，整合行业内的优质信息资源和管理咨询、技术咨询、政策咨询、人才服务和金融服务等不同价值链，形成能够帮助提升企业信息链各个环节的价值的综合集成技术和战略管理能力，包括一站式服务、“第 N 方”服务和产业链纵向重组等模式

续表

业态分类		业态名称	业态描述
生产型新业态	控制维度（P_3）	嵌入式智能	借助物联网和移动通信技术，实现智能化识别、定位、跟踪、监控和管理，通过对企业运作流程中简单和低层次的事件处理的模块化和云计算化，帮助油田勘探、冶金、精细农业等领域企业实现生产流程的智能化和精细化管理

综上，本部分主要研究结论可以简要归纳为以下两个方面。

其一，近代以来信息技术演进及其对信息服务业新业态的驱动机制。

信息技术演进是一个技术经济现象，不同维度的信息技术演进的原动力，既包括技术进步本身的因素，但更多是源自信息技术与经济社会发展之间的互动关系。一方面，信息技术的进步深刻改变了主体和企业的行为模式，推动了经济社会的发展；另一方面，经济社会的发展、人类信息行为的改变，又会对信息技术的进步提出全新需求，引导技术演进的方向。自近代以来，信息技术的演进遵循三大基本规律。首先，是“载体－内容交替演进律”，自近代以来的历代信息技术之间，遵循载体（电报、电话技术）－内容（办公处理、计算机技术）－载体（企业内联网、互联网）－内容（CPS技术）的演进规律，一个技术维度的进步，引爆了另一个技术维度的创新。其次，是“吸纳－融合螺旋上升律”，下一代信息技术总是扎根于上一代信息技术的产业活动之中，并且超越和包容上一代信息——办公自动化技术是对电报、电话技术的吸纳融合，网络技术是对计算机技术的吸纳融合，云计算技术是对网络技术的吸纳融合。最后，是“技术－服务共振共生律”，信息技术的更新换代总是与信息服务的创新演化之间存在千丝万缕的互动反馈关系，而代际演化成功发生的前提，则是技术和服务两端的变革时机同时成熟，并形成了技术－服务共振效应。

信息技术对信息服务业的驱动关系，可以从“信息视角－服务视角”和“计算模型－经济模型”两种分类维度进行区分。前者关注的是信息服务业演进是直接依附于信息技术创新而出现的，还是间接地因为信息技术对人类信息行为的改变而出现的；后者关注的是信息服务业演进是与信息本身的技术属性相连，还是与信息现象的经济属性相连。以上两个维度，区分出了信息技术推动信息服务业发展的四种方式，即TICP模型。其中，技术型信息服务业新业态（T）是直接依附于新的信息技术的出现而形成的（“信息视角－计算模型”）；融合型信息服务业新业态（I）是由于新的信息技术出现，对原有的信息技术形成吸纳包容的态势，从而引发了经济行为领域的信息技术企业之间的纵向与横向整合（“信息视角－经济模型”）；消费型信息服务业新业态（C）是由于新的信息技术改变了个体用户的信息行为方式，催生了新的信息服务需求，从而间接产生了满足这些新需求的信息服务业新业态（“服务视角－计算模型”）；生产型信息服务业新业态（P）是新的信息技术在企业生产经营中的深度应用所催生的面向企业用户的信息服务新模式（“服务视角－经济模型”）。

其二，新一代信息技术的概念内涵及其驱动的信息服务业新业态。

基于 CPS 系统的分析框架，新一代信息技术是一组具有相似的核心理念和技术范式的技术群的统称，其基本特征就是融合通信、计算和控制领域的多种信息技术，实现在一个开放体系中计算过程和物理过程之间的持续交互与深度融合，提供一种消弭不同行为空间和产业领域的“间隙”、满足人类时空一体化的信息需求的运算能力。新一代信息技术的进化逻辑，同样遵循上述三大基本规律。首先，上一代信息技术（网络技术）的进步，使得基于网络的传输能力大大提高，这成为以宽带、融合、泛在为核心特点的新一代信息技术普及的前提条件——新一代信息技术的理念，很多在 20 世纪七八十年代即已有人提出，但正是由于网络带宽的限制而一直没有成功商用的案例。其次，新一代信息技术是对上一代信息技术的吸纳与融合，新一代信息技术的应用模式均扎根于以网络技术为代表的第三代信息技术之中，但其将分布在物理环境各个角落的信息终端通过网络和云平台联结成为一个有机体。最后，新一代信息技术的全新技术理念，深刻改变了个人和企业的信息行为方式，并催生了一些全新的信息服务理念，比如社会化软件、软件即服务（SaaS）、面向服务架构（SOA）、智慧服务等，并将引发一轮信息服务业新业态涌现的热潮。

按照 TICP 模型，对当前新一代信息技术背景下出现的信息服务业新业态进行分析可以发现：除了直接依托于云计算、物联网、嵌入式软件等新技术而出现的新一代信息服务（T），以及由于三网融合、智能移动终端等技术的融合特性而出现的融合型新业态（I）之外，从服务视角来看，新一代信息技术对信息服务业新业态的影响可以从 CPS 模型的计算、通信和控制三个维度分别进行分析。首先，计算维度上的社会化计算、云计算、SOA、网格计算等新一代信息技术，对各种应用进行封装并置于云端，使得个人和企业能够快速地根据特定的目的找到所需的服务能力，组合式创新与动态结盟方式成为常态。在消费端，这催生了社交网络服务的兴起（C_1）；在生产端，这催生了基于云架构的企业流程管理服务的兴起（P_1）。其次，通信维度上物联网、泛在网络等新一代信息技术对异构网络服务进行了整合，使得原本由于异构网络的技术壁垒而被割裂开的人类信息行为链条重新“焊接”起来。在消费端，这推动了聚合服务的兴起（C_2）；在生产端，这使得企业得以对跨业务流、跨部门、跨地域甚至跨企业的价值链进行整合优化，开展价值网管理（P_2）。最后，控制维度上的嵌入式软件、传感网、射频标签技术等新一代信息技术，使得“物-物”直接相连成为可能，这种将无数物体与人类联结在一起的有机网络，使得其能够类似于人脑组织一样出现涌现式的智能模式。在消费端，这推动了智能楼宇、智能交通、智能医疗等智慧化服务的出现（C_3）；在生产端，各种以嵌入式组件和智能传感网络为基础的工业智能控制系统不断兴起（P_3）。

第十章　行业应用：新技术驱动的旅游信息服务创新

近年来，随着居民消费水平的不断提高，我国旅游产业进入飞速发展阶段。国务院《“十三五”旅游业发展规划》提出了到2020年，旅游市场总规模达到67亿人次，旅游投资总额2万亿元，旅游业总收入达到7万亿元的发展目标[①]。观光、度假、购物等旅游活动已经越来越成为我国城镇居民休闲娱乐的首选方式。当前，随着移动互联网、三网融合、位置服务（LBS）等新媒体技术，以及大数据等智能分析技术的普及应用，信息技术创新驱动的商业模式创新和产业转型升级，已经成为未来一个时期我国旅游产业发展的普遍规律。笔者近年来对移动计算、搜索引擎、位置服务、大数据等新一代信息技术在旅游信息服务领域的应用进行了多项研究[②]，本章重点对这些研究进行案例介绍。

第一节　移动信息技术驱动的旅游增值信息服务融合创新

旅游是一种“过程性消费”，具有预先支付的特征，十分强调用户体验的重要性；同时，旅游产业还具有客流物理空间移动范围大、游客消费水平比较高、信息技术接受能力强等特征，因此基于移动智能终端、位置服务、4G网络等技术手段形成的移动信息服务体系在旅游产业中具有十分广阔的应用前景。《中国旅游业“十二五”发展规划信息化专项规划》提出，加快建立移动旅游信息门户和移动旅游应用服务平台，为在途游客提供跨平台、跨网络的WAP服务、短彩信服务和各类移动终端应用服务；结合手机智能卡技术，拓展旅游一卡通在目的地通信服务、交通搭乘、消

---

① 国务院印发《“十三五”旅游业发展规划》，2016年12月。

② 侯小妮、孙静、王建冬：《移动通信技术驱动的旅游增值信息服务融合模式研究》，《现代情报》2016年第6期。

费支付、电子门票、智能导览等方面的整合信息服务功能。

未来，传统旅游企业除了在产业链层面通过投资与并购等方式进行业务布局之外，还应当充分借助各种移动通信技术手段，真正发挥产业链的联动效应，“舞动”产业链各环节，实现旅游产业价值链有效运转。本小节拟从旅游产业的增值信息服务融合分析入手，对移动信息服务在旅游产业增值信息服务融合中的应用价值、应用范围、利益分配和运行策略等问题进行系统分析。

一 旅游产业的信息服务环节

尽管旅游企业的业务模式各有不同，但其业务链条一般覆盖航空、景区、地面交通、酒店餐饮购物等多个环节。花学红①分析了旅游产业的价值链构成，并将其分为景区投资经营、旅游产品设计、吸引旅客、销售旅游产品、航空运输、地面交通、景区服务、酒店、回程等多个环节，并涵盖景区、配套设施、旅行社、航空公司、酒店等多类相关业务主体。篇幅所限，此处不对旅游产业的价值链进行详细分析，而仅关注其中涉及营销活动的环节。从营销环节的服务主体和服务内容看，可以将旅游产业的信息服务环节划分为五个部分，即景区项目开发、旅行产品设计、航空运输、地面运输和酒店餐饮购物等配套服务（见图 10－1）。

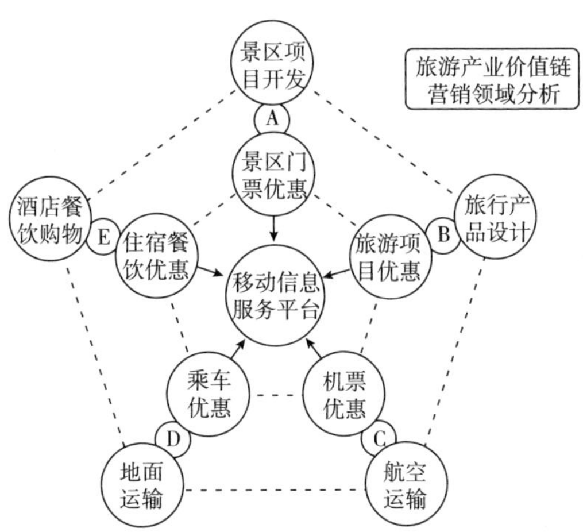

图 10－1 旅游产业价值链所对应的信息服务环节

① 花学红：《航空旅游市场的发展与营销策略研究》，武汉大学硕士学位论文，2004。

——景区项目开发环节（景区）主要包括景区建设和运营等旅游产业的上游业务。由于旅游景区一般具有较强的季节特性，因此其往往会在旅游旺季加大信息服务力度，并通过在旅游淡季推出旅游折扣产品等方式，平滑景区本身的销售收入季节差异曲线。

——旅行产品设计环节（旅行社）是旅游产业链条中的核心业务环节，业务主体包括各种旅行社门店和专业旅游咨询代理机构等。旅行社等专业机构是旅游行业中整合上下游信息服务资源的重要力量，比如旅行社和景区就往往保持有非常紧密的合作关系。近年来，很多旅行社也开始从产业链层面向航空、景区等其他环节延伸，如 2004 年春秋旅行社投资创办了国内首家民营低成本航空公司——春秋航空，并承担国内航空客货运输业务和旅游客运包机运输业务。

——航空运输环节（航空公司）是旅游产业中科技含量较高的环节。航空产业具有航空投入成本巨大，向上下游传递价值能力强，而航空飞行环节本身利润率低的特点，因此航空企业一般都具有很强的价值链纵向一体化的动力。航空企业进入旅游市场的主要目的，就是帮助航空公司的服务职能从单一的输送功能演变成具有综合服务性质，通过整合航空业的相关产业链来为旅客提供一体化的全程信息服务，进而收获更高的顾客满意度和更高额的回报。特别是近年来由于航空市场竞争日趋激烈、国际油价趋高等的影响，航空运输环节的利润率不断降低，航空巨头纷纷将目光投向旅游、餐饮、购物等航空产业上下游信息服务环节，如海南航空成立海航旅业集团等。

——地面运输环节（汽车租赁、包车、长途客运公司等）是旅游产业链中较不为人所关注的环节。但这一环节往往具有特殊作用，特别是一些以西部等交通较不发达地区为目的地的长距离旅游中，地面交通往往是旅客从离开大城市乘坐飞机抵达目的地后较为“痛苦”的环节，其舒适便捷度对于提高旅游服务的整体用户体验具有重要影响。正因如此，近年来很多旅游项目均推出了“旅游到家”的配套信息服务，有效保障游客的旅游体验。

——酒店餐饮购物等配套环节（相关商家）是旅游产业链中增值效益最高的环节，但这一环节往往由于提供服务的中小商户较多，难以形成营销信息服务合力，而被很多旅游企业的营销人员所忽略。本小节所探讨的应用移动信息服务技术，如短信优惠券等，恰恰可以对这一环节的诸多商家起到有效的汇聚和整合作用，帮助提升旅游产业全产业链的整体服务能力。

围绕上述五大环节的业务内容，可以设计出五种最基本的增值信息服务模式，即景区门票、旅游项目、机票、地面交通和住宿餐饮购物等环节的增值化信息服务。然而，正如前面所分析的旅游产业具有用户群体高端、物理移动频繁、服务对象信息化水平较高等特点，基于智能移动终端和 LBS 等技术的移动信息服务，可以为旅游产业制定覆盖多个环节的整合营销策略提供很好的技术手段。

二 移动信息服务在旅游产业增值信息服务融合中的应用价值

（一）有效提升旅游产业盈利能力

就营销的技术手段来说，在过去十余年间，传统的基于纸介质的优惠券、杂志广告、报纸夹页等促销手段已经逐渐让位于互联网等新媒体技术，而随着近年来移动智能终端出货量的爆炸性增长，4G 用户数量越来越多，基于移动信息服务的促销手段因其与用户的日常行为结合得更加紧密、个性化推送更加便捷等特点，开始呈现后来居上的势头。可以预见，在未来手机终端将借由其“普及性”“移动性”“即时性”“私人性”而成为营销的最佳技术渠道。

以优惠券促销为例，在前网络时代，商家主要采用纸质优惠券促销，但成本较高且浪费严重；随着网络的普及，网络优惠券大行其道，节约了商家的优惠券发放成本，方便了消费者获取，但大多数网络优惠券还需要消费者自己去打印或者复印电子优惠券，这实际上是把纸质优惠券的实体化成本转嫁给了消费者，也不符合人们日益增强的环保意识。而近年来手机优惠券出现，其以高到达性、高便捷性的手机终端为媒体，消费者可以通过手机拍照或下载电子优惠券到商家使用，既为消费者节省了消费成本，也为商家节省了营销成本，同时还为消费者提供了一种更便利的优惠券获取和使用手段。

再例如，利用“移动终端 + 二维码”技术，景区企业可以实现跨时间、跨空间的更加精准的移动化营销，商家通过与媒体的合作将广告业务委托给各平面媒体、电视媒体等，媒体广告公司通过购买业务运营商的平台服务，来实现跨媒体宣传营销。二维码的跨媒体宣传的主要组成部分包括：业务平台，智能手机集成软件（集成二维码识别及业务平台适合手机终端展现的内容）、各类印刷媒体、景区内外及周边广告展示等。在与旅游相关的杂志、景区内外及周边户外广告、各交通枢纽广告牌、旅行社宣传资料、交通工具、礼品等适于印刷的载体上印刷旅游二维码，用手机扫码就可进入链接至业务平台，查询景区的相关资讯。

基于移动信息服务的增值信息服务融合，对于旅游产业链上的景区、酒店、餐饮、娱乐等相关业务均有着直接的消费刺激作用。从旅游消费者的信息需求角度讲，由于旅游一般具有目的地遥远、文化差异显著的特征，游客对目的地不够熟悉，从而会产生目的地消费信息的匮乏。这种情况下，传统基于纸质媒介的营销产品，往往存在信息共享困难的问题，难以实现异地兑现；而网络营销产品则需要完善的上网、下载、打印环境，这对于景区游客来说也比较困难。目前阶段基于短信和移动互联网方式推送促销产品，仍是大部分旅客最容易接受的形式。在这种情况下，基于移动智能终端的组合营销产品往往具有良好的效果。以乘坐飞机这种方式下开展远距离甚至跨国旅游为例，在飞行过程这样一段相对封闭的环境下，航空公司可以通过发放宣传单、播放视频等方式向游客推送促销信息，并在落地后在机场通过蓝牙或手机短信等多种方式“无缝对接”飞行过程中的消费引导；旅客在下飞机后，通过短信订阅、推送等方式及时获知旅游公司推荐的当地的各类消费促销信息，免去旅客不太熟悉当地消费市场的尴尬，提高游客的满意度，实现较高的客户留资率和订单转化率。可见，移动组合营销手段能够帮助旅游企业在旅途中进行有效的消费引导，从而很好地解决一部分旅客的异地消费困扰，获得旅游消费者的青睐。

（二）有效整合旅游产业价值链各环节

严格来说，移动信息服务并不是最近才出现的一种信息服务形态。早在电报时代，应用于海运的移动服务就已经形成商业模式了。然而，只有到了3G时代，随着移动通信的带宽的增长以及智能终端的普及，基于多媒体信息的多类服务能够统一基于智能移动终端开展，位置服务、多媒体传输、内容增值服务、移动办公和在线手机游戏等各种服务整合到一起之后，形成了一场“移动革命”①。移动信息服务作为一种新媒体营销手段，

① 〔美〕丹·斯坦博克著《移动革命》，岳蕾等译，电子工业出版社，2006。

具有交互性高、易于实现精准营销、形式灵活多变、产品设计周期短等传统营销手段所不具备的优点①。利用位置服务技术（LBS），游客可以定位自己所处地域周边的饭店、旅馆、加油站等信息，通过将餐饮、住宿、包车、景区等不同环节的促销信息整合进位置服务，用户就可以随时随地接受组合促销产品，这可大大提高景区周边的旅游服务水平和消费能力。目前，LBS已有几百种应用，主要包括旅游信息查询、旅游救援、旅游地营销、旅游公共信息服务、旅游车船管理等应用。

因此，对于旅游产业这样一个产业链较长、业务形态众多的产业来说，移动信息服务已经不仅是一种简单的促销手段，而且是一种行之有效的增值信息服务融合渠道：通过移动促销平台，可以将旅游产业链从上至下的各个环节的产品和服务进行打包发布，形成一种基于促销组合的多业务整合营销模式。特别是对于一些大的旅游景区、航空公司等行业资金雄厚的企业来说，还可以通过组合优惠促销的方式，经营自己有掌控力的服务项目，为其他产业链上的商家提供营销其产品和服务的平台，并分享这部分产业链上增加的收益。

此外，很多旅行社和航空企业等都有庞大的会员群体，这是一个巨大的潜在消费群体，这些企业运作移动信息服务整合营销平台，可以把其会员群体作为吸引景区周边商户加盟组合营销体系的重要因素，将移动信息服务平台打造成为旅游产业链上下游厂商组合销售体系中的枢纽环节。如此一来，移动信息服务平台的运营，可以为广大商户提供直接面向航空高端客流的促销信息发布平台，商户的促销信息转化为客流和收益的效果将更加明显，同时也增强了大型旅游企业对于产业链末梢的控制力。

总之，作为未来一种重要的新媒体服务形态，移动信息服务对于旅游产业而言，其核心价值并不仅仅体现在其作为一种营销信息传播的载体本身，而是体现在移动服务作为一种载体或平台，其整合各种旅游服务价值链环节，形成跨平台、跨链条的融合化新服务业态的能力。

三 移动信息服务在旅游行业增值信息服务融合中应用的主要方向

为进一步讨论基于移动信息服务技术的旅游产业增值信息服务融合策

① 王建冬、刘合翔、陈光华：《移动通信技术在信息服务中的应用模式研究——以手机优惠券为例》，《中国信息界》2012年第6期。

略，本小节收集了近五年来国内旅游产业出现的多个跨环节整合营销案例，并按照上文提到的旅游产业五大信息服务环节组合的不同模式进行了归类梳理，如表 10－1 所示（其中每一方格表示其纵向和横向所对应的若干价值链环节的跨环节整合营销业务）。

通过表 10－1 可以发现，针对旅游产业的五个价值链基本环节，营销活动可以借助移动信息服务的技术手段加以实现，但这并非本小节主要关注问题，不再赘述。除此之外，移动信息服务在航空产业增值信息服务融合中的应用方向可以划分为两大类。

首先，是跨两个环节的增值信息服务融合模式。如“景区＋旅游项目”“机票＋包车”“机票＋住宿”等，这些模式的应用案例虽然很多，但其对于旅游产业价值链的整合营销力度较为有限，属于传统旅游项目打包促销的延伸。这其中，使用智能移动终端、LBS 等技术手段开展的移动整合营销业务应用空间亦不大。

其次，则是涵盖多个产业链环节的增值信息服务融合模式。这类模式更加值得我们关注，比如主要由旅行社发起的“旅游项目＋机票＋包车＋住宿餐饮”整合营销模式，以及由景区和旅游企业联合发起的“景区门票＋机票＋包车＋住宿餐饮”整合营销模式，由航空公司和旅行社发起的“机票＋包车＋住宿餐饮”整合营销模式等。这些模式一般涉及旅客自出发到搭载各种交通工具，再到景区游览和住宿餐饮购物等各个环节，因此其中移动营销手段能够起到良好的全程跟踪和精准推送效果。这种旅游行业上下游环节主体间合作开展的组合营销模式，能够起到推动价值链整合、提升旅游产业链整体竞争力的作用。

四　移动信息服务在旅游行业增值信息服务融合中应用的基本模式

在明确移动信息服务在旅游行业增值信息服务融合中的应用方向的基础上，本小节进一步探讨移动信息服务在旅游行业增值信息服务融合中的利益分配、业务策略等基本问题。

表10–1　旅游行业增值信息服务融合模式及实例

<table>
<tr><td>①景区门票环节</td><td>行为主体为景区和当地政府，目前旅游行业其他环节产业主体介入景区开发刚刚起步，涉及较少
[案例1]海航旅业2009年与内蒙古呼伦贝尔市政府合作启动“呼伦贝尔民族文化园二期工程”建设
[案例2]国内多家景区和地方政府均推出景区门票优惠券
旅行社与景区联合推出旅游路线促销方案</td><td></td><td colspan="2"></td><td></td><td></td></tr>
<tr><td>②旅游项目环节</td><td>[案例3]2011年峨眉山–乐山大佛景区携手上航假期旅行社，举行“千万峨乐优惠券 四川旅游连世博”活动
[案例4]2009年，济南国际机场股份有限公司、东航山东分公司和山东航空国际旅行社三家企业联合推出的航空旅游消费促销套券</td><td>旅行社常采用的促销方式，如折价券、全家游套餐优惠券等
[案例7]国内旅行社网站一般均提供旅游线路电子优惠券和其他促销产品形式</td><td colspan="2"></td><td></td><td></td></tr>
<tr><td>③机票环节</td><td rowspan="3">适用于淡季促销，景区、航空公司、酒店几方合作，整合旅游、航空、包车、住宿餐饮和购物等各个环节，推出配套旅行优惠券方案
[案例5]2009年黄山冬季航空旅游促销活动：针对从黄山机场进港的所有旅客，仅凭身份证和登机牌可再享受五折的优惠票价，黄山市的多家酒店、温泉专门针对航空市场配套了特别的优惠政策，东航、南航还分别推出提前购票最低3.5折的优惠政策
[案例6] 2015年6月，海南旅游市场渐入淡季，为在淡季持续吸引来岛游客，海棠湾免税购物中心大刀阔斧，携手众多国际大牌开启“夏日折扣季”优惠活动，最大限度地让利回馈广大顾客</td><td rowspan="3">适用于旺季促销和竞争程度较高的细分市场，旅游企业整合航空、包车、住宿餐饮和购物等资源，推出旅游整合营销方案，形成核心竞争力
[案例8]2012年上海春秋国际旅行社有限公司的春秋龙卡，提供覆盖春秋旅行社旗下产业链多环节的优惠业务</td><td colspan="2">主要应用领域为高端商务旅行，包括机票折扣、里程积分优惠、免费升舱等，以及将里程积分兑换成购物优惠券在机场免税店等场所使用
[案例9] 2015年9月1日至30日，郑州机场常旅客网站推出常旅客新一期的超低积分兑换服务产品活动。郑州机场常旅客以超低积分即可兑换更多指定航线的机票，目的地除了保留上次活动中广受欢迎的澳门、南阳之外，还新增了陕西榆林、安徽合肥等，满足常旅客的出行需求。兑换规则按原常旅客积分兑换机票的规则执行</td><td></td><td></td></tr>
<tr><td>④地面交通环节</td><td rowspan="2">适用于高端会展商务旅行，将航空机票、包车、酒店、商务会所等业务打包，推出高端会展商务旅行全套解决方案促销产品
[案例10]2009年港龙航空及国泰航空推出香港迪士尼乐园“买2送1”优惠套票，包括迪士尼快速通行卡（Fastpass）、免费专车接送、乐园餐券、度假区酒店住宿优惠等</td><td>适用于交通不够便利的旅行目的地，将航空、包车等客运环节打包推出“旅行到家”服务优惠券
[案例11]2009年，南航推出“经深飞”航空旅游项目，在全国近30个城市开展经停深圳抵达香港的优惠机票活动，除了机票上的优惠，旅客还可以获得从深圳达香港的大巴优惠券</td><td>针对包车环节设计的优惠券形式，较为少见
[案例13]2013年春秋旅游网推出的包车优惠券</td><td></td></tr>
<tr><td>⑤住宿餐饮购物环节</td><td>适用于交通比较便利的旅行目的地，将机票+酒店餐饮两个环节打包形成的优惠券
[案例12]2009年海南航空推出买机票送酒店产品优惠活动，购买长沙至海口或长沙至三亚机票的旅客，可在抵达海口或三亚10天内免费入住海航酒店集团旗下的三家酒店一晚，或以特惠价格入住该集团旗下的其他酒店</td><td>适用于本地旅游业务
[案例14]2009年黄山推出“春满黄山，浪漫徽州——百辆大巴畅游黄山活动”</td><td>酒店餐饮集团针对其自营业务推出的优惠券活动
[案例15]2012年洛阳“航空城商旅服务联盟”，整合酒店及景区等旅游产业资源，为进入联盟内进行旅游消费的客人提供满足旅游上下游需求的一体化优惠价格</td></tr>
<tr><td></td><td>①景区门票环节</td><td>②旅游项目环节</td><td colspan="2">③机票环节</td><td>④地面交通环节</td><td>⑤住宿餐饮购物环节</td></tr>
</table>

（一）移动信息服务在旅游产业增值信息服务融合中的利益分配

目前，旅游产业中移动组合营销方式所基于的信息推送手段主要有两种：一是移动运营商的彩信推送，二是基于移动互联网的移动 App 应用模式。无论采用哪种技术手段，旅游产业中移动组合营销所涉及的价值链上相关主体主要包括了电信运营商、手机用户、合作商家、平台管理方几大类。

上述几类利益主体的关系图和利益分配表如图 10－2、表 10－2 所示。

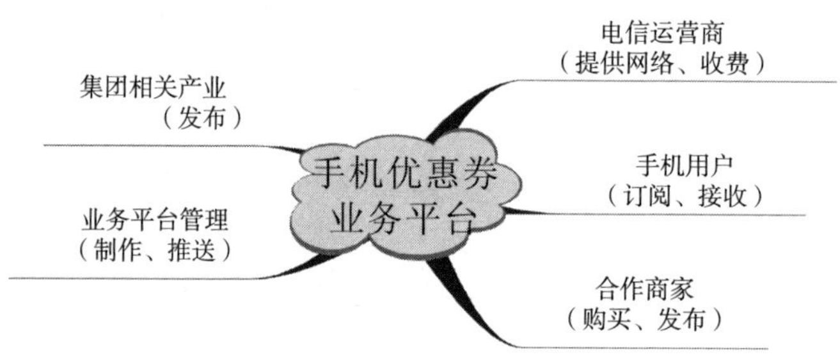

图 10－2　移动信息服务组合营销的业务利益主体关系

表 10－2　移动信息服务组合营销的业务价值链利益分配

利益主体	付出成本	获得收益
旅游的消费者	短信通信费/流量费	消费折扣
合作商户	按条的短信营销费用	扩大的销售量
平台运维方	移动信息平台开发及运营费用	更高的客户满意度 本企业相关业务的带动
电信运营商	网络资源占用	巨量短信费

从理论上讲，移动信息服务的平台运维方可以包括旅游产业的各个环节，比如景区、旅行社、航空公司、包车公司、酒店、餐饮、购物等。但从目前我国旅游产业的发展现状来看，一般运营上述平台的产业主体需要具备较强的行业掌控力和财力，因此一般以景区、航空公司和部分大型旅行社为主。但无论平台运维方是哪类企业，通过移动信息服务组合营销的开展，都应当探索一种旅游企业－合作商户－移动运营商－消费者四者共赢的商业模式。

（二）移动信息服务在旅游产业增值信息服务融合中的业务策略

由于不同产业链环节的企业充当旅游产业增值信息服务融合移动服务平台的运营方，其所基于的业务基础和采用的业务策略各有不同。此处仅以游客在搭乘航空运输工具为主的长途甚至跨国旅游中，航空公司可以采用的整合营销业务策略为例加以说明。

第一，航空公司开发并设计移动信息服务组合营销平台，依托各地的旅行社、机票销售网点等，在各地推广宣传，与各地商户形成协议优惠，并与当地的移动运营商签订合作协议。

第二，在旅客电话订购机票的同时，询问其是否愿意到达航空旅游目的地时用手机短信的方式免费接收当地的消费优惠券信息。选择同意的旅客手机号将自动加入手机优惠券群发列表，之后旅客会收到关于订阅相应类目优惠信息的指南及订阅代码，旅客可自行订阅相关类目的优惠券。

第三，对于没有留下手机号码信息的旅客，在飞行途中通过宣传册、视频、现场讲解等方式向旅客传递航空旅游消费促销信息，告知旅客在到达旅游目的地后可发送各类消费信息的对应代码到订阅号码即可免费收到当地相应类目的优惠券短信；在航空旅游旅客到达机场时，即以手机短信订阅、推送的方式，为旅客提供本地的各类消费优惠信息。

第四，旅客在前往景区过程中，即可以凭借手机彩信、二维码、图片等信息到航空公司合作的酒店、景区、包车、餐饮、零售等指定商家按照事先约定享受消费折扣。

第五，为提高加盟商户和消费者在平台上的活跃度，还可以设计针对商家和消费者的积分累计和会员等级体系。商家积分可以转化为商家信用凭据，对于积分等级高的商家，可以提供一些鼓励措施，如可以发布更多促销信息、以较低廉的费用进行首页推荐等。用户在完成消费后，也可以通过短信平台方式对商户给出体验评价，从而通过客户参与数量、客户评价指标等管理旅游产业价值链不同环节的服务质量。

当前，很多旅游行业巨头通过在旅游产业链上下游间的布局渗透，已经发展成为覆盖旅游产业全业态的综合服务运营商。移动信息服务具有良好的跨地域、跨平台、跨链条融合服务能力，特别适合作为旅游产业这种地理空间移动范围大、客户消费高端且多样化、覆盖业务范围较广的现代高端服务业开展增值信息服务融合的技术手段。本小节通过对国内旅游产业发展的基本模式、信息服务环节等情况的分析，进一步探讨了移动信息服务作为一种新媒体营销手段在旅游产业增值信息服务融合中的应用价值和应用模式。

第二节 基于大数据技术的旅游信息服务模式创新

旅游服务是一种典型的宽口径、长链条服务业态，涵盖了游客旅游全过程前、中、后的衣、食、住、行、游、购、娱等各个环节。传统信息服务模式下，由于信息共享和实时交互协同技术的欠缺，难以实现多链条、多领域的协同式信息服务，往往出现服务脱节、信息不对称甚至虚假信息服务泛滥等问题，严重影响了旅游信息服务的用户体验。有鉴于此，近年来，随着大数据分析技术的普遍应用，国内外大量研究机构开始基于大数据分析挖掘技术，开展精准化、协同化、实时化、泛在化的旅游信息服务，取得了良好效果。笔者所在的国家发改委互联网大数据分析中心研究团队，近年来在这一方向上进行了一些有益探索，在此介绍如下。

一 基于大数据的旅游服务需求监测预测[①]

近年来，美国一些智库和数据专家开始利用网民使用百度、谷歌等搜索引擎的关键词数据来预测旅游行业服务需求及其走势，取得了较好效果[②]。笔者基于360搜索引擎自2013年1月1日至2015年5月4日13542个旅游消费相关关键词的网民逐日搜索数据，分析了国内旅游信息服务消费的基本特征和变化趋势。

（一）我国网民旅游消费需求的总体特征

本研究将网民旅游消费需求分为国内观光游、国内休闲游和出境游三大类。2013年以来，我国网民旅游消费需求呈现“先扬后抑”的趋势，

① 国家发改委互联网大数据分析中心：《2013年以来网民旅游消费需求特征大数据分析报告》，2015，第5页。

② 任乐、崔东佳：《基于网络搜索数据的国内旅游客流量预测研究——以北京市国内旅游客流量为例》，《经济问题探索》2014年第4期。

即2013年全年总体上升，2014年全年总体下降（从第2季度开始），特别是2014年“十一”长假相较于2013年“十一”长假，网民旅游消费需求显著下降，2015年第1季度总体需求强度明显低于2014年第1季度。这表明我国网民旅游消费需求强度总体来说依然没有明显起色（需要指出的是，本研究统计的网民旅游消费需求总量受互联网网民总量增长的影响，因此与实际城乡居民旅游消费需求之间存在一定偏差）。

从不同种类旅游消费需求占比变化看，2013年以来，我国网民境外旅游消费需求占比持续攀升，从2013年第1季度的56.4%上升到2015年第1季度的66.8%，国内观光游和休闲游消费占比则逐步下滑，特别是观光游需求下降较为明显（见图10－3、图10－4）。

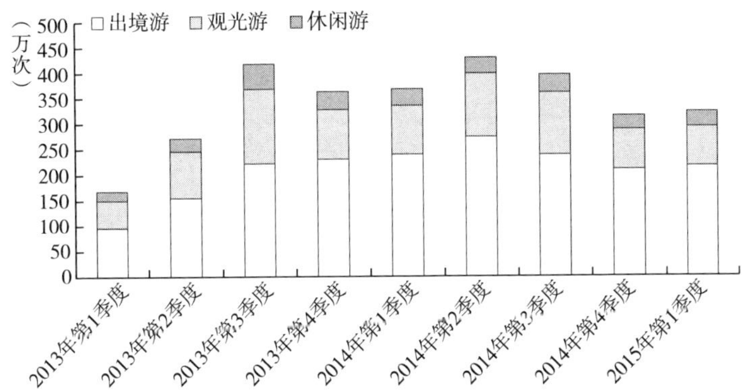

图10－3　2013年以来我国网民旅游消费需求总量变化趋势

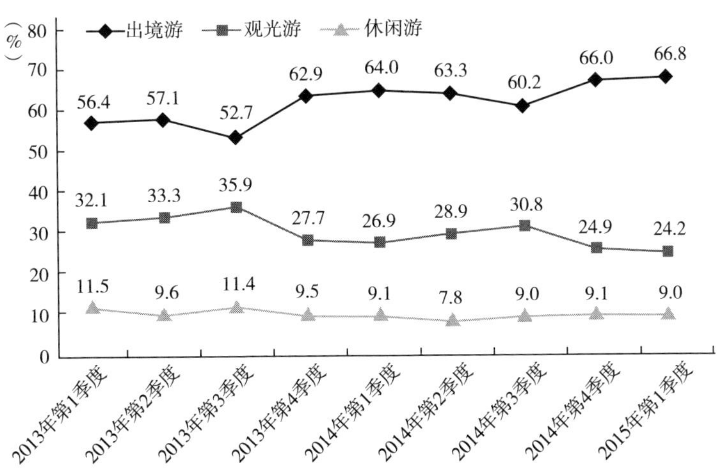

图10－4　2013年以来三类旅游消费需求占比变化情况

观光游、休闲游和出境游的消费高峰期分布呈现明显差异性。观光游的高峰期主要集中在“五一”和“十一”小长假前期，可以推测游客群体以上班族居多。出境游则主要集中在暑假和寒假期间，可能是因为出境游旅客中学生群体（包括父母携子女出游等情况）占据了较大比重。休闲游则兼有以上两种旅游的特征，“十一”小长假前后和暑假期间是其消费旺季。

从地域来看，广东、山东、浙江、上海、北京、江苏等东部沿海地区网民对旅游消费话题相关信息的搜索强度较高，反映出这些经济较发达地区网民旅游消费需求更强烈。其中，广东省网民搜索旅游消费话题频次占比最高，达 12.52%。此外，湖北、江西和河南等中部省份网民搜索旅游消费话题也较为频繁。

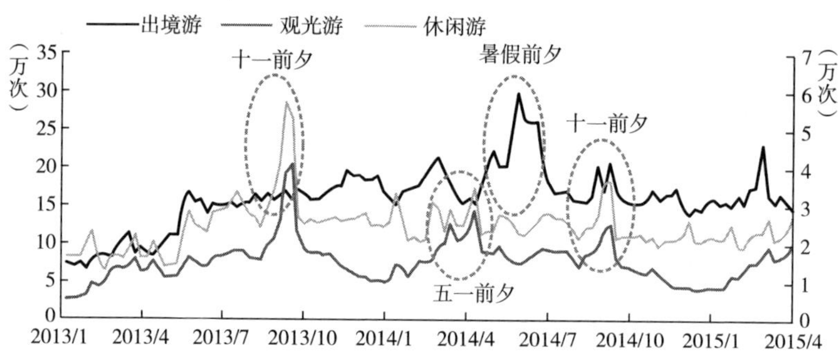

图 10－5 旅游消费话题搜索指数变化趋势

（二）网民出境游需求特征分析

首先，东南亚及南亚地区受到国内网民青睐。从境外游的目的地来看，网民对东南亚和南亚的旅游需求最为旺盛，相关旅游景点搜索量占比达 23%，其次为欧洲（20%）和日韩地区（19%）。此外，中国港澳台地区、中东和非洲等地区的旅游景点也受到较多国内网民的关注，具体如图 10－6 所示。

其次，“一路”沿线旅游需求明显高于“一带”沿线。网民对“一带一路”沿线国家旅游消费需求总体较为旺盛，旅游消费需求最高的前十个国家分别为泰国、越南、尼泊尔、马来西亚、新加坡、土耳其、马尔代夫、俄罗斯、柬埔寨、老挝。其中绝大多数属于“一路”沿线国家，仅土耳其和俄罗斯属于“一带”沿线国家。为此，后续可鼓励各地积极探索开

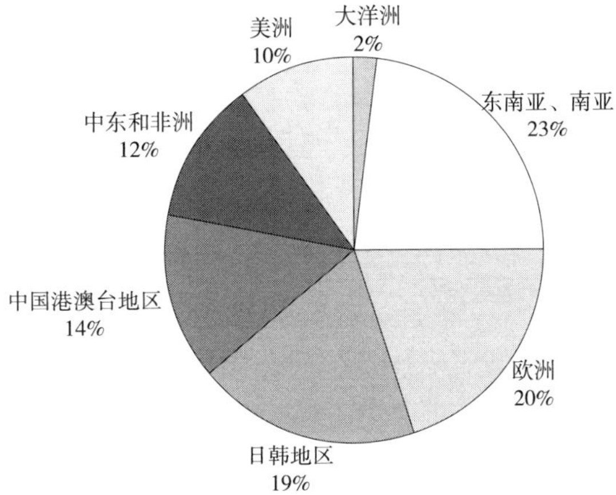

图 10－6　出境游目的地网民搜索次数占比分布

发陆上丝绸之路沿线国家的特色旅游项目，逐步引导面向中亚、西亚、东欧、南欧等地区的出境旅游消费需求，从而将旅游产业作为“一带一路”“民心相通”的重要抓手。

（三）网民观光游需求特征分析

网民观光游需求最旺的省份依次为浙江、四川和江西等，这些省份的5A 级旅游景点较多，成为网民观光游的首选地。

具体来看，网民对四川九寨沟、浙江乌镇、安徽黄山等景点的旅游需求最旺（见图 10－7、图 10－8）。

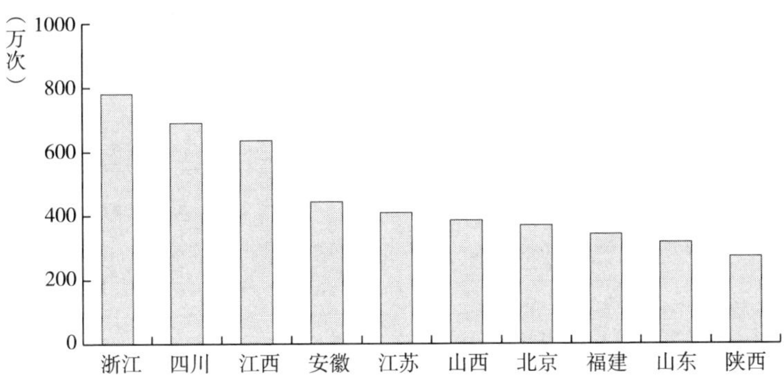

图 10－7　网民观光游需求排名前十的省份

跨省观光游呈现“一区五板块”的分布特征。我们利用多维尺度统计分析工具，对国内 31 个省份网民跨省观光旅游的紧密度进行了分析。其

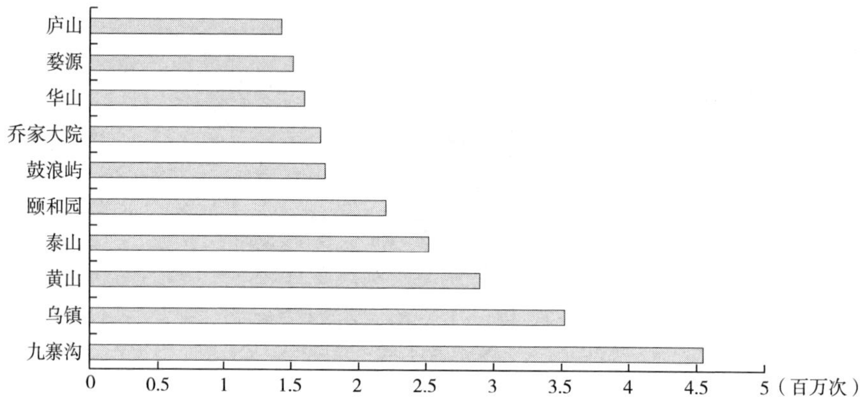

图 10－8 国内网民观光游需求排名前十的景点

中省份之间距离可以近似代表两个省份彼此开展跨省游的需求强度，距离越近，则省份之间旅游需求紧密程度越高。

可以看出，我国内地 31 个省份网民跨省游需求呈现“一区五板块”的特征（见图 10－9）。

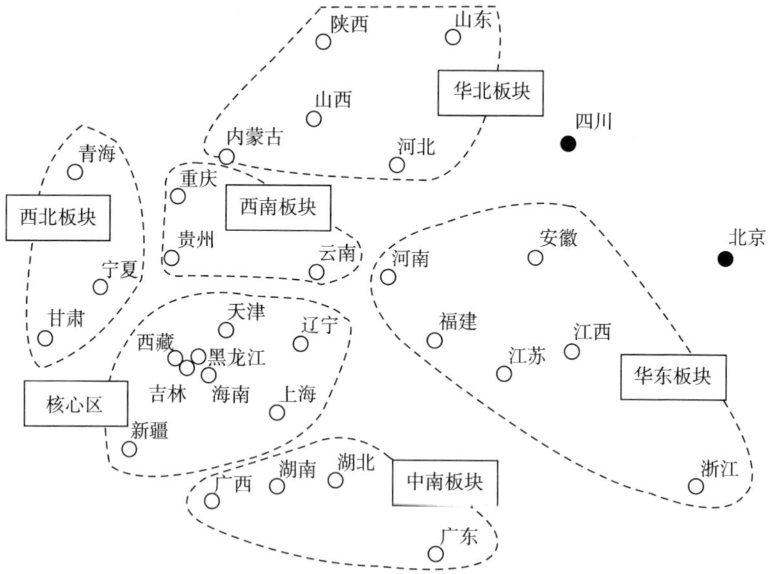

图 10－9 各地网民旅游景点搜索相似性分析

所谓“一区”，是指目前我国网民远距离跨省观光游的“核心区”。其中上海、天津、辽宁、吉林、黑龙江 5 省市为主要出发地，西藏、新疆、海南3省区为主要目的地。这类远距离跨省观光游近年来已经初具规模，特别是东北地区老百姓冬季前往海南，已经成为一种常态化旅游方式。

所谓五板块，是指我国大部分省份网民的跨省观光游以选择邻近省份为主，从而大致形成了华北、西南、华东、中南和西北五个板块共21个省份。从拉动观光游消费内需的角度，可以考虑鼓励这些省份老百姓选择远距离观光游的旅游产品，如在华东地区加强对"陆上丝绸之路"旅游产品的推广，从而拉动华东地区面向西北地区的旅游消费。

北京、四川两省市较为特殊，"游离"于上述一区五板块之外。结合多维尺度分析工具的算法原理，我们认为出现这种情况的主要原因，是这两个地区均集中了大量国内观光游的热点景区，属于各省份网民观光游搜索的共同目的地。

（四）网民休闲游需求特征分析

首先，从休闲旅游的内部结构来看，网民的度假休闲旅游需求较高，搜索量占比达42.5%，其次是专项旅游（如购物、美食旅游等）和产业旅游（如乡村、工业旅游等），搜索量占比分别为22.8%和18.3%。主题公园旅游及体育休闲旅游的网民需求则相对较少（见图10－10）。

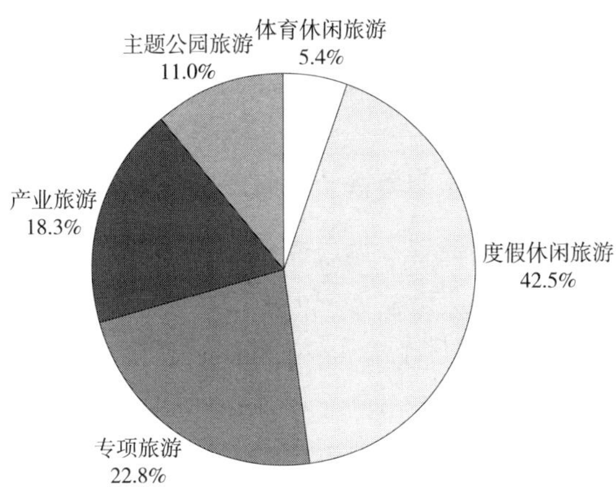

图10－10　不同类型休闲旅游搜索量占比分布

其次，不同类型休闲旅游需求变化不一，从休闲旅游消费需求的内部热点变化看，2013年以来，专项旅游（购物、美食旅游等）和体育休闲旅游消费需求占比呈现了较为明显的上升趋势。特别是体育休闲旅游，近年来各地高度重视，举办了很多特色赛事活动，取得了较好的成绩。

相比之下，主题公园旅游、产业旅游（如乡村、工业旅游等）发展较为平稳。而度假休闲旅游需求占比则整体出现较为明显的下滑（见图 10－11）。究其原因，可能是近年来我国城镇居民工作节奏和压力日渐加大，带薪休假等制度执行情况欠佳，导致网民越来越缺乏从事度假休闲活动所需的相对宽裕的时间条件。

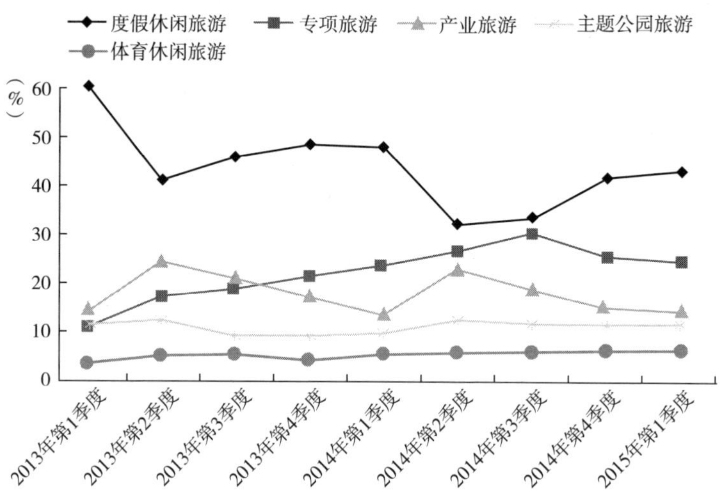

图 10－11　五类休闲旅游消费需求占比变化情况

二　基于位置服务数据的旅游精准服务模式研究

为探索基于位置服务数据开展旅游精准信息服务的模式和路径，笔者所在的国家发改委互联网大数据分析中心曾与北京浩瀚深度信息技术股份有限公司合作，基于 2015 年 1 月 1 ~ 10 日哈尔滨冰雪节期间哈尔滨市移动终端用户的位置定位数据，开展了哈尔滨冰雪节大数据精准分析研究。其基本思路，是将冰雪节期间在冰雪节相关景点、酒店、购物中心等地方出现的移动终端用户视为冰雪节游客，对这些手机终端的行为特征、逗留时间、出访地域分布等进行全面挖掘，以发现更加精准地开展冰雪节旅游信息服务的模式和路径（见图 10－12）。

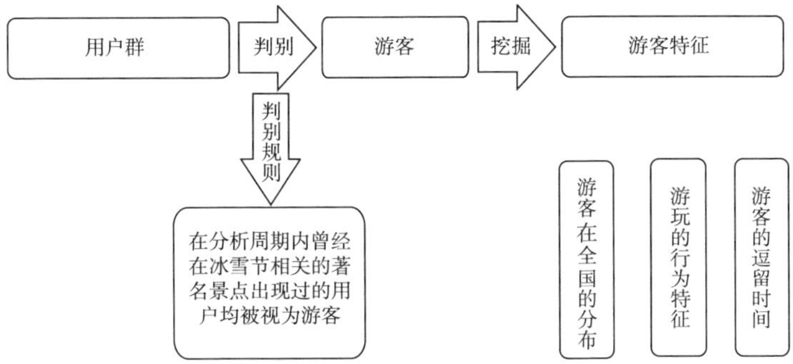

图 10 – 12 哈尔滨冰雪节大数据分析基本思路

（一）哈尔滨冰雪节期间游客到访情况的总体分析

分析发现，2015 年 1 月 1 ~10 日，哈尔滨冰雪节主要景点游客人数均出现不同程度上升，其中上升较为明显的三个景区分别为冰雪大世界、松北太阳岛和道里兆麟公园，如图 10 – 13 所示。

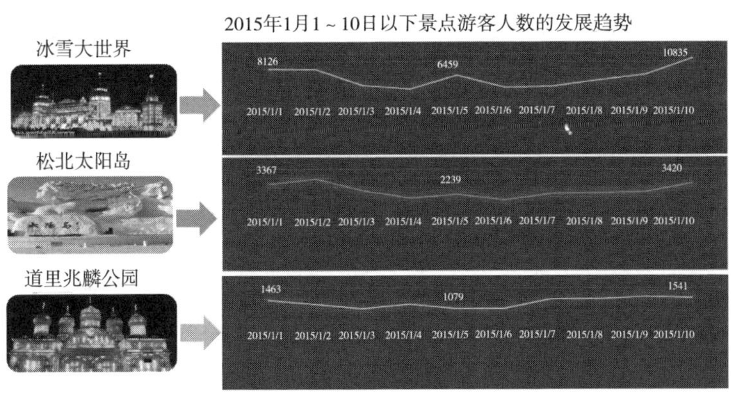

图 10 – 13 分析周期内主要景点游客人数发展趋势

从游客来源地域分布看，到访哈尔滨冰雪节的游客中，外省份游客占 47%，是第一大来源用户群体；其次是哈尔滨本市游客，占 41%；再次是黑龙江省其他城市游客，占比 6%（见图 10 – 14）。可见，哈尔滨冰雪节所吸引游客中，外省客源是一个十分重要的部分。

进一步分析外省游客的地域分布可以看出，除了东三省所属的吉林、辽宁两省之外，外省游客主要来自北京、广东、上海、浙江、江苏、山东等沿海省份。

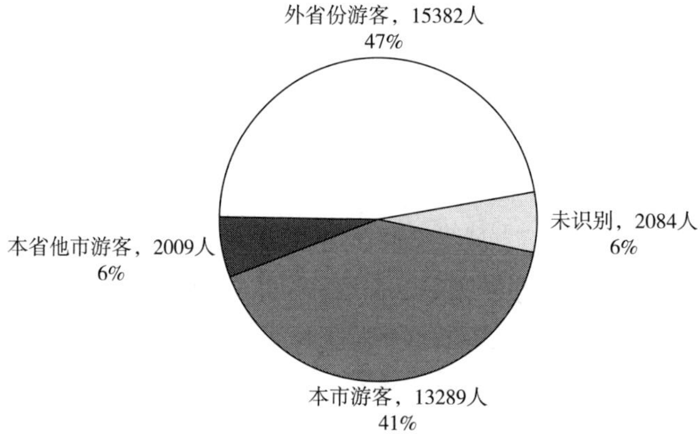

图 10－14　哈尔滨冰雪节游客地域来源分布情况

（二）哈尔滨冰雪节期间游客景点访问情况分析

对哈尔滨冰雪节期间游客主要访问的景点进行分析后发现，游客最为欢迎的市区景点依次为哈尔滨冰雪大世界（访问占比 77%）、科学会堂（访问占比 33%）、太阳岛风景区（访问占比 25%）和兆麟公园（访问占比 7%）（见图 10－15）。

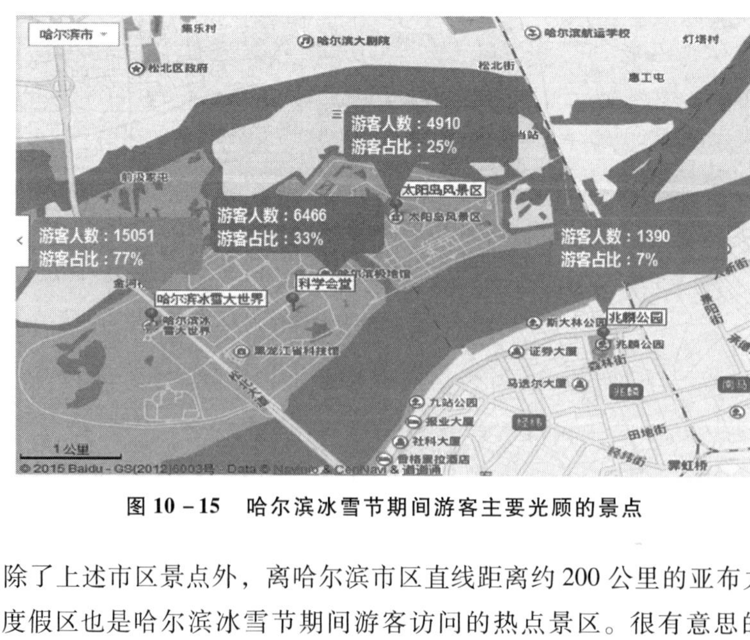

图 10－15　哈尔滨冰雪节期间游客主要光顾的景点

除了上述市区景点外，离哈尔滨市区直线距离约 200 公里的亚布力滑雪旅游度假区也是哈尔滨冰雪节期间游客访问的热点景区。很有意思的一点是，驱车数百公里到访这一景区的游客地域来源中，排名最靠前的是广东

（14%）、浙江（11%）、江苏（7%）、上海（7%）等南方省份（见图 10－16）。这表明，亚布力景区的优质滑雪资源对于南方省份游客的吸引力远远大于北方省份，南方游客应当成为亚布力滑雪场主要的旅游精准营销对象。

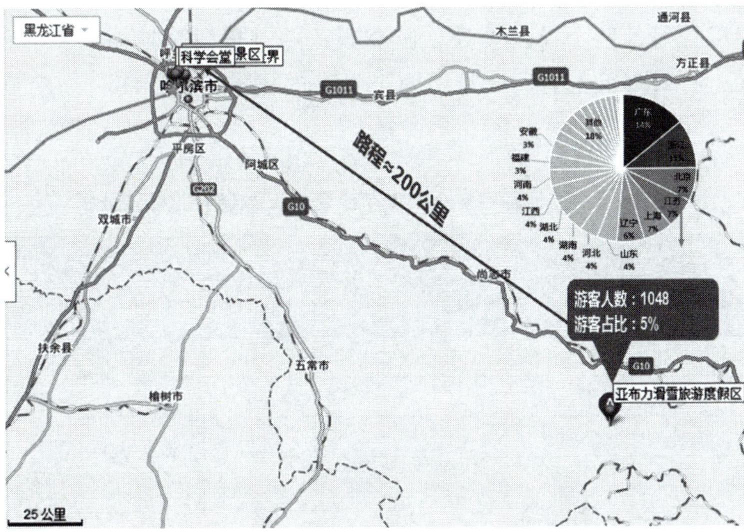

图 10－16　亚布力滑雪场游客来源地域分布情况

从本省和外省份游客游玩景点数量的对比也可以看出本地和外地游客的游玩行为差异性。外地游客中，游玩 3 个景点的用户占比达到 7.9%，远远高于本省游客（2.59%）；而只游玩 1 个景点的本省游客占比达 70.28%，也远高于外省份游客的 59.32%（见图 10－17）。这表明，外省份游客基于距离较远、成本较高等原因，在哈尔滨逗留期间，更趋向于通过多游玩一些景点来“摊低”旅游成本。

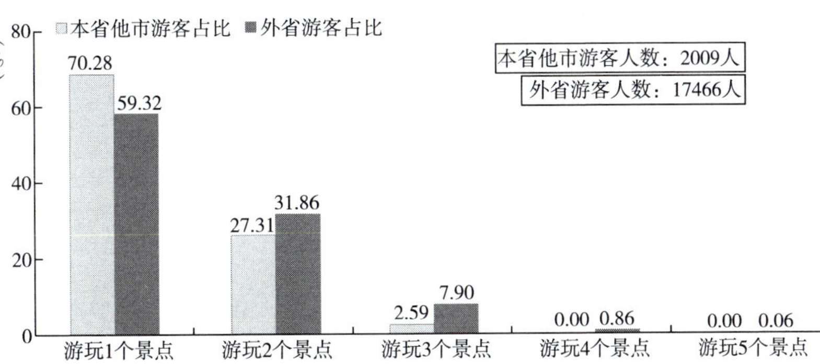

图 10－17　本省和外省游客游玩景点数量的对比情况

进一步分析外地游客同时游玩多个景点的行为可以发现，部分景区基于距离较近等原因，更加容易吸引游客同时前往游玩。如“冰雪大世界 + 松北科学会堂”组合，吸引游客同时游玩的比例高达21%，主要原因就是这两个景区物理距离很近（见表 10 – 3）。这也提示景区管理部门，可以针对这两个景区设计旅游套票，并且通过开通旅游“摆渡车”等方式，有效降低游客同时游览两个景点的成本，从而提升游客旅游满意度。

表 10 – 3 外地游客多个景点“组合式”旅游行为特征分析

景点组合	行程最短路程（公里）	游客人数（人）	游客人数占比（%）
冰雪大世界		8483	44
冰雪大世界+松北科学会堂	2~3	4157	21
太阳岛		2409	12
兆麟公园		909	5
冰雪大世界+松北科学会堂+太阳岛	5~7	796	4
太阳岛+松北科学会堂	3~4	766	4
冰雪大世界+太阳岛	4~5	503	3
冰雪大世界+亚布力滑雪旅游度假区	≈200	373	2
冰雪大世界+松北科学会堂+亚布力滑雪旅游度假区	≈200	263	1
冰雪大世界+松北科学会堂+兆麟公园	8~10	194	1
太阳岛+亚布力滑雪旅游度假区	≈200	145	1
其他组合		477	2

第十一章　行业应用：新技术驱动的政府公共信息服务创新

在互联网飞速发展的大背景下，以政府网站、政务微博微信、移动政务应用等为主阵地的政府网上信息服务越来越发挥着发布权威信息、服务社会公众、沟通社情民意、回应社会关切、引导社会舆论的重要作用，成为各级政府部门提高行政效能和网络公信力的主要手段。近年来，大数据技术和产业的飞速发展，对全球各国政府网上信息服务创新产生了深远影响。A. Clarke 等①认为，过去百年间，政府行政管理经历了三种模式的演变，即韦伯模式、新公共管理（NPM）模式和近年来兴起的数字时代治理（Digital - Era Governance，DEG）模式，而数字时代治理成为主流模式的背后，则是大数据处理技术体系的不断完善。当前，数据分析已日益成为各国改进政府在线服务、提升信息服务水平的重要途径②。美国政府专门成立联邦政府网站管理者委员会网站数据分析分会，负责各级政府在线信息服务数据分析与优化。澳大利亚政府于 2013 年发布《公共服务大数据战略》，推动公共行业利用大数据分析进行服务改革。我国则于 2012 年组建了“中国政府网站智能分析大数据中心”，并面向 4000 多家各级各类政府网站开展数据分析挖掘。《国务院关于印发促进大数据发展行动纲要的通知》（国发〔2015〕50 号）中明确提出实施公共服务大数据工程，要“推动传统公共服务数据与互联网、移动互联网、可穿戴设备等数据的汇聚整合，开发各类便民应用，优化公共资源配置，提升公共服务水平”③。

---

① Amanda Clarke and Helen Margetts. Governments and Citizens Getting to Know Each Other? Open, Closed, and Big Data in Public Management Reform［J］. Policy & Internet. 2014，6（4）：393 - 417.

② 于施洋、王建冬、童楠楠：《国内外政务大数据应用发展述评：方向与问题》，《电子政务》2016 年第 1 期。

③《国务院关于印发促进大数据发展行动纲要的通知》（国发〔2015〕50 号）［EB/OL］，http：//www. gov. cn/zhengce/content/2015 - 09/05/content_ 10137. htm。

从本质上说，大数据是应对全球数据量剧增而产生的全新技术，大数据之“大”，不仅在于数据的总量和复杂度，更在于其背后所蕴含的经济社会价值。大数据技术有助于精准掌握政府信息服务的用户需求，促使政府在线服务的供给曲线不断接近需求曲线，使得用户获取更加精准、有效、智慧的政府信息服务内容，从而为信息化条件下建设服务型政府、实现国家治理体系和治理能力现代化提供全新动力。本小节拟在全面回顾国内外学者近年来对大数据环境下政府信息服务创新的研究成果和主要观点的基础上，基于政务大数据的“三分法”分类模型，引入服务创新四维度理论，构建大数据环境下政府信息服务创新的基本模型和分析框架。

第一节　政府信息服务创新的数据分析框架

目前，国内外学界对于大数据环境下政府网上信息服务创新的研究处于起步阶段，现有研究主要集中于对大数据应用于政府网上信息服务的价值、问题、典型案例等方面的一般性探讨，实证性、模型化和定量化研究尚不多见。

第一，对大数据对政府信息服务创新的促进作用和潜在问题的分析。多数研究者认同大数据对于政府信息服务创新具有积极促进作用。较有代表性的观点包括三类：一是提升对政府信息服务用户的需求把握能力。如 M. R. Rajagopalan 等①认为，大数据分析能够帮助政府更好地理解公民信息服务需求、行为和态度，从而指导改进公共政策与公共服务，重构政府行政过程。二是提升政府数据开放和透明化水平。如 M. Milakovich② 指出，大数据和数据开放能够让政府公共信息更加透明化，促进其进一步演化为透明政府。三是提升政府在线服务的决策水平。如 A. Clarke 等③认为，大数据背景下的公共管理研究更加接近于物理或生命科学的研究范式，能够极大提升政府在线服务决策的科学性。

① M. R. Rajagopalan, S. Vellaipandiyan, Big data Framework for National E - governance Plan [J]. 11th International Conference on ICT and Knowledge Engineering (ICT&KE), 2013: 1 - 5.

② Michael Milakovich. Anticipatory Government: Integrating Big Data for Smaller Government. [EB/OL] http://www. as. miami. edu/mpa/Michael_ Milakovich_ CV. pdf.

③ Amanda Clarke and Helen Margetts. Governments and Citizens Getting to Know Each Other? Open, Closed, and Big Data in Public Management Reform [J]. Policy & Internet. 2014, 6 (4): 393 - 417.

部分研究者进一步关注了大数据应用对于政府信息服务可能带来的负面影响。较有代表性的如 P. Henman[①] 指出，基于大数据的个性化信息服务，实际上是将政府信息服务用户从原来的单一社会群体划分为若干个具有不同风险水平的子群体，这会破坏政府信息服务的均等化原则，从而有可能对社会凝聚力造成潜在损害。M. Milakovich[②] 指出，大数据分析者的意识形态倾向会影响政策制定过程中的数据采集、解读和发布方式，进而可能会影响政府信息服务的科学性。此外，Ohm 等还指出在政府信息服务中应用大数据分析有可能导致对公民隐私权的侵害等问题。

第二，对大数据应用于政府信息服务创新的实践案例和存在问题的分析。大数据技术兴起不久，其在政府信息服务创新中的应用尚处于起步期。很多研究者对于全球各国基于大数据的政府信息服务创新案例进行了归纳性研究，其结论对于后续开展类似工作具有很好的借鉴意义。较有代表性的研究如 G－H. Kim 等[③]对欧美发达国家的 24 个政府信息服务大数据创新案例及其存在问题进行的梳理总结。于施洋等[④]对联合国和 12 个主要发达国家基于用户行为数据监测优化改进政府网上信息服务的做法进行了案例调研。研究者还对部分国家和地区的政府信息服务门户进行了系统性的案例研究，如 R. C. Joseph 等[⑤]对美国联邦政府 15 个执行部门在线信息服务、Z－P. Liao[⑥] 对我国台湾地区政府网站群、A. Clarke 等[⑦]对英国政府网站等进行的案例研究等。

国内方面，近年来国家信息中心团队基于“中国政府网站智能分析大数据中心”所采集的国内 4000 多家政府网站用户行为数据进行了一

① Paul Henman, Governing Electronically: E－government and the Reconfiguration of Public Administration Policy and Power. Palgrave Macmillan, February 2010.

② Michael Milakovich. Anticipatory Government: Integrating Big Data for Smaller Government. [EB/OL]. http://www.as.miami.edu/mpa/Michael_ Milakovich_ CV.pdf.

③ Gang－Hoon Kim, Silvana Trimi, Ji－Hyong Chung. Big－data Applications in the Government Sector [J]. Communications of the ACM. 2014 Volume 57 Issue 3: 78－85.

④ 于施洋、王建冬：《政府网站分析进入大数据时代》，《电子政务》2013 年第 8 期。

⑤ R. C. Joseph, N. A. Johnson, Big Data and Transformational Government [J]. Ieee Journals & Magazines. 2013, Volume: 15, Issue: 6: 43－48.

⑥ Zhou－Peng Liao, Using Big Data to Achieve Good Governance: A Feasibility Study on Introducing Cyber Opinion into Government Decision－making Process.

⑦ Amanda Clarke and Helen Margetts. Governments and Citizens Getting to Know Each Other? Open, Closed, and Big Data in Public Management Reform [J]. Policy & Internet. 2014, 6(4): 393－417.

系列案例研究。如于施洋和王建冬[①]对我国 82 家代表性政府网站的 5000 万条用户访问行为数据进行了系统调研。此外，国家信息中心网络政府研究中心课题组[②]还基于互联网全网舆情数据和网站用户行为数据，对我国中央政府门户网站（www. gov. cn）的服务优化和界面设计进行了系统研究。

结合对实践案例的研究，部分研究者进一步总结归纳了当前政府信息服务应用大数据技术时存在的困难和障碍。较有意义的如 Margetts 对人才瓶颈问题的分析，G - H. Kim 等[③]对政府大数据应用决策机制复杂性的分析，M. Milakovich[④] 对政府部门数据孤岛问题的分析，M. T. Harrison 和 J. Hrdinova[⑤] 对政务大数据技术落后性的分析等。

综上可见，尽管目前国内外学界针对大数据在政府网上信息服务创新中的应用已经开展了大量研究，但这些研究大多停留在案例研究和一般性探讨阶段，研究热点较为散乱，缺乏对大数据边界和类型的清晰界定，尚未形成相对完备的研究框架和体系化研究成果。

从本质上说，政府信息服务就是一种以数据（信息）为生产对象和生产工具的特殊活动，数据是政府信息服务创新的源泉和基础。因此，探讨大数据环境下政府信息服务模式创新问题之前，有必要先对政府信息服务创新的数据框架做系统分析。管延斌[⑥]指出，政府公共信息服务是一种公共物品，同样可以用市场供求均衡理论进行分析。从供求分析的角度，可以将政府信息服务的数据基础划分为三个维度：一是服务供给数据，即政府内部业务运行所产生的内容性数据；二是服务需求数据，即互联网用户对政府信息服务相关的观点诉求等话题数据；三是供需对接数据，即政府

① 于施洋、王建冬：《政府网站分析与优化：大数据创造公共价值》，社会科学文献出版社，2014。

② 国家信息中心网络政府研究中心课题组：《中国政府网改版的理念与实践》，《电子政务》2014 年第 3 期。

③ Gang - Hoon Kim, Silvana Trimi, Ji - Hyong Chung. Big - data Applications in the Government Sector ［J］. Communications of the ACM. 2014 Volume 57 Issue 3: 78 - 85.

④ Michael Milakovich. Anticipatory Government: Integrating Big Data for Smaller Government. ［EB/OL］. http: //www. as. miami. edu/mpa/Michael_ Milakovich_ CV. pdf.

⑤ M. T. Harrison, Jana Hrdinova. The Complexities of "Big Data": the Opportunities and Challenges for E - government ［C］. Proceedings of the 14th Annual International Conference on Digital Government Research. 2014.

⑥ 管延斌：《政府公共信息服务的经济学分析》，北京大学博士学位论文，2012。

在线信息服务平台的用户行为数据①。具体如图 11－1 所示。

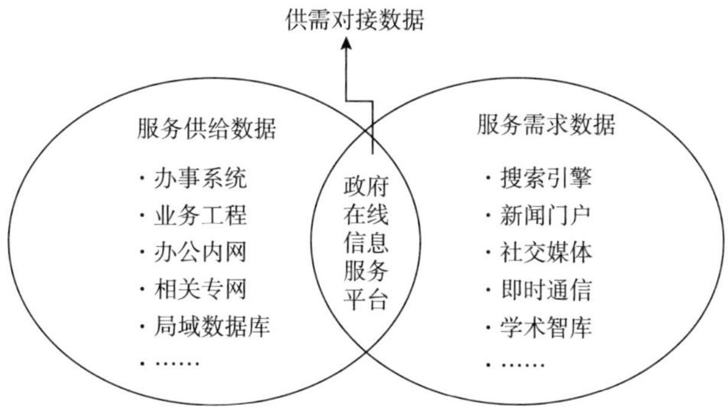

图 11－1　政府信息服务的大数据基础

一　服务供给数据

服务供给数据指基于政府内部业务运行而产生的数据，如各政府部门在线办事审批系统的业务办理数据、我国“金字工程”建设所积累的数据资源、办公内网和相关专网产生的内容数据和专项数据库等。这类数据经过多年积累，已十分丰富，但数据相互不联通、不共享的问题较为突出。单志广指出，过去以“金字”工程为代表的纵向烟囱式信息系统和以地方、部门信息化为代表的横向孤岛式信息系统，已经无法有效支撑经济社会发展难题的解决。正因如此，新一届政府对政府信息服务数据资源共享高度重视。《国务院关于印发促进大数据发展行动纲要的通知》（国发〔2015〕50 号）全文中“共享”一词共出现 59 次，显示了数据共享对国家大数据发展的极端重要性②。国务院常务会议多次研究部署在项目审批、信用信息、价格监测等多个领域构建统一的中央级大数据体系。目前，国家发改委正在牵头建设几大跨部门核心业务数据共享交换平台，包括全国投资项目在线审批监管平台、国家信用信息交换平台、国家公共资源交易平台等。2017 年 5 月，国务院办公厅正式印发《国务院办公厅关于印发政务信息系统整合共享实施方案的通知》（国办发〔2017〕39 号），明确要求

① 于施洋、王建冬、童楠楠：《大数据环境下的政府信息服务创新：研究现状与发展对策》，《电子政务》2016 年第 1 期。

② 单志广：《国家大数据发展的顶层设计数据强国战略的冲锋号角——〈关于促进大数据发展行动纲要〉的几点解读》，《财经界》2015 年第 10 期。

“到2017年12月底前，整合一批、清理一批、规范一批，基本完成国务院部门内部政务信息系统整合清理工作，初步建立全国政务信息资源目录体系，政务信息系统整合共享在一些重要领域取得显著成效，一些涉及面宽、应用广泛、有关联需求的重要政务信息系统实现互联互通。2018年6月底前，实现国务院各部门整合后的政务信息系统接入国家数据共享交换平台，各地区结合实际统筹推进本地区政务信息系统整合共享工作，初步实现国务院部门和地方政府信息系统互联互通。完善项目建设运维统一备案制度，加强信息共享审计、监督和评价，推动政务信息化建设模式优化，政务数据共享和开放在重点领域取得突破性进展”①。上述国家层面统一大数据平台的建设，有助于加快政府信息平台整合，消除信息孤岛，为未来我国政府信息服务供给大数据的完善打下坚实基础。

二 服务需求数据

服务需求数据指互联网用户对政府信息服务的观点诉求数据，从互联网信息渠道分布来看，这类数据中较有价值的数据类型包括两类。

一是社交媒体数据。A. Clarke 等②认为，社交媒体数据对于理解政府公共服务的公众需求特征及规律具有重要意义。过去，对公民行为的研究大量依靠调研、焦点小组、访谈和参与式观察等方式，这些方式多会存在一些偏见，因为参与者往往提供的是他们自己所主观认为的不完整、经过过滤和不准确的数据。而从人们使用社交媒体、实时交易等行为中采集的大数据信息，则能够反映人们在特定环境中的真实行为，其代表了整个人群而不是样本人群的信息。西方国家已在基于社交媒体等互联网数据的政府在线服务优化方面做出了大量尝试。如英国政府曾组织开展基于社交媒体的政府公共服务效果预测研究③，通过在社交平台中系统性地抓取数据，

① 《国务院办公厅关于印发政务信息系统整合共享实施方案的通知》（国办发〔2017〕39号），[EB/OL]，http：//www.gov.cn/zhengce/content/2017－05/18/content_ 5194971.htm。

② Amanda Clarke and Helen Margetts. Governments and Citizens Getting to Know Each Other? Open, Closed, and Big Data in Public Management Reform [J]. Policy & Internet. 2014, 6 (4): 393－417.

③ Amanda Clarke and Helen Margetts. Governments and Citizens Getting to Know Each Other? Open, Closed, and Big Data in Public Management Reform [J]. Policy & Internet. 2014, 6 (4): 393－417.

来帮助政府机构理解它们的政策和服务被社会公众接受的情况，进而做出针对性调整。

二是搜索引擎数据。搜索引擎是当今互联网信息爆炸背景下人们获取所需信息的重要手段，已经日益成为互联网用户不可或缺的信息工具，甚至在很大程度上改变了人们的信息获取行为模式。中国互联网络信息中心（CNNIC）发布的第41次《中国互联网络发展状况统计报告》显示，截至2017年底，我国网民使用搜索引擎的比例已达82.8%[①]。分析搜索引擎用户的搜索关键词是了解互联网用户真实需求的重要渠道。于施洋和王建冬[②]曾对我国政府网站用户的搜索引擎需求主体进行分析，发现政府机构名称、公务公文词、办事服务词的用户访问量排名前三，占比分别高达26%、24%、16%，这实际上都对应于用户对政府网上公共信息服务的需求。

三　供需对接数据

当前，政府部门主要利用政府外网或门户网站等政府在线信息服务平台提供政府信息服务，上述平台的数据及其用户行为数据是政府在线信息服务供需对接数据的集中体现。一方面，政府在线信息服务平台上的内容数据、文本数据代表着政府业务的供给情况；另一方面，公众在政府信息服务平台上的浏览行为、点击行为、搜索行为等，可反映出公众对政府在线信息服务的满意程度。对这类数据进行大数据分析，有助于精准掌握公众需求，促进政府信息服务的精准推送。

目前，国家信息中心牵头建设的“中国政务网站智能分析云中心”已汇聚了中央政府门户网站和国家发改委、农业部、国税总局等30余家中央部委，以及北京、上海、四川、广东、海南等省份4000余家政府网站的用户访问行为数据，累计沉淀的网民访问行为数据已超5亿人次，成为分析政府信息服务供需情况的重要数据基础。

---

① 《第41次中国互联网络发展状况统计报告》，[EB/OL]，http://www.cac.gov.cn/2018-01/31/c_1122347026.htm。

② 于施洋、王建冬：《政府网站分析与优化：大数据创造公共价值》，社会科学文献出版社，2014。

第二节 大数据环境下政府信息服务创新的四维度模型

一 服务创新的四维度模型

国外学者 Bilderbeek 等提出了服务创新的“四维度模型”，从较为通用的角度对服务创新包含的维度进行了分析①，成为该领域研究的代表性观点。“四维度模型”认为，服务创新应从四个关键维度出发，即概念创新（新服务概念）、传递创新（新服务传递系统）、界面创新（新顾客界面）以及技术创新，这四个维度间相互关联、相互作用，分别对应了服务创新过程中不同职能、不同环节的业务活动，具体如图 11－2 所示。

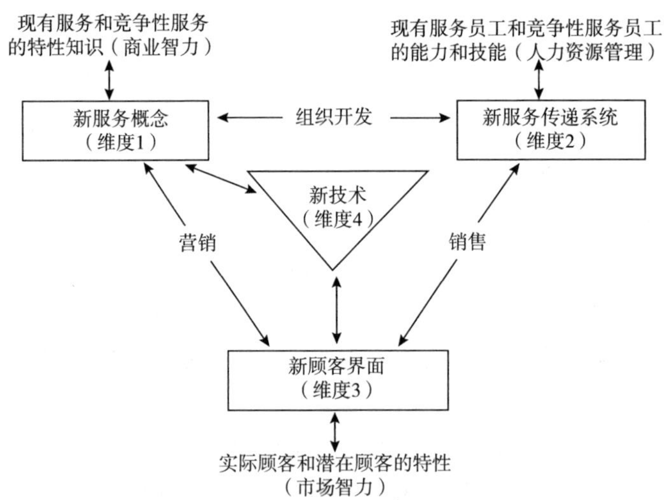

图 11－2 服务创新的四维度模型

（一）概念创新

概念创新即新的服务概念（new service concept），是指现有服务和竞争性服务的特性知识，即商业智力。Bilderbeek 等人认为，与制造业创新

① Rob Bilderbeek，Pim Den Hertog，Go ran Marklund，Ian Miles，Service Innovation：Knowledge Intensive Business Service As Co－producers of Innovation［J］，the result of SI4S synthesis paper 3，1998.

的有形可见相比，服务业的创新大多具有无形性，创新的结果并不是有形的实物产品[①]。因此，服务创新在很大程度上是一种“概念化创新”，解决的是一个问题的新概念或新方法。当然，并不是所有服务创新都要引入新概念，但概念创新在服务企业中占有相当大比重。

（二）传递创新

传递系统指现有服务员工和竞争性服务员工的能力和技能，是生产和传递新服务产品的组织。由于传递系统和客户界面维度密切关联，该创新维度强调现有的组织结构和员工能力必须和新服务创新相互适应，为此，在组织服务创新的过程中，必须进行新的组织结构设计和员工能力培训，促进服务创新顺利进行。

（三）界面创新

界面创新，即新顾客界面（client interface），指通过对服务提供方式、与顾客间交流合作方式等方面所涉及的顾客服务界面的设计，满足实际顾客和潜在顾客的特定需求，达到服务满意度的提升。当前，顾客已成为服务生产过程中不可缺少的一部分，服务提供者与顾客间的交流和相互作用已成为创新的主要来源，服务提供者与顾客间的界面因此更为重要。

（四）技术创新

技术创新是指对新技术的选择、引进和应用。Bilderbeek 等人认为，技术并不是服务创新的必要维度，它在模型中是可选的，这是因为服务创新可以在没有技术参与的情况下发生[②]。但“新技术”和“服务创新”之间存在广泛关系，在实践中，很多服务活动会通过引入诸如信息技术等新技术手段而变得越来越高效。可见，技术创新在服务创新中依然扮演着不可缺少的角色。

---

① Rob Bilderbeek , Pim Den Hertog , Go ran Marklund, Ian Miles, Service Innovation : Knowledge Intensive Business Service As Co – producers of Innovation [J] , the result of SI4S synthesis paper 3, 1998.

② Rob Bilderbeek , Pim Den Hertog , Go ran Marklund, Ian Miles, Service Innovation : Knowledge Intensive Business Service As Co – producers of Innovation [J] , the result of SI4S synthesis paper 3, 1998.

二　大数据环境下政府信息服务创新的四维度模型

“四维度模型”是服务创新领域的经典模型，较为全面地描绘了服务创新过程并指导实际的创新活动①，其同样适用于政府信息服务创新。由于大数据环境下的服务、决策多基于数据做出，政府信息服务创新首先应建立在大数据基础之上。通过引入大数据技术，革新信息服务理念、创新信息服务，进而提高信息服务水平。按照“四维度模型”理论，结合前文提出的政府大数据“三分法”分类框架，本小节提出了大数据环境下的政府信息服务创新的四维度分析模型（见图 11－3）。

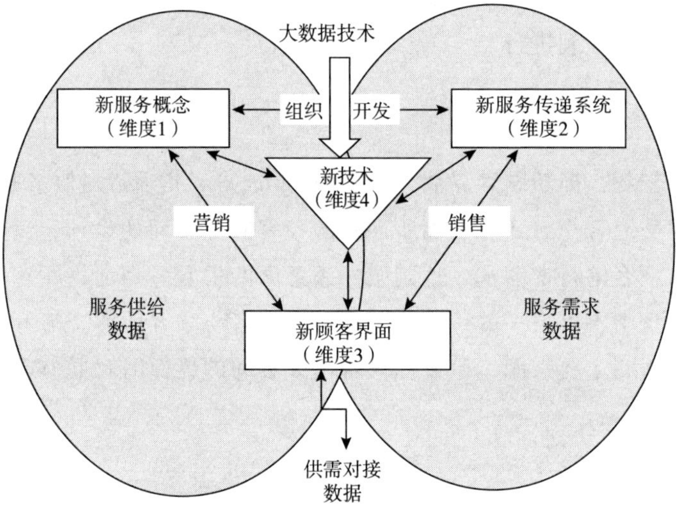

图 11－3　大数据环境下政府信息服务创新的四维度模型

（一）大数据环境下的政府信息服务概念创新

大数据环境下的政府信息服务概念创新，基于政府内部的服务供给数据进行，主要体现为三个方面的创新实践。一是由政府内部多数据源融合集成的政府信息服务创新模式。如整合了 39 家部委信用信息数据的“信用中国”网站②，整合了跨部门、跨领域的异构信用信息数据源，面向公

① 蔺雷、吴贵生：《服务创新的四维度模型》，《数量经济技术经济研究》2004 年第 3 期。

② 信用中国，http：//www.creditchina.gov.cn/。

民和法人的信用信息查询公共服务。M. R. Rajagopalan 等[①]归纳了基于跨部门大数据集成创新政府信息服务内容的 9 种基本模式，包括数据综合比对、数据学习、数据预测、群组化分析、问题发现、欺诈监测、资源配置优化等。二是推进服务上网，促进开放原先没有在互联网上呈现的政府公共信息服务项目，这一创新模式近年来随着政府网站的发展壮大而不断涌现。三是通过数据开放等手段，公开政府自身掌握的业务数据资源，吸引社会力量对上述资源进行开发利用，或将政府业务数据和其他数据源相结合，促进一系列公共信息服务创新形态出现。

（二）大数据环境下的政府信息服务传递创新

在大数据环境下的政府信息服务创新模式中，服务传递创新建立在服务需求数据的基础之上，并根据公众的行为特点和需求特征实现政府信息服务的精准推送。M. T. Harrison[②] 认为，通过分析互联网公众在社交媒体等渠道的观点诉求信息，可以判断网民对政府服务的需求和满意度，识别最重要的用户群体，从而改进政府信息服务。网民在搜索引擎上的搜索行为、新闻门户上的浏览行为以及在社交媒体上生成的内容数据等，可真实反映网民的行为需求。通过探索借鉴搜索引擎优化（SEO）、社交媒体优化（SMO）等互联网精准营销技术，识别社交媒体关键传播节点和传播时点，精准投放政府服务信息，扩大政府信息在各自媒体渠道的传播覆盖面。近年来，欧美发达国家普遍将对搜索数据的分析应用于互联网信息服务引导工作。以美国 2012 年 8 月大规模暴发的西尼罗河病毒事件为例[③]，美国相关部门根据搜索数据的监测分析，了解掌握网民需求和关切，确保美国疾控中心和食品药品监督管理局网站发布的信息第一时间出现在谷歌搜索结果第一页的醒目位置，为澄清事件真相、引导社会舆论发挥了重要作用。

---

① M. R. Rajagopalan, S. Vellaipandiyan, Big Data Framework for National E – governance Plan [J] . 11th International Conference on ICT and Knowledge Engineering (ICT&KE), 2013: 1 –5.

② M. T. Harrison. Building Government's Capacity for Big Data Analysis [C] . Proceedings of the 14th Annual International Conference on Digital Government Research. 2014.

③ 于施洋、王建冬、童楠楠：《大数据环境下的政府信息服务创新：研究现状与发展对策》，《电子政务》2016 年第 1 期。

（三）大数据环境下的政府信息服务界面创新

网络时代下，政府信息服务的顾客界面主要是指政府在线信息服务平台的用户接口和访问界面，这是政府提供信息服务的重要平台媒介，也是服务供给数据和用户需求数据对接的桥梁。S. Shindelar① 指出，以用户为中心的服务方式需要充分挖掘用户需求，建立用户和政府之间服务效果反馈的有效通道，以用户熟悉的方式将服务内容推送给用户。基于大数据的服务界面创新可分为以下两个层面。

一是基于用户访问数据开展服务界面优化。当前，受益于大数据分析技术，电子商务领域普遍推广并应用基于数据分析的用户体验优化模式，通过企业网站用户浏览行为、搜索行为、购买行为的数据分析，挖掘用户的行为习惯和喜好，主动向用户推介产品和服务，真正做到从网民需求和体验的角度提升服务质量②。电商领域“以用户为导向”的个性化、精准化、交互式服务提供方式，对政府信息服务模式中的界面建设具有重要的借鉴意义。在大数据环境下，政府信息服务创新模式中的“新顾客界面”，以供需对接数据为基础，对这类数据的挖掘分析，有助于全面掌握公众需求、了解行为规律，进而指导服务界面优化，提升政府信息服务对公众需求的响应能力。

二是通过构建用户需求数据和政府内部业务数据的关联机制，实现服务内容和服务界面的动态组织，建设“随需而动”的政府在线服务界面。通过构建公众话题与政府内部业务的映射规则库，梳理形成基于互联网热点事件的“话题－人物－业务部门－业务域－业务线”的层次化映射规则体系，自动生成某一热点话题所对应的政府信息服务的责任机构、业务科室和服务内容等信息，形成面向互联网热点事件的政府信息服务快速响应决策机制。基于新事件探测、情感分析等技术，发现互联网上与政府信息服务相关的热点话题，分析公众对政府信息服务的诉求点、态度倾向性、满意度等信息，有针对性地改进政府信息服务的传递方向和传递方式。

2013 年，笔者曾作为具体负责人牵头完成了中华人民共和国中央人

---

① Stacey Shindelar. Big Data and the Government Agency［J］. Public Manager. 2014（1）：52－56.

② 国家信息中心网络政府研究中心课题组：《中国政府网改版的理论与实践》，《电子政务》2014 年第 3 期。

民政府门户网站（简称“中国政府网”，网址：www. gov. cn）的改版规划设计工作，使得基于大数据的理念和技术在这次改版中得以实现[①]。课题组采集了互联网相关渠道上网民关于中国政府网服务需求的海量相关信息，包括新浪微博约60万条相关微博信息、百度搜索引擎提供的3863项百度指数数据和新浪、搜狐、新华网、人民网等117家新闻媒体网站中共48.6万篇相关新闻报道。在此基础上，综合运用话题识别、自动分类等自然语言处理技术，将互联网相关渠道用户的服务需求归纳为国务院领导、动态要闻、中国概况、政策文件、公共服务、民生热点、政府数据等几大类，为改版规划提供了坚实的数据基础。此外，通过在中国政府网全面部署“中国政务网站智能分析系统”，采集了两个月左右中国政府网用户访问行为的基础数据，对用户来源、点击流数据、技术环境、页面地址、表单提交、鼠标点击等用户行为数据进行了全面分析。基于“中国政务网站智能分析云中心”采集的上千家全国政府网站的用户访问基础数据，进一步引入页面点击热力图、访问路径扩散图和热点探测等智能分析工具，对网民访问政府网站的一般行为规律进行了归纳总结。通过上述分析，重点梳理了网民关注热点，找到了中国政府网旧版网站存在的设计缺陷和技术短板。在全面了解网民访问需求和行为规律的基础上，充分借鉴发达国家政府网站的成功经验，对中国政府网栏目体系进行了重新梳理，设计了国务院、新闻、专题、政策、服务、问政、数据和国情等八个一级频道。按照突出国际化、人情味、中国风和创新性的设计原则，完成了中国政府网首页和重要栏目页的视觉设计和交互功能设计。

（四）大数据环境下的政府信息服务

大数据背景下政府信息服务创新可应用的新技术很多，如中文信息处理技术、Web使用挖掘方法、建模分析与预测、社会网络分析方法、可视化技术、新事件探测技术、情感分析法、用户行为分析法等。在传统的四维度模型中，技术创新维度是一个可选维度，但基于大数据的政府信息服务创新得以实现的前提则是引入大数据技术。政府信息服务概念创新需要整合和比对分析不同类型的政府信息服务供给数据；传递创新需要依靠自

① 国家信息中心网络政府研究中心课题组：《中国政府网改版的理念与实践》，《电子政务》2014年第3期。

然语言理解、自动分析、自动聚类等智能挖掘技术实现用户需求热点的动态挖掘；界面创新需要依靠对政府在线信息服务的用户行为规律和用户需求热点的把握，构建外部需求数据和内部业务数据间的自动关联机制。从这个意义上说，与传统的四维度模型相比，大数据背景下的技术创新是政府信息服务创新的核心驱动力，是其他三个维度的服务创新得以有效运行的关键环节。

目前，政府信息服务大数据应用的技术框架已经较为成熟。M. R. Rajagopalan 等[①]提出了政务信息服务的大数据应用技术框架，包括资源管理器、数据组织与管理、数据分析与知识发现，以及决策支持和可视化报告等部分。R. C. Joseph 等[②]提出应用大数据提升政府信息服务的技术框架包含四个层面：数据透明（Transparency）、数据细分（Segmentation）、过程重构（Redesign）和自动化分析（Automation）。S. Shindelar[③] 提出的四层概念模型则包括四个部分：信息层（主要负责数据的采集）、平台层（承担各种数据管理的系统和流程应用）、展现层（主要负责组织信息并通过各种渠道将信息推送给用户）和安全及隐私保护层（主要负责保护用户交互信息和个人隐私数据的安全）。

大数据既是一种新的数据形态和技术潮流，更是一种新的思维方式和治理模式[④]。当前，大数据已经日益成为支撑社会治理、科学决策、公共服务等政府运行职能各方面的核心要素。本小节在系统回顾国内外相关研究的基础上，基于政府网上信息服务大数据的“三分法”分类和服务创新四维度理论，系统论述了大数据环境下政府网上信息服务创新的四种基本路径，即基于服务供给数据的概念创新、基于服务需求数据的传递创新、基于供需对接数据的界面创新和支撑以上三类创新的技术创新。

---

① M. R. Rajagopalan, S. Vellaipandiyan, Big Data Framework for National E – governance Plan [J]. 11th International Conference on ICT and Knowledge Engineering (ICT & KE), 2013: 1 – 5.

② R. C. Joseph, N. A. Johnson, Big Data and Transformational Government [J]. Ieee Journals & Magazines. 2013, Volume: 15, Issue: 6: 43 – 48.

③ Stacey Shindelar. Big Data and the Government Agency [J]. Public Manager. 2014 (1): 52 – 56.

④ 于施洋、王建冬、童楠楠：《大数据环境下的政府信息服务创新：研究现状与发展对策》，《电子政务》2016 年第 1 期。

第三部分　产业经济发展与信息服务业

第十二章　我国信息服务业产业结构分析

第一节　我国信息服务业各行业机构现状分析

所谓信息服务业从业机构，是指主要从事信息活动（如信息的收集、整理、分析和发布等）的法人单位和产业活动单位。这类机构可以是政府部门、事业单位、社会团体等公益性机构，如图书馆、档案馆、科技信息研究所、信息中心等，也可以是一些企业，如一些商业网站、数据库内容开发商等。换句话说，信息服务机构既可以是企业，也可以是政府机构或事业单位。

按照本书提出的划分思路，将信息服务业划分为信息传输服务业、信息处理服务业、信息分析与咨询业、经纪与代理业和公益信息服务业等五个子行业。这其中，前四类行业主要以商业性信息服务机构为主，包括各种依靠信息的收集、整理和分析等工作达到盈利目的的企业。第五类行业则以非营利性信息服务机构为主，保持少量盈利性质的信息服务机构。

在第二次全国经济普查中，对前四类子行业的相关机构做了比较详细的调研，后文将结合普查数据对四个子行业的基本情况做进一步介绍。此处先对四个子行业的机构情况做一个初步分析，并重点探讨公益性信息服务机构的发展现状。

一　信息传输服务机构

信息传输服务机构指利用基础电信网络、互联网、广电网和卫星传输网络等技术手段，为社会公众提供信息传输和内容增值服务的商业性信息服务机构，包括电信服务、互联网传输服务、广播电视传输服务和卫星传输服务等子行业。作为支撑整个信息产业发展的基础设施产业，信息传输服务业在整个信息产业链中一直起着重要的桥梁作用。当前，我国信息传输服务机构中，产值比重最大的是电信服务机构，发展速度最快的则是互联网和移动互联网传输服务业。2002 年，我国互联网普及率仅为 4.6%①。而据 2018 年 1 月中国互联网络信息中心（CNNIC）发布的《第 41 次中国互联网络发展状况统计报告》显示，截至 2017 年 12 月，我国网民规模达 7.72 亿，普及率达到 55.8%，超过全球平均水平（51.7%）4.1 个百分点，超过亚洲平均水平（46.7%）9.1 个百分点②。当前，我国网民的互联网应用表现出商务化、娱乐化和互动化程度同时加深的特点。

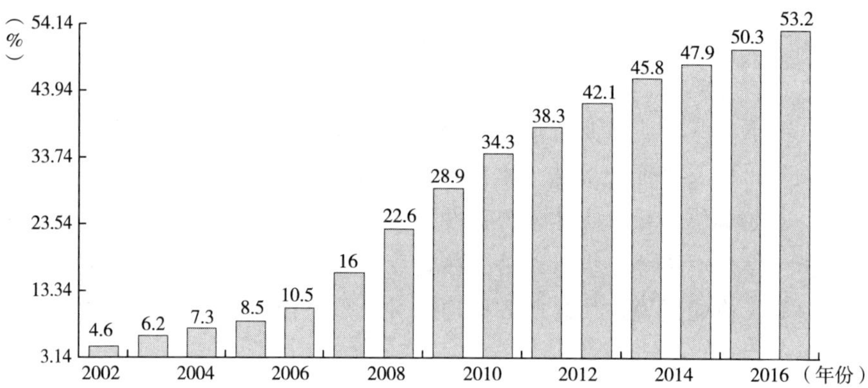

图 12－1　2002～2016 年我国互联网普及率

过去十几年来，我国信息传输机构的发展正在经历从大规模扩张到更加强调增值性服务和内涵式增长转变的总体进程。举例来说，“十五”期间，我国有 19 个省份在其信息服务业发展规划中专门提出要大力发展网络信息服务或网络接入服务，进入 21 世纪以后这十年间，正是我国信息传输服务业大发展的十年。国家统计局数据显示，我国电信和其他信息传输服务业就业人数从 2003 年的 812511 人增长到 2011 年的 1416417 人，增长了 74.3%（见图 12－2）。从 2011 年起，我国信息传输服务机构进入了从外延式扩张到内涵式提升的发展阶段。以“十二五”规划为例，我国只有 1 个省份在信息服务业发展中重点提及了基础电信服务业，但有 13 个省份提出要大力发展电信增值服务、移动增值服务、网络增值运营商和下一代互联网等信息传输服务形态。

① http://data.stats.gov.cn/easyquery.htm?cn=C01.

② CNNIC 发布的《第 41 次中国互联网络发展状况统计报告》.[EB/OL]，http://www.cac.gov.cn/2018－01/31/c_1122346138.htm。

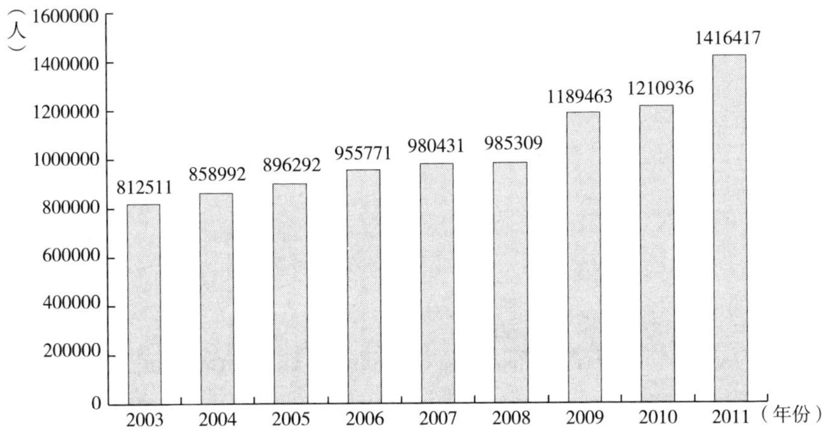

图 12－2　2003～2011 年我国电信和其他信息传输服务业从业人员数量

二　信息处理服务机构

信息处理服务机构是指以对信息进行深度加工、整理、分析和发布为主要业务的商业信息服务机构。按照对信息技术的依赖程度划分，信息处理服务机构主要包括两大类。

第一类是与信息技术的运用密切相关的机构，包括计算机系统服务、数据处理服务机构、软件服务机构等。其中计算机系统服务机构的主要业务是提供计算机系统的设计、集成、安装等方面的服务，以及对计算机硬件及系统环境的维护和修理服务等。数据处理服务机构的主要业务是为用户提供数据录入、加工、存储等服务。软件服务机构的主要业务则包括计算机软件、互联网、数据库、嵌入式系统等软件产品的开发、设计、测试、修改、部署咨询等服务活动。过去十余年间，我国软件产业经历了迅猛发展的历史进程。我国工信部历年发布的电子信息产业统计公报显示，我国软件产业的总产值从 2001 年的 750 亿元，增长到 2017 年的 5.5 万亿元，十余年间增长了 72 倍（见图 12－3）。

第二类是与信息技术运用关联度不高的机构，主要包括广告业、出版业等。广告指在报纸、期刊、路牌、灯箱、橱窗、互联网、通信设备及广播电影电视等媒介上为客户策划、制作的有偿宣传活动；出版业则包括图书出版、报纸出版、期刊出版、音像制品出版、数字出版等。数字内容产业范围十分广泛，涵盖了数字娱乐、游戏、动漫、学习、出版等方面，是信息技术与文化创意高度融合的产业形式。数字出版是近年来该领域发展

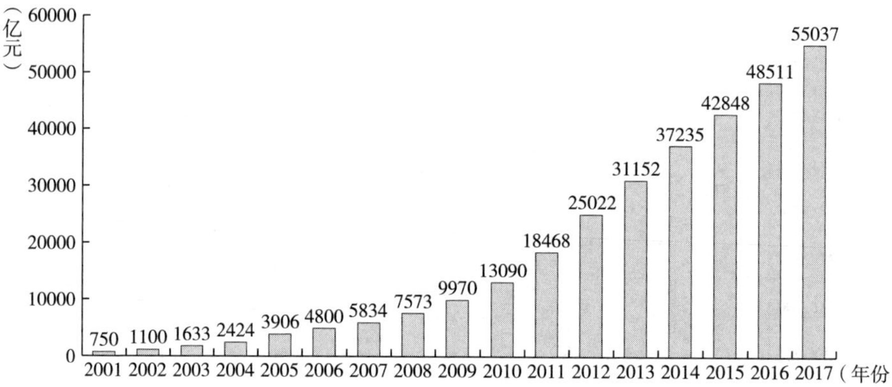

图 12－3　2001～2017 年我国软件产业总产值

极其迅速的热点产业。2017 年 7 月发布的《2016～2017 中国数字出版产业年度报告》指出，2016 年我国数字出版产业总收入 5720.85 亿元，比 2015 年增长 29.9%。其中：互联网期刊收入 17.5 亿元，电子书收入 52 亿元，数字报纸收入 9 亿元，博客类应用收入约 45 亿元，在线音乐收入 61 亿元，网络动漫收入 155 亿元，移动出版收入约 1399 亿元，网络游戏收入约 827 亿元，在线教育收入 251 亿元，互联网广告收入约 2902 亿元①。而 2008 年我国数字出版产业收入仅为 400 亿元②，8 年间产业规模增长了十余倍。我国数字出版产业在短短几年内产值突飞猛进，大大高于其他行业增长率。

三　信息分析与咨询机构

信息分析与咨询机构的主要职能，就是充分利用计算机和网络等技术手段，开展各种信息采集、加工、整理、分析等工作，并面向客户提供整体性信息咨询服务解决方案，其服务涵盖领域很广泛，包括会计、审计及税务服务、社会经济咨询、法律服务、证券分析与咨询等。咨询业的发展是国家经济发展的产物，经济越发达，市场竞争越激烈，对咨询业的需求愈大。随着未来网络化水平的不断提升，信息咨询行业将会成为未来的朝阳产业。互联网实验室董事长、首席分析家方兴东曾指

① 《〈2016－2017 中国数字出版产业年度报告〉发布》［EB/OL］，http：//www.sohu.com/a/156404577_283692。

② 郝振省：《2010 年中国数字出版年会年度报告》［EB/OL］，http：//www.cdpi.cn/2010zhongguoshuzichubannianhui/1718.html。

出，网络社会化触发咨询业变革是咨询业发展的根源，他认为互联网咨询处于技术供应商、客户、社会之间的中间地带，具有自己独特的价值点，比如全局性的专业研究与知识积累、丰富繁杂的应用经验积累和第三方的位势价值等。

近年来，很多世界一流的 IT 服务公司都大力发展咨询业务。比较有名的案例如 IBM 近年来积极实施的服务转型、EDS 兼并科尔尼咨询公司等。近年来，IT 咨询业务正逐渐向行业解决方案层面渗透，诸如前文介绍的京东供应链金融服务、阿里菜鸟第四方物流等金融、物流领域的 BPO 业务模式不断涌现。可以预见，未来我国各行各业对于与行业深度融合的整体性 IT 咨询的需求将越来越旺盛。

四　经纪与代理机构

经纪与代理机构是指收集、整理、分析和挖掘有价值信息，并在商品交换中专门从事介绍交易、提供定约机会以此获取佣金的信息中介机构，其提供的服务涵盖为客户寻找合资合作伙伴、投资政策、环境咨询、推荐合作项目、项目论证、市场调查、商情询价、专家咨询、为供求之间搭桥、组织各类交流洽谈、订货、招标等。主要业务类型包括贸易经纪与代理、证券经纪与交易、房地产中介服务、知识产权服务、职业中介服务、会议及展览服务、科技中介服务、文化艺术经纪代理等。

进入 21 世纪以来，随着互联网的飞速发展，经纪与代理机构中的一种全新业态——电子商务开始迅速发展，并成为我国经纪与代理业的主要服务业态之一。所谓电子商务，是指为交易主体开展网上交易活动搭建的虚拟网络空间。按平台运营企业参与平台上交易的情况可将电子商务交易平台分为三类，为企业自身开展网上交易活动搭建的平台为自营平台；只为其他交易主体网上交易提供服务的平台为第三方平台；同一个电子商务交易平台，同时为自营和第三方平台使用的称为混营平台。中国互联网络信息中心（CNNIC）发布的第 39 次《中国互联网络发展状况统计报告》显示，2016 年我国企业通过互联网开展营销的比例高达 38.7%，其中利用电子商务平台进行推广的占比为 55.1%①。国家统计局电子商务交易平

① CNNIC：《第 39 次中国互联网络发展状况统计报告》，http：//www.cnnic.net.cn/hlwfzyj/hlwxzbg/hlwtjbg/201701/P020170123364672657408.pdf。

台调查显示，2017 年全国电子商务交易额达 29.16 万亿元，同比增长 11.7%。未来，随着“互联网 +”战略的不断深入，我国电子商务正在与实体经济深度融合，进入规模性发展阶段，对经济社会生活的影响不断增大，正成为我国经济发展的新引擎。

近五年来，由于以去中心化、自组织为特点的 Web 2.0 飞速发展，一种全新模式的经纪与代理服务开始兴起，这就是分享经济。所谓分享经济，就是一种以互联网作为信息共享和供需对接平台，由网络主体（终端消费者）基于 P2P（点对点）的方式进行交易的全新模式，典型模式如知识付费、网络直播、单车分享、网络约车、在线民宿等。国家信息中心分享经济研究中心于 2017 年发布的《中国分享经济发展报告 2017》指出，2016 年我国分享经济市场交易额约为 34520 亿元，比上年增长 103%；分享经济融资规模约 1710 亿元，同比增长 130%；参与分享经济活动的人数超过 6 亿人，比上年增加 1 亿人左右；分享经济提供服务者人数约为 6000 万人，比上年增加 1000 万人；分享经济平台的就业人数约 585 万人，比上年增加 85 万人①。该报告预计，未来几年分享经济仍将保持年均 40% 左右的高速增长，到 2020 年分享经济交易规模占 GDP 的比重将达到 10% 以上，2025 年占比将攀升到 20% 左右；到 2020 年分享经济提供服务者人数有望超过 1 亿人，其中全职参与人员约 2000 万人②。由于分享经济所具有的低耗能、高附加值、高增长性等特点，我国各级政府高度重视分享经济发展。2017 年，促进分享经济发展首次写入政府工作报告，鼓励分享经济发展的国家政策陆续出台，为分享经济发展带来了明显的政策红利。分享经济正在成为我国践行党的十九大提出的就业优先战略③的重要抓手和最活跃的创新创业领域。

五　公益性信息服务机构

公益性信息服务机构，主要是指以国家及社会公众的整体利益为目标，面向社会各界提供服务的信息服务机构。公益性信息服务机构并不等于免费信息服务机构，公益性信息服务机构也可以提供收费服务，但是其

---

① 《中国分享经济发展报告 2017》，http：//www.sic.gov.cn/News/250/7737.htm。

② 《中国分享经济发展报告 2017》，http：//www.sic.gov.cn/News/250/7737.htm。

③ 习近平：《决胜全面建成小康社会夺取新时代中国特色社会主义伟大胜利——在中国共产党第十九次全国代表大会上的报告》，人民出版社，2017。

获得的净收入不能够直接用于分配，而必须保留，作为机构进一步发展的资金。一般来说，我国的公益性信息服务机构以政府机构和事业单位居多，近年来也有少量的民间机构陆续成立。从行业上划分，我国的公益性信息服务机构主要涉及以下四类行业。

（一）科技行业的公益性信息服务机构

科技行业的公益性信息服务机构指以科技信息工作为主要业务的信息（情报）研究所等，国家层面的科技信息服务机构主要有科技部下属的中国科学技术信息研究所、工业和信息化部下属的电子科学技术情报研究所、中国人民解放军总装备部下属的中国国防科技信息中心等，此外省、市一级也设有很多地方性科技情报机构。同世界主要国家创建国家科技情报机构的时间相比，我国国家科技情报机构创建的时间是比较早的（见表12-1）。1956年，中国科学院科学情报研究所正式成立；1958年11月召开的第一次全国科技情报工作会议上，将“中国科学院科学情报研究所”改称“中国科学技术情报研究所”；1959年国家科委专门成立了科技情报局①。此后几经扩展、变化、调整，依靠各级科技管理部门的支持和自身努力，整个行业基本处于平稳发展中，形成了一个遍布全国的机构体系。90年代以来，随着互联网等信息技术的不断普及，我国科技情报行业面临信息化和网络化的挑战，20世纪50年代建立起来的科技情报体系，已经越来越难以满足互联网信息化时代国家科技发展的需要。特别是在互联网的冲击下，科技情报机构原有的文献资料馆藏职能开始逐步退出历史舞台②。随着90年代原科技部科技信息司被撤销，我国科技信息体系开始面临新一轮的职能调整。2000年，在科技部牵头下，中国科学技术信息研究所、中国科学院文献情报中心、机械工业信息研究院、冶金工业信息标准研究院、中国化工信息中心、中国农业科学院科技信息研究所、中国医学科学院科技信息研究所等7家单位联合组建的国家科技图书文献中心（NSTL），成为一个面向全国服务的共建共享信息资源联合体，科技信息体系正式开始将基于互联网信息技术手段开展虚拟信息资源整合作为未来的重要发展方向。

---

① 关家麟、张超：《我国科技信息事业发展的回顾与展望》，《情报科学》2007年第1期。

② 赵刚：《建立国家竞争情报体系：目标与原则》，《情报学报》2004年第3期。

表 12－1 主要国家科技情报机构成立时间①

国家	国家科技情报机构	成立时间
美国	国家技术情报服务中心	1945
苏联	全苏科技情报研究所	1952
中国	中国科技情报研究所	1956
日本	日本科技情报中心	1957
英国	文献提供中心（大英图书馆属下）	1962
德国	德国文献研究所	20 世纪 70 年代
法国	国家科技情报局	20 世纪 70 年代

（二）教育行业的公益性信息服务机构

教育行业的公益性信息服务机构主要包含两类。第一类是高校图书馆、档案馆等面向高校师生提供科研教学信息服务的机构。我国高等教育历来重视以图书馆为依托的教育信息服务体系建设。1999 年，教育部高等学校图书情报工作指导委员会正式成立，成为促进高等学校图书情报事业整体化建设，推进文献信息资源的共建、共知和共享的专门机构，各省份都成立了相应的高校图工委。此外，我国高等学校的教育信息服务机构的资源共享建设主要依托中国高等教育文献保障系统（CALIS）工程开展，是经国务院批准的我国高等教育“211 工程”及“九五”、“十五”总体规划中三个公共服务体系之一。第二类以中央电教馆、各省份电教馆（信息中心）等为代表，主要是面向中小学教师提供教学信息服务的公共机构。2000 年，教育部正式提出“在中小学实施‘校校通’工程”的目标，其中大量资金用于保障中央和各级中小学教育主管部门和电教馆（信息中心）开展教育信息资源体系建设。当前我国面向中小学教育的教育信息服务较为常见的提供模式是教育主管部门提供资金和技术保障，学校等教育机构负责信息服务的内容建设。目前，我国基础教育领域的公共信息服务平台主要包括国家精品课程共享系统、国家基础教育资源共建共享联盟以及面向国民教育领域的中国数字科技馆等。

（三）文化行业的公益性信息服务机构

文化行业的公益性信息服务机构以我国目前自中央以下的各省份、

① 关家麟、张超：《我国科技信息事业发展的回顾与展望》，《情报科学》2007 年第 1 期。

市、县（区）、乡镇（街道）等各级公共图书馆、文化馆、博物馆等为主，是弥补区域之间、城乡之间数字鸿沟的重要公共基础设施。2002年，由文化部牵头实施“全国文化信息资源共享工程”，旨在利用互联网和现代信息技术手段，整合图书馆、博物馆、艺术馆等文化信息资源，以数字化网络化形式为基层提供信息服务，逐步消除数字鸿沟，实现数字机遇平等。2007年3月，由新闻出版总署会同中央文明办、国家发展改革委、科技部、民政部、财政部、农业部、国家人口计生委等部委，在全国范围内实施“农家书屋”工程，推动在全国范围内各行政村建立农民自建自管、互用互助的图书、报刊、音像电子产品等一体化公共文化服务平台。这些国家级重大工程的实施推进，有力促进了文化领域的数字机遇公平，对提升面向中西部和老少边穷地区的文化公共信息服务水平发挥了重要支撑作用。

（四）卫生行业的公益性信息服务机构

我国医疗领域公益性信息服务起步较早。早在1958年，中国医学科学院情报研究室成立，标志着我国医学情报事业的正式诞生①。1959年，根据《关于建立医药科学情报机构的方案》形成了由政府主导的医疗卫生公共信息服务的集中系统管理机制。到目前为止，我国已经形成了较为完备的医疗卫生公益性信息服务体系，其以140所医学院图书馆为主体，以各类科研院所、中华医学会等图书馆为外围，以互联网信息技术为主要载体，面向全国各级各类医疗卫生和教学科研机构提供医学公共信息服务。在医疗公共信息资源共享方面，早在1992年，卫生部科教司就牵头成立了“医学期刊资源建设与共享协作组”，要求组织协调全国医疗卫生机构和科研院所的外文期刊资源共享。中国医学信息网络（China's Medical Information Network，CMINET）于1996年初步建成，CALIS全国医学文献信息中心（CALIS National Information Center in Medicine）于1998年正式成立，使得我国各级各类医疗卫生机构、高校、科研院所的文献资源和数据资源形成了较为体系化的共享保障机制。

---

① 柳晓春、涂启建：《中国医学情报事业的理论与实践——纪念中国医学情报事业诞生40周年》，《情报科学》1998年第6期。

第二节　基于经济普查数据的信息服务业产业结构分析

本小节中，笔者拟结合第二次全国经济普查重点研究课题“信息服务业发展的国际比较研究”的部分基础数据，并结合近年来国家工信部每年发布的《软件和信息技术服务业最终统计数据核实情况》等数据，对我国信息服务业产业结构进行深入分析。由于经济普查主要覆盖的是营利性机构，因此其对于第五类子行业，即公益性信息服务业的统计覆盖范围非常有限。此处在做分析时，主要针对前四个行业进行分析。

基于第二次经济普查数据，按照本书提出的信息服务业分类范围中的小类选项，对我国五类信息服务业机构进行了统计，共覆盖机构数为298814 家，其中信息传输服务业 19174 家、信息处理服务业 130302 家、信息分析与咨询业 111567 家、经纪与代理业 37229 家、公益信息服务业542 家。以下对信息服务业产业结构进行具体分析。

一　我国信息服务业企业规模分布情况

按照资产规模来划分我国信息服务业法人单位发现，我国信息服务业单位规模较小，竞争力较弱。全国信息服务业企业中，资产规模在 50 万元以下的有 22393 家，50 万到 100 万元的有 17955 家，100 万到 500 万元的有 88251 家，500 万到 1000 万元的有 61103 家，1000 万到 5000 万元的有

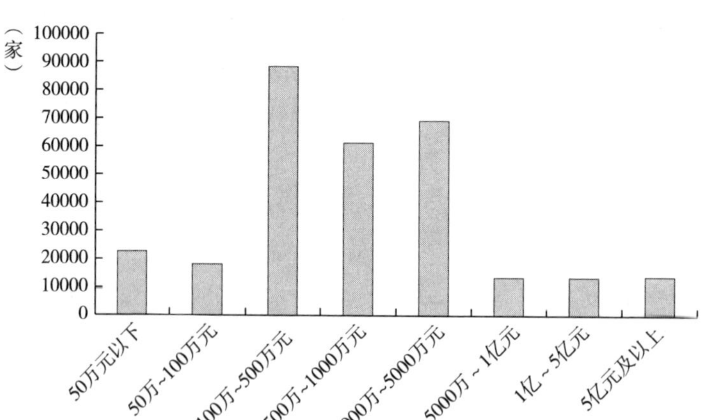

图 12－4　我国信息服务业企业资产规模分布情况

68857 家，5000 万到 1 亿元的有 13218 家，1 亿到 5 亿元的有 13189 家，5 亿元及以上的有 13808 家。我国信息服务业法人单位资产规模多集中在 100 万到 1 亿元，资产规模在 100 万到 5000 万元的法人单位占总数的 73%。

分行业横向比较来看，信息传输服务业行业规模在 1 亿元以上的大型企业占比最高，这与信息传输服务业的特殊规律有关系。因为信息传输服务业大多需要提供覆盖成千上万终端用户的信息传输网络建设、管理和运维服务，其对员工数量、服务网点数量、资产规模等要求很高，因此这一行业中出现大型企业扎堆的现象并不奇怪。

信息处理服务业呈现比较典型的“纺锤形”结构，即中等规模企业（资产规模在 500 万元以上、1 亿元以下）数量相对较多。如本书前面所分析的，信息处理服务业主要包括软件相关服务业及数字内容相关服务业两类产业。软件产业方面，近年来，我国软件产业的发展十分迅猛，出现了中软、东软、用友等国内外知名大型软件企业，企业规模开始逐步扩大。而数字内容产业方面，目前仍以中小企业居多，但网络游戏、移动出版等行业产业规模均已接近千亿元，很多大中型企业开始逐步形成，行业集中度也在不断提高。

信息分析与咨询业、经纪与代理业则呈现比较明显的金字塔结构，即小微型企业较多，中等规模企业次之，大型企业相对最少。这在很大程度上反映了我国这两个行业目前规模不大、集中度低、企业竞争力弱的问题。以信息咨询产业为例，目前我国信息咨询机构普遍存在规模偏小、组织机构简单、人才储备单薄、高端业务竞争力不足等问题。20 世纪 90 年代中后期以来，麦肯锡、波士顿、贝恩等大型跨国咨询公司大举进入我国咨询市场，在促进我国咨询业蓬勃发展的同时，也进一步限制了本土咨询机构的发展。总体而言，目前我国咨询市场在总体规模偏小的同时，中高端咨询业务被国际化大型咨询机构垄断的现象较为普遍，我国本土尚未成长出具备国际竞争能力，足以与国际化大型咨询机构相抗衡的龙头型咨询企业①。

公益性信息服务业尽管统计范围有限，但其统计结果的结构性特征依然有一定意义。我国公益性信息服务业机构规模呈现“哑铃式”特征，即小微型企业和大型企业“两头多”，而中等规模企业较少。我国公益性信

① 苏文忠：《中国咨询行业的发展现状和发展趋势分析》，http：//suwz2009. blog. sohu. com/175620739. html. 2012. 5. 1。

息服务机构主要集中在科、教、文、卫四个行业，大部分为国企性质或事业单位性质的机构，这些机构的规模一般比较大。近年来，大量非政府组织（NGO）不断兴起，也承担了较多公益性信息服务的职能，这些机构的规模则一般比较小。

五类信息服务业机构规模的分布情况如图 12 - 5 所示。

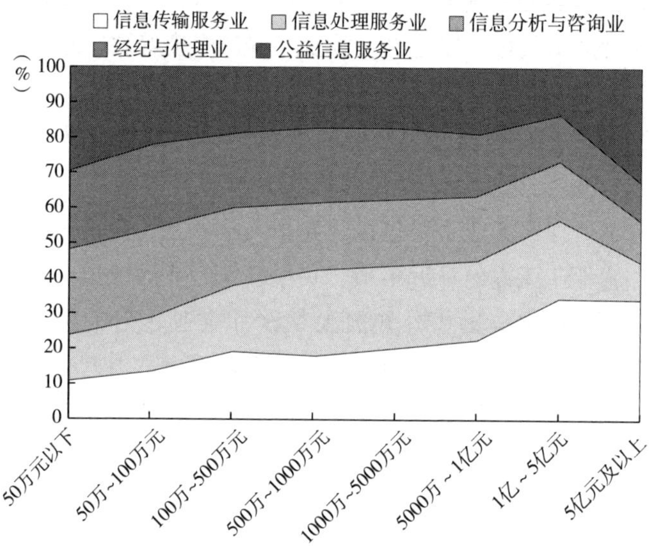

图 12 - 5 五类信息服务业机构规模的分布情况

二 内外资企业分布情况

所有信息服务业机构中，港澳台投资企业 3700 家，外商投资企业 7668 家，其他均为内资机构。内资单位占信息服务业单位数的 96.2%，港澳台投资以及外商投资只占总数的 3.8%。

从行业细分来看，港澳台投资以及外商投资的信息服务业机构较多集中于信息分析与咨询业，占比为 44.22%，高出内资企业中信息分析与咨询业占比（37.06%）约 7 个百分点（见表 12 - 2）。西方发达国家的发展经验表明，信息分析与咨询业是信息服务业中附加值最高的产业，被称为“IT 链条利润最丰美”的一环①，而相比外国，我国本地化信息咨询企业

① 《本土 IT 咨询：守望或绝望》［EB/OL］，http://tech.sina.com.cn/it/2009 - 06 - 08/09523158048.shtml。

不仅数量不足，企业规模和盈利能力也有很大差距，值得引起社会各界高度重视。

表 12－2　内外资企业中五类子行业分布情况对比

单位：%

大类	信息传输服务业	信息处理服务业	信息分析与咨询业	经纪与代理业	公益信息服务业
内资	6.39	43.58	37.06	12.77	0.19
港澳台及外商投资	7.01	44.29	44.22	4.47	0.01

三　信息服务业企业控股分布情况

从企业控股情况来看，我国信息服务业法人单位企业中，国有控股的有 13437 个，集体控股的有 7145 个，私人控股的有 233067 个；信息服务业法人单位企业私人控股类所占比例最高，约为 79%，国有控股和集体控股的分别占 5% 和 2%。

分行业来看，信息传输服务业相对而言国有控股比例最高。如前所述，我国信息传输服务业大多属于为千家万户提供信息传输服务的基础性、战略性服务资源，如固定通信服务、蜂窝移动通信、卫星通信、无线寻呼、网络接入、通信基础设施运维等，历史上我国承担信息传输服务的企业很多具有国资控股背景，如中国移动、中国电信、中国联通等。

信息处理服务业的私人控股比例最高。近年来，我国各地大力支持软件产业和数字内容产业发展，这两个行业也是民营资本进入最多、市场化程度最高的产业。很多近年来涌现的大型互联网公司和游戏动漫等数字内容企业均为民营控股企业。

经纪与代理业中，集体控股企业居多。这也与这一行业的特征有关，很多经纪与代理业，如贸易经纪、证券经纪、知识产权服务、职业中介、会议会展服务、科技中介等经纪与代理服务业大多是地方政府出资成立，面向本地区提供带有一定公共性质的民生服务。因此，我国各地大量经纪与代理企业均属于集体控股企业。

四类信息服务业子行业的控股性质分布情况如图 12－6 所示。

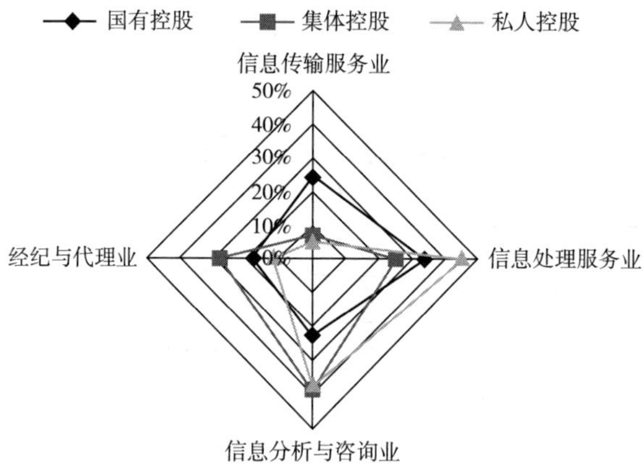

图 12－6　四类信息服务业子行业的控股性质分布情况

四　信息服务业企业人才结构情况

从信息服务业从业人员学历分布来看，我国信息服务业从业人数共885025 人，其中具有研究生及以上学历人员 112559 人，具有大学本科学历人员 208435 人，具有大专学历人员 248573 人，具有高中学历人员198290 人，具有初中及以下学历人员 117168 人，各个学历段各自占从业人数的 12.72%、23.55%、28.09%、22.41%、13.24%，其中具有专科学历以上的占总数的 64.36%（见图 12－7）。可见目前我国从事信息服务业人员学历水平较高，属于人才密集型产业。

分行业看，五大行业中，信息分析与咨询业、信息处理服务业两类产业的大专、本科及以上学历人员占比较高，说明这两个行业对于从业人员的知识背景和教育水平具有比较高的要求。相比之下，公益信息服务业、信息传输服务业、经纪与代理业的从业人员中，高中学历及以下人员占比较高，说明这三个行业的从业人员素质有待进一步提升。

从员工人均薪酬看，信息服务业从业人员平均工资福利费用为 46290元/年。其中信息传输服务业年薪为 52784 元，信息处理服务业年薪为53295 元，信息分析与咨询业为 43212 元，经纪与代理业为 30390 元，公益信息服务业为 25016 元。这其中，信息传输服务业人员学历水平较低，而人均薪酬较高；信息分析与咨询业则刚好相反，从业人员学历较高，但人均薪酬较低。这一现象与信息传输服务业国资控股背景企业占比较多、行业垄断性较强有直接关系。另外，我国信息分析与咨询业目前行业规模

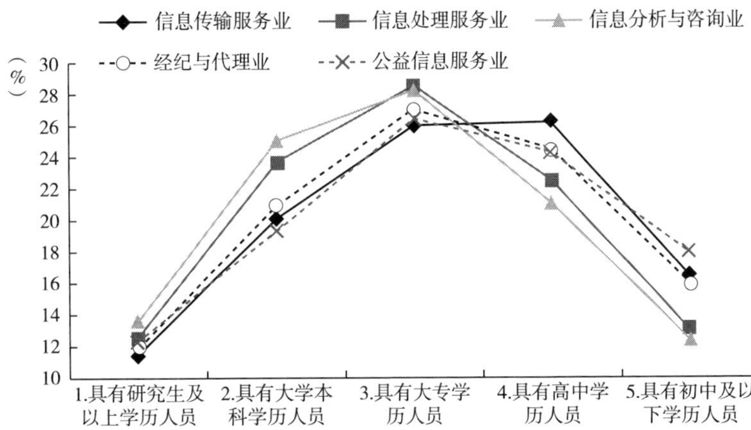

图 12-7 信息服务业从业人员学历分布情况

偏小、竞争力不足、业务层级低下等问题，导致行业从业人员学历水平与薪资水平出现“倒挂”现象，也需要引起我们的高度关注。

五 信息服务业单位经营状况

从机构平均主营业务利润来看，目前我国信息传输服务业的机构平均主营业务利润远远高于其他子行业，这五个行业的机构平均利润值分别是信息传输服务业 18711.4420 千元，信息处理服务业 1766.2411 千元，信息分析与咨询业 974.6225 千元，经纪与代理业 1122.4349 千元，公益信息服务业 574.0926 千元（见表 12-3）。

表 12-3 信息服务业企业财务指标分布

单位：个，千元，人

大类	信息传输服务业	信息处理服务业	信息分析与咨询业	经纪与代理业	公益信息服务业	总计
机构数	18631	125496	106460	35663	486	286736
固定资产原价	2338258329	213309490	96108613	65112304	694067	2713482803
营业收入	1000200492	726153122	230949390	145008883	803061	2103114948
营业成本	484565305	453789127	106692644	97352300	456397	1142855773
营业税金	29800459	20020291	10631914	4079440	25622	64557726

续表

大类	信息传输服务业	信息处理服务业	信息分析与咨询业	经纪与代理业	公益信息服务业	总计
主营业务利润	348612876	221656199	103758307	40029395	279009	714335786
其他业务利润	4250308	8404517	1804057	763232	16317	15238431
职工工资和福利费	76166873	104499695	47540838	37430566	153949	265791921
从业人员人数	1442993	1960784	1100173	1231660	6154	5741764

第十三章　我国信息服务业产业布局分析

第一节　我国信息服务业分布的基本格局分析

结合第二次经济普查对我国信息服务业机构法人的调查数据，从区域分布上看，我国信息服务业大部分企业均集中在东部沿海发达地区，信息服务业法人单位数最多的是北京、上海、广东、江苏、浙江五个省市，土地面积占全国的 4.2%，人口约占 17%，但其聚集的信息服务业法人单位占到全国的 52.7%。北京的信息服务业法人单位数最多，共 45423 个；其次是上海市和广东省，都超过了 3 万个，分别是 34384 个和 33887 个；排在最后三位的分别是西藏自治区、青海省以及宁夏回族自治区，法人单位数分别是 131 个、443 个、770 个，这三个省份各自的信息服务业法人单位都没有超过 1000 个。可见，我国信息服务业区域发展不均衡现象非常突出，在 31 个省区市中，信息服务业法人单位最多的五个省市（北京、上海、广东、江苏、山东/浙江）的平均机构数量是最少的五个省区（海南、甘肃、宁夏、青海、西藏）平均机构数的 33.5 倍（见表 13－1）。一般来说，落后地区信息服务业企业的平均规模一般会小于发达地区，由此如果从信息服务业的产值角度来衡量，则我国信息服务业发展的区域不均衡现象将更加严重。

表 13－1　信息服务业及其四大子行业法人单位数的分省份比较

单位：个

省份	信息传输服务业	信息处理服务业	信息分析与咨询业	经纪与代理业	信息服务业
北京市	2308	19090	18388	5529	45423
上海市	810	13420	16305	3802	34384
广东省	2267	15344	13968	2272	33887
江苏省	883	10413	7987	3815	23109

续表

省份	信息传输服务业	信息处理服务业	信息分析与咨询业	经纪与代理业	信息服务业
山东省	1426	8698	8163	2189	20589
浙江省	832	9998	7851	1839	20589
辽宁省	783	6803	6295	2141	16046
湖北省	984	4105	2948	918	8972
福建省	652	4146	3234	824	8878
四川省	846	3907	3042	1046	8843
重庆市	857	3079	2336	686	6959
天津市	249	2750	3086	649	6748
河南省	354	2802	2864	576	6607
安徽省	638	2685	1847	888	6062
黑龙江省	381	2699	2182	700	5966
河北省	366	2027	1910	512	4823
湖南省	455	2268	1643	398	4766
吉林省	430	2159	1533	479	4611
广西壮族自治区	652	1967	1323	403	4349
云南省	269	1879	1682	406	4237
陕西省	381	2033	1155	435	4004
山西省	523	1551	1329	267	3670
内蒙古自治区	259	1431	1069	368	3127
新疆维吾尔自治区	399	1145	1129	385	3058
江西省	292	1151	773	216	2435
贵州省	318	807	625	191	1941
海南省	99	725	640	270	1738
甘肃省	292	630	522	175	1619
宁夏回族自治区	57	384	211	118	770
青海省	64	164	150	65	443
西藏自治区	48	42	37	4	131

分行业来看，我国信息服务业各子行业产业基本为东部沿海强而中西部较薄弱的大格局。具体到子行业而言，信息传输服务业中，中西部地区的湖北、重庆、四川、新疆四省区市相对较强，这与信息传输服务业以传统国企为主、中西部地区很大程度上承接了过去计划经济时代的电信产业

底子有关。相比之下，长三角区域的浙江省信息传输服务业相比其他产业而言较弱，这也与浙江省信息产业结构中民营经济占主导地位有很大关系。

此外，陕西、湖南的信息处理服务业也在中西部地区成为一个亮点。信息服务业是一个对智力和人才要求较高的行业，陕西、湖南省都是我国中西部地区的教育科研重镇，拥有西安交通大学、湖南大学、中南大学、西安电子科技大学等一批重点院校和科研院所。这些高校、科研院所为信息服务业发展提供了大量高素质且成本相对低廉的劳动力，因此对于其软件产业发展具有较强带动作用。

第二节　我国信息服务业形成的产业聚集区分析

从机构法人数量分布来看，总体而言我国信息服务业基本形成了长三角、珠三角和京津冀三大产业聚集区。在中国改革开放 40 多年的进程中，长三角、珠三角和京津冀三大都市圈集中了我国计算制造业 96% 以上的生产能力[①]。但随着计算制造业成熟期的到来，行业整体呈现越来越明显的微利化趋势；与之相比，信息服务业受益于当前应用日益广泛的新一代信息技术和传统产业转型升级大趋势，其依托不同行业领域的产业集聚效应和融合发展态势日益明显，呈现极大的发展活力。在这一进程中，我国东中西部不同区域产业结构和区域资源禀赋的差异性，使得不同经济区域的信息服务业产业结构和转型升级方向各具特色。近年来，很多研究者开始关注我国几大经济聚集区的信息服务业比较研究问题。如陈倩、郭斌系统分析比较了京津冀信息服务业产业集群和以上海为核心的长三角集群、以深圳为核心的珠三角集群的发展情况，并重点从专业化程度、结构差异、基础化环境、科研投入和创新能力等方面进行了量化分析[②]。除东部沿海长三角、珠三角、环渤海三大区域外，中西部地区四川、重庆两地组成的成渝经济区信息服务业发展相对也较为强势。

这其中，长三角区域内科教资源十分丰富，校企科研合作活跃，信息

① 丁玲华：《基于产业布局视角的信息服务业发展模式研究》，《当代经济管理》2011 年第 6 期。

② 陈倩、郭斌：《京津冀、长三角、珠三角信息服务业发展的比较研究》，经济管理出版社，2016。

服务业产业链条完整，区域互补性强，是我国最重要的信息服务业聚集区，涌现出阿里巴巴、美团等一批知名互联网信息服务企业；珠三角地区依托其紧邻港澳的特殊区位，在改革开放 40 多年间，充分发挥劳动力成本低的比较优势，以招商引资和加工贸易为突破口，形成了特色鲜明的信息服务业产业集群，并涌现出腾讯、华为、中兴、大疆等一批具有核心技术竞争力的信息服务企业；环渤海地区以北京和天津为双核心的信息服务业聚集区在国内综合实力和技术创新能力最强，区域内国家级科研院所和高校云集，高素质劳动力资源十分丰富，产业集聚效应明显，目前全国规模最大的百家软件企业中有 1/4 集中在北京；中西部地区的成渝两地，凭借成都地区高新技术产业集聚、信息化类专业人才集聚程度高，以及重庆地区集成电路、智能网联汽车等核心产业发展优势，近年来正在信息服务业集聚方面异军突起，形成了较强的比较优势。

具体分析长三角、珠三角、环渤海和成渝经济区这四大信息服务业产业聚集区的产业结构差异性可以看出：长三角、珠三角、环渤海三大产业聚集区的产业分布结构高度相似，相比较而言，珠三角地区在经纪与代理业方面略弱，长三角地区在信息传输服务业方面略弱一点。这说明我国东部沿海地区信息服务业发展差异化程度较低，同质化竞争现象较为突出（见图 13 - 1）。当前我国各地方“各自为政”和“行政分割”现象依然较为严重，各地方政府从各自利益出发，为了打造地方“名牌”和吸引外资，盲目地制定各种优惠政策，造成许多低水平的重复建设和规模攀比，从而导致各地区之间不能形成有效的互动和合作，反而构成相互竞争的关系①。

再举例而言，在我国各省份“十五”“十一五”“十二五”国民经济和社会发展规划中，各省份对于信息服务业热点的表述同样存在高度雷同的问题，如 61% 的省区市在“十五”规划中均提出要大力发展网络接入服务和网络信息服务业，40% 的省区市在“十一五”规划中将电子商务作为本地信息服务业发展的重点领域。这种低水平重复建设，不但忽视了本地区的特色优势，没有形成互补优势和差异化竞争，而且容易导致地方之间“一窝蜂”式上马项目、导致产能过剩和恶性竞争。与东部沿海地区相比，地处中西部的成渝经济区信息服务业则在传统的信息传输服务业领域较强，而在附加值较高的信息分析与咨询业领域发展较弱，这说明我国中

① 吴倍丽：《福建省信息产业布局问题研究》，福州大学硕士学位论文，2011。

西部信息服务业产业结构还存在较大优化空间。

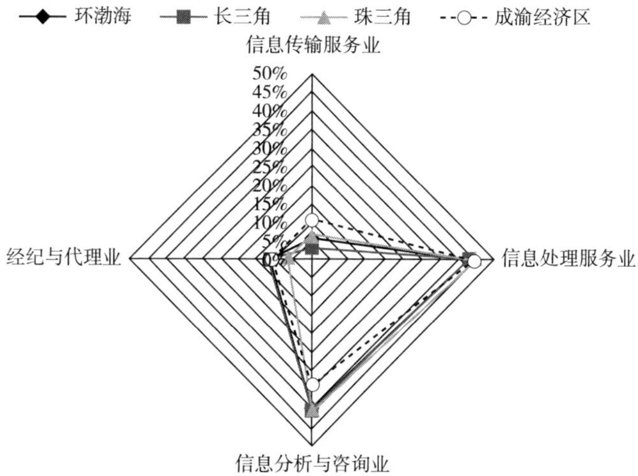

图 13－1　四个产业聚集区信息行业分布情况对比

2014 年 12 月 16 日，第三次全国经济普查结果公布，此次普查没有提供细分到国民经济统计行业小类的数据，因此无法像第二次经济普查那样进行五大行业的横向比对研究。但第三次经济普查专门提供了“信息传输、软件和信息技术服务业”这一门类的统计数据情况，实际上涵盖了信息传输服务业、信息处理服务业的全部和信息分析与咨询业的大部分，对该门类的统计可以在一定程度上对我们此前统计的第二次经济普查数据做一个验证。

基于此，我们就第二次经济普查各省份信息传输服务业、信息处理服务业和信息分析与咨询业的法人单位数和第三次经济普查中各省份信息传输、软件和信息技术服务业的法人单位数进行了比对。结果如表 13－2 所示。

表 13－2　第二次与第三次经济普查信息服务业各省法人单位数比对

单位：个，%

省份	二经普单位数	三经普单位数	二经普排名	三经普排名	排名变化情况	法人单位数增长率
北京	39786	47608	1	1	0	19.66
广东	31579	27126	2	2	0	－14.10
江苏	19283	21460	4	3	1	11.29

续表

省份	二经普单位数	三经普单位数	二经普排名	三经普排名	排名变化情况	法人单位数增长率
浙江	18681	16505	5	4	1	-11.65
上海	30535	14045	3	5	-2	-54.00
山东	18287	10079	6	6	0	-44.88
辽宁	13881	8724	7	7	0	-37.15
天津	6085	7844	12	8	4	28.91
湖北	8037	7728	8	9	-1	-3.84
福建	8032	6636	9	10	-1	-17.38
安徽	5170	6130	15	11	4	18.57
重庆	6272	5775	11	12	-1	-7.92
湖南	4366	5672	16	13	3	29.91
四川	7795	5120	10	14	-4	-34.32
河南	6020	4809	13	15	-2	-20.12
河北	4303	4211	17	16	1	-2.14
陕西	3569	3694	21	17	4	3.50
云南	3830	3433	20	18	2	-10.37
黑龙江	5262	2703	14	19	-5	-48.63
广西	3942	2546	19	20	-1	-35.41
江西	2216	2506	25	21	4	13.09
吉林	4122	2399	18	22	-4	-41.80
内蒙古	2759	1869	23	23	0	-32.26
山西	3403	1744	22	24	-2	-48.75
新疆	2673	1490	24	25	-1	-44.26
贵州	1750	1410	26	26	0	-19.43
甘肃	1444	1047	28	27	1	-27.49
海南	1464	855	27	28	-1	-41.60
宁夏	652	422	29	29	0	-35.28
青海	378	373	30	30	0	-1.32
西藏	127	144	31	31	0	13.39

从表13-2可以看出，从第二次经济普查到第三次经济普查，各省份信息服务业聚集度总体没有太大变化，长三角、珠三角和环渤海区域依然

是信息服务业高度聚集的三大区域。

但具体到省份而言，湖南、天津、北京、安徽、江西、江苏等省份信息服务业法人单位数在过去五年间有了较大增长，而上海、山西、黑龙江、山东、新疆、吉林、海南、辽宁、广西、宁夏等省份信息服务业法人单位数则有较大下滑。此处需要说明的是，由于第二次经济普查和第三次经济普查统计口径的差异，绝对数字的对比意义不大，但数字相对变化的趋势则有一定的代表性。

值得注意的是，“十二五”期间，尽管我国三大信息服务业聚集地的总体情况没有发生变化，但在环渤海和长三角这两大涉及多个行政单位的信息服务业重点聚集区，却呈现两种不同的结构性发展态势。

在环渤海区域，存在信息服务业进一步向北京、天津集中的态势，北京市信息服务业法人单位数量在环渤海地区五省市（北京、天津、河北、辽宁、山东）的占比从“二经普”期间的48.32%上升到“三经普”期间的60.67%。这一方面说明北京、天津两地信息服务业近年来确实取得了长足进步，但也说明环渤海产业均衡化发展程度不但没有明显提升，反而在一定程度上有所下降。

与之相比，在长三角区域，则存在信息服务业从上海疏散到江苏、浙江、安徽等地的趋势，上海市信息服务业法人单位数量在长三角地区（上海、江苏、浙江）的占比从“二经普”期间的44.58%下降到“三经普”期间的27.00%（见图13－2）。这说明上海市在产业反哺长三角区域方面取得了长足进步，带动了长三角地区苏州、无锡、常州、杭州、宁波等一大批二、三线城市信息服务业的飞速发展，但也需要注意上海本身实体经济发展相对滞后甚至出现“空心化”等问题。

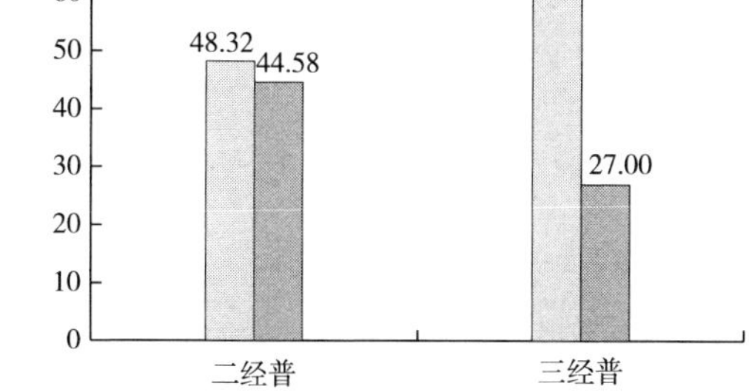

图13－2 北京、上海两地在环渤海区域和长三角区域信息服务业中的占比变化

第三节 我国各省份消费型信息服务业需求潜力分析

借鉴本书前文所提到的面向最终消费者的消费型（Consumer - oriented）信息服务业新业态的概念，笔者将面向最终消费者的信息服务业称为消费型信息服务业。五类信息服务业子行业中，消费型信息服务业均占据了很大一部分。如信息传输服务业和公益信息服务业大部分均为面向最终消费者的消费型信息服务，信息处理服务业中的图书出版、数字内容产业，经纪与代理业中的房地产中介、职业中介等也均属于消费型信息服务业。消费型信息服务业的需求潜力取决于最终消费者，本小节中，拟运用互联网大数据的分析手段，基于搜索引擎用户搜索数据对我国各省份信息服务业的需求潜力进行横向比较分析。

搜索引擎是互联网用户查找信息的首选途径，因此对搜索引擎用户搜索关键词的分析，是了解互联网用户真实需求的一个重要渠道。目前，百度和360是中国搜索引擎市场排名第一、第二的两大搜索引擎服务提供商，两家均有搜索指数数据可供公开查询，后续可以整合这两家搜索引擎服务供应商的搜索指数数据开展宏观经济监测预测。搜索指数数据的优点，是能够全面反映互联网用户方方面面的需求信息，而不像电商等网站只能分析用户的某一方面经济行为。但其缺点则是无法精确判断搜索用户的真实意图，同时也难以监控这些用户后续的购买交易等行为。

在利用网络搜索引擎提供的数据方面，Ettredge等①很早尝试利用网络搜索数据来预测美国的失业率。他分析了World Tracker列出的500个常用关键词和美国失业率之间的关系，发现与失业相关的搜索数据和美国官方发布的失业率之间存在显著的正相关。崔玄英和瓦里安②根据Google Trends提供的“就业”和“失业与救济”目录进行搜索查询，并用查询结果预测美国失业津贴的初始索赔情况。他们发现，通过加入查询结果变量，标准回归预测模型无论在模型拟合度还是平均绝对误差上都得到显著

---

① Michael Ettredge, et al. Using Web - based Search Data to Predict Macroeconomic Statistics ［J］. Communications for the ACM, 2005, 8 (11): 87 - 92.

② H. Choi, H. Varian. Predicting Initial Claims for Unemployment Benefits ［J］. Social Science Electronic Publishing, 2009.

提高和改善。崔玄英和瓦里安①还专门写了一篇介绍如何利用 Google Trends 来预测当下经济活动的文章。他们认为，经济学家、投资人、财经记者每月都在关注政府发布的经济运行情况，但这些结果的发布普遍滞后，这个月的数据往往要等到下个月中旬才能发布，而 Google Trends 每天都在产生大量与经济发展相关的查询结果，而这些查询结果与当下的经济活动之间必然存在不容忽视的关系，或许可以对预测当下的经济活动起到非常重要的作用。在此基础上，他们举例说明了如何利用 Google Trends 预测美国零售业、汽车、住房和旅游销售情况。Bughin 等②利用 Google Insights for Search 预测了比利时的宏观经济先行指标——零售业销售和失业情况。结果发现，查询数据对预测比利时的宏观经济波动有非常好的解释能力，比利时从 2004 年到 2011 年经济波动的 16% ~46% 可以通过搜索查询的结果来解释。现在，越来越多的研究在利用 Google Trends 进行经济监测和预测，除了失业率、汽车销量以外，Google Trends 还被应用到房地产③、旅游④、零售业⑤、个人消费⑥等诸多可以反映宏观经济活动的领域。除了美国外，D'Amuri 等人⑦和 Suhoy⑧ 分别通过网络搜索引擎提供的数据预测了以色列、德国和意大利的失业情况，Carrière - Swallow 等⑨运用同样的方法成功预测了智利等国家的汽车销量。已有的大部分研究都表明，加入 Google Trends 的搜索结果数据，可以显著提高模型的预测能力。

本小节中，拟借鉴国外已有成功做法，基于网民搜索数据对我国各省

① H. Choi, H. Varian. Predicting the Present with Google Trends [J] . Economic Record, 2012, 88 (Supplement): 2 - 9.

② Bughin, Jacques, Livingston, John, Marwaha, and Sam. Seizing the Potential of "Big Data " [J] . McKinsey Quarterly , 2011 , (4) .

③ H. Choi, Predicting Initial Claims for Unemployment Benefits [J] . Social Science Electronic Publishing, 2009.

④ H. Choi, H. Varian, Predicting the Present with Google Trends [J] . Economic Record, 2012, 88 (Supplement): 2 - 9.

⑤ Bughin , Jacques , Livingston , John , Marwaha , and Sam. Seizing the Potential of "Big Data " [J] . McKinsey Quarterly , 2011 , (4) .

⑥ Simeon Vosen, Torsten Schmidt. A Monthly Consumption Indicator for Germany based on Internet Search Query Data [J] . Applied Economics Letters, 2012, 19 (7): 683 - 687.

⑦ F. D'Amuri, J. Marcucci, Google It! 'Forecasting the US Unemployment Rate with A Google Job Search Index [J] . Mpra Paper, 2009.

⑧ T. Suhoy, Query Indices and a 2008 Downturn: Israeli Data [J] . 2009.

⑨ C. S. Yan, F. Labbé, Nowcasting with Google Trends in an Emerging Market [J] . Journal of Forecasting, 2013, 32 (4): 289 - 298.

区市用户信息服务需求进行分析。具体做法，是构建了一个包含 9542 个信息服务消费的相关搜索关键词的集合，对互联网用户在百度、360 等主流搜索引擎上自 2013 年 1 月 1 日至 2015 年 3 月 31 日搜索这些信息服务消费相关关键词的网民逐日搜索数据进行采集。信息服务消费能力和信息服务消费需求是影响信息服务消费行为的两个最重要指标，我们使用各省份人均 GDP 水平来表征当地居民信息服务消费能力。以各省份网民信息服务消费需求（百万次）为横轴，各省份人均 GDP（万元）为纵轴（见图 13－3），对比各省区市居民信息服务消费能力和信息服务消费需求发现：各省份居民信息消费特征可以大致划分为四种类型，具体如下。

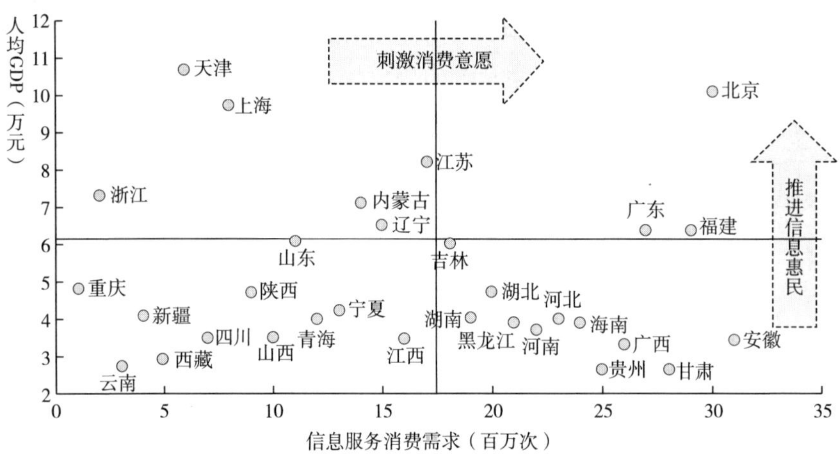

图 13－3　各省信息服务消费能力和消费需求分布

一是信息服务消费需求旺盛、消费能力较强的“双高型”（第一象限）。如北京、福建、广东等，该类型地区是现阶段信息服务消费的热点地区，应着力改善当地信息服务消费环境，规范信息服务市场秩序，提高网民信息服务消费满意度，切实保障信息服务消费需求转化为消费行为。同时值得注意的是，目前该类型省份数量相对较少，应促进更多省份向“双高型”转变，培育新兴的信息服务消费热点地区。

二是信息服务消费需求不振、消费能力较强的“弱需求型”（第二象限）。如天津、上海、浙江等，该类型省份经济社会发展水平较高，居民可支配收入高，具有较强的信息服务消费潜力。后续需采取有针对性的刺激措施，增强这些地方的信息产品供给能力，拓展新兴信息服务业态，丰富信息消费内容，增强消费意愿。

三是信息服务消费需求强烈但信息服务消费能力不足的“弱能力型”（第四象限）。如安徽、甘肃、广西等，该类型区域的实际消费能力难以满足信息服务消费需求，应着力提升公共服务信息化水平，加快实施信息惠民工程，推广质优价廉的信息服务消费品种。同时应在稳定消费预期的基础上，多渠道增加城乡居民收入，提高信息服务消费能力。

四是信息服务消费需求较弱、信息服务消费能力不强的“双低型”（第三象限）。如重庆、云南、新疆等，该类型省份人均 GDP 较落后，信息服务消费需求不旺，应优先加快区域经济发展，完善信息服务基础设施建设，提升宽带普及率，为下一阶段促进信息服务消费打下坚实基础。

第十四章　我国信息服务业产业关联分析

当前，信息服务业已成为关系国民经济、社会发展和国家安全的基础性、战略性产业，是国家信息化建设和传统产业改造的重要保障。作为由工业社会经信息社会向知识社会转变过程中拉动产业升级和经济发展的前导性产业，信息服务业已经成为区域经济社会转型的起点①。产业关联是现代产业经济研究中的一个重要概念，是指在经济活动中，各产业之间存在广泛的、复杂的和密切的技术经济联系。信息服务业作为当前我国国民经济的重要行业，与很多产业，如信息产业、研发产业、创意产业、金融业、制造业等均具有很强的关联特性。“十三五”乃至未来更长一段时期内，我国面临提升城市功能、推动产业升级、提升工业化与信息化的融合和协调程度等一系列战略任务，其中信息服务业将发挥重要的引导和带动作用。因此，深入分析信息服务业产业关联模式及其演进特征，对于推动我国现代信息服务业的良性健康发展、促进产业转型升级、提升产业竞争力具有很好的指导意义②。

本章从分析现代信息服务业发挥作用的层次入手，归纳了不同功能层次下信息服务业产业联动的基本模式，并结合工业化进程的不同阶段，进一步分析了不同阶段下信息服务业产业关联模式的演化路径，并就我国现阶段信息服务业的产业关联现象开展实证研究。

第一节　信息服务业产业关联的层次模型

信息服务业是现代服务业的重要门类之一，2013 年国家统计局最新

---

① 陈建龙、王建冬、刘金钟：《信息服务业中美差距有多大》，《数据》2011 年第 2 期。

② 童楠楠、孙静、王建冬：《我国信息服务业产业关联模式的实证分析》，《现代情报》2016 年第 6 期。

颁布的高技术产业（服务业）分类标准①中，将信息服务业列为高技术服务业的9大类之一。信息服务业和国民经济各行业均具有密切联系②，其产业关联的范围十分广泛。从信息服务业产业功能作用层次的角度，可以从三个层面对信息服务业产业管理加以分析。如图14-1所示。

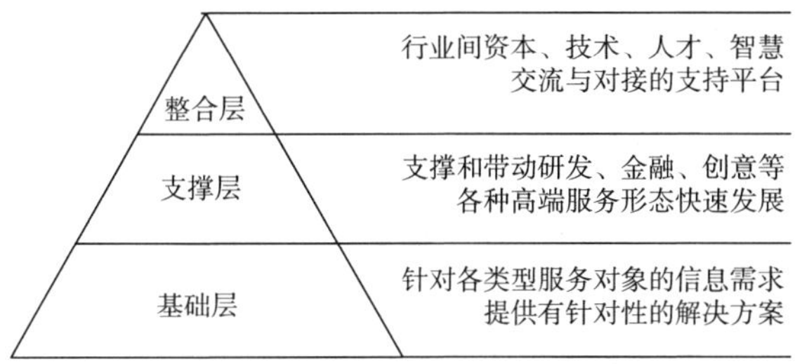

图14-1　信息服务业的基本功能模型

一　基础层

信息服务业可以为不同类型的产业实体提供有针对性的解决方案，满足其产业经营管理过程中的信息需求，这是信息服务业的基本功能。目前，信息服务业已成为一门典型的生产性服务业③，其服务对象可以包括个人、企业、机构、行业和区域等各类主体。通过对信息的收集、整理、加工和提供使用，信息服务可以满足企业客户在市场调研、创意生成、产品设计、研发生产、推广销售等各环节中所产生的信息需求，有效消除企业生产和运营中存在的信息不充分现象，促进生产效率和经济效益的提高。在公共管理领域，通过对公共信息的收集、整理和发布，不但可以实现政府内部信息资源的有效管理，提高政府工作效率；还可以借助于信息公开等方式，提高公众对于政府工作的认知度和监督能力，提升政府服务质量和整体形象。

在基础功能层面，信息服务业的产业关联模式主要表现为对其他产业资源的利用和吸收。现代工业社会中，通过建立以高新技术为支撑的全新工业体系，可以为国民经济各部门的信息化提供坚实的物质基础，推动信

① http://www.stats.gov.cn/tjsj/tjbz/201310/P020131021348402595800.pdf.

② 陈建龙、王建冬：《我国地方政府信息服务业发展模式和热点领域分析》，《图书情报工作》2009年第24期。

③ 陈宪等编《中国服务经济报告2008》，经济管理出版社，2008。

息化更快发展。近半个多世纪，尤其是计算机和网络兴起的三十年来，世界各国高度重视信息和信息技术对于提升和改造人类经济社会发展形态的战略性作用，国民经济各行业对于信息服务业的投入比重逐年增加。但从短期来看，这种相关产业对于信息服务业的单向投入并不会见到明显和直接的成效。正因如此，自 20 世纪 80 年代末，以美国摩根士丹利首席经济学家 Steven Roach① 等为代表的一批经济学者提出所谓“信息技术的生产率悖论”（Productivity Paradox）。从产业关联的角度分析，就是在 20 世纪 90 年代之前，国民经济各行业对于信息服务业及其相关产业的单向投入并没有获得预期回报。换句话说，在基础功能层面，信息服务业的产业关联模式以相关产业流向信息服务业的单向关联，即前向关联模式为主。但这种关联模式占据主流地位的情况并没有持续很久，到 20 世纪 90 年代中期，关于信息技术的生产率悖论的质疑已经基本销声匿迹，这从一个侧面证明了信息服务业的双向关联，即支撑功能层和整合功能层的关联模式已经开始正式形成，并占据行业主导地位。

二　支撑层

信息服务业可以有效带动和促进其他服务业的发展，并实现不同端口与平台的对接，促进跨行业资源的有效整合并发挥其最大效用。在前信息时代，产业的发展主要依靠产业聚集所带来的配套和规模效应；而在信息时代，产业的发展则需要强调产业链组团效应，需要借助不同业态间的横向联系，实现跨组织、跨行业的价值链层面的有效互动与异构整合。信息技术将逐渐改变经济活动的资源流动模式，传统产业联动中物质流主导信息流的格局正逐步扭转，信息流、知识流在服务经济运行过程中越来越起着决定性作用。因此，未来的服务经济活动，更加强调将信息服务、研发服务、创意服务、金融服务等不同服务形态集成到服务链的不同环节，并促进各环节间的互动。而研发服务、金融服务、创意服务等各种高端服务形态都需要在信息服务的有效支撑和带动下实现资本和科技、智慧的结合，实现内外部创新资源的对接与整合。

在支撑功能层面，信息服务业所发挥的行业支撑作用来源于信息技术

① Steven Roach. America's Technology Dilemma: A Profile of the Information Economy. Economics Newsletter Series, 1987, p. 22.

作为一种典型的通用目的技术（General Purpose Technologies，GPTs）[①] 所具有的技术经济特性。信息技术通过与传统技术的结合，在国民经济各个领域能够产生更强的关联和带动效应，使得传统工业、农业和服务业的生产方式与组织形态发生变革，不断创造新的经济增长点、衍生新的产业形态，从而有效地提高经济增长的质量和效益并推动国民经济行业各部门的转型升级。支撑层面的信息服务业具有高渗透性的基本特点，因此具有较好的关联效应，能带动相关产业的发展，形成新的产业生长点和产业竞争优势，并且推动整个产业结构的优化[②]。尽管现代信息服务业在支撑功能层面上与其他产业关联性较强的特性得到了学者的共识[③]，但在产业发展的具体实践中，由于信息服务业发展同时涉及信息产业、广电、影视、通信、文化、流通等众多领域及其相关管理部门，各部门之间缺乏有效的沟通和紧密配合，并在信息资源的互通共享和开发利用上形成严重的部门壁垒，导致现代信息服务业在产业发展和政策制定上缺乏总体规划和统一部署，总体发展定位不清晰，难以形成信息社会化服务的明确目标和实现路径，在很大程度上制约了现代信息服务业发展及其对周边产业的联动效应的充分发挥[④]。

三　整合层

在服务经济时代的现代服务业格局中，信息服务业不但是支撑和促进其他服务业发展的基础性和前导性产业，成为促进企业融资投资、技术创新、人才流动、创意产生的重要基础，还将成为行业间资本、技术、人才、智慧交流与对接的支持平台。为达到这一目的，信息服务商需要具备对企业价值链进行有效分析和管理的能力，并提供与企业经营和生产各环节紧密契合的全套解决方案。因此，在未来，信息服务业与管理咨询业、信息制造业、软件开发业等将不断融合。近年来，包括 IBM、EDS 和埃森哲在内的一批世界顶级的 IT 服务公司大力发展咨询业务。与此同时，一

① T. F. Bresnahan，Trajtenberg M. General Purpose Technologies：Engines of Growth. Journal of Econometrics，1995，65（1），pp. 83 - 108.

② 冯梅、陈志楣著《北京信息服务业发展问题研究》，经济科学出版社，2007，第 86 页。

③ 江泽民著《论中国信息技术产业发展》，上海交通大学出版社、中央文献出版社，2009，第 15 页。

④ 张文献、陈海权编著《广东生产性服务业发展研究报告》，经济科学出版社，2009，第 79 页。

些传统的咨询公司也全力开拓信息服务市场，最典型的案例就是毕博改造为解决方案提供商、系统集成商和世界级企业管理软件开发商。在未来，有效整合信息、资金、人才、技术和创意等多种资源，通过固定长期合作的方式，提供与客户生产和市场活动密切结合的个性化全程信息服务将成为现代信息服务业的重要发展方向。

从产业价值链的角度来说，整合功能层面的信息服务业关联效应，是一种相比一般的产业管理更加深刻、与企业生产经营全过程结合得更加密切的形式。这种产业关联模式的出现，同样与信息技术的广泛应用，以及知识经济的兴起具有密切关系。首先，新一代信息技术的广泛应用，对于企业生产经营模式和产业交易模式产生了深远影响，特别是生产环节和知识服务外包成本的大幅度下降，使得大量新兴领域的产业呈现垂直一体化的特征，促使现代企业边界呈现松散甚至游移的状态，这是信息服务业在整合层面的产业管理效应的第一重表现。其次，在更加宏观的产业层面上，信息技术的发展还缩小了产业之间的差别，为“互联网 +”、大数据、云计算等新技术在产业间的应用提供了共性基础平台，促进了技术融合、应用融合和产业融合，大大增强了产业关联效应。以上两方面的发展，都表明信息服务业在推动产业垂直整合发展方面正发挥着至关重要的作用。从产业关联的具体内容来看，整合层面的信息服务业产业关联效应与传统的工业产业关联显著不同，它主要体现在网络、IT 服务、信息等方面，产业之间主要交流的不是有形的中间产品，而是信息流、软件等无形的服务。正如陶长琪所指出的，从产业关联发生的价值链环节来看，这种垂直整合是发生在价值链不同环节业务具有相关性的企业之间，是在具有杠杆作用的技术融合的基础上，向具有更高价值的市场扩张或者发展规模经济的纵向结合①。

第二节　经济发展不同阶段的信息服务业产业关联现象

美国学者丹尼尔·贝尔②曾将经济发展阶段划分为工业化初期、工业

① 陶长琪著《基于融合的信息产业自主创新与产业成长的协同机制》，中国人民大学出版社，2010，第 39 页。

② 〔美〕丹尼尔·贝尔著《后工业社会的来临——对社会预测的一项探索》，高铦、王宏周、魏章玲译，商务印书馆，1984，第 123 页。

化加速期、工业化后期（后工业经济或服务经济）等几个阶段。在不同经济发展阶段，信息服务业发展所面临的产业内外部发展环境截然不同，产业发展呈现不同的特征。因此，抛开一个区域或者国家所处的工业化进程的具体阶段，泛泛地分析信息服务业产业关联特征没有太大实际意义。以下部分，将结合工业化进程不同阶段信息服务业发展的需求特征、产业环境和技术阶段等情况，对不同阶段的信息服务业产业关联特征进行系统分析。

一　工业化起步期的信息服务业发展及产业关联特征分析

在工业化起步时期，随着社会分工格局的逐渐形成，企业对生产性服务的投资开始不断增长，从而催生了提供数据和技术支撑的信息咨询服务业、技术咨询服务业和现代通信传输服务业。在这一时期，信息服务业主要是为了促进工业化发展而诞生的，信息服务业可以通过信息和知识的运用，大大降低和替代传统的物质消耗，增进生产与消费之间的直接联系，用信息化的集约经营方式去完成工业化的任务。这一时期，信息服务业的战略作用，还是主要体现为对具体服务对象的信息需求的满足，即前文所谈到的第一层功能作用，产业发展中非智力型的硬件投入比较高，因此具有很强的推动其他产业发展的技术需求，具有较强的前向关联性和较弱的后向关联性。在具体产业发展重点方面，主要侧重于发展高投入型的影响力系数大的信息服务业领域，如信息基础设施建设、信息资源的开发利用、基础数据库的建设等。

二　工业化加速期的信息服务业发展及产业关联特征分析

在工业化加速时期，随着物流运输、批发商贸、金融信托、法律等生产性服务业集群的不断发展壮大，信息服务业联动不同服务行业、消弭行业企业之间融合与互动中的信息不对称和信息不充分现象的作用逐渐得到加强。在这一过程中，前文所谈到的信息服务业的第二层作用，即支撑层作用开始逐渐增强。因此，这一时期的信息服务业因为其联动不同产业的战略支撑作用，应当具有较强的后向关联性，而由于信息服务业本身的投资属性开始被削弱，因此其前向关联性不如前一阶段那样强。因此这一阶段的信息服务业的影响力系数和感应度系数都处于中等水平，发展信息服务业的意义就在于为国民经济提供基础性信息服务。在具体产业发展重点方面，以信息中介、信息咨询、物流信息等横跨多个现代服务业门类，并且与传统产业结合紧密的横断性信息服务形态为主。

三 服务经济阶段的信息服务业发展及产业关联特征分析

在服务经济阶段（工业化后期），信息服务业产业形态中市场调研、需求评估、市场宣传、竞争情报等知识密集型信息服务活动比重开始逐渐上升，信息服务业开始进入高附加值阶段①。随着信息服务业产值的不断提升，信息资源也日渐成为企业生存发展必不可少的战略性资源，信息服务业开始成为国民经济中的主导产业，这一时期的信息服务业前向关联性进一步下降。随着工业化进程基本完成，人类社会开始进入服务经济时代，经济的有效运行将更加强烈地依赖于各种服务主体通过彼此之间不断的解构、链接、联盟、组团、入网、成链等活动而动态地形成服务价值链。在这个背景下，信息服务活动将日益复杂化、多样化，并且成为庞大而精细的社会化生产系统顺利运行的黏合剂②。同时，随着信息服务业和IT咨询、管理咨询、技术咨询、政策咨询、人才服务和金融服务等相关产业链之间的深度融合，信息服务业开始体现出前文所述的“整合层”的发展特征，即随着产业融合的趋势越来越明显，以消除产业融合和产业转型中的信息不确定性为目的的信息服务业成为促进经济可持续发展的核心产业，因此其产业后向关联性面临进一步上升趋势（见表14－1）。在具体产业发展方面，这一时期的信息服务业发展将更加强调深入地探索竞争情报、技术跟踪、IT战略咨询等行业附加值更高、支撑相关产业发展的能力更强的服务模式。

表14－1 经济发展不同阶段的信息服务业发展特征

发展阶段	发展特点	重点领域	产业角色	价值层次
工业化初期	高前向关联 低后向关联	基础设施建设、信息资源开发利用、基础数据库建设	依靠传统产业	基础层
工业化加速期	中前向关联 中后向关联	信息中介、信息咨询、现代物流信息服务	辅助产业发展	支撑层
工业化后期	低前向关联 高后向关联	软件业、竞争情报、IT战略咨询、技术预见	主导产业融合	整合层

① 陈建龙、王建冬：《我国地方信息服务业发展的经济环境和发展阶段分析》，《图书情报工作》2010年第4期。

② 黄维兵：《现代服务经济理论与中国服务业发展》，西南财经大学出版社，2003。

在工业化进程初期，产业间关联以物质流为主导，表现为产业间中间产品和资本物品的交易关系，信息流处于从属地位，只是起着支持物质流的作用①。在未来，随着工业化进程的逐步完成，经济活动的资源流动模式将发生根本性改变，进而改变传统产业互动中物质流主导的格局，信息流、知识流将替代物质流、资金流成为产业关联的主导。现代信息服务业产业关联的范围和形式也将突破物质流的束缚。正如夏皮罗和瓦里安指出的，网络带给我们的新东西，是控制信息的能力，而不是可获得的信息的总量②。这种控制信息能力的增强消除了时空障碍，使服务产业间的关联更加密切，并在更大的范围内实现了复合化的产业集成，最终形成全社会产业联动的格局。可见，“十三五”乃至今后更长一段时期内，我国发展信息服务业的战略意义不在于产业本身规模的扩大，而需要更多关注其在推动国民经济的产业升级、促进制造业和服务业相互支撑的过程中所发挥的作用。

第三节　五链协同：新技术背景下信息服务业关联发展的新模式

如本章上一小节所述，在工业化后期，随着工业化进程基本完成，经济社会运行开始进入以服务链，或者说依附于服务链之上的各种要素链与价值链的动态组合为主要内生驱动力的全新阶段。党的十九大报告提出，要“加快建设制造强国，加快发展先进制造业，推动互联网、大数据、人工智能和实体经济深度融合”③，首次将信息服务业的发展方向与实体经济振兴、促进中国经济实现高质量发展紧密结合起来；同时又指出，要“以供给侧结构性改革为主线，着力加快建设实体经济、科技创新、现代金融、人力资源协同发展的产业体系”④。应当指出，推动以互联网、大数据、人工智能为背景的现代信息服务业与实体经济深度融合，是党中央

① 周振华：《信息化与产业融合》，上海三联书店，2003。

② 〔美〕卡尔·夏皮罗、哈尔·瓦里安：《信息规则：网络经济的策略指导》，张帆译，中国人民大学出版社，2000。

③ 习近平：《决胜全面建成小康社会夺取新时代中国特色社会主义伟大胜利——在中国共产党第十九次全国代表大会上的报告》，人民出版社，2017。

④ 习近平：《决胜全面建成小康社会夺取新时代中国特色社会主义伟大胜利——在中国共产党第十九次全国代表大会上的报告》，人民出版社，2017。

立足于当前我国经济处在转变发展方式、优化经济结构、转换增长动力的攻关期这一历史方位下，纵深推进建设现代化经济体系做出的必然选择。实现这种深度融合的根本指向，是实现产业链、创新链、资金链和人才链的协同发展。而上述四个链条的有机联动、有效呼应的前提，则有赖于以互联网为基础、以大数据为主线、以人工智能为驱动的"信息服务链"穿插联动，从而真正引领我国经济发展质量变革、效率变革、动力变革。其战略意义，可以从以下几方面加以解读。

首先，引领质量变革，提升实体经济供给体系质量对信息服务业融合发展提出新要求。围绕质量强国建设，在供给端构建以物联网、大数据、人工智能新技术为依托的精细管理和质量控制体系。以大数据为主线，构建跨部门、跨行业、跨环节的产品质量事中事后监管体系，强化质检、环保、安全等监管和执法力量，推动全民消费向安全、绿色和中高端消费迈进。构建社会信用体系，通过负面曝光、红黑名单等手段，切实加大对生产假冒伪劣产品企业、机构和个人的联合惩戒力度，全力引导企业增强质量意识、品牌意识和标准意识。

其次，推进效率变革，促进实体经济要素高效流通对信息服务业融合发展提出新要求。以提高供给体系效率为中心，推动传统行业依托互联网、大数据、人工智能等新技术实现转型升级，推动产业体系逐步向先进制造、柔性生产、精准服务、协同创新的方向转型升级，不断提升行业全要素生产率和行业附加值水平。充分运用新技术手段，推进放管服改革，提升营商环境，打破要素市场流通行业和地域壁垒，提升国有企业风控能力和监管水平，充分激发人才、资本、创新等要素活力，提升经济的投入产出效率。围绕产业全球化布局、跨国贸易、产业链布局、人才流动等方面构建全球化数据情报网络，实现物流、资金流、数据流充分融合汇聚，提升对外开放和对接全球贸易体系的效率。

最后，推进动力变革，实现实体经济新旧动能转换对信息服务业融合发展提出新要求。创新是引领发展的第一动力，要树立适应新一轮科技产业革命和未来社会发展趋势的全新发展理念。新一代信息技术和生物科技、新能源技术的深度融合，将成为下一个历史时期经济发展的核心驱动力。通过推动"互联网+""大数据+""人工智能+"战略，将全社会海量化、离散化的创新创业资源有效集聚起来，以数据为主线，贯通人才、创新、资本等产业运转要素资源，推动开放共享、融合重组，实现供需精准匹配，不断催生新产品、新业态、新模式，不断推动传统业态实现转型升级，有效实现经济发展新旧动能接续转换。

结合上述分析，笔者提出了一个如图 14－2 所示的以信息服务（数据）链联动整合产业链、创新链、资金链和人才链的“五链协同”模型。

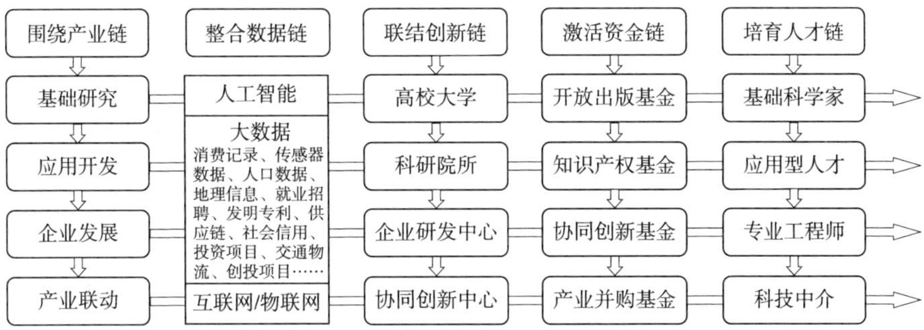

图 14－2　信息服务业与实体经济深度融合发展“五链协同”模型

一　围绕产业链，以信息服务（数据）链联结创新链

一是不断深化校企合作，形成产学研协同机制。高等院校和科研院所是推动创新的策源地，是互联网、大数据、人工智能等领域高速发展的重要支撑。形成以信息服务（数据）链为基础的产学研协同机制，一方面要积极引导校企合作，通过数据资源共享、利益成果共赢等方式促进应用研究人员参与合作的积极性和持续性；另一方面要充分发挥中介机构对创新成果转化的放大作用，通过技术转移、专利购买等方式增强技术扩散能力，健全技术创新体系，为研究创新成果平稳落地提供坚实保障。

二是不断促进企业进行技术创新，搭建创新孵化平台。随着互联网和大数据技术逐步渗透到实体经济，各行各业都已具有生产数据和汇集数据的能力，这使数据开发利用成为可能。现阶段需要扭转实体经济企业重资本积累、轻产品创新的现状，积极发挥企业的创新主导作用，成立实体研发中心，以企业内外部数据资源为基础，以市场需求为动力，以企业发展和实体经济增长为目标，为新技术、新方法的孵化与发展提供创新土壤。

三是重点培育龙头企业，实施创新链整合战略。龙头企业不仅是整个产业链的生产组织者和资源整合者，也能起到主导和协调的关键作用。依托龙头企业在生产规模和数据积累等方面优势，由政府牵头实施创新链整合战略，成立互联网、大数据、人工智能和实体经济深度融合协同创新中心，最大限度地集聚创新力量，健全数据资源整合和开发利用机制，确保数据汇集更加准确及时、数据挖掘更加精准透彻，最终实现产业资源的有效整合利用，形成多企业、多领域、多维度的创新链生态圈。

二　围绕产业链，以信息服务（数据）链激活资金链

一是优化金融政策，发挥政府引导作用。政府可采用贴息、低息和无息形式，通过商业银行发放政策性贷款，支持实体经济企业开展信息化建设和大数据分析业务；通过设立专项科研基金支持前瞻性技术研发，推动大数据和人工智能在产业中的应用；通过搭建项目平台，向各行业企业推介大数据应用项目，协调引进关键机构和重点项目，促进产业资源的梯度配置。

二是设立产业基金，构建多元投资渠道。通过产业并购基金、知识产权基金和协同创新基金等，构建多元化的投融资渠道，促使资金向具有竞争优势的实体经济企业汇聚，确保创新性、竞争力强的企业多元化融资需求通过各种产业基金得到高效满足，促成创新成果转化与产业化发展。同时，积极调动社会风投资金，围绕资金链条布局，促成一批具有较强研发能力的社会化大数据研究机构，直接向特定行业企业提供数据支持与信息服务。

三是鼓励数据交易，释放企业数据红利。吸引实体经济企业投资，成立国家级产业大数据交易中心，通过股份制方式开展运营，主要承担促进商业数据流通交易、公共数据与商业数据融合应用等工作职能。数据交易中心作为产业枢纽工程，能够有效促进多源数据流通共享，助力企业发展与经济增长。

三　围绕产业链，以信息服务（数据）链培育人才链

一是创新人才发展体制改革，下好人才“先手棋”。推动互联网、大数据、人工智能和实体经济深度融合离不开人才队伍建设，人才既是促进产业发展的最大动力，也是制约产业发展的最大瓶颈。一方面要充分释放人才发展体制改革红利，加速形成我国具有国际竞争力的人才制度优势，加快促使信息服务（数据）链各要素活力竞相迸发。另一方面要依托重点产业的数据集群优势，建设国家级大数据和实体经济深度融合实训平台，

构筑信息服务（数据）链应用“蓄水池”，备足产业链发展“发动机”。

二是创建“国家数据大学”，打造人才“新磁场”。以“产业链—信息服务（数据）链—人才链”有机联动为目标，基于全球视野创建国际一流的“国家数据大学”，将互联网、大数据、人工智能和实体经济深度融合定义为国家级重点学科，提升基础理论研究水平，加大中高端消费、创新引领、绿色低碳、共享经济、现代供应链、人力资本服务等领域技术研发力度，为科研人才创造公平、公正、有利于科技创新的生态环境，吸引天下英才纷至沓来。

三是健全服务机制，激发人才创造力。利用信息服务（数据）链寻找并发现制约人才发挥作用的现实矛盾和突出问题，将健全服务机制作为切入点和着力点，为各层次人才提供“代理式”“一站式”“全天候”服务，纵深推进企业股权和分红激励等机制措施的实施，让人才为互联网、大数据、人工智能和实体经济深度融合注入新动能，最大限度地激发并释放人才的创新动力和创造活力，不断促进产业链、信息服务（数据）链和人才链同频共振。

综上，本章从分析现代信息服务业发挥作用的层次入手，归纳了不同功能层次下信息服务业产业联动的基本模式，并结合工业化进程的不同阶段，进一步分析了不同阶段下信息服务业产业关联模式的演化路径。并结合党的十九大对信息服务业与实体经济深度融合发展的战略要求，提出了推动信息服务（数据）链与产业链、资金链、人才链、创新链协同发展的“五链协同”模型，为促进中国经济实现高质量发展、实现“三大变革”探索新路径新模式。

第十五章　我国信息服务业产业政策分析

第一节　我国信息服务业的行业管理现状

改革开放以后，党中央、国务院高瞻远瞩，充分认识到信息技术革命对经济社会发展产生的深远影响，大力推进信息化，不断健全和完善信息化管理体制机制，基本形成了具有我国特色的信息化管理格局，信息服务业行业管理体制也随之不断完善。

一　我国信息服务业的主管机构和管理体制变革

所谓信息服务业的主管部门，是有明确的业务职能、明确的部门和人员配备，掌握一定建设经费，并负责统筹规划、统一管理和总体指导本级信息服务业体系建设工作的一类政府职能部门。我国信息服务业行业管理体制是伴随着国家层面信息化管理体系的不断完善而完善的，目前我国信息服务业行业管理已从以前的部门管理模式发展到集行政管理、生产管理和法规管理于一体的宏观调控式国家管理模式。信息服务业主管部门的主要职责，就是负责制定发布信息服务业行业发展规划，协调解决信息服务业体系建设和管理过程中的重大问题，组织行业发展重大关键技术攻关，促进信息服务业行业技术创新和服务创新，推动信息服务业行业规范和标准建设等。改革开放以来，我国信息服务业行业主管机构和管理体制变革大致可以分为四个阶段。

（一）探索起步阶段（20 世纪 80 年代初 ~90 年代初）

我国信息服务业的产业发展始自 20 世纪 80 年代初。早在 1982 年，国家撤销了国家电子计算机工业总局和国家广播电视工业总局，成立了电子工业部，电子工业部成为推动我国信息化和信息服务业发展的最早的行业主管机构。1982 年 10 月 4 日，国务院成立了计算机与大规模集成电路领导小组，1984 年改称国务院电子振兴领导小组。“七五”期间，由国务院电子振兴领导小组牵头，重点推动了十二项应用系统工程，通过电子信息技术推广应用贴息贷款等方式，支持传统产业应用电子信息技术改造升级，不断推动电子信息技术应用和信息服务业向纵深发展。

这一时期的另一个重要举措，就是初步形成了面向全国各行业的信息服务体系。20 世纪 80 年代中期，当时中央主要负责同志提出了应对新技术革命挑战的六个对策，其中第五个对策就是应对“第三次浪潮”的信息系统建设问题①。基于这一重要方针，中央决定成立国际和国内两个信息中心。1985 年，国务院发布《国务院关于经贸部建立中国国际经济信息中心的方案的批复》（国函〔1985〕47 号），正式批准建立中国国际经济信息中心，负责国际经济贸易领域的信息收集、分析、存储工作，及时地向中央和各地区领导机关，以及有关单位提供国际经济信息，为对外经济贸易、管理和决策以及生产科研服务。1984 年前后，当时的国家计委成立了国家经济信息系统建设办公室。1986 年，国务院发布《国务院关于建立国家经济信息自动化管理系统若干问题的批复》（国函〔1986〕25 号），开始正式组建国家经济信息系统，以为中央和地方各级人民政府及国务院各主要综合经济部门进行经济分析、预测、决策服务。到 1987 年前后，以国家信息中心为首的国家经济信息系统初步建成。国际和国内经济信息系统的建成，标志着我国面向产业的信息服务战略主体已经初步成形。到 90 年代初期，我国信息服务业经历了从无到有的发展历程，并逐步形成了以国家信息中心为龙头，由中央、省、市、县四级经济信息中心组成的覆盖全国的经济信息系统，作为我国发展信息服务业的战略主体。在重点建设国家经济信息系统的同时，国务院先后批准金融、铁道、电力、民航、统计、财税、海关、气象、灾害防御等十多个国家级信息系统的建设，43 个中央部委先后成立了信息机构，开发了各类经济信息数据库 174 个、各类经济信息管理系统 252 个，使得我国得以在较短的时间内迅速引进了国际先进的信息技术、设备和管理经验，全面改善了我国信息技术应用的基础环境，为我国信息服务业发展在战略、体制、人才和基础设施等方面进行了有益探索，积累了宝贵经验。

---

① 杜平主编《中国电子政务十年（2002—2012）》，社会科学文献出版社，2012，第 221 页。

（二）快速发展阶段（20世纪90年代初~2000年前后）

1993年，在信息服务业行业战略主体逐步成型的基础上，为了更进一步推进各级各类信息系统的跨部门跨区域协同整合，国家经济信息化联席会议正式获准成立。时任国务院副总理邹家华同志担任联席会议主席，联席会议人员组成基本上包括了国务院主要经济部门。国家经济信息化联席会议成为当时我国信息服务业的主管机构，该机构的成立，加强了信息化和信息服务业的统一领导，并总体确立了以信息化带动产业发展的行业发展指导思想。

1996年4月，中央决定在原国家经济信息化联席会议基础上，成立“国务院信息化工作领导小组”，其主要职责包括研究制定国家信息化工作的方针政策，组织协调有关法规、规章的起草工作，组织拟订国家信息化的发展战略、总体规划以及分阶段实施方案等，信息服务业作为信息化的重要组成部分也成为该机构的领导工作之一。

1997年4月召开的首次全国信息化工作会议，通过了《国家信息化“九五”规划和2010年远景目标》（纲要），其中列出的国家信息化建设面临的八项主要任务中，第五项就是“大力发展信息服务业”，要求“努力培育信息市场，促进信息流通，促进信息服务的社会化和市场化，使公众能够及时获得所需信息”。

1998年3月，按照国务院机构改革方案，新组建的信息产业部合并了原国务院信息化工作领导小组办公室的职能，正式成立信息化推进司（承担国家信息化工作办公室职能），以统筹推进国民经济和社会信息化各项工作。至此，我国信息服务业行业主管部门得以正式明确。

（三）全面发展阶段（2000年前后至2014年）

2000年前后，随着国家重大信息化工程建设的深入推进、即将加入WTO和计算机2000年问题的临近，信息化在经济社会发展中的全局性战略地位进一步凸显，为从国家层面进一步强化统一领导和组织协调，2001年8月，中央决定重新组建“国家信息化领导小组”，并相比1999年成立的“国家信息化工作领导小组”进一步提升规格，由时任国务院总理朱镕基同志亲自担任领导小组组长，成员单位由原来的13家增加到27家。同时，正式成立国务院信息化办公室，这成为我国包括信息服务业在内的信息化建设的主管机构。

2008 年 7 月，根据国务院大部制改革的总体部署，成立工业和信息化部（简称工信部）。国务院信息化办公室的工作职责划归工信部，具体工作由信息化推进司负责。我国信息服务业的行业主管部门也随之迁移到工业和信息化部。

（四）深化改革阶段（2014 年至今）

随着我国经济社会发展和改革进入深水区，社会矛盾加剧、环境恶化、资源枯竭等各种问题不断出现。党的十八届三中全会审议通过了《中共中央关于全面深化改革若干重大问题的决定》。2014 年成为我国全面深化改革的开局之年。在信息化和信息服务业管理领域，多年来制度沿革变迁，造成了信息化管理中政出多门、多头管理的“九龙治水”格局难以根治。《中共中央关于全面深化改革若干重大问题的决定》中就明确指出，“面对互联网技术和应用飞速发展，现行管理体制存在明显弊端，多头管理、职能交叉、权责不一、效率不高”[①]。因此，在全面深化改革的大背景下，我国信息化和信息服务业管理机制也开始进入深化改革阶段。

2014 年 2 月 27 日，中央网络安全和信息化领导小组正式成立，由中共中央总书记、国家主席、中央军委主席习近平同志亲自担任组长，李克强、刘云山两位政治局常委担任副组长。2018 年 3 月，根据中共中央印发的《深化党和国家机构改革方案》，将中央网络安全和信息化领导小组改为中央网络安全和信息化委员会。在中央网络安全和信息化领导小组以及中央网络安全和信息化委员会之下，先后成立中共中央网络安全和信息化领导小组办公室以及中共中央网络安全和信息化委员会办公室，由国家互联网信息办公室承担具体职责。

中央网络安全和信息化委员会是自改革开放以来我国在信息化和信息服务业领域规格最高、统筹协调力度最大的领导机构。这标志着我国信息化和信息服务业管理机制已经进入整合党、政、军等各个领域信息化资源，走融合发展和集约发展之路，从网络大国走向网络强国，实现互联网

① 《中共中央关于全面深化改革若干重大问题的决定》，《前线》2013 年第 12 期。

背景下国家治理能力现代化的全新历史阶段。由于我国传统行政体制下纵向系统内部协同一般优于跨系统协同的特点，之前由工信部作为信息服务业主管部门，必然在协调和领导发改委、办公厅等其他垂直纵向系统时，面临诸多不便，导致我国信息服务业发展的整体政策协同建设能力相对欠缺。未来，随着中央网络安全与信息化领导小组办公室成立，全国信息服务业行业主管部门将逐步转移到该机构，其未来对我国信息服务业和信息化相关事务的统筹协调能力可能会有较大增强，“九龙治水”的现象将会得到很大改观。

在中央网信委全面统筹之下，在政府序列目前与信息服务业相关的行业主管部门还有国家发展改革委和工信部。

其中，国家发展改革委与信息服务业发展相关的职能机构主要是高技术产业司，负责组织拟订高技术产业发展、产业技术进步的战略、规划和重大政策，协调解决重大技术装备推广应用等方面的重大问题。其下设的信息化处负责统筹信息化的发展规划与国民经济和社会发展规划、计划的衔接平衡，会同有关部门研究拟订国民经济和社会信息化发展战略和规划，研究网络安全和信息化发展的重大问题，衔接平衡信息化发展的相关政策，指导企业信息化，参与推动信息化与工业化、城镇化和农业现代化深度融合，推进重点领域的信息化建设。近年来，由其牵头推进的国家大数据发展战略、数字经济、信息惠民、智慧城市等工作，对于我国信息服务业发展起到了很大促进作用。

工业和信息化部与信息服务发展相关的职能机构主要是信息化和软件服务业司，它主要负责承担软件和信息服务业行业管理工作；拟订行业发展战略，提出发展思路和政策建议，协调发展中的重大问题和重大事项，承担行业基本情况、重要信息等调查研究工作。提出并组织实施软件和信息服务业行业规划、重点专项规划、产业政策、行业规范条件、技术规范和标准；指导有关测评和质量工作；指导行业公共服务体系建设。推动信息服务业创新发展；组织推进信息技术服务工具、平台研发和产业化；指导安全可靠信息系统集成能力建设。

二　各纵向系统的信息服务业管理机制

除上述分析的信息服务业行业主管机构之外，国家各纵向系统按照各自管理职责，也分别管理各领域中的信息服务业相关工作，成为国家信息化和信息服务业主管机构的执行体系。进一步而言，按照纵向系统管理职责和管理内容的不同，可以将行业部门信息服务业相关管理机构划分为下述两类。

（一）信息化和信息服务产业发展的相关配套管理机构

所谓信息化和信息服务产业发展的相关配套管理机构，是指负责配合国家信息化和信息服务业行业主管部门，负责信息服务业行业发展中的某一类共性问题的行业主管部门。目前主要包括以下部门。

1. 国务院办公厅

目前，国务院办公厅有两个下设机构与信息服务业，特别是公共信息服务行业管理职能相关。一是政府信息与政务公开办公室，负责指导监督全国政府信息公开和公共信息服务体系建设工作。近年来，该机构在推动政府公共信息服务体系建设，特别是规范政府网站发展、推动政务公开和信息公开等方面开展了大量工作。二是电子政务办公室。该机构主要负责推动国务院系统的信息化规划、建设、运行等相关工作。2018 年 7 月，《国务院关于加快推进全国一体化在线政务服务平台建设的指导意见》（国发〔2018〕27 号）正式下发。按照文件要求，由国务院办公厅牵头成立全国一体化在线政务服务平台建设和管理协调工作小组，负责全国一体化在线政务服务平台顶层设计、规划建设、组织推进、统筹协调和监督指导等工作。平台建设和管理协调工作小组办公室设在国务院办公厅电子政务办公室。

2. 公安部

公安部下设网络安全保卫局，负责指导公共信息网络的安全保护工作，包括：监督、检查、指导计算机信息系统安全保护工作；组织实施计算机信息系统安全评估、审验；查处计算机违法犯罪案件；组织处置重大计算机信息系统安全事故和事件；负责计算机病毒和其他有害数据防治管理工作；对计算机信息系统安全服务和安全专用产品实施管理；负责计算机信息系统安全培训管理工作；等等。

3. 科技部

科技部是推进实施国家创新驱动发展战略的主要牵头部门，其与信息服务业相关的职能主要是高新技术司，负责拟订相关领域高新技术发展的规划和政策，组织开展相关领域技术发展需求分析，提出重大任务并监督实施，推动重大关键技术攻关；提出相关领域平台、基地规划布局并组织实施。具体相关工作由其下设的信息处负责承担。近年来，科技部在推动战略性信息产业、新一代信息技术、人工智能等方面开展了大量基础性工作。

4. 国家广播电视总局

国家广播电视总局下设网络视听节目管理司，负责指导网络视听节目服务的发展和宣传。对信息网络和公共载体传播的视听节目进行监管，审查其内容和质量，承担节目应急处置工作。指导网络视听节目监管体系建设，组织查处非法开展网络视听节目服务行为。此外，此次机构改革后，广电总局新组建媒体融合发展司，主要负责协调推进三网融合，推进广播电视与新媒体新技术新业态创新融合发展，管理发放信息网络传播视听节目许可证，承担广播电视视频点播业务的审批工作。

5. 国家市场监督管理总局

新一轮国务院机构改革中组建的国家市场监管总局下设网络交易监督管理司，负责对网络环境下信息服务活动进行监督管理。其主要职责包括：拟订实施网络商品交易及有关服务监督管理的制度措施；组织指导协调网络市场行政执法工作；组织指导网络交易平台和网络经营主体规范管理工作；组织实施网络市场监测工作；等等。

6. 国家新闻出版署

原国家新闻出版广电总局下设科技与数字出版司。负责制定互联网和数字出版的相关行业标准；对出版境外著作权人授权的互联网游戏作品进行审批，对网络文学、网络书刊进行监管，对开办手机书刊、手机文学业务进行监管；对网络和数字出版的出版内容、出版活动实施监管；拟订互联网出版和数字出版发展规划、管理措施并组织实施。新一轮党和国家机构改革后，此项职能划入中宣部，对外加挂国家新闻出版署（国家版权局）牌子。

7. 国务院新闻办公室

国务院新闻办下设五局，负责组织协调网上新闻工作，指导新闻网站的规划和建设，承担互联网新闻国际交流与合作有关工作。

8. 国家统计局

国家统计局下设的国民经济核算司（服务业统计司），负责综合整理和提供包括信息服务业在内的服务业统计数据。

（二）行业专门领域的信息服务及相关活动的管理机构

这类机构并不属于全国信息化或信息服务的配套管理机构，但需要负责监督、指导或牵头推进本行业领域内相关信息服务活动。较有代表性的主要包括以下部门。

教育部下设科学技术司，负责指导教育领域信息服务、教育信息化和产学研结合等工作。

国家民委下设监督检查司，负责推进民族事务服务体系和民族事务管理信息化建设工作。

自然资源部下设科技发展司，承担自然资源系统科技成果和信息化管理工作，开展卫星遥感等高新技术体系建设，加强海洋科技能力建设。

交通运输部下设科技司，负责指导交通运输信息化建设，监测分析运行情况，开展相关统计工作，发布有关信息。

商务部下设电子商务和信息化司，负责拟订运用电子商务开拓国内外市场的相关政策、措施，拟订商务领域电子商务相关标准和规则，建立完善商务信息公共服务体系等工作。

国家卫健委下设规划发展与信息化司，负责指导卫生健康服务体系及信息化建设，组织开展爱国卫生运动和卫生健康统计工作。

中国人民银行下设科技司，负责组织制定金融业信息化发展规划，负责金融标准化的组织管理协调工作，指导金融业信息安全工作。

知识产权局下设公共服务司，负责组织实施全国知识产权信息公共服务体系和信息化建设，承担知识产权信息加工标准制定相关工作，推动信息服务的便利化、集约化、高效化。承担商标、专利等知识产权信息的传播利用相关工作，研究分析和发布知识产权申请、授权、注册、登记等信息工作。

第二节　我国信息服务业的专门性产业政策分析

所谓专门性产业政策，是指以信息服务业本身，以及信息服务业的上位产业（如信息化、信息产业、服务业等）和下位产业（如电子商务、软件业、云计算产业、物联网产业、数字内容产业等）为对象，专门论述产业发展重点、配套措施、重点工程等的政策性文件。具体来说，可以分为下述三类。

一　专门论述信息服务业的产业政策

自1984年邓小平同志题词“开发信息资源，服务四化建设”[①]，正式吹响我国信息服务业发展号角以来，我国历届政府均高度重视信息服务业发展问题。1991年，我国专门制定了《关于今后十年信息服务业的发展方案》[②]，提出把信息服务业建成推动国民经济迅速增长的产业部门之一；实现信息服务业的产值每年增长20%以上，到20世纪末，年产值超过200亿元的战略目标[③]。1992年，原国家科委发布了《关于加快发展科技信息服务业的规划纲要和政策要点》，该文件被称为“我国第一部关于信息、咨询业的综合规划”[④]，其中指出，要“发展融科技、经济、社会信息为一体的综合信息服务体系，按行业最大限度实现社会化和产业化是我国信息服务业发展的基本方向”[⑤]。与上述政策文件颁布相呼应，一系列针对国家和地方信息服务业发展的调研报告也陆续公布，如《北京信息服务业发展研究》等[⑥]、国家科委科技信息司等单位完成的《我国信息服务业的现状与发展研究》[⑦]、上海市科学技术情报所等完成的《上海信息服务业发展对策研究报告》[⑧]，等等。很多官员也在各种场合对信息服务业发展做出各种表述，如1994年原国家科委副主任惠永正在全国科技信息工作座谈会上的讲话《学习贯彻十四届三中全会精神 加快科技信息服务业的改革和发展》；1995年，原国务委员兼国家科委主任宋健发表文章《加强信息基础设施建设 大力发展科技信息服务业——纪念我国科技信息事业创建40周年》；原国家科委科技信息司副司长胡海棠也曾发表多篇文章，对信息服务业的理论内涵[⑨]和发展战略[⑩]等问题进行探讨。

---

① 惠永正：《发展信息产业　服务四化建设——写在邓小平同志题词“开发信息资源，服务四化建设”十周年之际》，《情报学报》1994年第4期。

② 黄瑞华：《信息法》，电子工业出版社，2004，第28页。

③ 钟其：《国家制定信息服务业十年发展规划》，《信息产业报》1991年第12期。

④ 刘延宁：《制定信息服务业发展规划纲要的理论与方法简述》，《信息系统工程》1994年第2期。

⑤ 钟其：《国家制定信息服务业十年发展规划》，《信息产业报》1991年第12期。

⑥ 陈信祥：《北京信息服务业发展初探》，《北京计算机》1990年第3期。

⑦ 国家科委科技信息公司编著《我国信息服务业的现状与发展研究》，1993，第23页。

⑧ 上海科学技术情报研究所等：《上海服务业发展对策研究报告》，1992，第31页。

⑨ 胡海棠：《信息服务业内涵初探》，《中国信息导报》1994年第6期。

⑩ 胡海棠：《大力发展我国信息服务业》，《国际技术经济研究学报》1993年第3期。

进入21世纪，特别是2001年原国务院信息化办公室成立后，在国家最高层面制定发布了大量推动信息服务业发展的重要政策文件，推动我国信息服务业进入全面发展阶段。2004年，由原国务院信息化办公室组织编制的《关于加强信息资源开发利用工作的若干意见》（中办发〔2004〕34号），可以说是一部专门针对信息资源和信息服务业的政策文件，全文中提及各领域信息服务业发展方针的地方达13处之多。2006年，原信息产业部还专门制定发布了《软件与信息服务业“十一五”专项规划》，作为我国国家层面针对信息服务业的首部行业规划，这标志着我国对信息服务业发展的重视达到了空前的程度。

2008年之后，在工信部主导下，继续出台了一系列推进信息服务业发展的政策规划。如2012年发布的《软件和信息技术服务业“十二五”发展规划》，提出了基础软件、工业软件与行业解决方案、嵌入式软件、信息安全软件与服务、信息系统集成服务、信息技术咨询服务、数字内容加工处理、服务外包、新兴信息技术服务、集成电路（IC）设计等十大重点发展领域。

二 信息服务业上位产业政策中的相关表述

如前所述，信息服务业是在经济服务化和经济信息化进程中产业化发展的结果。因此，信息化、信息产业、服务业等均可看作信息服务业的上位概念或上位产业。从过去几十年间国家出台的相关政策也可以看出，针对以上三类信息服务业上位产业的产业政策文件中，也往往会专门论述信息服务业及其相关产业的发展政策问题。

（一）信息产业政策中的相关表述

20世纪80年代信息化浪潮在我国兴起伊始，机电产业、电子产业、信息技术产业、IT产业、信息产业等相关产业概念就已经成为国家有关政策文件的关注热点，这其中信息服务业也往往被反复强调或提及。如1985年发布的《国务院批转国家计委等八个部门关于扩大机电产品出口报告的通知》（国发〔1985〕128号）指出，“建立国外销售网、商情网、服务网。这项工作十分重要，现在又非常薄弱，要有计划有步骤地组织开拓……形成我国出口机电产品的世界性销售网络，并同世界信息网络建立联系，逐步形成我们的商情信息系统"[①]。《国务院批转国家经贸委等部门关于"九五"期间进一步扩大机电产品出口意见的通知》(国发〔1997〕6号)又进一步强调，要"有组织、有针对性地建立机电产品出口商情网、销售网、服务网，要充分利用部门、地方和企业现有的信息机构，加强市场调研和咨询服务工作"[②]。

1988年发布的《国务院办公厅关于印发信息技术发展政策要点和生物技术发展政策要点的通知》(国办发〔1988〕18号)，是目前检索到的最早系统性论述信息服务业作为信息技术产业下位产业之一，其未来的发展方向问题。文件专门提出了"积极发展信息技术服务业"的战略任务，并提出了以下四点具体意见。一是加强信息技术服务的产业化，使其成为信息产业中不可缺少的重要组成部分，并予以特别的重视和扶持，使其比产品制造业有更快的发展。二是逐步建立和积极发展包括系统分析、系统设计、系统集成、软件经营(含软件市场管理)、信息处理、远程计算、机房设施、安装调试、人员培训、技术咨询、维修服务、软件维护、计算机租赁和计算机辅助设计、测试等软硬件一体化的多层次和多功能的应用服务体系。积极促进建立各种类型的、以信息技术为基础的信息提供业。三是发展信息技术服务业，要充分发挥国家、集体和个人的积极性，大、中、小并举，以中小型为主。在经营方法和地域分布上，要尽量与用户接近，避免不必要的集中。文件特别指出，正在兴起的民办信息技术服务业，开始显示活力，应为其发展创造良好的环境。四是国民经济行业分类标准中应列入信息技术服务业，制定信息技术服务业的统计指标体系，并将其纳入国家统计渠道[③]。可以看出，文件中所提及的种种信息服务业发展政策举措，即便以现在的眼光看仍然很有前瞻性。

2009年，为有效应对金融危机冲击，我国组织起草了一系列产业调

---

① 《国务院批转国家计委等八个部门关于扩大机电产品出口报告的通知》(国发〔1985〕128号)[EB/OL][2018-10-05], http://www.gov.cn/zhengce/content/2013-01/09/content_4025.htm。

② 《国务院批转国家经贸委等部门关于"九五"期间进一步扩大机电产品出口意见的通知》(国发〔1997〕6号)[EB/OL][2018-10-05], http://www.gov.cn/zhengce/content/2010-11/11/content_4707.htm。

③ 《国务院办公厅关于印发信息技术发展政策要点和生物技术发展政策要点的通知》(国办发〔1988〕18号)[EB/OL][2018-10-05], http://www.gov.cn/zhengce/content/2011-12/13/content_5497.htm。

整和振兴规划，较为系统地梳理了当前我国各行业的发展重点和前沿问题。在《电子信息产业调整和振兴规划》中，就专门提出了“加快培育信息服务新模式新业态”的目标，具体举措包括三点。一是把握软件服务化趋势，促进信息服务业务和模式创新，综合利用公共信息资源，进一步开发适应我国经济社会发展需求的信息服务业务。二是积极承接全球离岸服务外包业务，引导公共服务部门和企事业单位外包数据处理、信息技术运行维护等非核心业务，建立基于信息技术和网络的服务外包体系。三是提高信息服务业支撑服务能力，初步形成功能完善、布局合理、结构优化、满足产业国际化发展要求的公共服务体系①。

（二）服务业政策中的相关表述

总体而言，信息产业政策中对信息服务业的表述，较多见于20世纪八九十年代的各类文件。自21世纪以来，随着国家层面对服务业发展问题的愈加重视，越来越多的服务业相关政策开始专门论述信息服务业发展问题。如《国务院关于加快发展服务业的若干意见》（国发〔2007〕7号）中专门提出，要“积极发展信息服务业，加快发展软件业，坚持以信息化带动工业化，完善信息基础设施，积极推进‘三网融合’，发展增值和互联网业务，推进电子商务和电子政务”②，并在产业聚集、财税优惠等领域提出了一系列配套要求。《国务院办公厅关于加快发展服务业若干政策措施的实施意见》（国办发〔2008〕11号）中则更加细化地提出了促进信息服务业发展的若干具体要求，如：①鼓励软件和信息服务等现代服务业专业协会发展。②充分发挥国家相关产业化基地的作用，建立一批研发设计、信息咨询、产品测试等公共服务平台，建设一批技术研发中心和中介服务机构。③积极扩大软件开发、信息技术、知识产权服务、工程咨询、技术推广、服务外包、现代物流等鼓励类生产性服务业发展的税收优惠政策试点③。

① 《电子信息产业调整和振兴规划》［EB/OL］［2018－10－05］，http：//www.gov.cn/zhengce/content/2009－04/15/content_8120.htm。

② 《国务院关于加快发展服务业的若干意见》（国发〔2007〕7号）［EB/OL］［2018－10－05］，http：//www.gov.cn/zhengce/content/2008－03/28/content_4022.htm。

③ 《国务院办公厅关于加快发展服务业若干政策措施的实施意见》（国办发〔2008〕11号）［EB/OL］［2018－10－05］，http：//www.gov.cn/zhengce/content/2008－03/28/content_4004.htm。

2012年发布的《国务院关于印发服务业发展“十二五”规划的通知》（国发〔2012〕62号）中，对信息服务业发展的重视程度更进一步，全文中11次集中提及信息服务业相关子行业发展问题，包括：①加快国家高速公路网剩余路段、“瓶颈”路段建设，加强路网运行监测和交通出行信息服务。②发展新一代信息技术和信息基础设施，开展云计算服务创新发展试点示范，加强云计算服务平台建设。加强物联网应用示范和推广，打造物联网应用平台。加快培育新兴网络信息技术服务，加强软件工具研发和知识库建设。③推进各类面向行业应用的信息技术咨询、系统集成、系统运行维护和信息安全服务。④加强数字文化教育产品开发和公共信息资源深化利用，构建便捷、安全、低成本的数字内容服务体系。⑤推进地理、人口、法人、金融、税收、医疗、社保、农业、交通、统计等信息资源深度开发和社会化服务。⑥设立区域性家庭服务电话呼叫号码，整合资源，增加投入，实施家庭服务业公益性信息服务平台建设工程。依托该平台，健全供需对接、信息咨询、服务监督等功能，形成便利、规范的家庭服务体系，为家庭、社区、家庭服务机构提供公益性服务。⑦支持发展农业信息服务，以农业生产经营为重点，逐步形成连接国内外市场、覆盖生产和消费的信息网络。⑧进一步巩固运输、旅游、建筑等行业在服务贸易中的优势，积极推进中医药、文化艺术、动漫游戏、广播影视、新闻出版、教育、体育等有我国特色的服务出口，重点培育通信、金融、会计、资产评估、计算机和信息服务、传媒、咨询、会展等现代服务贸易，加快培育一批拥有自主知识产权和知名品牌的服务贸易重点企业。⑨将重点国别（地区）与重点领域相结合，分类指导，积极引导运输、建筑、旅游等有比较优势，以及分销、通信、快递、金融、计算机和信息服务、文化艺术、广播影视、新闻出版等有发展潜力行业的企业对外投资。⑩加强中国大陆与中国台湾两岸信息服务业合作，推进两岸无线城市试点项目建设，为两岸电子信息制造业提供优质服务。⑪完善知识产权服务政策体系，推进体制机制创新。加强知识产权基础信息资源建设与开发利用，逐步建立分类科学、资源共享、高效优质的产业知识产权信息服务平台体系①。

此外，近年来，随着国家层面对于服务业支持力度不断加大，针对细

---

① 《国务院关于印发服务业发展“十二五”规划的通知》（国发〔2012〕62号）［EB/OL］［2018-10-05］，http：//www.gov.cn/zhengce/content/2012-12/12/content_3943.htm。

分的重点服务业门类的政策文件也开始不断出台，其中部分重点服务业门类也涉及信息服务业发展问题，较常见的主要有高技术服务业和生产性服务业两类。如《国务院办公厅关于加快发展高技术服务业的指导意见》（国办发〔2011〕58 号）中，专门提出了信息技术服务、知识产权服务、数字内容服务和电子商务服务等四类信息服务业子行业发展问题[①]。

2014 年发布的《国务院关于加快发展生产性服务业促进产业结构调整升级的指导意见》（国发〔2014〕26 号）中，则提出了更加具体的面向生产环节的“信息技术服务”产业发展问题，具体包括：①发展涉及网络新应用的信息技术服务，积极运用云计算、物联网等信息技术，推动制造业的智能化、柔性化和服务化，促进定制生产等模式创新发展。②加快面向工业重点行业的知识库建设，创新面向专业领域的信息服务方式，提升服务能力。③加强相关软件研发，提高信息技术咨询设计、集成实施、运行维护、测试评估和信息安全服务水平，面向工业行业应用提供系统解决方案，促进工业生产业务流程再造和优化。④推动工业企业与软件提供商、信息服务提供商联合提升企业生产经营管理全过程的数字化水平。⑤支持工业企业所属信息服务机构面向行业和社会提供专业化服务。加快农村互联网基础设施建设，推进信息进村入户[②]。

（三）信息化政策中的相关表述

近年来，随着信息技术和互联网的飞速发展，信息化对于国民经济社会运行的影响日益深远，各级政府对于信息化发展的重视程度不断提升，出现了多部专门论述信息化发展及其相关问题的重要政策文件。

2002 年发布的《国民经济和社会发展第十个五年计划信息化重点专项规划》，将促进信息服务业发展列入主要任务，并提出要“加快培育信息咨询服务市场主体。大力发展网络信息、信息内容提供以及各类专业信息咨询服务，开拓各类增值服务、应用咨询以及网络托管等各种新的信息

---

① 《国务院办公厅关于加快发展高技术服务业的指导意见》（国办发〔2011〕58 号）［EB/OL］［2018-10-05］，http：//www.gov.cn/zhengce/content/2011-12/16/content_5553.htm。

② 《国务院关于加快发展生产性服务业促进产业结构调整升级的指导意见》（国发〔2014〕26 号）［EB/OL］［2018-10-05］，http：//www.gov.cn/zhengce/content/2014-08/06/content_8955.htm。

服务领域”[①]。

《2006—2020年国家信息化发展战略》中，较为系统全面地论述了相关领域信息服务业发展问题，主要包括推进面向“三农”的信息服务、加快服务业信息化、改善公共文化信息服务、完善就业和社会保障信息服务体系、建立和完善信息资源开发利用体系、制定和颁布中小企业信息化发展指南、加快推进中西部地区的信息网络建设等方面[②]。

2012年，国务院颁布了《国务院关于大力推进信息化发展和切实保障信息安全的若干意见》（国发〔2012〕23号），继续强调了上述重点领域信息服务发展问题，同时着重强调了新一代信息技术背景下的信息服务业创新和传统产业的转型升级问题，要求“加快推动新一代移动通信、基础软件、嵌入式软件以及制造执行系统、工业控制系统、大型管理软件等技术的研发和应用。加强统筹规划，积极有序促进物联网、云计算的研发和应用。实施工业电子产品提升工程，推进信息技术与工业技术融合创新，提高汽车、船舶、机械等产品智能化水平。推动电子信息产品制造企业由单纯提供产品向提供综合解决方案和信息服务转变”[③]。

2013年以来，国家分别从信息化的需求拉动和基础设施完善等角度，提出了三个重要发展战略，即“信息消费”、“智慧城市”和“宽带中国”战略，也可以看作信息化战略的不同侧面。其中，《国务院关于促进信息消费扩大内需的若干意见》（国发〔2013〕32号）中，专门提出要“拓展新兴信息服务业态”，主要包括：①发展移动互联网产业，鼓励企业设立移动应用开发创新基金，推进网络信息技术与服务模式融合创新。②积极推动云计算服务商业化运营，支持云计算服务创新和商业模式创新。③面向重点行业和重点民生领域，开展物联网重大应用示范，提升物联网公共服务能力。④加快推动北斗导航核心技术研发和产业化，推动北斗导航与移动通信、地理信息、卫星遥感、移动互联网等融合发展，支持位置信息服务（LBS）市场拓展。完善北斗导航基础设施，推进北斗导航服务模式和产品创新，在重点区域和交通、减灾、电信、能

① 《国民经济和社会发展第十个五年计划信息化重点专项规划》，《中国信息界》2003年第2期。

② 《2006—2020年国家信息化发展战略》，《中国信息界》2007年第1期。

③ 《国务院关于大力推进信息化发展和切实保障信息安全的若干意见》（国发〔2012〕23号）［EB/OL］［2018-10-05］，http://www.gov.cn/zhengce/content/2012-07/17/content_5906.htm。

源、金融等重点领域开展示范应用，逐步推进北斗导航和授时的规模化应用。大力发展地理信息产业，拓宽地理信息服务市场[①]。《关于促进智慧城市健康发展的指导意见》（发改高技〔2014〕1770号）提出，要实现工业化与信息化深度融合、信息服务业加快发展[②]。《国务院关于印发“宽带中国”战略及实施方案的通知》（国发〔2013〕31号）着重论述了信息化基础设施建设问题，同时也进一步强调了若干重点领域的信息服务业发展问题，包括：①“三农”领域：加强各类涉农信息资源的深度开发，完善农村信息化业务平台和服务中心，提高综合网络信息服务水平。②就业和社保领域：加快就业和社会保障信息服务体系建设，实现管理服务的全覆盖，推进社会保障卡应用，加快跨区域就业和社会保障信息互联互通。③公共文化领域：加快文化馆（站）、图书馆、博物馆等公益性文化机构和重大文化工程的宽带联网，优化公共文化信息服务体系，大力发展公共数字文化。此外，还进一步论述了信息服务业行业自律问题：即“通过产业联盟、行业协会等各种渠道，引导宽带网络设备制造和信息服务企业加强行业自律，建立竞争机制，共同维护竞争秩序”[③]。

2016年12月发布的《“十三五”国家信息化规划》中，把信息服务业作为信息化发展的重要方面，全文中不仅先后39次提及信息服务和信息服务业发展，而且专门论述了促进城乡基本公共信息服务、全民健身信息服务、企业全球化发展信息服务、特殊人群信息服务、现代农业信息服务、金融信息服务业、民生信息服务、对外投资信息服务、专利信息服务、网络扶贫信息服务、少数民族信息服务、物流信息服务、人口健康信息服务等十余种信息服务业业态发展等问题[④]。

三 针对信息服务业下位产业的产业政策

信息服务业是一个行业范围宽泛的战略性产业，其中很多子行业近年来都已发展成为国家重点扶持的产业领域，并出台了若干相关规划和

① 《国务院关于促进信息消费扩大内需的若干意见》（国发〔2013〕32号）［EB/OL］［2018-10-05］，http://www.gov.cn/zhengce/content/2013-08/14/content_3307.htm。

② 《关于促进智慧城市健康发展的指导意见》（发改高技〔2014〕1770号）［EB/OL］［2018-10-05］，http://www.ndrc.gov.cn/gzdt/201408/t20140829_624003.html。

③ 《国务院关于印发“宽带中国”战略及实施方案的通知》（国发〔2013〕31号）［EB/OL］［2018-10-05］，http://www.gov.cn/zhengce/content/2013-08/16/content_5060.htm。

④ 国务院：《“十三五”国家信息化规划的通知》，2016年12月。

政策文件。

（一）电子商务

2005年发布的《国务院办公厅关于加快电子商务发展的若干意见》（国办发〔2005〕2号）指出，电子商务是国民经济和社会信息化的重要组成部分，发展电子商务是以信息化带动工业化，转变经济增长方式，提高国民经济运行质量和效率，走新型工业化道路的重大举措，对实现全面建设小康社会的宏伟目标具有十分重要的意义[①]。文件提出了发展电子商务“五结合”的基本原则，包括政府推动与企业主导相结合、营造环境与推广应用相结合、网络经济与实体经济相结合、重点推进与协调发展相结合、加快发展与加强管理相结合[②]。

（二）数字内容产业

数字内容产业是在全球信息化背景下产生的依托于数字化技术的新兴产业，具体而言，就是基于图像、字符、影像、语音等资料，将其数字化并整合运用而提供的产品或服务，包括数字游戏、电脑动画、数字学习、数字影音应用、行动应用服务、网络服务、内容软件、数字出版典藏等。近年来，我国政府高度重视数字内容产业发展问题，并出台了若干部相关政策。如《国务院办公厅转发财政部等部门关于推动我国动漫产业发展若干意见的通知》（国办发〔2006〕32号）指出，动漫产业是指以“创意”为核心，以动画、漫画为表现形式，包含动漫图书、报刊、电影、电视、音像制品、舞台剧和基于现代信息传播技术手段的动漫新品种等动漫直接产品的开发、生产、出版、播出、演出和销售，以及与动漫形象有关的服装、玩具、电子游戏等衍生产品的生产和经营的产业[③]。文件要求，要“立足我国动漫产业发展实际，按照社会主义市场经济发展和社会主义先进文化建设的特点和规律，努力消除影响动漫产业发展的体制、机制和制

---

① 《国务院办公厅关于加快电子商务发展的若干意见》（国办发〔2005〕2号）［EB/OL］［2018－10－05］，http：//www.gov.cn/zhengce/content/2008－03/28/content_3862.htm。

② 《国务院办公厅关于加快电子商务发展的若干意见》（国办发〔2005〕2号）［EB/OL］［2018－10－05］，http：//www.gov.cn/zhengce/content/2008－03/28/content_3862.htm。

③ 《国务院办公厅转发财政部等部门关于推动我国动漫产业发展若干意见的通知》（国办发〔2006〕32号）［EB/OL］［2018－10－05］，http：//www.gov.cn/zhengce/content/2008－03/28/content_5957.htm。

度性障碍，为动漫产业发展营造良好的社会环境和市场条件。采取切实有效措施，增强我国动漫产业自主良性发展的能力。重点支持国内企业自主研发，具有我国自主知识产权的动漫图书、报刊、电影、电视、音像制品、舞台剧和基于现代信息传播技术手段的动漫新品种等动漫直接产品的开发、生产、出版、播出、演出和销售。鼓励与动漫形象有关的服装、玩具、电子游戏等衍生产品的生产和经营”①。

鉴于数字内容产业与相关产业存在很强的融合发展特性，2014 年国务院专门发布了《国务院关于推进文化创意和设计服务与相关产业融合发展的若干意见》（国发〔2014〕10 号），并要求“统筹各类资源，加强协调配合，着力推进文化软件服务、建筑设计服务、专业设计服务、广告服务等文化创意和设计服务与装备制造业、消费品工业、建筑业、信息业、旅游业、农业和体育产业等重点领域融合发展”②。同时，“加快数字内容产业发展。推动文化产品和服务的生产、传播、消费的数字化、网络化进程，强化文化对信息产业的内容支撑、创意和设计提升，加快培育双向深度融合的新型业态”③。

（三）空间地理信息产业

空间地理信息产业是我国近年来高度重视的战略性产业之一。《国务院办公厅转发国家计委等部门关于促进我国国家空间信息基础设施建设和应用若干意见的通知》（国办发〔2001〕53 号）中，专门提及空间地理信息服务问题，要求“合理确定各类地理空间信息产品的价格，鼓励通过信息加工实现增值，促进地理空间信息服务、咨询产业的发展……通过国家空间信息基础设施建设，使这一类信息系统具有业务化、产业化运行能力，全面增强我国地理空间信息服务和应用水平。在统一规划指导下，分

① 《国务院办公厅转发财政部等部门关于推动我国动漫产业发展若干意见的通知》（国办发〔2006〕32 号）［EB/OL］［2018 - 10 - 05］，http：//www. gov. cn/zhengce/content/2008 - 03/28/content_ 5957. htm。

② 《国务院关于推进文化创意和设计服务与相关产业融合发展的若干意见》（国发〔2014〕10 号）［EB/OL］［2018 - 10 - 05］，http：//www. gov. cn/zhengce/content/2014 - 03/14/content_ 8713. htm。

③ 《国务院关于推进文化创意和设计服务与相关产业融合发展的若干意见》（国发〔2014〕10 号）［EB/OL］［2018 - 10 - 05］，http：//www. gov. cn/zhengce/content/2014 - 03/14/content_ 8713. htm。

步骤完善国家和省级各类基础性地理空间信息系统应用工程，将其纳入全国性地理空间信息交换网络体系，形成相应的信息服务能力”[①]。《国务院办公厅关于印发国家卫星导航产业中长期发展规划的通知》（国办发〔2013〕97号）则指出，随着现代信息社会快速发展，社会公众对创新性和综合性的时空信息服务需求日益强烈，未来基于短报文通信等特色优势的北斗卫星导航系统，在国民经济关键领域、行业、公共服务及大众市场的应用将得到极大拓展，融合移动通信、互联网技术的位置服务应用，将有力推动卫星导航应用产业结构升级，释放出更加广阔的市场空间。为此，文件要求“面向大众市场需求，融合交通、气象、地理等动态时空信息，结合新一代信息技术发展，以汽车制造业和移动通信业快速发展为契机，以公众出行信息服务需求为引导，重点推动北斗兼容卫星导航功能成为车载导航、智能手机的标准配置，促进在社会服务、旅游出行、弱势群体关爱、智慧城市等方面的多元化应用。创新商业和服务模式，推动北斗卫星导航系统产品的产业化，形成终端产品规模应用效益”[②]。

（四）软件产业

《国务院关于印发进一步鼓励软件产业和集成电路产业发展若干政策的通知》（国发〔2011〕4号）中，较为全面地论述了软件业发展促进的政策措施，包括：①进一步落实和完善相关营业税优惠政策，对符合条件的软件企业和集成电路设计企业从事软件开发与测试，信息系统集成、咨询和运营维护，集成电路设计等业务，免征营业税，并简化相关程序。②支持企业“走出去”建立境外营销网络和研发中心，推动集成电路、软件和信息服务出口。大力发展国际服务外包业务。商务部要会同有关部门与重点国家和地区建立长效合作机制，采取综合措施为企业拓展新兴市场创造条件。③积极引导企业将信息技术研发应用业务外包给专业企

① 《国务院办公厅转发国家计委等部门关于促进我国国家空间信息基础设施建设和应用若干意见的通知》（国办发〔2001〕53号）［EB/OL］［2018－10－05］，http：//www. gov. cn/zhengce/content/2011－10/28/content_ 2129. htm。

② 《国务院办公厅关于印发国家卫星导航产业中长期发展规划的通知》（国办发〔2013〕97号）［EB/OL］［2018－10－05］，http：//www. gov. cn/zhengce/content/2013－10/09/content_ 3200. htm。

业。鼓励政府部门通过购买服务的方式将电子政务建设和数据处理工作中的一般性业务发包给专业软件和信息服务企业，有关部门要抓紧建立和完善相应的安全审查和保密管理规定。④鼓励大中型企业将其信息技术研发应用业务机构剥离，成立专业软件和信息服务企业，为全行业和全社会提供服务①。

（五）物联网产业

《国务院关于推进物联网有序健康发展的指导意见》（国发〔2013〕7号）指出，“物联网是新一代信息技术的高度集成和综合运用，具有渗透性强、带动作用大、综合效益好的特点，推进物联网的应用和发展，有利于促进生产生活和社会管理方式向智能化、精细化、网络化方向转变，对于提高国民经济和社会生活信息化水平，提升社会管理和公共服务水平，带动相关学科发展和技术创新能力增强，推动产业结构调整和发展方式转变具有重要意义，我国已将物联网作为战略性新兴产业的一项重要组成内容”。文件要求，加强统筹规划，围绕经济社会发展的实际需求，以市场为导向，以企业为主体，以突破关键技术为核心，以推动需求应用为抓手，以培育产业为重点，以保障安全为前提，营造发展环境，创新服务模式，强化标准规范，合理规划布局，加强资源共享，深化军民融合，打造具有国际竞争力的物联网产业体系，有序推进物联网持续健康发展，为促进经济社会可持续发展作出积极贡献。创新商业模式，培育新兴业态。积极探索物联网产业链上下游协作共赢的新型商业模式。大力支持企业发展有利于扩大市场需求的物联网专业服务和增值服务，推进应用服务的市场化，带动服务外包产业发展，培育新兴服务产业。鼓励和支持电信运营、信息服务、系统集成等企业参与物联网应用示范工程的运营和推广②。

（六）云计算与大数据产业

《国务院关于促进云计算创新发展培育信息产业新业态的意见》（国

① 《国务院关于印发进一步鼓励软件产业和集成电路产业发展若干政策的通知》（国发〔2011〕4号）[EB/OL] [2018-10-05]，http：//www.gov.cn/zhengce/content/2011-02/09/content_3378.htm。

② 《国务院关于推进物联网有序健康发展的指导意见》（国发〔2013〕7号）[EB/OL] [2018-10-05]，http：//www.gov.cn/zhengce/content/2013-02/17/content_3316.htm。

发〔2015〕5号）提出，要大力发展公共云计算服务，实施云计算工程，支持信息技术企业加快向云计算产品和服务提供商转型。此外，文件还专门提出，要加强大数据开发与利用，充分发挥云计算对数据资源的集聚作用，实现数据资源的融合共享，推动大数据挖掘、分析、应用和服务①。

2015年8月，国务院正式印发《国务院关于印发促进大数据发展行动纲要的通知》（国发〔2015〕50号）。该文中，专门对以大数据为核心的现代信息服务业态成为推动经济转型发展新动力进行了精彩论述，并指出："以数据流引领技术流、物质流、资金流、人才流，将深刻影响社会分工协作的组织模式，促进生产组织方式的集约和创新。大数据推动社会生产要素的网络化共享、集约化整合、协作化开发和高效化利用，改变了传统的生产方式和经济运行机制，可显著提升经济运行水平和效率。大数据持续激发商业模式创新，不断催生新业态，已成为互联网等新兴领域促进业务创新增值、提升企业核心价值的重要驱动力。大数据产业正在成为新的经济增长点，将对未来信息产业格局产生重要影响。"② 文中先后12处提及信息服务发展问题，对交通、农业、信用、互联网等各方面基于大数据的信息服务新业态进行了详细论述。

第三节　我国信息服务业的一般性产业政策分析

所谓一般性产业政策，是指政策文件本身的论述对象并非信息服务业，但由于信息服务业所具有的较强普适性和横断支撑能力，而在这些政策文件中对相关领域或相关行业的信息服务业发展问题进行了论述或提及。具体来说，这些政策文件可以分为以下三类。

一　发挥信息服务业横断性支撑作用的产业政策

如前所述，由于信息技术是一种"通用目的技术"和"使能性技术"，信息服务业作为国民经济的支柱性产业，其对于国民经济财富增

① 《国务院关于促进云计算创新发展培育信息产业新业态的意见》（国发〔2015〕5号）[EB/OL][2018-10-05]，http://www.gov.cn/zhengce/content/2015-01/30/content_9440.htm。

② 《国务院关于印发促进大数据发展行动纲要的通知》（国发〔2015〕50号）[EB/OL][2018-10-05]，http://www.gov.cn/zhengce/content/2015-09/05/content_10137.htm。

长的促进作用，除了直接表现为产业本身的产值增长之外，更在于其对国民经济各行各业的横断性支撑作用。正因如此，在历年国家经济政策中，曾对发挥信息服务业对国民经济的横断性支撑作用问题有过许多表述。

（一）促进流通消费

2008 年颁布的《国务院办公厅关于搞活流通扩大消费的意见》（国办发〔2008〕134 号）中，全面论述了发挥信息服务业对各行业流通消费促进作用的政策措施，包括：①加快完善农产品流通网络。健全农业市场信息服务体系，强化信息引导和产销衔接，完善农产品运输绿色通道政策，降低农产品流通成本和损耗，着力解决农产品“卖难”问题，促进农民增收。②积极促进汽车消费。完善汽车品牌销售管理办法，促进汽车消费稳定增长。支持二手车市场改造，倡导汽车品牌经销商开展新旧汽车置换业务，建立二手车信息平台，升级改造二手车交易市场。③切实增强市场应急调控能力。完善城乡市场信息服务体系，加强市场监测，提高预测预警水平，增强调控的预见性。继续完善产销衔接、跨区调运、储备投放、进出口调剂等机制，增强应急保供的时效性和针对性。④积极培育和发展新的消费热点。及时发布市场供求信息，引导企业调整产品结构，开发适销对路商品和服务，引导消费结构升级。拓展电子信息、通信产品、教育培训、家政服务、文化娱乐、体育健身、休闲旅游等消费。⑤狠抓流通企业食品安全。完善流通领域市场信息系统和监管公共服务平台，加强对流通企业食品质量安全的监管。加快“放心肉”监管体系建设，严厉打击私屠滥宰；加强对定点屠宰企业无害化处理的监控，建立肉品质量信息可追溯体系①。

（二）推动中小微企业发展

2009 年发布的《国务院关于进一步促进中小企业发展的若干意见》（国发〔2009〕36 号）中，多处提及利用信息服务促进中小企业发展的政策举措，包括：完善中小企业信息服务网络，发挥信用信息服务在中小企

---

① 《国务院办公厅关于搞活流通扩大消费的意见》（国办发〔2008〕134 号）[EB/OL] [2018 - 10 - 05]，http：//www. gov. cn/zhengce/content/2008 - 12/31/content_ 3582. htm。

业融资中的作用，鼓励工商联以及行业协会（商会）等面向中小企业开展信息服务等[①]。

2012 年以后，支持小微企业发展成为政策热点。《国务院办公厅关于金融支持小微企业发展的实施意见》（国办发〔2013〕87 号）中提及，要加快建立“小微企业 - 信息和增信服务机构 - 商业银行”利益共享、风险共担新机制，搭建小微企业综合信息共享平台，整合注册登记、生产经营、人才及技术、纳税缴费、劳动用工、用水用电、节能环保等信息资源[②]。2014 年发布的《国务院关于扶持小型微型企业健康发展的意见》（国发〔2014〕52 号）中则提到，要“利用大数据、云计算等现代信息技术，推动政府部门和银行、证券、保险等专业机构提供更有效的服务”[③]。

（三）支撑企业技术改造

以信息化与工业化深度融合为契机，推进企业技术改造和升级，是充分发挥信息服务业附加值、提升我国产业竞争力的重要举措。2008 年原信息产业部发布的《信息技术改造提升传统产业“十一五”专项规划》中指出，要“通过政府引导和典型示范等各种方式，促进传统产业企业和信息技术产品制造及信息服务企业之间开展产品开发、服务模式创新等方面的合作”[④]。《国务院关于促进企业技术改造的指导意见》（国发〔2012〕44 号）中，提到两方面支撑企业技术改造的信息服务模式。一是深化信息技术在研发设计、生产制造、营销管理、回收再利用等产品生命周期各环节的应用，加快推广应用现代生产管理系统等关键共性技术，支持企业普及制造执行、资源计划、客户关系等管理信息系统的应用和综合集成。推进信息技术在工业产品上的嵌入式应用，提高工业产品的智能化水平。支持面向企业、区域和行业的信息服务平台建设。二是加强公共服务平

① 《国务院关于进一步促进中小企业发展的若干意见》（国发〔2009〕36 号）[EB/OL][2018 - 10 - 05]，http://www.gov.cn/zhengce/content/2009 - 09/22/content_ 1308.htm。

② 《国务院办公厅关于金融支持小微企业发展的实施意见》（国办发〔2013〕87 号）[EB/OL][2018 - 10 - 05]，http://www.gov.cn/zhengce/content/2013 - 08/12/content_ 4041.htm。

③ 《国务院关于扶持小型微型企业健康发展的意见》（国发〔2014〕52 号）[EB/OL][2018 - 10 - 05]，http://www.gov.cn/zhengce/content/2014 - 11/20/content_ 9228.htm。

④ 《信息技术改造提升传统产业“十一五”专项规划》[EB/OL][2018 - 10 - 05]，http://www.china.com.cn/policy/txt/2008 - 01/10/content_ 9509257.htm。

台建设。支持重点工业园区的研发设计、质量认证、试验检测、信息服务、资源综合利用等公共服务平台的升级改造。整合相关资源，面向重点行业建设一批产业技术创新和服务平台、质量安全技术示范平台、企业诚信信息管理平台、综合信息服务平台等。加大对中小企业实施技术改造的支持力度，建立和完善一批中小企业公共服务平台和生产力促进中心①。

（四）引导民间投资

2010 年颁布的《国务院关于鼓励和引导民间投资健康发展的若干意见》（国发〔2010〕13 号）中，提及了建立民间资本投资信息服务体系的问题。要求一是加快实施促进科技成果转化的鼓励政策，积极发展技术市场，完善科技成果登记制度，方便民营企业转让和购买先进技术。二是加快分析测试、检验检测、创业孵化、科技评估、科技咨询等科技服务机构的建设和机制创新，为民营企业的自主创新提供服务平台。三是积极推动信息服务外包、知识产权、技术转移和成果转化等高技术服务领域的市场竞争，支持民营企业开展技术服务活动②。

（五）促进企业并购

2010 年颁布的《国务院关于促进企业兼并重组的意见》（国发〔2010〕27 号）专门提出，要“做好信息咨询服务。加快引进和培养熟悉企业并购业务特别是跨国并购业务的专门人才，建立促进境内外并购活动的公共服务平台，拓宽企业兼并重组信息交流渠道，加强市场信息、战略咨询、法律顾问、财务顾问、资产评估、产权交易、融资中介、独立审计和企业管理等咨询服务，推动企业兼并重组中介服务加快专业化、规范化发展”③。2014 年发布的《国务院关于进一步优化企业兼并重组市场环境的意见》（国发〔2014〕14 号）中再次提出，要“进一步完善企业兼并重

---

① 《国务院关于促进企业技术改造的指导意见》（国发〔2012〕44 号）［EB/OL］［2018-10-05］，http://www.gov.cn/zhengce/content/2012-09/10/content_3607.htm。

② 《国务院关于鼓励和引导民间投资健康发展的若干意见》（国发〔2010〕13 号）［EB/OL］［2018-10-05］，http://www.gov.cn/zhengce/content/2010-05/13/content_3569.htm。

③ 《国务院关于促进企业兼并重组的意见》（国发〔2010〕27 号）［EB/OL］［2018-10-05］，http://www.gov.cn/zhengce/content/2010-09/06/content_1283.htm。

组公共信息服务平台，拓宽信息交流渠道。培育一批业务能力强、服务质量高的中介服务机构，提高关键领域、薄弱环节的服务能力，促进中介服务机构专业化、规范化发展”①。

（六）发挥行业协会作用

《国务院办公厅关于加快推进行业协会商会改革和发展的若干意见》（国办发〔2007〕36号）对依托行业协会开展的面向各行业信息服务进行了系统论述，文件指出：“行业协会代表本行业企业的利益，必须切实为企业服务。行业协会根据授权进行行业统计，掌握国内外行业发展动态，收集、发布行业信息；依照有关规定创办报刊和网站，开展法律、政策、技术、管理、市场等咨询服务；组织人才、技术、管理、法规等培训，帮助会员企业提高素质、增强创新能力、改善经营管理；参与行业资质认证、新技术和新产品鉴定及推广、事故认定等相关工作；受政府委托承办或根据市场和行业发展需要举办交易会、展览会等，为企业开拓市场创造条件。”② 此外，《国务院关于鼓励和引导民间投资健康发展的若干意见》（国发〔2010〕13号）等文件也间接强调了行业协会等的自律性作用，指出，“建立健全民间投资服务体系。充分发挥商会、行业协会等自律性组织的作用，积极培育和发展为民间投资提供法律、政策、咨询、财务、金融、技术、管理和市场信息等服务的中介组织”③。

二　促进具体领域信息服务业发展的产业政策

由于信息服务业具有广泛支撑国民经济各行各业运行的战略作用，因此在国家层面出台的面向各个具体行业领域的产业促进政策中，往往将结合该具体应用领域的信息服务业态发展作为重要举措或保障措施之一提

① 《国务院关于进一步优化企业兼并重组市场环境的意见》（国发〔2014〕14号）［EB/OL］［2018－10－05］，http：//www.gov.cn/zhengce/content/2014－03/24/content_8721.htm。

② 《国务院办公厅关于加快推进行业协会商会改革和发展的若干意见》（国办发〔2007〕36号）［EB/OL］［2018－10－05］，http：//www.gov.cn/zhengce/content/2008－03/28/content_6396.htm。

③ 《国务院关于鼓励和引导民间投资健康发展的若干意见》（国发〔2010〕13号）［EB/OL］［2018－10－05］，http：//www.gov.cn/zhengce/content/2010－05/13/content_3569.htm。

出。在笔者所收集的信息服务业行业政策库中，面向各类具体行业领域的信息服务业政策共 81 条，占所有政策总数的约 60%，其中所涵盖的具体行业领域共 19 个。这其中，对信息服务业态发展最为关注的五个行业领域包括“三农”发展、医药卫生、物流流通、就业工作和节能环保等。以下对上述五个主要行业领域的信息服务业发展政策进行述评。

（一）“三农”发展

作为拥有十亿农民的发展中大国，解决“三农”问题已经成为我国经济社会发展的重中之重，因此“三农”发展一直以来都是我国公共政策关注的焦点问题。从笔者所收集的“三农”发展类政策表述来看，“三农”发展中引入信息技术和信息服务要素的工作起步很早。早在 1992 年发布的《国务院关于发展高产优质高效农业的决定》（国发〔1992〕56 号）中，就提出要“健全市场预测制度和信息服务网络，指导产销地区之间建立相对稳定的大宗贸易协定”[①]。进入 21 世纪以来，信息化和信息服务在解决现代农业、新农村建设和农民就业增收问题中的作用越来越凸显，自 2003 年起，国务院发布的多份关于“三农”问题的重要政策文件中，反复提及信息服务配套发展问题。具体来说，这些政策主要关注以下三类问题。

①构建“三农”综合信息服务平台，为“三农”用户提供疫病防治、市场供求、农机供应、种子化肥等综合性信息服务内容。从政策演变的角度看，早期在“三农”问题的多个具体领域，都曾出现相应政策表述。如《国务院办公厅关于进一步做好农业标准化工作的通知》（国办发〔2003〕97 号）提出要建立农业标准化信息服务体系[②]，《国务院办公厅关于推进种子管理体制改革加强市场监管的意见》（国办发〔2006〕40 号）提出不断完善种子质量检验体系、品种区域试验体系和信息服务体系[③]，《国务

---

① 《国务院关于发展高产优质高效农业的决定》（国发〔1992〕56 号）［EB/OL］［2018 - 10 - 05］，http：//www.gov.cn/zhengce/content/2010 - 12/19/content_ 3274.htm。

② 《国务院办公厅关于进一步做好农业标准化工作的通知》（国办发〔2003〕97 号）［EB/OL］［2018 - 10 - 05］，http：//www.gov.cn/zhengce/content/2008 - 03/28/content_ 3107.htm。

③ 《国务院办公厅关于推进种子管理体制改革加强市场监管的意见》（国办发〔2006〕40 号）［EB/OL］［2018 - 10 - 05］，http：//www.gov.cn/zhengce/content/2008 - 03/28/content_ 3000.htm。

院关于深化改革加强基层农业技术推广体系建设的意见》（国发〔2006〕30号）中提出要培育基层农业技术推广多元化服务组织①，等等。这些单独建设的农业信息服务体系和服务平台，在一定程度上促进了“三农”信息化的快速发展，但也容易造成资源浪费、重复建设、利用率低、条块分割等弊端。因此，自《中共中央国务院关于推进社会主义新农村建设的若干意见》（中发〔2006〕1号）起，中央明确提出了农业综合信息服务平台的理念，要求“充分利用和整合涉农信息资源，强化面向农村的广播电视电信等信息服务，重点抓好‘金农’工程和农业综合信息服务平台建设工程”②。

②构建农民就业信息服务平台，切实改善农民工进城就业环境。如2004年发布的《国务院办公厅关于进一步做好改善农民进城就业环境工作的通知》（国办发〔2004〕92号）指出，要“完善对农民进城就业的职业介绍服务”③。2008年《国务院办公厅关于切实做好当前农民工工作的通知》（国办发〔2008〕130号）则指出，“公共就业服务机构要加强对农民工的就业指导、职业介绍和就业信息服务，收集适合农民工的岗位信息，通过多种渠道及时发布”④。2010年《国务院关于进一步做好为农民工服务工作的意见》（国发〔2010〕40号）进一步要求，要“实现就业信息全国联网，为农民工提供免费的就业信息服务。完善城乡均等的公共就业服务体系，有针对性地为农民工提供政策咨询、职业指导、职业介绍等公共就业服务”⑤。可以看出，在提供面向农民的就业公共信息服务过程中，国家政策的提法和理念不断趋于完善，从最初要求完善专

① 《国务院关于深化改革加强基层农业技术推广体系建设的意见》（国发〔2006〕30号）[EB/OL][2018-10-05]，http://www.gov.cn/zhengce/content/2008-03/28/content_2981.htm。

② 《中共中央国务院关于推进社会主义新农村建设的若干意见》（中发〔2006〕1号）[EB/OL][2018-10-05]，http://www.gov.cn/gongbao/content/2006/content_254151.htm。

③ 《国务院办公厅关于进一步做好改善农民进城就业环境工作的通知》（国办发〔2004〕92号）[EB/OL][2018-10-05]，http://www.gov.cn/zhengce/content/2008-03/28/content_6684.htm。

④ 《国务院办公厅关于切实做好当前农民工工作的通知》（国办发〔2008〕130号）[EB/OL][2018-10-05]，http://www.gov.cn/zhengce/content/2008-12/22/content_6628.htm。

⑤ 《国务院关于进一步做好为农民工服务工作的意见》（国发〔2014〕40号）[EB/OL][2018-10-05]，http://www.gov.cn/zhengce/content/2014-09/30/content_9105.htm。

门面向农民就业的信息服务，到进一步要求公共就业服务机构加大农民就业信息服务力度，再到 2014 年提出构建城乡均等的公共就业服务体系，我国农民就业信息服务的政策导向越来越趋向于城乡一体、多元综合的方向发展，这无疑对于改变当前我国城乡二元利益格局具有积极促进作用。

③近年来，随着信息技术和经济社会发展水平不断提升，各种新技术、新应用、新模式被不断引入"三农"信息服务政策之中。如 2012 年《国务院办公厅关于印发全国现代农作物种业发展规划（2012—2020 年）的通知》（国办发〔2012〕59 号）中首次提出，要应用物联网等新技术建立农作物种业信息服务平台，要求"推进物联网技术应用，引导企业建立覆盖生产、加工、流通各环节的种子质量可追溯系统"①。同年发布的《国务院关于印发全国现代农业发展规划（2011—2015 年）的通知》（国发〔2012〕4 号）中，则更加全面地描述了新技术促进"三农"信息服务发展的政策愿景，要求"大力推动精准作业、智能控制、远程诊断、遥感监测、灾害预警、地理信息服务及物联网等现代信息技术在农业农村的应用"，并"建立共享化农业信息综合数据库和网络化信息服务支持系统，开展农业物联网应用示范"②。2014 年《国务院办公厅关于金融服务"三农"发展的若干意见》（国办发〔2014〕17 号）中，则首次将金融信息服务引入"三农"信息服务体系之中，并提出要"加强信息服务，推动农民合作社等农村经济组织参与期货交易，鼓励农产品生产经营企业进入期货市场开展套期保值业务"③。

（二）医药卫生

2007 年以来，随着医疗卫生事业改革进程的不断加快，国家层面在

① 《国务院办公厅关于印发全国现代农作物种业发展规划（2012—2020 年）的通知》（国办发〔2012〕59 号）[EB/OL] [2018 - 10 - 05]，http://www.gov.cn/zhengce/content/2012 - 12/31/content_ 2750.htm。

② 《国务院关于印发全国现代农业发展规划（2011—2015 年）的通知》（国发〔2012〕4 号）[EB/OL] [2018 - 10 - 05]，http://www.gov.cn/zhengce/content/2012 - 02/13/content_ 2791.htm。

③ 《国务院办公厅关于金融服务"三农"发展的若干意见》（国办发〔2014〕17 号）[EB/OL] [2018 - 10 - 05]，http://www.gov.cn/zhengce/content/2014 - 04/22/content_ 8771.htm。

制定医药卫生事业相关政策时，大量引入信息技术和信息服务，促进行业监管能力和服务水平的提升。具体包括以下几个领域。

①加大医疗卫生相关领域资源的公共信息服务力度。如《国务院办公厅转发发展改革委卫生部等部门关于进一步鼓励和引导社会资本举办医疗机构意见的通知》（国办发〔2010〕58号）中提出，要“提高信息透明度，按照信息公开的有关规定及时公布各类卫生资源配置规划、行业政策、市场需求等方面的信息”①。《国务院关于印发全民健身计划（2011—2015年）的通知》（国发〔2011〕5号）中提出，要“加快全民健身公共信息服务网络建设，提高全民健身公共信息服务能力”②。《国务院办公厅印发关于县级公立医院综合改革试点意见的通知》（国办发〔2012〕33号）指出，要“发展面向农村基层及边远地区的远程诊疗系统，逐步实现远程会诊、远程（病理）诊断和远程教育等。建设医疗健康信息网”③。《国务院关于促进健康服务业发展的若干意见》（国发〔2013〕40号）中，则较为全面地提出了未来医疗健康领域公共信息服务的发展重点，即“积极发展网上预约挂号、在线咨询、交流互动等健康服务。以面向基层、偏远和欠发达地区的远程影像诊断、远程会诊、远程监护指导、远程手术指导、远程教育等为主要内容，发展远程医疗。探索发展公开透明、规范运作、平等竞争的药品和医疗器械电子商务平台。支持研制、推广适应广大乡镇和农村地区需求的低成本数字化健康设备与信息系统”④。

②加大医药卫生行业商业信息服务监管力度。《国务院关于印发国家药品安全“十二五”规划的通知》（国发〔2012〕5号）中提出，要“规范网上药品信息服务与广告发布行为，重点打击利用互联网发布虚假广告

① 《国务院办公厅转发发展改革委卫生部等部门关于进一步鼓励和引导社会资本举办医疗机构意见的通知》（国办发〔2010〕58号）［EB/OL］［2018-10-05］，http://www.gov.cn/zhengce/content/2010-12/03/content_7260.htm。

② 《国务院关于印发全民健身计划（2011—2015年）的通知》（国发〔2011〕5号）［EB/OL］［2018-10-05］，http://www.gov.cn/zhengce/content/2011-02/24/content_6411.htm。

③ 《国务院办公厅印发关于县级公立医院综合改革试点意见的通知》（国办发〔2012〕33号）［EB/OL］［2018-10-05］，http://www.gov.cn/zhengce/content/2012-06/14/content_6082.htm。

④ 《国务院关于促进健康服务业发展的若干意见》（国发〔2013〕40号）［EB/OL］［2018-10-05］，http://www.gov.cn/zhengce/content/2013-10/18/content_6067.htm。

和虚假宣传行为。加强药品电子商务特别是网上药品零售市场监管，严格互联网药品交易服务网站资格审批，促进互联网药品交易服务健康发展”①。

③运用云计算、物联网、移动计算等新技术，构建更加综合化、集成化的医药卫生信息服务平台。如《国务院关于印发“十二五”期间深化医药卫生体制改革规划暨实施方案的通知》（国发〔2012〕11号）提出，要“利用‘云计算’等先进技术，发展专业的信息运营机构”②。《国务院关于促进健康服务业发展的若干意见》（国发〔2013〕40号）中则指出，要“逐步扩大数字化医疗设备配备，探索发展便携式健康数据采集设备，与物联网、移动互联网融合，不断提升自动化、智能化健康信息服务水平”③。

（三）物流流通

我国是一个幅员辽阔、区域差异极大的国家，物流产业对我国经济发展具有重要战略意义。同时，物流产业又是一个物质流、信息流、资金流、人员流等“多流合一”的特殊行业。信息通信技术和信息服务对于物流行业发展具有极为重要的意义。物流信息服务的相关政策表述具有以下三个方面的特征。

①高度强调信息服务对促进物流产业发展的战略意义。中央近年来出台的物流产业促进政策中，反复提及物流信息服务的发展问题。如《国务院关于促进流通业发展的若干意见》（国发〔2005〕19号）就将信息服务作为物流产业发展的基本要素之一，并指出，“地方各级人民政府要采取切实有效的措施支持中小流通企业发展，在市场准入、信用担保、金融服务、物流服务、人才培训、信息服务等方面进行扶持”④。文件还提出，要建立健全流通领域公共信息服务体系，要求“中央财政从2005年起每

① 《国务院关于印发国家药品安全“十二五”规划的通知》（国发〔2012〕5号）［EB/OL］［2018－10－05］，http：//www.gov.cn/zhengce/content/2012－02/13/content_6119.htm。

② 《国务院关于印发“十二五”期间深化医药卫生体制改革规划暨实施方案的通知》（国发〔2012〕11号）［EB/OL］［2018－10－05］，http：//www.gov.cn/zhengce/content/2012－03/21/content_6094.htm。

③ 《国务院关于促进健康服务业发展的若干意见》（国发〔2013〕40号）［EB/OL］［2018－10－05］，http：//www.gov.cn/zhengce/content/2013－10/18/content_6067.htm。

④ 《国务院关于促进流通业发展的若干意见》（国发〔2005〕19号）［EB/OL］［2018－10－05］，http：//www.gov.cn/zhengce/content/2008－03/28/content_3599.htm。

年拿出一定资金支持全国流通领域公共信息服务系统建设，从中央外贸发展基金中安排一定资金支持全国市场信息服务体系建设。地方各级财政要加大资金投入，支持当地商品信息服务系统的建设和运行维护。商务主管部门要制订流通领域公共信息服务体系建设规划，加强管理"①。《国务院关于深化流通体制改革加快流通产业发展的意见》（国发〔2012〕39号）则提出要全面提升流通信息化水平，要求"将信息化建设作为发展现代流通产业的战略任务，加强规划和引导，推动营销网、物流网、信息网的有机融合"②。

②高度强调新技术在物流信息服务中的应用。物流行业对于信息服务的应用范围极其广泛，且对于新技术的接受和应用能力明显高于其他应用领域。如《国务院办公厅关于促进物流业健康发展政策措施的意见》（国办发〔2011〕38号）提出，要"重点支持货物跟踪定位、无线射频识别、物流信息平台、智能交通、物流管理软件、移动物流信息服务等关键技术攻关。适时启动物联网在物流领域的应用示范"③ 2012年颁布的《国务院关于深化流通体制改革加快流通产业发展的意见》（国发〔2012〕39号）中更加全面地表述了新技术在物流信息服务中的应用范围："鼓励流通领域信息技术的研发和集成创新，加快推广物联网、互联网、云计算、全球定位系统、移动通信、地理信息系统、电子标签等技术在流通领域的应用。"④ 此外，在与物流产业密切相关的流通领域，新技术的应用也受到了高度重视。如《国务院办公厅关于促进内贸流通健康发展的若干意见》（国办发〔2014〕51号）就指出，要推进商务领域大数据公共信息服务平台建设，促进线上线下融合发展，推广"网订店取""网订店送"等新型配送模式⑤。《国务

① 《国务院关于促进流通业发展的若干意见》（国发〔2005〕19号）［EB/OL］［2018-10-05］，http://www.gov.cn/zhengce/content/2008-03/28/content_3599.htm。

② 《国务院关于深化流通体制改革加快流通产业发展的意见》（国发〔2012〕39号）［EB/OL］［2018-10-05］，http://www.gov.cn/zhengce/content/2012-08/07/content_1244.htm。

③ 《国务院办公厅关于促进物流业健康发展政策措施的意见》（国办发〔2011〕38号）［EB/OL］［2018-10-05］，http://www.gov.cn/zhengce/content/2011-08/18/content_1612.htm。

④ 《国务院关于深化流通体制改革加快流通产业发展的意见》（国发〔2012〕39号）［EB/OL］［2018-10-05］，http://www.gov.cn/zhengce/content/2012-08/07/content_1244.htm。

⑤ 《国务院办公厅关于促进内贸流通健康发展的若干意见》（国办发〔2014〕51号）［EB/OL］［2018-10-05］，http://www.gov.cn/zhengce/content/2014-11/16/content_9207.htm。

院办公厅关于印发中国食物与营养发展纲要（2014—2020 年）的通知》（国办发〔2014〕3 号）中则指出，要积极推进物联网等信息技术应用，加强市场网络和配送服务体系建设，加快形成安全卫生、布局合理的现代食物市场流通体系①。

③逐步推进跨区域、跨行业物流信息服务平台整合。2014 年颁布的《物流业发展中长期规划（2014—2020 年）》（国发〔2014〕42 号）中，专门提出了建设物流信息平台工程的任务。其主要思想，就是整合现有物流信息服务平台资源，形成跨行业和区域的智能物流信息公共服务平台。具体来说包括五个方面：一是加强综合运输信息、物流资源交易、电子口岸和大宗商品交易等平台建设，促进各类平台之间的互联互通和信息共享。二是鼓励龙头物流企业搭建面向中小物流企业的物流信息服务平台，促进货源、车源和物流服务等信息的高效匹配，有效降低货车空驶率。三是以统一物品编码体系为依托，建设衔接企业、消费者与政府部门的第三方公共服务平台，提供物流信息标准查询、对接服务。四是建设智能物流信息平台，形成集物流信息发布、在线交易、数据交换、跟踪追溯、智能分析等功能于一体的物流信息服务中心。五是加快推进国家交通运输物流公共信息平台建设，依托东北亚物流信息服务网络等已有平台，开展物流信息化国际合作②。

（四）就业工作

近年来，大学生、农民工、再就业群体的就业问题成为我国各级政府面临的重要挑战。作为一类以有效对接供需双方资源为主要目的的活动，就业工作中信息服务的重要性不言而喻。自 2003 年以来，中央出台的多份政策文件中都高度强调就业信息服务体系建设问题。具体来说包括三类。

①加强基层就业公共信息服务体系建设。如《国务院关于做好促进就业工作的通知》（国发〔2008〕5 号）要求，“县级以上人民政府要

---

① 《国务院办公厅关于印发中国食物与营养发展纲要（2014—2020 年）的通知》（国办发〔2014〕3 号）［EB/OL］［2018－10－05］，http：//www.gov.cn/zhengce/content/2014－02/10/content_ 8638.htm。

② 《物流业发展中长期规划（2014—2020 年）》（国发〔2014〕42 号）［EB/OL］［2018－10－05］，http：//www.gov.cn/zhengce/content/2014－10/04/content_ 9120.htm。

加强人力资源市场信息网络及相关设施建设，建立健全人力资源市场信息服务体系，完善市场信息发布制度”①。《国务院关于加强职业培训促进就业的意见》（国发〔2010〕36号）提出，“基层劳动就业和社会保障公共服务平台要了解、掌握培训需求，收集、发布培训信息，积极动员组织辖区内各类劳动者参加职业培训和职业技能鉴定，及时提供就业信息和就业指导，协助落实相关就业扶持政策，促进其实现就业”②。《国务院关于批转促进就业规划（2011—2015年）的通知》（国发〔2012〕6号）则要求，“加强基层就业和社会保障服务体系建设，建立覆盖全国的就业信息监测和招聘信息公共服务平台，为社会提供公共就业信息服务”③。

②加强高校大学生就业公共信息服务体系建设。《国务院办公厅关于加强普通高等学校毕业生就业工作的通知》（国办发〔2009〕3号）提出，“人力资源社会保障、教育等部门及高校要加强协作，采取网络招聘、专场招聘、供求洽谈会和用人单位进校园等多种方式，大力开展面向高校毕业生的就业服务系列活动，为应届高校毕业生提供更多、更快、更好的免费就业信息和各类就业服务”④。《国务院办公厅关于做好2013年全国普通高等学校毕业生就业工作的通知》（国办发〔2013〕35号）则进一步提出，“健全全国就业信息公共服务网络平台，实现与高校校园网互联互通，充分利用短信、微博、移动互联平台等多种渠道发布就业信息，切实降低求职成本”⑤。

③面向农民工和下岗群体的就业信息服务体系建设。面向农民工的就业

① 《国务院关于做好促进就业工作的通知》（国发〔2008〕5号）[EB/OL] [2018-10-05]，http://www.gov.cn/zhengce/content/2008-03/28/content_6632.htm。

② 《国务院关于加强职业培训促进就业的意见》（国发〔2010〕36号）[EB/OL] [2018-10-05]，http://www.gov.cn/zhengce/content/2010-10/25/content_6600.htm。

③ 《国务院关于批转促进就业规划（2011—2015年）的通知》（国发〔2012〕6号）[EB/OL] [2018-10-05]，http://www.gov.cn/zhengce/content/2012-02/08/content_6589.htm。

④ 《国务院办公厅关于加强普通高等学校毕业生就业工作的通知》（国办发〔2009〕3号）[EB/OL] [2018-10-05]，http://www.gov.cn/zhengce/content/2009-01/23/content_5468.htm。

⑤ 《国务院办公厅关于做好2013年全国普通高等学校毕业生就业工作的通知》（国办发〔2013〕35号）[EB/OL] [2018-10-05]，http://www.gov.cn/zhengce/content/2013-05/17/content_5302.htm。

信息服务平台，在前文中已有论述，此处不再赘述。面向下岗再就业群体的就业信息服务发展政策表述，可参见《国务院办公厅关于加快推进再就业工作的通知》（国办发〔2003〕40号），其中指出，“各级政府要建立完善公共就业服务制度，全面落实免费再就业培训和免费职业介绍政策。要加强劳动力市场信息网络建设。要广泛推行上门服务、即时服务和承诺服务，普遍推广在同一场所开展各项就业服务和社会保险业务的‘一站式’服务”[①]。

（五）节能环保

当前，我国经过几十年经济快速发展，在国民物质生活得到极大改善的同时，资源枯竭、环境恶化等问题日益严重，节能环保、循环经济和清洁能源产业成为朝阳产业。从国家在节能环保领域出台相关政策的表述看，目前我国节能环保产业对于信息服务的需求主要体现在三个方面。

①面向节能环保、循环经济、气候变化、可持续发展等的公共信息服务。这类需求在2010年之前较为常见，如《国务院关于印发中国21世纪初可持续发展行动纲要的通知》（国发〔2003〕3号）提出，“建立公共基础数据、人口、社会经济、资源、生态、环境和灾害等信息库，实现基于高速网络的、面向社会各界的、具有数据分析与处理能力的信息共享和信息服务体系”[②]。《国务院关于加快发展循环经济的若干意见》（国发〔2005〕22号）提出，“各地区、各部门要积极支持建立循环经济信息系统和技术咨询服务体系，及时向社会发布有关循环经济技术、管理和政策等方面的信息，开展信息咨询、技术推广、宣传培训等”[③]。《国务院关于印发中国应对气候变化国家方案的通知》（国发〔2007〕17号）提出，建设“以应用为导向的气候变化信息体系和信息服务体系，公益性信息服务体系和发展产业化信息服务体系”[④]。

---

① 《国务院办公厅关于加快推进再就业工作的通知》（国办发〔2003〕40号）[EB/OL][2018-10-05]，http://www.gov.cn/zhengce/content/2008-03/28/content_6730.htm。

② 《国务院关于印发中国21世纪初可持续发展行动纲要的通知》（国发〔2003〕3号）[EB/OL][2018-10-05]，http://www.gov.cn/zhengce/content/2008-03/28/content_2108.htm。

③ 《国务院关于加快发展循环经济的若干意见》（国发〔2005〕22号）[EB/OL][2018-10-05]，http://www.gov.cn/zhengce/content/2008-03/28/content_2047.htm。

④ 《国务院关于印发中国应对气候变化国家方案的通知》（国发〔2007〕17号）[EB/OL][2018-10-05]，http://www.gov.cn/zhengce/content/2008-03/28/content_5743.htm。

②依托行业协会的节能环保领域公益性信息服务。如《国务院关于加快发展循环经济的若干意见》（国发〔2005〕22号）提出，“建立循环经济技术咨询服务体系……充分发挥行业协会、节能技术服务中心、清洁生产中心等中介机构和科研单位、大专院校的作用”[①]。《国务院办公厅转发发展改革委等部门关于加快推行合同能源管理促进节能服务产业发展意见的通知》（国办发〔2010〕25号）提出，“节能服务行业组织要充分发挥职能作用，大力开展业务培训，加快建设信息交流平台，及时总结推广业绩突出的节能服务公司的成功经验，积极开展节能咨询服务”[②]。

③依托企业的节能环保领域商业性信息服务。如《国务院关于印发循环经济发展战略及近期行动计划的通知》（国发〔2013〕5号）提出，“鼓励发展循环经济信息服务业。鼓励科研院所、行业协会等为企业提供循环经济技术、管理等咨询服务”[③]。《国务院办公厅关于加快新能源汽车推广应用的指导意见》（国办发〔2014〕35号）提出，“鼓励互联网企业参与新能源汽车技术研发和运营服务，加快智能电网、移动互联网、物联网、大数据等新技术应用，为新能源汽车推广应用带来更多便利和实惠”[④]。

表15－1 面向具体行业领域的信息服务业发展政策一览

序号	应用领域	政策数量	政策名称
1	“三农”发展	13	《国务院关于发展高产优质高效农业的决定》（国发〔1992〕56号） 《国务院办公厅关于进一步做好农业标准化工作的通知》（国办发〔2003〕97号） 《国务院办公厅关于进一步做好改善农民进城就业环境工作的通知》（国办发〔2004〕92号）

① 《国务院关于加快发展循环经济的若干意见》（国发〔2005〕22号）[EB/OL][2018－10－05]，http://www.gov.cn/zhengce/content/2008－03/28/content_2047.htm。

② 《国务院办公厅转发发展改革委等部门关于加快推行合同能源管理促进节能服务产业发展意见的通知》（国办发〔2010〕25号）[EB/OL][2018－10－05]，http://www.gov.cn/zhengce/content/2010－04/05/content_4879.htm。

③ 《国务院关于印发循环经济发展战略及近期行动计划的通知》（国发〔2013〕5号）[EB/OL][2018－10－05]，http://www.gov.cn/zhengce/content/2013－02/06/content_1631.htm。

④ 《国务院办公厅关于加快新能源汽车推广应用的指导意见》（国办发〔2014〕35号）[EB/OL][2018－10－05]，http://www.gov.cn/zhengce/content/2014－07/21/content_8936.htm。

续表

序号	应用领域	政策数量	政策名称
1	“三农”发展	13	《国务院办公厅关于推进种子管理体制改革加强市场监管的意见》（国办发〔2006〕40号） 《国务院关于深化改革加强基层农业技术推广体系建设的意见》（国发〔2006〕30号） 《中共中央国务院关于推进社会主义新农村建设的若干意见》（中发〔2006〕1号） 《国务院办公厅关于切实做好当前农民工工作的通知》（国办发〔2008〕130号） 《国务院关于促进农业机械化和农机工业又好又快发展的意见》（国发〔2010〕22号） 《国务院关于支持农业产业化龙头企业发展的意见》（国发〔2012〕10号） 《国务院办公厅关于印发全国现代农作物种业发展规划（2012—2020年）的通知》（国办发〔2012〕59号） 《国务院关于印发全国现代农业发展规划（2011—2015年）的通知》（国发〔2012〕4号） 《国务院办公厅关于金融服务“三农”发展的若干意见》（国办发〔2014〕17号） 《国务院关于进一步做好为农民工服务工作的意见》（国发〔2014〕40号）
2	医药卫生	8	《国务院办公厅关于进一步加强药品安全监管工作的通知》（国办发〔2007〕18号） 《国务院办公厅转发发展改革委卫生部等部门关于进一步鼓励和引导社会资本举办医疗机构意见的通知》（国办发〔2010〕58号） 《国务院关于印发全民健身计划（2011—2015年）的通知》（国发〔2011〕5号） 《国务院办公厅印发关于县级公立医院综合改革试点意见的通知》（国办发〔2012〕33号） 《国务院关于印发国家药品安全“十二五”规划的通知》（国发〔2012〕5号） 《国务院关于印发“十二五”期间深化医药卫生体制改革规划暨实施方案的通知》（国发〔2012〕11号） 《国务院办公厅关于巩固完善基本药物制度和基层运行新机制的意见》（国办发〔2013〕14号） 《国务院关于促进健康服务业发展的若干意见》（国发〔2013〕40号）

续表

序号	应用领域	政策数量	政策名称
3	物流流通	8	《国务院关于促进流通业发展的若干意见》（国发〔2005〕19 号） 《国务院办公厅关于促进物流业健康发展政策措施的意见》（国办发〔2011〕38 号） 《国务院关于深化流通体制改革加快流通产业发展的意见》（国发〔2012〕39 号） 《国务院办公厅关于印发国内贸易发展“十二五”规划的通知》（国办发〔2012〕47 号） 《国务院办公厅关于印发深化流通体制改革加快流通产业发展重点工作部门分工方案的通知》（国办函〔2013〕69 号） 《国务院办公厅关于促进内贸流通健康发展的若干意见》（国办发〔2014〕51 号） 《国务院关于印发物流业发展中长期规划（2014—2020年）的通知》（国发〔2014〕42 号） 《国务院办公厅关于印发中国食物与营养发展纲要（2014—2020 年）的通知》（国办发〔2014〕3 号）
4	就业工作	6	《国务院办公厅关于加快推进再就业工作的通知》（国办发〔2003〕40 号） 《国务院关于做好促进就业工作的通知》（国发〔2008〕5 号） 《国务院办公厅关于加强普通高等学校毕业生就业工作的通知》（国办发〔2009〕3 号） 《国务院关于加强职业培训促进就业的意见》（国发〔2010〕36 号） 《国务院关于批转促进就业规划（2011—2015 年）的通知》（国发〔2012〕6 号） 《国务院办公厅关于做好 2013 年全国普通高等学校毕业生就业工作的通知》（国办发〔2013〕35 号）
5	节能环保	6	《国务院关于印发中国 21 世纪初可持续发展行动纲要的通知》（国发〔2003〕3 号） 《国务院关于加快发展循环经济的若干意见》（国发〔2005〕22 号） 《国务院关于印发中国应对气候变化国家方案的通知》（国发〔2007〕17 号）

续表

序号	应用领域	政策数量	政策名称
5	节能环保	6	《国务院办公厅转发发展改革委等部门关于加快推行合同能源管理促进节能服务产业发展意见的通知》（国办发〔2010〕25号） 《国务院关于印发循环经济发展战略及近期行动计划的通知》（国发〔2013〕5号） 《国务院办公厅关于加快新能源汽车推广应用的指导意见》（国办发〔2014〕35号）
6	对外贸易	5	《国务院办公厅转发海关总署等部门关于加强综合管理促进对外加工装配业务发展意见的通知》（国办发〔1987〕56号） 《国务院关于进一步深化对外贸易体制改革的决定》（国发〔1994〕4号） 《国务院办公厅转发商务部等部门关于进一步实施科技兴贸战略若干意见的通知》（国办发〔2003〕92号） 《国务院关于加强进口促进对外贸易平衡发展的指导意见》（国发〔2012〕15号） 《国务院关于加快发展对外文化贸易的意见》（国发〔2014〕13号）
7	社保养老	5	《国务院关于印发完善城镇社会保障体系试点方案的通知》（国发〔2000〕42号） 《国务院办公厅关于印发社区服务体系建设规划（2011—2015年）的通知》（国办发〔2011〕61号） 《国务院办公厅关于印发社会养老服务体系建设规划（2011—2015年）的通知》（国办发〔2011〕60号） 《国务院关于印发中国老龄事业发展“十二五”规划的通知》（国发〔2011〕28号） 《国务院关于加快发展养老服务业的若干意见》（国发〔2013〕35号）
8	旅游发展	4	《国务院关于加快发展旅游业的意见》（国发〔2009〕41号） 《国务院办公厅关于印发国民旅游休闲纲要（2013—2020年）的通知》（国办发〔2013〕10号） 《国务院办公厅关于印发〈国务院关于促进旅游业改革发展的若干意见〉任务分解表的通知》（国办函〔2014〕121号）

续表

序号	应用领域	政策数量	政策名称
8	旅游发展	4	《国务院关于促进旅游业改革发展的若干意见》（国发〔2014〕31号）
9	科技服务	4	《国务院办公厅关于征求对〈中长期科学技术发展纲领（讨论稿）〉意见的通知》（国办发〔1990〕6号） 《国务院关于印发全民科学素质行动计划纲要（2006—2010—2020年）的通知》（国发〔2006〕7号） 《国务院办公厅转发发展改革委等部门关于促进自主创新成果产业化若干政策的通知》（国办发〔2008〕128号） 《国务院关于加快科技服务业发展的若干意见》（国发〔2014〕49号）
10	海洋产业	4	《国务院关于印发全国海洋经济发展“十二五”规划的通知》（国发〔2012〕50号） 《国务院关于促进海洋渔业持续健康发展的若干意见》（国发〔2013〕11号） 《国务院关于印发船舶工业加快结构调整促进转型升级实施方案（2013—2015年）的通知》（国发〔2013〕29号） 《国务院关于促进海运业健康发展的若干意见》（国发〔2014〕32号）
11	知识产权	3	《国务院办公厅关于印发保护知识产权行动纲要（2006—2007年）的通知》（国办发〔2006〕22号） 《国务院关于印发国家知识产权战略纲要的通知》（国发〔2008〕18号） 《国务院办公厅关于转发知识产权局等单位深入实施国家知识产权战略行动计划（2014—2020年）的通知》（国办发〔2014〕64号）
12	社会信用	3	《国务院办公厅转发发展改革委等部门关于加强中小企业信用担保体系建设意见的通知》（国办发〔2006〕90号） 《国务院办公厅关于社会信用体系建设的若干意见》（国办发〔2007〕17号） 《国务院关于印发社会信用体系建设规划纲要（2014—2020年）的通知》（国发〔2014〕21号）

续表

序号	应用领域	政策数量	政策名称
13	煤炭产业	3	《国务院关于促进煤炭工业健康发展的若干意见》（国发〔2005〕18号） 《国务院办公厅关于进一步加强煤矿安全生产工作的意见》（国办发〔2013〕99号） 《国务院办公厅关于促进煤炭行业平稳运行的意见》（国办发〔2013〕104号）
14	装备制造	2	《国务院关于加快振兴装备制造业的若干意见（摘要）》（国发〔2006〕8号） 《装备制造业调整和振兴规划》
15	公共交通	2	《国务院办公厅转发建设部等部门关于优先发展城市公共交通意见的通知》（国办发〔2005〕46号） 《国务院关于城市优先发展公共交通的指导意见》（国发〔2012〕64号）
16	应急产业	1	《国务院办公厅关于加快应急产业发展的意见》（国办发〔2014〕63号）
17	体育健身	1	《国务院办公厅关于加快发展体育产业的指导意见》（国办发〔2010〕22号）
18	气象事业	1	《国务院关于加快气象事业发展的若干意见》（国发〔2006〕3号）
19	服务外包	1	《国务院关于促进服务外包产业加快发展的意见》（国发〔2014〕67号）

三　从具体工作环节促进信息服务业发展的产业政策

这主要是指国家层面出台的一些宏观经济政策中，出于对信息服务业的重视，对信息服务业发展某一工作环节进行了专门提及或论述的情况。

（一）鼓励创业

如《国务院办公厅转发人力资源社会保障部等部门关于促进以创业带动就业工作指导意见的通知》（国办发〔2008〕111号）提出，各地区、各有关部门要紧密结合地方的优势产业、特色经济，确定鼓励创业的产业指导目录，制定扶持政策，鼓励创业者进入国家和地方优先和重点发展的科技型、资源综合利用型、劳动密集型、农副产品加工型、贸易促进型、社区服务型、建筑劳务型和信息服务型等产业或行业①。

（二）鼓励社会投资

如《国务院关于创新重点领域投融资机制鼓励社会投资的指导意见》（国发〔2014〕60号）提出，推进信息和民用空间基础设施投资主体多元化，鼓励电信业进一步向民间资本开放。进一步完善法律法规，尽快修订电信业务分类目录。研究出台具体试点办法，鼓励和引导民间资本投资宽带接入网络建设和业务运营，大力发展宽带用户。推进民营企业开展移动通信转售业务试点工作，促进业务创新发展②。

（三）金融扶持

如《国务院办公厅关于金融支持经济结构调整和转型升级的指导意见》（国办发〔2013〕67号）提出，大力支持实施创新驱动发展战略。加大对有市场发展前景的先进制造业、战略性新兴产业、现代信息技术产业和信息消费、劳动密集型产业、服务业、传统产业改造升级以及绿色环保等领域的资金支持力度③。

（四）开发区政策

如《国务院办公厅关于促进国家级经济技术开发区转型升级创新发展的若干意见》（国办发〔2014〕54号）提出，要支持国家级经开区发展软件和信息服务、物联网、云计算等产业，吸引和培育信息技术重点领域领

① 《国务院办公厅转发人力资源社会保障部等部门关于促进以创业带动就业工作指导意见的通知》（国办发〔2008〕111号）［EB/OL］［2018－10－05］，http：//www.gov.cn/zhengce/content/2008－10/30/content_7294.htm。

② 《国务院关于创新重点领域投融资机制鼓励社会投资的指导意见》（国发〔2014〕60号）［EB/OL］［2018－10－05］，http：//www.gov.cn/zhengce/content/2014－11/26/content_9260.htm。

③ 《国务院办公厅关于金融支持经济结构调整和转型升级的指导意见》（国办发〔2013〕67号）［EB/OL］［2018－10－05］，http：//www.gov.cn/zhengce/content/2013－07/05/content_1929.htm。

军企业，利用信息科技手段拓展传统产业链、提升产业增值水平①。

（五）市场秩序整顿

如《国务院关于促进市场公平竞争维护市场正常秩序的若干意见》（国发〔2014〕20号）提出，要把人民群众反映强烈、关系人民群众身体健康和生命财产安全、对经济社会发展可能造成大的危害的问题放在突出位置，着力加强对重点区域、重点领域、重点环节和重点产品的监管，切实解决食品药品、生态环境、安全生产、金融服务、网络信息、电子商务、房地产等领域扰乱市场秩序、侵害消费者合法权益的问题②。

（六）鼓励对外贸易

如《国务院办公厅转发发展改革委等部门关于加快培育国际合作和竞争新优势指导意见的通知》（国办发〔2012〕32号）中提出，努力扩大文化、技术、中医药、软件和信息服务、商贸流通、金融保险等新兴服务出口，扩大研究与开发、技术检测与分析、管理咨询和先进环保污染治理技术等领域的服务进口。优化利用外资结构。把承接国际制造业转移和促进国内产业结构升级相结合，积极引导外资投向现代农业、高新技术、先进制造、节能环保、新能源和新材料等产业，鼓励外商投资现代物流、信息技术服务、工程咨询、商务服务、信息咨询、科技服务和节能环保服务等现代服务业，严格限制高耗能、高污染和低水平、产能过剩项目③。《国务院关于加快发展服务贸易的若干意见》（国发〔2015〕8号）提出，重点培育运输、通信、金融、保险、计算机和信息服务、咨询、研发设计、节能环保、环境服务等资本技术密集型服务领域发展，既通过扩大进口满

---

① 《国务院办公厅关于促进国家级经济技术开发区转型升级创新发展的若干意见》（国办发〔2014〕54号）[EB/OL][2018-10-05]，http://www.gov.cn/zhengce/content/2014-11/21/content_9231.htm。

② 《国务院关于促进市场公平竞争维护市场正常秩序的若干意见》（国发〔2014〕20号）[EB/OL][2018-10-05]，http://www.gov.cn/zhengce/content/2014-07/08/content_8926.htm。

③ 《国务院办公厅转发发展改革委等部门关于加快培育国际合作和竞争新优势指导意见的通知》（国办发〔2012〕32号）[EB/OL][2018-10-05]，http://www.gov.cn/zhengce/content/2012-06/01/content_4057.htm。

足国内需求，又通过鼓励出口培育产业竞争力和外贸竞争新优势；积极推动文化艺术、广播影视、新闻出版、教育等承载中华文化核心价值的文化服务出口，大力促进文化创意、数字出版、动漫游戏等新型文化服务出口，加强中医药、体育、餐饮等特色服务领域的国际交流合作，提升中华文化软实力和影响力①。

（七）无障碍服务

如《国务院办公厅转发中国残联等部门和单位关于加快推进残疾人社会保障体系和服务体系建设指导意见的通知》（国办发〔2010〕19号）提出，要推进信息和交流无障碍建设，强化全社会无障碍意识。有关部门要将信息交流无障碍纳入信息化建设规划，制定信息无障碍技术标准，推进互联网和手机、电脑等信息无障碍实用技术和产品研发。政府政务信息公开要采取信息无障碍措施，公共服务机构要提供语音、文字提示、盲文、手语等无障碍服务。图书和声像资源数字化建设要实现信息无障碍②。

（八）加强行业计量测试

如《国务院关于印发计量发展规划（2013—2020年）的通知》（国发〔2013〕10号）提出，要为信息网络产业、电子核心基础产业、高端软件和新兴信息服务产业提供计量检定、校准及测试服务③。

第四节　地方信息服务业发展产业政策分析

一　相关国家政策中对地方信息服务业发展的表述

近几十年来，国家层面出台的各种区域经济社会发展的政策文件中，

① 《国务院关于加快发展服务贸易的若干意见》（国发〔2015〕8号）［EB/OL］［2018－10－05］，http://www.gov.cn/zhengce/content/2015－02/14/content_9482.htm。

② 《国务院办公厅转发中国残联等部门和单位关于加快推进残疾人社会保障体系和服务体系建设指导意见的通知》（国办发〔2010〕19号）［EB/OL］［2018－10－05］，http://www.gov.cn/zhengce/content/2010－03/12/content_7267.htm。

③ 《国务院关于印发计量发展规划（2013—2020年）的通知》（国发〔2013〕10号）［EB/OL］［2018－10－05］，http://www.gov.cn/zhengce/content/2013－03/07/content_1553.htm。

对于当地信息服务业发展问题多有论述。较早的如《国务院关于批转〈一九八七年经济特区工作会议纪要〉的通知》（国发〔1987〕30号）中提到，特区企业要以经济效益为中心加强管理，充分运用我国企业管理的好经验，认真借鉴国外的科学方法，逐步采用现代化的信息手段，使企业的管理水平和产值利润率、资金周转率、劳动生产率和净创汇收入都能不断提高[①]。该文件较早认识到信息服务业对于提升企业生产经营水平的支撑作用，可以说是后续各种生产性信息服务业发展政策的“源头”。此外，《国务院关于广东省深化改革扩大开放加快经济发展请示的批复》（国函〔1988〕25号）中进一步提到，要改造和提升优势产业，积极发展新技术产业，加快发展金融、旅游、信息等第三产业，建成一、二、三产业协调发展的产业体系，并做强与之相适应的基础产业[②]。

进入21世纪以来，国务院陆续出台或批准的各种区域产业规划中，同样多次提及当地信息服务业发展问题。如《国务院办公厅关于印发兴边富民行动“十一五”规划的通知》（国办发〔2007〕43号）中提到，要加快全国文化信息资源共享工程边境基层服务网点建设，加强面向边民的各类信息服务。并重点加强科技信息服务和先进适用技术的推广[③]。《国务院关于中西部地区承接产业转移的指导意见》（国发〔2010〕28号）中提出，中西部地区要“积极培育软件及信息服务、研发设计、质量检验、科技成果转化等生产性服务企业，发展相关产业的销售、财务、商务策划中心，推动服务业与制造业有机融合、互动发展。依托服务外包示范城市及省会等中心城市，承接国际服务外包，培育和建立服务贸易基地”[④]。《国务院关于印发中国（上海）自由贸易试验区总体方案的通知》（国发〔2013〕38号）中提出，要推动生物医药、软件信息、管理咨询、数据服

① 《国务院关于批转〈一九八七年经济特区工作会议纪要〉的通知》（国发〔1987〕30号）[EB/OL][2018-10-05]，http://www.gov.cn/zhengce/content/2011-09/30/content_2258.htm。

② 《国务院关于广东省深化改革扩大开放加快经济发展请示的批复》（国函〔1988〕25号）[EB/OL][2018-10-05]，http://www.gov.cn/zhengce/content/2011-10/26/content_1637.htm。

③ 《国务院办公厅关于印发兴边富民行动“十一五”规划的通知》（国办发〔2007〕43号）[EB/OL][2018-10-05]，http://www.gov.cn/zhengce/content/2008-03/28/content_6482.htm。

④ 《国务院关于中西部地区承接产业转移的指导意见》（国发〔2010〕28号）[EB/OL][2018-10-05]，http://www.gov.cn/zhengce/content/2010-09/06/content_1536.htm。

务等外包业务发展[①]。

二 地方政府信息服务业发展政策：基于政策剖面的调研

为进一步厘清各地对于信息服务业行业发展政策的定位，笔者曾基于31个省区市的“十一五”发展规划中信息服务业发展政策的内容，分析地方政府发展信息服务业的战略模式和热点领域。所研究的地方政府“十一五”规划对信息服务业的政策表述来自以下两种渠道：一是一些省份的信息服务业专项规划，如天津、江苏、浙江、四川等地；二是在国民经济和社会发展总规划，或服务业和信息产业等上位产业规划中对信息服务业的论述。收集数据时，遵循以下两个原则。

首先，尽量覆盖“十一五”期间我国各省区市产业规划全貌。除信息服务业专项规划之外，还收集了各省区市国民经济和社会发展总规划、服务业发展规划、信息产业发展规划和信息化规划等文件；以及其他各种带有产业发展规划性质的政策文件，如“数字福建建设专项规划”“四川省信息服务业发展规划（2008—2012年）”，等等。

其次，在保障文献占有率的前提下，对多份文件同时提及信息服务业的情况，选取表述最详尽的作为分析对象。如江苏、四川等省份在其国民经济和社会发展规划中也大量提及信息服务业的发展问题，但由于发布有专门的信息服务业发展规划，因此本书对其研究以专项规划文件为唯一来源。

表15－2显示了本书所收集数据来源的情况。

表15－2 本书的数据来源

数据来源	省区市	数量
信息服务业专项规划	苏、川、津、浙	4
国民经济和社会发展规划	甘、桂、琼、冀、黑、鄂、吉、赣、青、藏、新、滇、黔、豫、内蒙古	15
服务业发展规划	皖、京、粤、湘、辽、鲁、晋、陕	8
信息产业发展规划	闽、豫、沪、渝	4

① 《国务院关于印发中国（上海）自由贸易试验区总体方案的通知》（国发〔2013〕38号）［EB/OL］［2018－10－05］，http：//www.gov.cn/zhengce/content/2013－09/27/content_4036.htm。

其中，宁夏各类“十一五”规划文件中均未提及信息服务业相关概念，因此在表 15－2 中没有列出。河南省信息产业发展规划中将信息服务业列为“十一五”期间六大重点发展对象之一，但没有详细论述发展方略，在国民经济和社会发展规划中则有较详尽论述，本书将两份文件均作为文献来源。

（一）地方政府发展信息服务业的基本模式

目前，各地政府对信息服务业行业地位、发展目标、发展模式、重点领域的界定方法并不统一，本书将其划分为三类，即重点发展型、梯次推进型和产业提振型，如表 15－3 所示。

表 15－3　地方政府发展信息服务业的三种模式

发展模式	基本描述	上位概念	代表地区
重点发展型	将信息服务业作为服务业或信息产业的重点领域，通过发展信息服务业促进本地区经济和社会发展	信息产业	闽、琼、豫、沪、渝
		服务业	皖、黑、鲁、陕、青
梯次推进型	将服务业划分为几个梯队，信息服务业划入生产性服务业，结合本地区实际情况确定信息服务业发展优先级	生产性服务业	京、湘、吉、辽、晋
产业提振型	将信息服务业划入现代服务业范畴，通过大力发展与传统产业结合紧密的信息服务领域达到提振传统产业、促进产业升级的目的	现代服务业 新兴服务业	冀、豫、鄂、藏、新、滇、赣、黔

以下分别对上述三种类型的信息服务业发展模式加以探讨。

①重点发展型。采用重点发展型发展模式的地方政府，在其产业规划中以信息产业或服务业为信息服务业的上位概念，将信息服务业作为发展服务业或信息产业的重点领域。如安徽省将信息服务业列为服务业发展十大重点之一，重庆市将信息服务业列为信息产业发展六大重点领域之一，等等。这种发展模式有助于突出信息服务业在国民经济和社会发展中的关键地位，促使资金、设备、人才等各种市场资源向重点领域集中，从而达到大力发展信息服务业的目的。其缺点则在于，单纯罗列行业发展重点领域，往往会造成概念的混淆和冲突。例如，重庆市将信息服务业、通信

业、信息家电业等同时列入信息产业发展的六大领域之中，其信息服务业的行业范围包括软件业和数字内容产业。福建省将信息产业的重点领域划分为信息产品制造业、软件业和信息服务业，信息服务业的行业范围包括信息传输和计算机服务业。而上海市则将信息产业的重点领域划分为信息产品制造业和信息服务业两类，信息服务业涵盖了信息产业中除去信息产业制造之外的所有服务性业务。不同政府间做法上的不同，造成了信息服务业概念内涵和行业范围的不确定性。

②梯次推进型。采用梯次推进型发展模式的地方政府，在其产业规划中将服务业划分为几个梯队，如生产性服务业、消费性服务业等。将信息服务业划入生产性服务业，并结合本地区实际情况，确定信息服务业发展的政策扶持力度。较典型的如北京市提出“优先发展文化创意产业，大力发展生产性服务业，加快发展消费性服务业”，将生产性服务业置于本市服务业发展的第二梯队。这类发展模式的优势在于，明确了信息服务业在行业发展中的梯次，有助于制定更有层次感、更合理的行业发展规划。此外，还有助于明确信息服务业与同属一个细分体系的其他行业，如金融业、现代物流业、商务服务业等的行业关系和发展的优先次序，从而帮助地方政府制定出更有针对性和地方特色的产业发展战略。例如，近年来北京市信息服务企业在内的中小企业普遍面临融资难问题，因此在“十一五”规划中，将金融业置于信息服务业发展之前，从宏观产业规划的角度优先推动金融业发展，从而为信息服务业和其他产业发展提供有力的资本保障。

③产业提振型。采用产业提振型发展模式的地方政府，以“现代服务业”或“新兴服务业”作为信息服务业的上位概念，以与传统服务业相区分。采取这种发展模式的省份多属传统经济占主导地位的欠发达省份，如西藏、新疆、云南、江西、贵州、河南、湖北等。其主要目的在于通过优先发展高增值、低消耗的现代服务业，提升本地区产业结构水平，并达到使用信息技术提升传统服务业和传统产业的目标。具体表述上，多强调信息化对于产业结构升级的促进作用。如河北省提出“利用信息技术促进现代服务业发展”，并将大力发展信息服务业列为其主要措施。湖北省提出“大力推进信息技术与国民经济主要产业的融合与应用”，将加快发展现代信息服务业列入“服务业信息化”小节之中。这些省份将发展信息服务业视为促进产业升级和经济转型的重要力量，发展重点也多为与传统行

业结合更加密切的信息服务领域，如各种基础信息资源数据库、中介信息服务等。这种发展模式有助于中西部省份推动传统产业信息化进程，实现信息化与工业化融合的战略目标。

（二）地方政府信息服务业发展热点分析

对各地区信息服务业发展规划的具体内容进行分析，可以得到目前我国地方政府发展信息服务业的重点领域。表 15 －4 显示了被提及次数超过 3 次的 24 个重点发展领域。

表 15 －4　地方政府发展信息服务业热点领域

发展重点	省区市
电子商务	皖、京、闽、粤、黑、鄂、湘、吉、苏、辽、内蒙古、鲁、晋、陕、沪、川、津、滇
互联网信息服务	闽、粤、琼、冀、黑、鄂、吉、苏、辽、晋、陕、沪、川、滇、浙
通信基础设施	皖、京、闽、粤、冀、黑、鄂、湘、吉、陕、沪、川、津、浙
电子政务	皖、粤、黑、湘、吉、苏、辽、内蒙古、鲁、陕、川、滇
数字内容产业	皖、京、粤、琼、鄂、苏、沪、津、浙、渝
公共信息服务	粤、豫、吉、苏、鲁、陕、川、津、渝、皖
软件产业基地	皖、京、粤、湘、苏、辽、内蒙古、川、渝
增值电信服务	粤、琼、冀、鄂、湘、苏、陕、滇
“三农”信息服务	皖、粤、吉、辽、晋、陕、川
嵌入式软件	京、湘、苏、辽、沪、浙、渝
软件与信息服务外包	京、黑、鄂、苏、陕、沪、浙
信息咨询	闽、冀、鄂、内蒙古、陕、滇
远程教育	粤、辽、晋、川、津
金融信息服务	鲁、晋、津、沪、豫
远程医疗	粤、辽、晋、川
现代邮政/现代物流	鄂、陕、晋、津
中间件	京、粤、苏
信息安全	京、沪、川
信息资源开发利用	琼、豫、吉
中介服务	鄂、赣、内蒙古

续表

发展重点	省区市
社区信息服务	吉、晋、川
科技服务	鲁、晋、陕
关键基础软件产品	沪、浙、渝
地理信息服务	黑、吉、皖

我国政府通行的经济统计口径将大陆31个省区市划分为东部沿海地区（京、津、冀、辽、沪、苏、浙、闽、鲁、粤、琼）、中部内陆地区（晋、吉、黑、徽、赣、豫、鄂、湘）和西部边远地区（渝、川、黔、滇、桂、内蒙古、藏、陕、甘、青、宁、新）三类。本书对各热点领域分别按照东、中、西部省份提及的次数统计，得到表15-5。

表15-5 发展信息服务业热点领域提及次数统计

发展重点	东部	中部	西部	发展重点	东部	中部	西部
电子商务	8	6	4	远程教育	3	1	1
互联网信息服务	8	4	3	金融信息服务	3	2	0
通信基础设施	7	5	2	远程医疗	2	1	1
电子政务	4	4	4	现代邮政/现代物流	1	2	1
数字内容产业	7	2	1	中间件	3	0	0
公共信息服务	4	3	3	信息安全	2	0	1
软件产业基地	4	2	3	信息资源开发利用	1	2	0
增值电信服务	4	2	2	中介服务	0	2	1
“三农”信息服务	2	3	2	社区信息服务	0	2	1
嵌入式软件	5	1	1	科技服务	1	1	1
软件与信息服务外包	4	2	1	关键基础软件产品	2	0	1
信息咨询	2	1	3	地理信息服务	0	3	0

对上述结果使用SPSS进行层次聚类分析，得到如下（见图15-1）聚类结果，并可将所有发展热点领域聚为5类。

第一类：包括信息安全、关键基础软件产品、远程医疗、远程教育等，属于信息服务业的具体应用层，且多为东部发达省份提出，可命名为“东部应用类”。这类服务已经超越附加值较低的信息资源开发利用、信息提供服务等内容，而深入软件开发、增值服务、互联网应用等附加

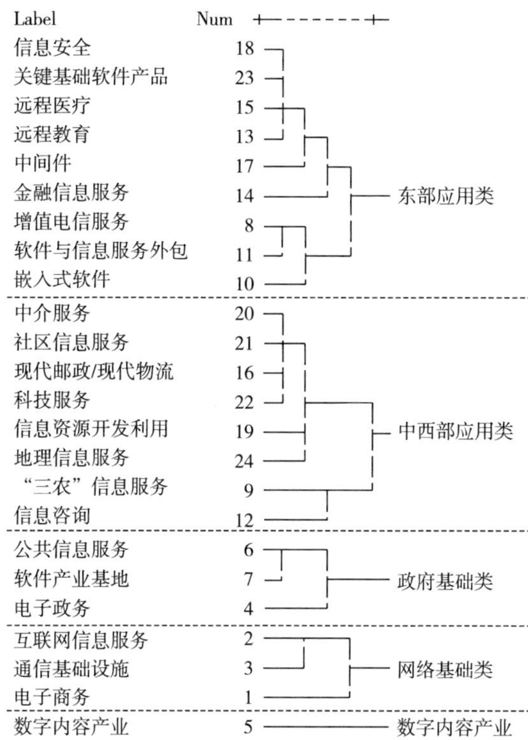

图 15－1　用 SPSS 进行层次聚类分析的结果

值较高的市场领域。在关注产业增值的同时，这些省份也开始注重信息安全、关键基础平台建设等保障性配套设施建设。可见我国东部省份的信息服务业的发展已经开始向智能化、高增值化和可持续发展的更高阶段迈进。

第二类：包括中介服务、社区信息服务、信息资源开发利用、“三农”信息服务等，都属于信息服务业的具体应用层，且多为中部和西部省份所提出，可命名为“中西部应用类”。这类服务尚停留在基础的信息资源开发利用、信息中介和信息提供服务等初级层面，说明目前中西部省份信息服务业还处于起步阶段，产业规模和层次都有待提高。此外，这些省份将信息服务业视为本地区产业升级和经济转型的重要手段，因此很重视推动第一、第二产业和传统服务业升级与发展的“三农”信息服务、科技服务、现代物流信息服务等领域的建设。

第三类（公共信息服务、软件产业基地、电子政务）和第四类（互联网信息服务、通信基础设施、电子商务）均属于信息服务行业发展的基础设施范畴。第三类信息服务领域属于政府推动和主导的业务，是政府在信息服务行业发展中发挥直接作用的途径集合，可以将其命名为“政府基础类”。第四类信息服务领域则均与互联网有关，可以命名为“网络基础类”。这说明互联网已成为现代信息服务业的基础要素，是信息服务业发展的主要媒介和平台。

第五类：数字内容产业。数字内容产业的范围比较广泛，各省份表述不尽相同，如数字内容产业（广东、湖北、上海）、信息资源产业（北京、天津）、动漫产业（安徽、江苏）、数字娱乐（重庆）等。这些表述大致均指向数字内容产业的范畴，只不过有些省份更突出其中某一子行业的战略意义。数字内容产业的关注省份也以东部省份居多，占到70%，东部 11 省份中有 7 个在其规划中提到要大力发展数字内容产业，可见其在我国东部地区发展现代信息服务业中的受关注度。

图 15－2 描述了五个子类在不同地域受重视程度的比较。

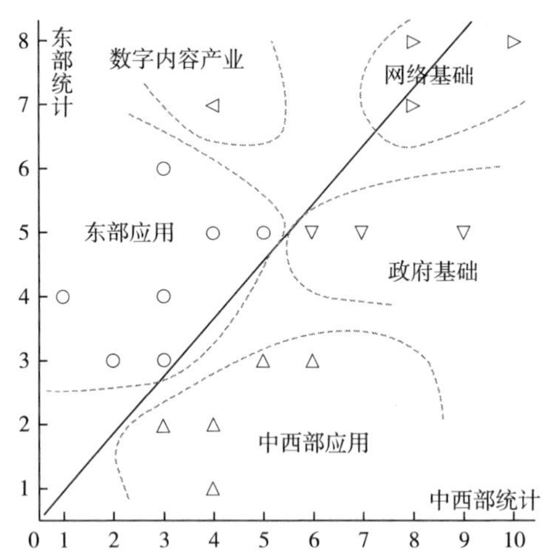

图 15－2　五个子类在不同地域受重视程度的比较

可以看出，五个子类在东部与中西部的受重视程度明显不同，相比之下，东部省份比较重视“东部应用类”和“数字内容产业”的发展；而中西部省份则比较重视“中西部应用类”和“政府基础类”的建设；此外，东部与中西部省份对于“网络基础类”建设的重视程度相当，且数值很高，表明现阶段我国各地区的网络基础设施建设都尚不能满足信息服务业和国民经济发展的需要。

第四部分　我国信息服务业发展路径

第十六章　纵向视角：我国信息服务业技术创新态势分析

从本章起，本书将在前文研究的基础上，进一步集中探讨从技术创新和产业经济两个视角相结合的角度，如何更好地设计我国信息服务业发展路径。为开展这一研究，本部分将从纵向回溯的角度，回顾我国信息服务业 30 年来的技术创新演化发展脉络；从横向对比的角度，分析我国信息服务业发展与美国、欧洲等国家和地区相比较在产业经济和产业结构等方面存在的差距。最后，基于上述两个视角的分析，形成对未来我国信息服务业创新发展的若干对策建议。

本章主要基于国内信息服务业发展专利数据对我国信息服务业技术创新的演进脉络进行回顾分析。专利数量和质量是一个国家科技创新能力的重要表征[①]，为更好地分析我国信息服务业技术创新在过去 30 余年间的演化发展态势，本章拟采集国内信息服务业相关专利数据，运用科学知识图谱方法进行可视化分析，以刻画和描述我国信息服务业产业技术创新的发展态势、地域特征和演化趋势。

第一节　我国信息服务业技术创新态势的共词网络分析方法

本小节主要采用基于共词网络的知识图谱分析方法，对国内信息服务技术创新的演化态势进行系统分析。科学知识图谱方法是基于科学研究成果的海量数据，探索繁杂的抽象信息之间的复杂关系，从大量杂乱无序的信息集中发现隐藏在其中的本质特征和规律的一种有力手

① 张静、赵蕴华：《以美国授权专利为视角浅析中国大陆创新能力》，《全球科技经济瞭望》2014 年第 11 期。

段。科学知识图谱方法的共词分析传统可以追溯到 1983 年卡龙（Callon）等人[①]提出的共词分析方法，该方法致力于在词汇维度上进行科学知识网络结构及其演化过程的研究。共词分析致力于在词汇维度上进行科学知识网络结构及其演化过程的研究，该方法不仅可以描绘特定学科领域的知识结构，还能结合时间序列揭示学科结构的演变历程[②]，因此得到了广泛应用[③④]。20 世纪末起，复杂网络研究的蓬勃发展对许多研究领域产生了深远影响。基于关键词共现网络的共词分析得到了许多研究者的重视。如笔者曾对国内数字图书馆[⑤]、信息服务[⑥]和信息资源管理[⑦]等领域开展了共词网络分析。基于图论的复杂网络分析手段，如图聚类分析、社群结构发现、演化动力学分析和演化路径分析等方法，在科学知识图谱中的应用越来越普遍，并成为未来发展的重要趋势。此外，近年来社会网络分析方法也越来越多地被引入科学计量学研究之中，很多社会网络分析中的经典指标，如节点中心性、边介数、分层理论等，为解释概念在学科领域中的地位，以及概念与概念之间的关系提供了一种新的分析视角。

一　数据获取与预处理方法

本研究基于润桐专利搜索引擎（http：//www. rainpat. com/）提供的国内专利搜索数据开展研究。润桐专利搜索引擎是国内首个永久免费的专利检索平台[⑧]，其专利数据采集时间自 1985 年起至今，目前覆盖国内专利

① M. Callon，J. P. Courtial，W. A. Turner，et al. From Translations to Problematic Networks：An Introduction to Co - word Analysis. Social Science Information，1983，22，pp. 191 - 235.

② 王晓光：《科学知识网络的形成与演化（I）：共词网络方法的提出》，《情报学报》2009 年第 4 期。

③ Morris Sa，Yen，G.，Wu，Z.，& Asnake，B. Timeline Visualization of Research Fronts. Journal of the American Society for Information Science and Technology，2003，54（5），pp. 413 - 422.

④ Hassan E. Simultaneous Mapping of Interactions between Scientific and Technological Knowledge bases：The Case of Space Communications. Journal of the American Society for Information Science and Technology，2003，54（5），pp. 462 - 468.

⑤ 王继民、王建冬、张鹏：《我国数字图书馆研究论文（2005—2009）的统计分析：社群分析》，《数字图书馆论坛》2010 年第 3 ~ 4 期。

⑥ 王建冬：《基于复杂网络方法的国内信息服务研究概念网络分析》，《现代图书情报技术》2009 年第 10 期。

⑦ 王建冬：《基于文献计量的国内信息资源管理研究领域分析》，《大学图书馆学报》2010 年第 2 期。

⑧ 江苏润桐数据服务有限公司［EB/OL］，http：//about. rainpat. com/About/。

全文数据1000多万条、全球98个国家的专利数据9000多万条。

在润桐专利搜索引擎中，检索国内中国发明、实用新型、外观和发明授权四类专利信息标题和摘要信息中明确提及“信息服务”的相关专利信息，经去重后共7175条信息。

为进一步分析信息服务相关领域专利的分布结构，本研究基于专利标题和摘要信息，利用开源Java中文分词器Ansj进行中文分词处理，并基于tf * idf算法对所有专利信息进行关键词自动标引，共得到107512个关键词，平均每条专利信息约15个自动标引关键词。同时，基于专利地址信息，对每条专利所属省份信息进行标注（国外专利统一标注为海外）。

二　信息服务专利关键词共词网络的构建方法

基于不同关键词在同一篇专利文献中的共现关系，可以构建出描述国内信息服务领域专利创新的概念网络。基本方法是：以专利关键词为顶点，专利关键词在同一篇专利文献中共现关系为边，共现的次数为边的权值，构建无向加权网络。

基于7175条专利信息的107512个关键词构建专利关键词共现网络，最终得到一个包含7997个节点（关键词）、269181条边的无向加权网络。

通过分析发现，上述网络具有典型的复杂网络属性，即顶点度分布符合幂律分布特征，具有较高的聚类系数和较低的平均距离。篇幅所限，此处不再展开。

三　共词网络的抽样方法

以上构建的概念网络过于庞杂，只能进行宏观上的网络拓扑结构分析，而无法对学科发展的机构和演化态势有更加清晰的把握。为此，首先对以上关键词共现网络进行抽样。抽样的基本思路如下。

首先，关键词共现的频次越高，说明两个词之间的联系越稳定，因此本研究首先在上述网络中剔除边权值<6的252590条无向边，并去除因此而产生的6568个孤立点。

其次，关键词度数越高，说明关键词与网络中越多的节点存在概念联系，在复杂网络中，由于无标度现象的存在，度数最高的极少数点往往与大量节点存在联系，而可能掩盖了其中的社群结构，因此需要去除度数最高的若干节点。本研究中，经过大量实验后，剔除了度数最大的前110个节点，并进一步剔除因此而产生的孤立点。

最后，为更加清晰地分析专利关键词网络的潜在分支结构，本研究进一步采用边介数聚类算法[①]（G－N 算法）对第二步得到的共词网络进行聚类分析。边介数聚类算法的基本思想是：每一轮通过删除可能连接任意两个集团的边（介数最大的边），逐步使得隐藏的集团显现出来（见图 16－1）。

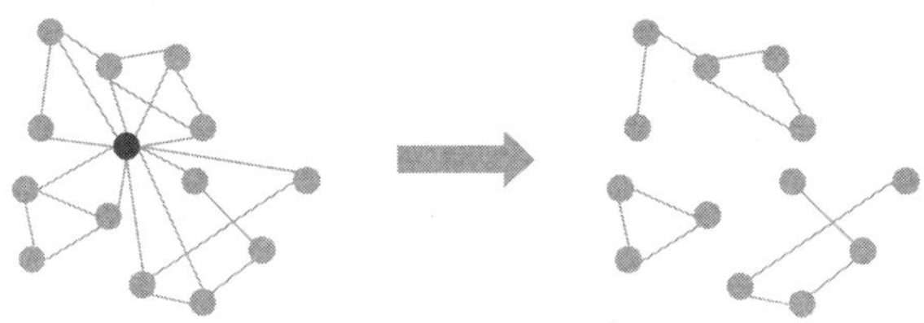

图 16－1　社群结构析取的简单示意

具体实现上，边介数聚类算法可以在原有网络的基础上依据各边边介数的大小依次断边分割，这个算法的关键点在于确定每条边上的介数值。所谓边介数，指所有通过这条边的任意两节点间最短路径的和，显而易见连接集团间的边的介数会相对比较大。算法主要实现步骤如下：

（1）计算网络中所有边的介数值；

（2）找到并删除介数值最大的边，如果介数值最大的边不止一条，那么随机选择其中一条删除；

（3）重新计算剩余边的介数值；

（4）重复第 2 步直至所有的边都被删除。

通过 15 次迭代后，本研究去除掉了信息服务专利关键词共现网络中边介数最高的 15 条边（见图 16－2）。

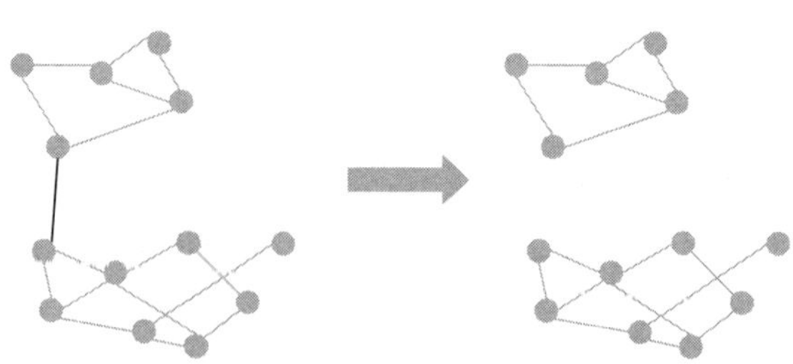

图 16－2　边介数聚类算法原理简单示意

① 王建冬：《基于复杂网络方法的国内信息服务研究概念网络分析》，《现代图书情报技术》2009 年第 10 期。

经过上述三步操作后，最终得到一个 252 个节点、487 条边的无向加权连通网络。

第二节　我国信息服务业技术创新的领域分析

通过以上抽样步骤后，我们得到了一个比较清晰的国内信息服务业领域技术创新概念网络。使用复杂网络可视化分析工具 Pajek① 绘制该网络，如图 16－3 所示。

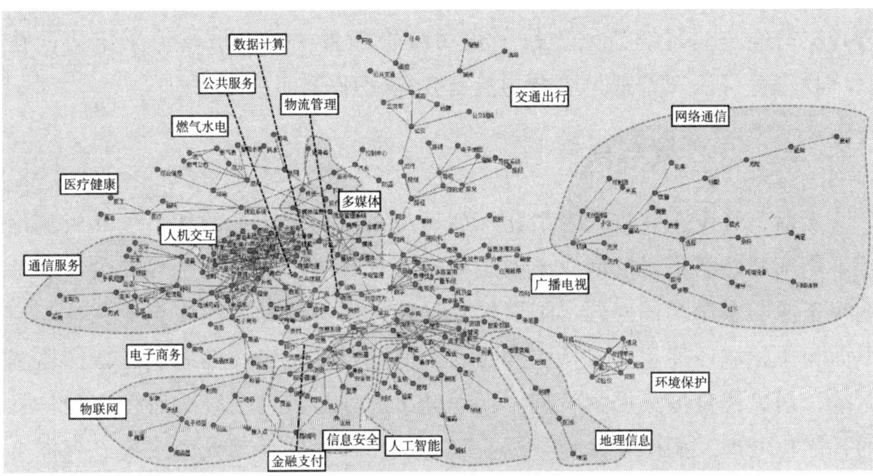

图 16－3　国内信息服务技术创新研究概念网络领域分布

如图 16－3 所示，可以将国内信息服务技术创新划分为 18 个核心方向，分属于应用型研究领域和核心技术类研究领域。以下分别对上述 18 个核心研究方向进行简要介绍。

一　领域应用类方向

（一）交通出行应用

交通出行是一类应用十分广泛的信息服务应用研究方向，相关研究专利超过 900 条。主要研究领域涵盖了城市道路、高速公路和车辆运行方方面面的服务内容，如车辆问题自动判断预警、远程控制等车联网应用、智

① Networks/Pajek ［EB/OL］，http：//vlado. fmf. uni－lj. si/pub/networks/pajek/.

能导航、车载信息服务、城市道路交通综合管理、高速公路安全运行管理、交通智能诱导、智能拼车算法、智能停车场服务系统、旅游智能导引等方面的应用。

（二）物流管理应用

中国是一个幅员辽阔、区域经济贸易往来十分频繁的经济大国，随着经济社会发展水平不断提高，仓储和物流的智能化管理重要性不断显现。过去几十年中，仓储物流相关的信息服务研究受到高度关注，相关研究领域包括：仓储货物状态的物联网应用、物流动态查询技术、商品数据标签管理、智能仓储系统研发、数字化物流管理系统、区域物流系统协同仿真、物流身份认证管理、综合物流园智能管理等。

（三）医疗健康应用

当前，我国正在进入老龄化社会，与医疗健康相关的社会公共资源配置不均衡和总量不足的问题不断凸显。为有效应对未来老龄化社会对医疗健康资源需求激增的问题，智慧医疗等新应用得到越来越多企业关注。这方面相关领域研究主要包括：药品安全信息服务系统、健康状态智能监测系统、居民终身健康档案管理、远程健康管理与救助系统、医疗文档信息的智能化处理、病历等医疗数据共享交换、多媒体自动导医系统、智能可穿戴装备应用、智能养老服务、电子病历管理、移动掌上医疗系统、病房综合信息服务、泛在医患交互系统等。

（四）金融支付应用

金融领域是关系国家经济命脉的关键性行业。传统意义上，金融行业强调稳定第一，对于新技术的应用并不热衷。但近几十年来，随着互联网的飞速发展，区块链、互联网金融等新技术新模式不断涌现，在很大程度上改变了金融支付领域的应用模式。近 30 年来，金融支付领域的技术创新不断升温，其主要研究领域包括：信用卡智能分析、网上银行安全身份认证、金融业务网关系统、金融服务云交易体系、企业及个人信用评级评价、远程金融账户认证技术、区块链技术应用、金融票据交易信息管理、金融精准营销、网上支付结算系统、移动支付技术等。

（五）燃气水电应用

燃气、水、电是居民日常生活中最常见的民生公共服务内容，针对这一领域的技术创新研究很多。燃气服务领域的常见研究方向如燃气远程阀控技术、阶梯气价技术、预付费技术、智能燃气表、燃气泄漏感知系统、流量自动感知等；水利和居民用水领域常见研究方向如水域信息监测、污水处理远程控制、给水管网智能监测、智能水表等；用电服务领域常见研究方向如，智能电网服务、电力供求监测、电力营销一体化系统、配电网运行监测、电力自助缴费终端、电力安全风险评估、电力综合调度等。

（六）环境保护应用

近年来，随着经济社会飞速发展，各种高能耗、高污染产业快速膨胀带来的环境资源问题得到越来越多人关注，节能环保领域信息服务技术创新问题成为研究热点。主要研究方向包括：能耗仿真与节能诊断技术、环境保护传感网络建设、排污权和碳排放权交易、环境质量监测预报预警、环境质量监测综合监测、建筑智能化节能技术、交通工具节能等。

（七）广播电视应用

广播电视应用是信息服务技术创新的传统应用领域，近年来随着“三网合一”、数字智能电视等新技术的不断兴起，这一领域的技术创新一直处于持续活跃状态。主要研究方向包括：互联网电视系统、数字广播系统、泛在网络环境下电视收视率数据采集、高数据速率广播信道技术、机顶盒技术、广播定向播发技术、VOD 点播技术等。

（八）电子商务应用

目前，网购已经成为消费者的重要消费渠道之一。随着电商产业不断发展，面向电子商务的信息服务创新应用开始得到业界广泛关注。主要研究方向包括电子商务物流快递管理系统、电商精准营销技术、电商平台信用评级、移动终端电子商务应用、电子商务网站欺诈用户识别、电商系统借贷担保技术、电商虚拟现实技术等。

（九）公共服务应用

近年来，随着智慧城市和政务信息化的深入应用，面向公共服务领域的信息服务技术创新逐渐成为研究热点。主要研究方向包括：智慧城市多功能公共服务亭、公共突发事件应急处置系统、公共场合危险事件预警、基于位置的公共信息服务推送技术、政府决策智能支持系统、基于大数据的公共政策评价、政府行政业务电子监察等。

除上述9个应用方向之外，面向教育、农业农村、工业生产等领域的信息服务技术创新专利数量也较多，但这些领域研究概念体系尚不够完善，因此没有在知识图谱中得到充分展现。篇幅所限，此处对这部分研究的技术前沿方向不再一一介绍。

二 核心技术类方向

所谓核心技术类方向，是指支撑信息服务技术创新的若干核心共性关键技术的研发，主要包括通信服务技术、网络通信技术、物联网、地理信息、人机交互、多媒体、信息安全、人工智能、数据计算等9个方向。这其中，大部分技术方向的内涵非常明确，此处不再一一展开论述。可以看到，这些核心技术创新与领域应用密切相关，在知识地图中呈现“犬牙交错”的态势。如本书第二部分所阐述的，这种交错态势恰恰反映了技术创新和服务创新之间相互融合、相互促进的逻辑关系。举例来说：物联网和信息安全与电子商务、金融支付、物流管理等领域应用研究密切关联；而多媒体、网络通信技术则是广播电视应用的主要支撑技术领域；人机交互、通信服务和数据计算技术则为绝大多数应用领域，如燃气水电、医疗健康、公共服务、电子商务、金融支付、物流管理等领域提供共性技术支撑。

此外，值得关注的一点是，在本知识图谱分析中，将通信服务技术与网络通信技术做了明确区分。一般来说，网络通信技术和通信服务技术都属于通信基础技术研究领域，但网络通信技术更加侧重底层的链路、网关、路由、地址分配、信道管理等问题；而通信服务技术则是在基础通信网络之上，关注基于电话、移动终端等通信方式延伸出的各种通信服务技术。由于信息服务领域的技术创新更加侧重于研究，所以通信服务技术与各类领域应用研究，以及人机交互等应用技术关联十分密切；而网络通信技术则侧重底层，除与广播电视应用有较为松散的关联外，其与其他领域的应用技术创新没有明显联系，属于信息服务技术创新领域中的一个相对独立的分支方向。

第三节　我国信息服务领域技术创新演化脉络分析

三十多年来，国内信息服务领域研究一直处在不断演进过程之中，不同领域专利文献数量增长很快，为对国内信息服务领域企业研发领域的内在演化趋势进行可视化分析，我们设计了一套利用社会网络分析中的划分（partition）功能展示专利关键词共现网络历年演进趋势的方法。

其基本思路如下。

第一，遍览所有7175篇信息服务相关专利文献集合，对于任意一个专利关键词Ki，以关键词首次出现的年份 *Yi* 作为该关键词的划分归类，可以将国内信息服务领域专利关键词共现网络划分为数十个以年份数字命名的partition集合 $\{Y_1, Y_2, \cdots, Yn\}$。

第二，利用pajek软件，对国内信息服务领域专利关键词共现网络按照partition前后顺序进行历时展示。

第三，参照不同年份涌现的新概念的具体内容，可以将国内信息服务领域专利关键词共现网络的研究演进脉络区分为五个阶段。分别绘制每个阶段的概念图谱。

通过对国内信息服务技术创新研究领域的历时分析可以发现，可以将过去30年间信息服务技术创新的研究划分为五个历史阶段。

第一阶段：研究起步期（1985~1995年）。从知识地图中可以看到，这一时期的信息服务技术创新主要集中在网络通信、广播电视和通信服务（主要是基于电话网络的通信服务）这三个相对传统的领域。此外，人工智能领域的一些铺垫性、基础性技术，如编码规则、计算机检索等开始被关注，但这些研究实际上属于人工智能研究的前身，尚不能完全算作现代意义上的人工智能研究（见图16-4）。

第二阶段：互联网兴起期（1996~2000年）。这一时期，信息服务技术创新网络的各个领域都有所发展，可以说初步奠定了信息服务技术创新的整体格局。其中，由于互联网的飞速发展，信息安全、多媒体技术和人机交互技术开始得到人们广泛关注。在应用领域中，面向医疗健康（主要是医院信息系统HIS技术和远程医疗）、金融支付（主要是网上银行技

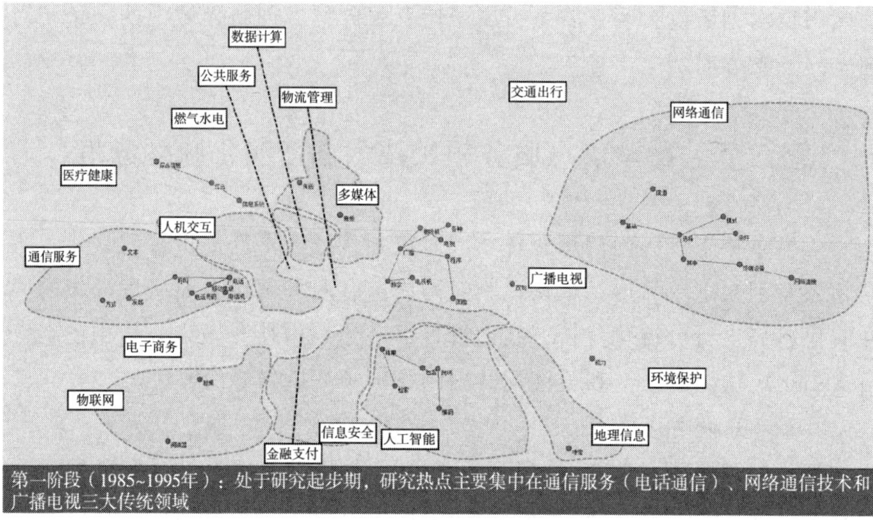

图 16－4　第一阶段（1985～1995 年）信息服务技术创新概念分布

术）以及电子商务等领域的应用研究开始兴起。但这些应用研究主要是立足于在传统业务格局中引入互联网通信技术，尚没有发展到智能化、泛在化的阶段（见图 16－5）。

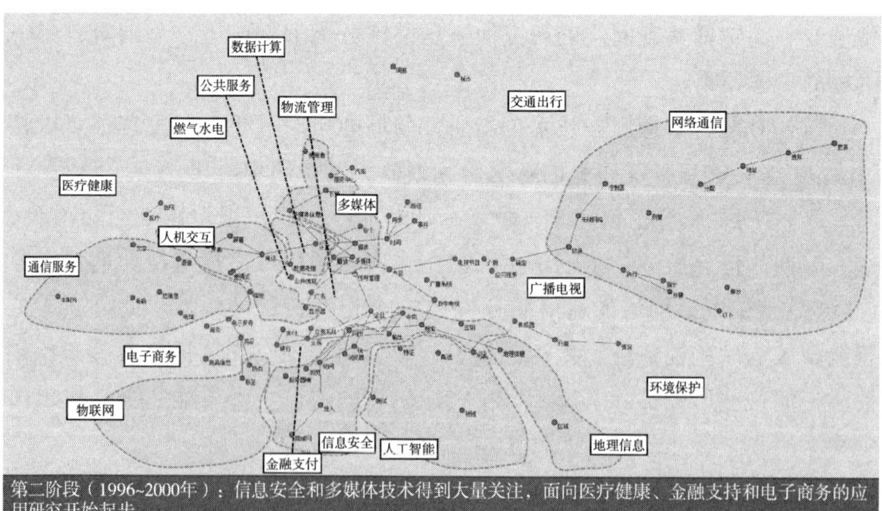

图 16－5　第二阶段（1996～2000 年）信息服务技术创新概念分布

第三阶段：应用深化期（2001～2005 年）。这一阶段正处在进入 21 世纪的第一个五年，在前期奠定的信息服务技术创新总体框架下，一些重点领域的新技术应用，如人机交互、人工智能、信息安全得到了深入发展。此外，由于移动终端的异军突起，互联网即将进入移动互联时代成为这一时期的业界共识，因此面向移动终端的通信服务技术得到了高度关注。在应用领域方面，面向交通出行和仓储物流的新技术应用，如出行控制、导航系统、路况实时播报、物流管理系统等大量出现（见图 16－6）。

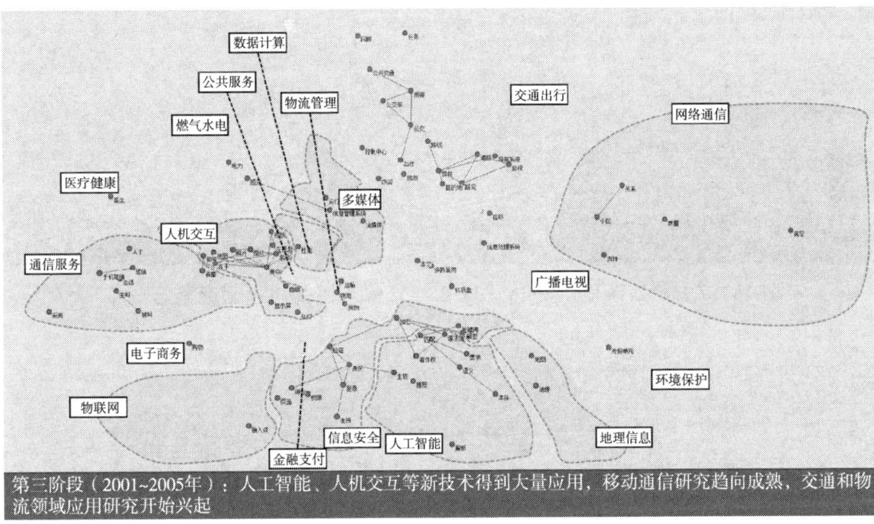

图 16－6　第三阶段（2001～2005 年）信息服务技术创新概念分布

第四阶段：新技术酝酿期（2006～2010 年）。这一时期，云计算、物联网和大数据技术的前期技术开始得到关注。如云计算和大数据方面，这一时期面向大规模海量数据计算的网格计算、分布式计算、高性能计算技术等技术被广泛关注，成为后续云计算技术的前身。物联网方面，这一时期二维码、电子标签等智能传感技术及其应用开始出现，为后续物联网的出现奠定了技术基础。此外，应用领域，随着这一时期环境保护问题得到越来越多的重视，面向环保领域的信息服务技术创新研究开始得到关注（见图 16－7）。

第五阶段：智慧化发展期（2011 年至今）。第五阶段属于智慧化发展期。这一时期，以云计算、大数据等为代表的新一代信息技术风起云涌，并在各个应用领域得到了广泛应用，有效提高了不同领域信息服务应用的智慧化水平。这一时期在应用领域发展较为迅速的是智能电网、智能水网和智能燃气网等面向智能家居、智能交通等领域的新技术应用（见图 16－8）。

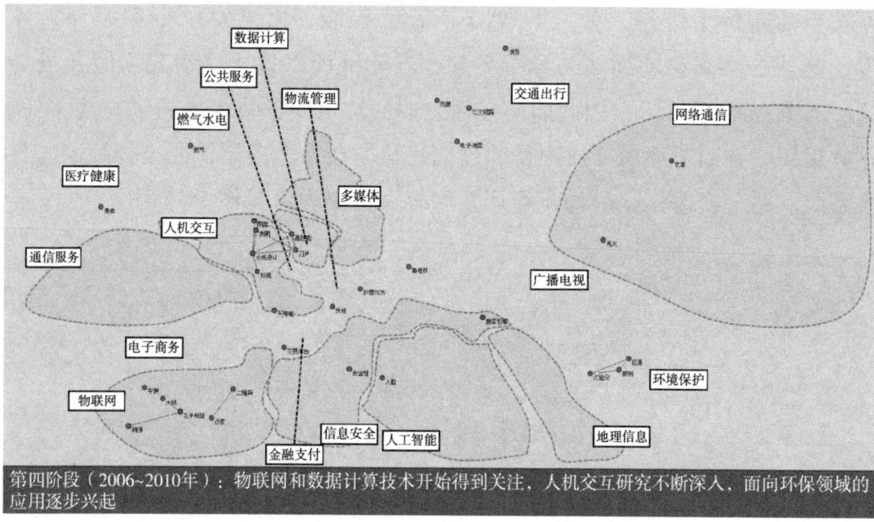

图 16－7　第四阶段（2006～2010 年）信息服务技术创新概念分布

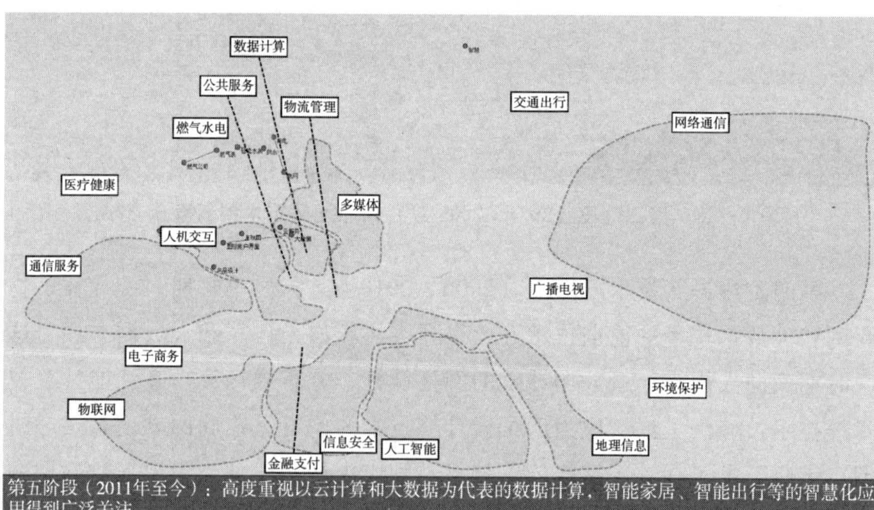

图 16－8　第五阶段（2011 年至今）信息服务技术创新概念分布

第四节　四大产业集聚区信息服务技术创新的结构性特征分析

本书第十三章中，笔者曾通过对信息服务业机构法人数量的地域分析，指出我国信息服务业发展主要形成了京津冀、长三角、珠三角和成渝经济区等四大产业集聚区。为进一步分析四大经济区信息服务业技术创新的机构性特征差异，此处我们引入专利关键词的地域隶属度算法，计算某一专利关键词归属于某一地域的概率，将其归入隶属度最大的地域类别之中。使用社会网络分析划分（Partition）的分析方法来表示图中分属不同上位地域的概念之间分布情况。结合聚类算法的结果，则可以进一步使用可视化分析的手段，描述信息服务业不同地域研究在各个领域分支之中交叉分布的宏观态势。

所谓专利关键词的地域隶属度，是指该关键词隶属于某一地域研究优势领域的程度，该指标与该关键词在该地域所发表文献中出现的次数成正比，与该地域的发文规模成反比。基于上述原则，概念的地域隶属度计算方法如下。

对于任意一个关键词 K，设其在地域 T 所发表文献中出现的次数为 C_T，该地域的发文总量为 P_T，则关键词 K 隶属于该地域优势领域的程度（即地域隶属度）S_{KT}为：

$$S_{KT} = C_T \times \sum_{i=1}^{N} P_i / P_T \tag{1}$$

式（1）中，N 为所有地域的个数。对于任意关键词 K，计算其对于所有地域的隶属度 $\{S_{K1}, S_{K2}, \cdots, S_{KN}\}$，其中最大值所对应的地域，即为该关键词最终归属的地域。

基于上述学科关键词的地域隶属度算法，对每一个关键词所属团队进行划分（Partition）处理后，利用 Pajek 绘制不同团队所对应的划分（Partition）的子网络图。

通过分析可以发现，京津冀、长三角、珠三角和成渝经济区四个产业集聚区信息服务业技术创新的方向各有侧重，在一定程度上体现出较强的产业互补性。

（1）京津冀：专注技术前沿。京津冀地区同属京畿重地，是我国经济最具活力、开放程度最高、创新能力最强、吸纳人口最多的地区之一[①]。特别是北京市依托其所辖众多部属重点高校、研究院所、央企研究机构等研发创新资源，以及中关村、怀柔科学城和未来科技城等科技创新集聚区，正在全力打造全国科技创新中心。从信息服务技术创新的主要方向

① 张珺：《京津冀信息服务业发展水平评价研究》，河北经贸大学硕士学位论文，2013。

看，京津冀地区的信息服务技术创新主要集中在人机交互、人工智能、数据计算、语音识别、智能交通等前沿科技领域，属于典型的创新驱动型发展模式（见图16－9）。

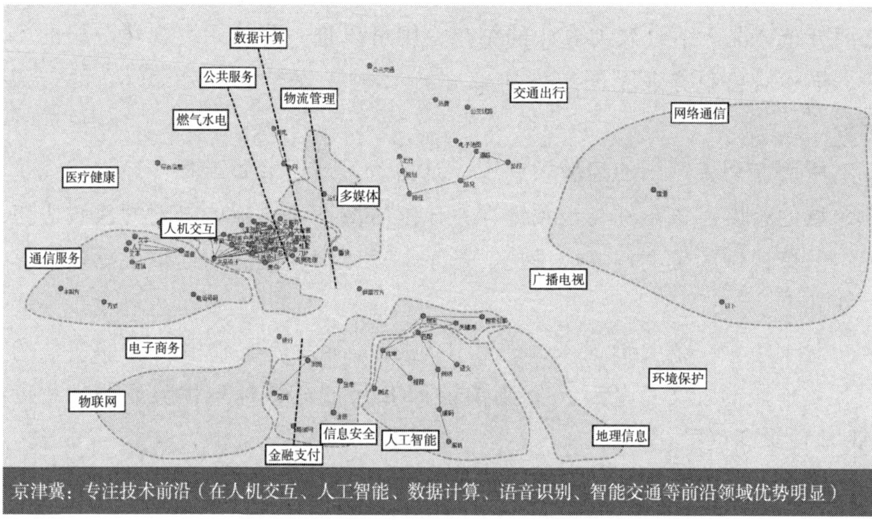

图16－9 京津冀地区信息服务技术创新概念分布

（2）长三角：特色领域鲜明。与京津冀地区相比，长三角地区科技创新实力同样十分强大，上海、江苏、浙江三省市拥有复旦大学、上海交通大学、同济大学、南京大学、浙江大学、东南大学等一批全国重点高校，同时长三角地区城市群又形成了无锡的物联网产业、杭州的电子商务和交通安防产业、南京的地理信息产业等信息服务特色产业集群。依托区域内良好的产学研一体化发展环境，长三角地区目前在物联网、信息安全、地理信息服务和交通出行服务等领域形成了鲜明的研究特色（见图16－10）。

（3）珠三角：基础实力雄厚。珠三角地区是我国信息产业重镇，区域内深圳、广州、东莞、惠州等城市在信息产业领域各具特色。特别是深圳市，其电子信息产业占据全国近六分之一的产值，是中国电子信息产业当之无愧的排头兵城市①。从区域信息服务技术创新的优势领域看，由于珠三角区域拥有华为、中兴、腾讯等信息产业巨头企业，珠三角地区

① 《深圳电子信息产业占全国近1/6产值》［EB/OL］，http://gd.qq.com/a/20160409/012887.htm。

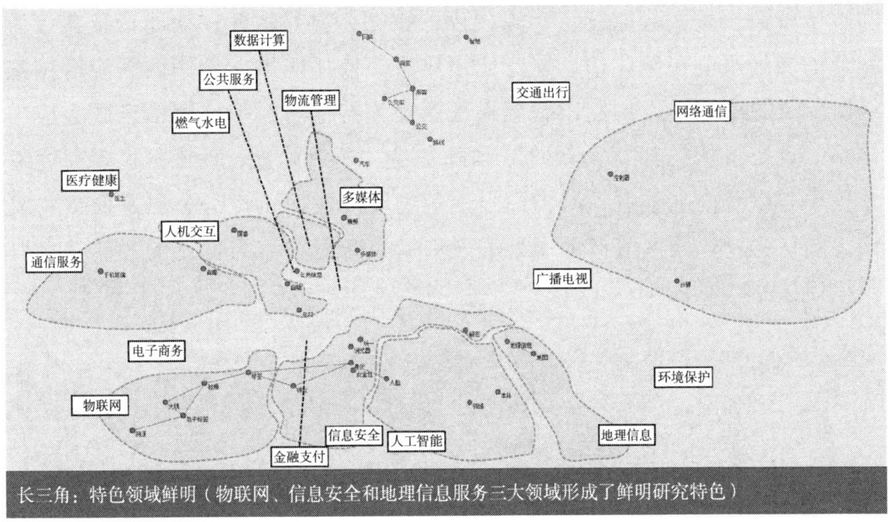

图 16-10 长三角地区信息服务技术创新概念分布

在通信服务、网络通信技术和多媒体技术等基础技术领域实力十分雄厚（见图 16-11）。

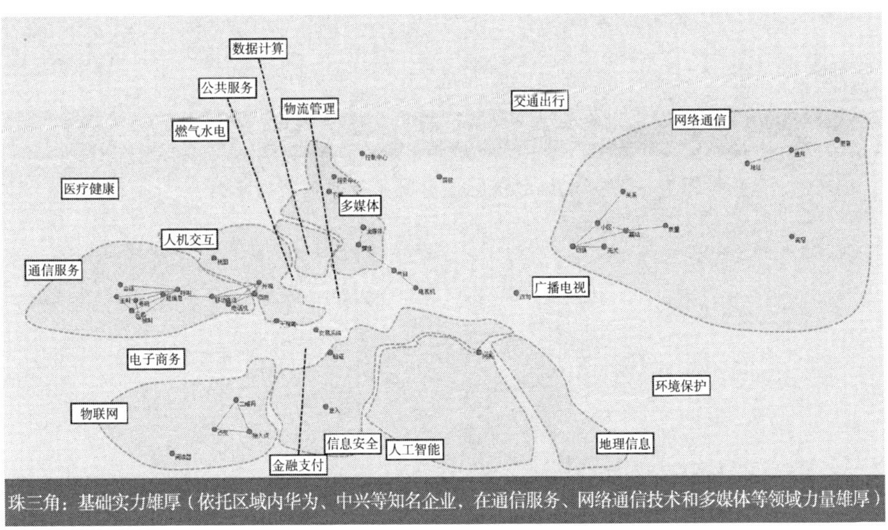

图 16-11 珠三角地区信息服务技术创新概念分布

（4）成渝经济区：突出应用导向。与其他三个区域不同，成渝经济区信息服务业技术创新在网络通信技术、通信服务等基础技术领域并不占优势，但更加侧重应用领域技术发展。如成都市依托区域内丰富的燃气、水和电子资源，发展起以智慧能源、智慧燃气、智慧水务、智能传感器等为特色的燃气水电智慧化信息服务应用体系。依托四川大学华西医院等国家级医疗资源中心，发展起以智慧远程医疗为特色的医疗健康信息服务应用体系。重庆市依托其“渝新欧”国际贸易大通道起点、西南地区保税物流分拨中心以及内陆地区铁路枢纽口岸等物流产业区位优势，以及西部物流园内陆保税物流园区等产业基地，发展起以智慧物流为特色的物流信息服务应用体系（见图 16－12）。

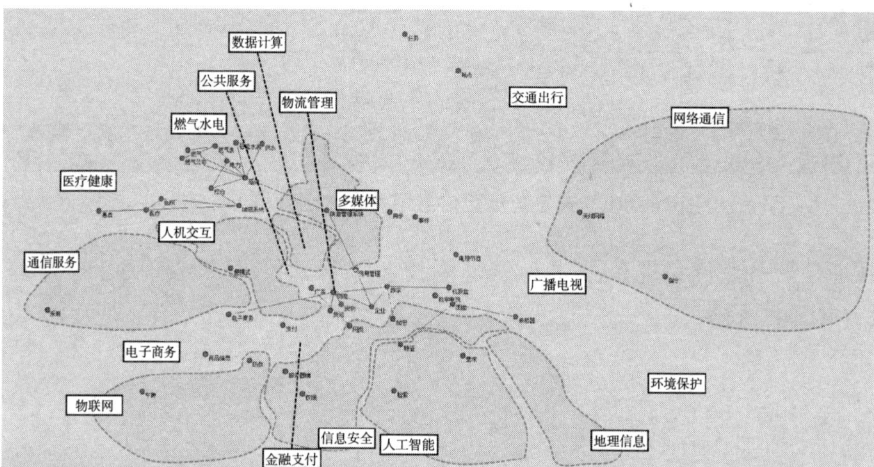

成渝经济区：突出应用导向（在燃气水电、医疗健康、物流管理、电子商务、广播电视等应用领域优势明显）

图 16－12　成渝经济区信息服务技术创新概念分布

第十七章　横向视角：中美欧信息服务业发展现状对比研究

在对我国信息服务业行业发展现状进行系统分析的基础上，笔者进一步设计了一套基于不同国别行业统计标准对照表构建的信息服务业行业范围界定及跨国比较方案，并基于第二次全国经济普查数据库、美国服务业年度普查数据库及欧盟统计局结构性商业统计数据库等基础数据资源①，收集并整理了中国、美国和欧盟 24 国的信息服务业发展数据，综合比较了中美欧三地信息服务业的整体差异，并重点分析了中美两国信息服务业发展的具体差距。

第一节　不同国家行业统计范围对照及数据来源情况

一　不同国家信息服务业行业范围对照方案

通过研究我们发现，由于各国都有自己的行业分类体系，并且各自的统计数据都按照本国的行业分类体系进行分类和编码，由此如果直接分析对比各国的行业分类体系，并试图从中定位出科学的对照关系，是一件非常烦琐并且难以取得良好成效的事情。笔者确定了以下行业范围对照方案。

第一，在不同国别的行业范围对比中，要最大限度地利用各国的权威统计部门提供的行业标准比对方案，保证研究结果的客观性和可信性。从我们收集的数据情况来看，目前我国国家统计局发布了 2002 版《国民经济行业分类》与《国际标准产业分类》（ISIC 3.1）对照表，而各国统计部门也大多制订了本国行业分类体系与《国际标准产业分类》（ISIC 3.1）

① 王建冬、陈建龙、陈光华：《中美欧现代信息服务业发展水平比较分析》，《情报学报》2014 年第 6 期。

的对照规则。这样，在做不同国别的行业对比时，可以以联合国的分类体系为跳板，先将中国的行业分类对照到联合国的行业分类，再从联合国的行业分类对照到各个国家的行业分类之中。本研究主要采用的行业分类体系如表 17－1 所示。

表 17－1　本研究主要采用的行业分类体系

发布单位	对照表
国家统计局	国民经济行业分类→ISIC 3. 1
联合国统计署	ISIC 3→ISIC 3. 1，ISIC3. 1→NAICS 2002，ISIC 3. 1→NACE 1. 1
美国统计局	NAICS 2002→NAICS 2007
欧盟统计署	NACE 1. 1→NACE 2. 0

第二，由于各个国家提供的行业数据粗细度不一，有的提供到了小类数据（如美国），有的则只提供到了中类数据（如欧盟），这就使得在做行业对比时，不可能要求所有国家都精确到小类级别，而只能尽量细化到小类级别，个别难以区分的则以中类为比较单元。总之，以确保信息服务业五个大类比较的完整和互不交叉为底线。在必要时候，还需要根据其他国家的行业数据情况做一些估算统计，如巴西的统计数据收集就遇到这样的问题，最后使用欧盟 24 国的行业数据进行了估算统计。

第三，在研究中我们发现，各种行业分类转换方案均以最大限度保障被转换方（左侧）的数据完整性为原则。也就是说，在无法做到一一对应的情况下要首先保障被转换方的数据能够完整地投射到转换方去。以美国统计局提供的 ISIC 3.0 向 NAICS 2002 转化的对照表为例，ISIC 3.0 的 2211 类在 NAICS 2002 没有精确匹配的类别，因此将一些相关的类目对应过来。但其中的一些类目，如 339999 等，明显不是全部都归属于 2211 类，其中只有部分业务（Globes）属于 2211 类目（如表 17－2 所示）。因此，在具体操作时，还要根据各个小类范围进行仔细甄别，并慎重确定究竟哪一个分类可以对应过去。

表 17－2　ISIC3. 0 向 NAICS 2002 转化对照表的部分数据举例

ISIC 3. 0		NAICS 2002		
类号	类名	类号	类名	说明
2211	Publishing of books, brochures and other publications	339999	All Other Miscellaneous Manufacturing	globes

续表

ISIC 3.0		NAICS 2002		
类号	类名	类号	类名	说明
2211	Publishing of books, brochures and other publications	511130	Book Publishers	books, encyclopedias, dictionaries, maps, and atlases, includes books on tape
		511140	Directory and Mailing List Publishers	telephone books, other directory books
		511199	All Other Publishers	catalog and yearbook publishing

第四，由于 ISIC 的分类比较粗泛，因此在从 2002 版《国民经济行业分类》向《国际标准产业分类》（ISIC 3.1）对应的过程中，很多时候需要 GB/T 4754－2002 的几个小类对应于 ISIC 的一个小类，是一个集约的过程。表 17－3 显示了《国民经济行业分类》（GB/T 4754－2002）和《国际标准产业分类》（ISIC 3.1）之间的框架结构对照，可以看出，GB/T 4754－2002 在中类的层面上比 ISIC 3.1 的类目多出近 2 倍。

表 17－3 GB/T 4754－2002 和 ISIC 3.1 之间的框架结构对照表

项目	GB/T 4754－2002	ISIC/Rev3	差异
门类数量	20	17	3
大类数量	60	95	35
中类数量	396	157	239
小类数量	913	292	621

而在通过 ISIC 进一步转化为其他标准（如 NAICS）时，又往往需要一类对应于 N 个小类，是一个发散的过程。以从我国 GB/T 4754－2002 到联合国 ISIC 3.1，再到北美 NAICS 2002 转变过程为例，其中联合国 ISIC 中的 6420 电讯这一类，很明显地体现了这种先“收敛”后“发散”的过程，见表 17－4。

表 17－4 GB/T 4754－2002 与 ISIC 3.1 及 NAICS 2002 对照表的部分数据举例

GB/T 4754－2002		ISIC 3.1		NAICS 2002	
小类	名称	小类	名称	小类	名称
6011 6012 6019 6031 6032 6040	固定电信服务 移动电信服务 其他电信服务 有线广播电视传输服务 无线广播电视传输服务 卫星传输服务	6420	电讯	515111 515112 515120 515210 517110 517211 517212 517310 517410 517510 517910 518111 812990	Radio Networks Radio Stations Television Broadcasting Cable and Other Subscription Programming Wired Telecommunications Carriers Paging Cellular and Other Wireless Telecommunications Telecommunications Resellers Satellite Telecommunications Cable and Other Program Distribution Other Telecommunications Internet Service Providers All Other Personal Services

在这种情况下，无法做到行业的一一对应，因此也要在将我国的行业分类和目标国（如美国）的行业分类的大致范围确定下来以后，进一步判别其中的每一个小类是否能够属于该类别，不属于或者同时属于其他类别的数据，要予以剔除。

图 17－1 显示了本研究在进行信息服务业行业范围国际比较时所采用的技术路线。

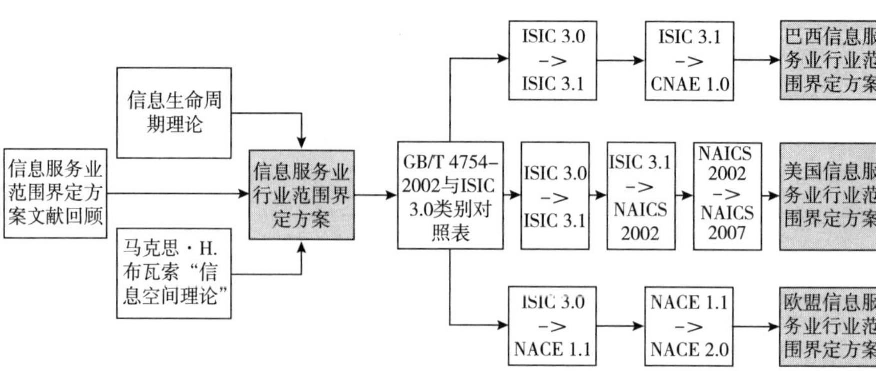

图 17－1 信息服务业行业范围国际比较的技术路线

基于上述研究思路，本研究分别对联合国（ISIC/Rev. 3）、欧盟（NACE 2. 0）、美国（NAICS 2007）和巴西（CNAE 1. 0）等国家和地区的信息服务务业行业范围进行了对比，所确定的中美两国信息服务业行业范围对照如表 17 –5 所示。

表 17 –5 不同国别信息服务业行业范围对照

国别	中国	美国	联合国	巴西	欧盟
标准	GB/T 4754 –2002	NAICS 2007	ISIC/Rev. 3	CNAE 1. 0	NACE 2. 0
信息传输服务业	6011、6012、6019、6031、6032、6040、6020	515111、515112、515120、515210、517110、517210、51791、517410、517110、517919、519130	6420、7240	64. 2、72. 4	60. 1、60. 2、61. 1、61. 2、61. 3、61. 9、63. 1
信息处理服务业	6110、6120、6211、6212、6290、7440、8821、8822、8823、8824、8825、8829	541511、541512、541513、541519、518210、511210、541810、541830、541840、541850、541860、541870、541890、511130、511140、511110、511120、512210、512220、512230、511191、511199	7210、7230、7220、7430、2211、2212、2213、2219	72. 1、72. 3、72. 2、74. 4、22. 1	62. 0、58. 2、58. 1、73. 1、59. 2
信息分析与咨询业	6940、7421、7422、7429、7431、7432、7433、7439	523930、541110、541120、541199、541211、541213、541214、541219、541910、541611、541613、541614、541618、541820、541612	6719、7411、7412、7413、7414	67. 19 –9、74. 1	69. 1、69. 2、73. 2、70. 2、74. 9
经纪与代理业	7230、6380、6920、7450、7491、9080、7720、7460	531210、531320、425110、425120、523120、523140、561920、711410、541690、561311、561312、561320、561330	5110、6712、7020、7499、7491	70. 3、51. 1、67. 12 –1、74. 99 –3、74. 5	68. 3、77. 4、82. 3、84. 1、78. 1、78. 2、78. 3、46. 1
公益信息服务业	9031、9032、9621、9622、9629	519120、813920、813910、813211、813212、813219、813311、813312、813319、813410、813990	9231、9112、9111、9199	92. 51 –7、91. 1、91. 9	91. 1、94. 1、94. 9

二 不同国家信息服务业行业数据的收集方法

基于表 17－5，中国的信息服务业的产业数据主要收集自第二次全国经济普查后期开发重点项目“信息服务业发展的国际比较研究”的数据集。

美国信息服务业数据的主要来源为美国统计局提供的美国服务业年度普查（Service Annual Survey）数据库，其中 2010 年 1 月出版的《2008 年服务业年度普查》，提供了 2005 年至 2008 年的服务业增加值详细数据。其中，属于信息服务业的子类主要包括第 51 类，即信息服务类（Information）。但 NAICS 中有些属于信息服务业范围的小类没有包括其中，如表 17－6 所示。为保证数据的完整性，本研究补充采用了 2007 年美国经济普查（2007 Economic Census）数据，因此这些小类的数据年份为 2007 年。

表 17－6 未包含在服务业年度普查中的信息服务业小类

NAICS 分类号	产业名称
425110	Business to Business Electronic Markets
425120	Wholesale Trade Agents and Brokers
531210	Offices of Real Estate Agents and Brokers
531320	Offices of Real Estate Appraisers

此外，为了进一步展示美国信息服务业状况，抽取了 2007 年美国经济普查（2007 Economic Census）数据集中的 2007 年美国信息服务业四个门类的机构数（Number of establishments）、雇员数（Number of employees）和工资支出［Annual payroll（＄1000）］。

欧盟国家信息服务业产业数据主要来自欧盟统计局的结构性商业统计（Structural Business Statistics，SBS）数据库，SBS 数据库涵盖了商业经济范畴的统计数据，主要包括工业、建筑业和服务业等（对应于 NACE 统计体系中的 C－K 门类）。此外，SBS 不包括农业、林业和渔业、公共管理，以及一些大的非市场服务业，如教育和健康服务等[①]。这样欧盟国家的信息服务业数据中不包含公益信息服务业的数据。因此，在最终的数据对比

① Eurostat［EB/OL］，http：//epp. eurostat. ec. europa. eu/portal/page/portal/european_business/introduction.

方案中，主要将我国信息服务业的前四个门类与欧盟国家做了对比分析。

具体小类对比上，由于 NACE 2.0 比 NACE 1.1 分类更加详细，一对多甚至多对多的情况时有发生，因此有一些 GB/T 4754－2002 的小类很难找到 NACE 的对应小类。例如，与北美行业分类体系（NAICS）不同，联合国的统计体系（ISIC）和欧盟的统计体系（NACE）中均没有针对互联网的专门服务业门类设计，因此 GB/T 4754－2002 在国家统计局给定的官方对照表中，将其对应到了 ISIC 的 7240（Data base activities），再对应到欧盟的 NACE 1.1 的 72.4（Database activities），在欧盟 NACE 2.0 中，则将原来的 72.4 门类切分对应到了以下十几个小类中去：

58.11 * Book publishing

58.12 * Publishing of directories and mailing lists

58.13 * Publishing of newspapers

58.14 * Publishing of journals and periodicals

58.19 * Other publishing activities

58.21 * Publishing of computer games

58.29 * Other software publishing

59.20 * Sound recording and music publishing activities

60.10 * Radio broadcasting

60.20 * Television programming and broadcasting activities

62.01 * Computer programming activities

63.11 * Data processing, hosting and related activities

63.12 Web portals

仔细分析上面的小类数据信息，可以看出，实际上与互联网信息服务有直接关联的就是 63.12 Web portals。其他各个小类虽然都与互联网信息服务有关，但同时也属于信息服务业的其他类别，因此在此处不将其划分为互联网信息服务。63.11 * Data processing, hosting and related activities 中虽然也包含互联网信息服务的成分，但参照后文与美国的比对情况，将其归入“数据处理”小类中。

经过分析，本研究在收集欧盟数据时所采用的最终数据比对方案如表 17－7 所示。

表 17 - 7　中国与欧盟国家信息服务业行业范围对照

国别	中国	欧盟国家
行业标准	GB/T 4754 - 2002	NACE 2.0
信息传输服务业	6011、6012、6019、6031、6032、6040、6020	60.1、60.2、61.1、61.2、61.3、61.9、63.1
信息处理服务业	6110、6120、6211、6212、6290、7440、8821、8822、8823、8824、8825、8829	62.0、58.2、58.1、73.1、59.2
信息分析与咨询业	6940、7421、7422、7429、7431、7432、7433、7439	69.1、69.2、73.2、70.2、74.9
经纪与代理业	7230、6380、6920、7450、7491、9080、7720、7460	68.3、77.4、82.3、84.1、78.1、78.2、78.3、46.1
公益信息服务业	9031、9032、9621、9622、9629	91.1、94.1、94.9

最终数据来源说明：6380 贸易经纪与代理中的数据对应到的 NACE 2.0 中的 46.11 -46.19 小类数据，来自 SBS 的 Preliminary results on trade，main indicators（NACE Rev. 2）（sbs_dt_r2preli）数据库，其他小类统计数据来自 SBS 的 Preliminary results on services，main indicators（NACE Rev. 2）（sbs_sc_r2preli）数据库。以上两个数据库的数据均为欧盟统计局收集整理的 2008 年各国最新产业数据。

第二节　中美两国信息服务业发展现状比较分析

一　中美两国信息服务业发展规模的对比分析

以 2008 年 12 月 1 日美元兑换人民币汇率 1∶6.8633 计算，将美国与中国信息服务业总增加值和各子行业的增加值进行了比较。由于涉及中国与欧盟 24 国和巴西等国的比较，为了方便进行不同国家之间的信息服务业发展状况横向比对，将所有增加值均换算为人民币，单位为亿元。中美两国之间的信息服务业发展总体情况的比较如表 17 - 8 所示。

表 17－8　中美两国信息服务业和各子行业发展状况的对比分析

单位：亿元人民币

国家	信息传输服务业	信息处理服务业	信息分析与咨询业	经纪与代理业	公益信息服务业	总计
中国	10002.00	7261.53	2309.49	1450.09	8.03	21031.4
美国	33562.22	49659.48	89124.62	20929.29	11485.87	204761.48

需要指出的是，由于二经普中的产值数据主要针对企业法人单位统计，而我国公益性信息服务业绝大多数单位都是事业单位，因此此处对于公益性信息服务业的统计数据存在失真情况。

中美两国信息服务业均以信息传输服务业、信息处理服务业和信息分析与咨询业三个子行业为主体。但不同的是，美国信息服务业中增加值最大的是信息分析与咨询业，其次是信息处理服务业，最后是信息传输服务业。但中国情况则恰好相反，增加值最大的是信息传输服务业，其次是信息处理服务业，最后是信息分析与咨询业。中国信息服务业在信息分析与咨询业上增加值过小的问题，值得引起进一步思考。

图 17－2 进一步从各子行业比重的角度分析了中美两国信息服务业产业结构之间的差异。

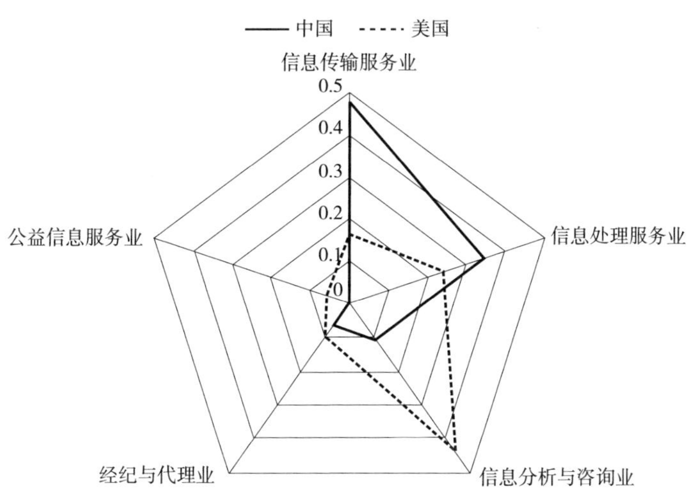

图 17－2　中美两国信息服务业产业结构对比分析

可以比较清晰地看出，中美两国信息服务业的产业结构存在较为明显的差异。中国信息服务业中，信息传输服务业和信息处理服务业占据了大半江山，分别占总增加值的47.6%和34.5%。而美国则信息分析与咨询业一枝独秀，占总增加值的43.5%，其他产业的分布则相对来说比较均匀。

二 中美两国信息服务业发展水平的深度分析

以上比较了中美两国产业规模数据的差异，为了更加深入地探讨中美两国信息服务业发展水平的差异，我们又进一步深入比较了中美两国在信息服务业的机构数量、人员、薪酬等数据指标上的差异。表17－9显示了中国基于第二次经济普查得到的信息服务业各门类的详细数据与美国基于2007年经济普查得到的信息服务业各门类详细数据的比较情况。

表17－9 中美两国信息服务业发展水平的对比分析

项目		信息传输服务业	信息处理服务业	信息分析与咨询业	经纪与代理业	公益信息服务业
机构数	美（家）	66000	208020	521946	208005	129675
	中（家）	19174	130302	111567	37229	542
从业人员数	美（万人）	162.14	331.04	403.30	581.75	1045133
	中（万人）	144.30	196.08	110.02	123.17	6154
工资支出	美（亿元人民币）	7445.56	17359.62	18776.99	12835.77	2788.30
	中（亿元人民币）	761.67	1044.99	475.41	374.31	153.95

由于前文提到中国公益性信息服务业统计数据失真，本部分主要比较前四个子行业中美两国发展情况的不同。

从机构数的对比情况看，中国比美国信息服务业的机构数要少得多，各子行业的分布，与增加值分布比较类似。不同之处在于，中国信息传输服务业的增加值最高，但机构数很少，反映了中国信息传输服务业的企业规模一般比较庞大。

图17－3比较了中美两国信息服务业前四个行业的机构平均从业人员数。

从中可以看出，中国信息服务业与美国相比，除信息处理服务业比美国略低之外，其他三个子行业的机构平均从业人员数均高于美国，尤其是信息传输服务业的平均从业人员数更是远远超过美国的平均水平。这说明与中国相比，美国信息服务业中小企业的比重更高。

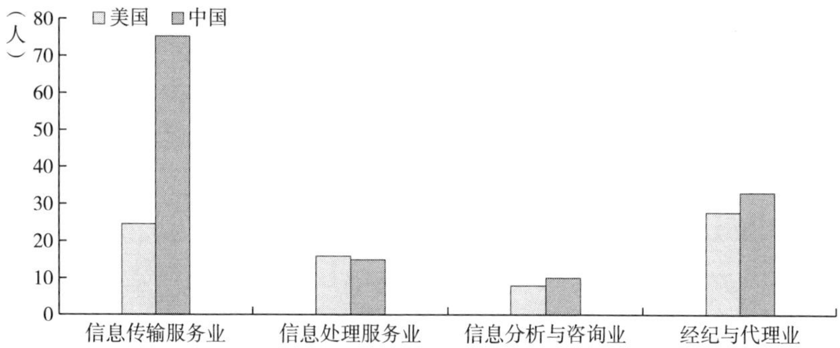

图 17－3　中美两国信息服务业机构平均从业人员数比较

图 17－4 显示了中美两国信息服务业前四个子行业的人均劳动生产率（使用行业增加值与行业从业人员数的比值表示）的对比情况。

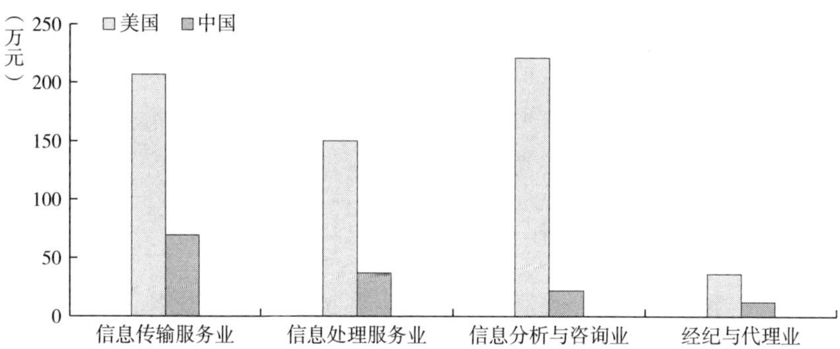

图 17－4　中美两国信息服务业人均劳动生产率比较情况

总体来看，美国信息服务企业的人均劳动生产率要明显高于中国。在各门类之中，中美人均劳动生产率差距最大的是信息分析与咨询业，联系前文曾经提到的，中美两国信息分析与咨询业比重差距也很大，可见，我国信息分析与咨询业不仅在产业规模（企业数量和总增加值）上落后于美国，企业的盈利能力（人均劳动生产率）也远远落后于美国。

图 17－5 显示了中美两国信息服务业前四个子行业在人均工资水平上的对比情况（左边纵轴为美国人均年工资支出，右边纵轴为中国人均年工资支出，单位均为元）。

由于中美两国货币汇率不同，直接比较两国的工资水平意义不大。但从各行业工资支出的相对水平来看，中美两国信息服务业各子行业的工资

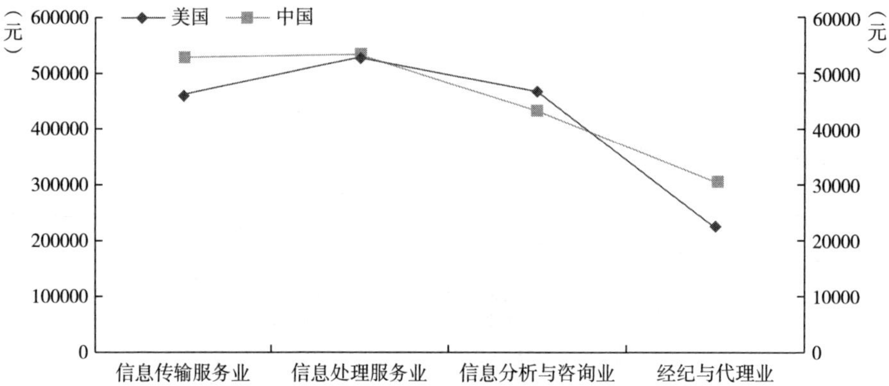

图 17－5　中美两国信息服务业人均年工资水平

水平分布大致相似，信息传输、信息处理和信息分析与咨询三大行业的工资水平较高，而经纪与代理业的工资水平相对较低。但个别产业则有差异，如美国信息服务业中，信息分析与咨询业的员工薪酬水平高于信息传输服务业；我国则相反，这可能是因为中国的信息传输服务业多属于垄断性行业，其工资水平相对要高一些。

三　中美两国信息分析与咨询业产业结构的对比分析

如上所述，与美国信息服务业相比，我国信息服务业各门类之中，差距最明显的门类是信息分析与咨询业。为了进一步明确中美两国在这一产业上的具体差距之所在，本小节进一步对比了中美两国在信息分析与咨询业上的差距。

为了便于分析，结果中剔除了 7439 其他专业咨询等所指不详细的产业门类，最终将中美两国的信息分析与咨询业划分为以下 5 个小类：法律咨询、财务咨询、社会经济咨询、证券分析与咨询和市场调查。各个小类的行业范围对比情况如表 17－10 所示。

表 17－10　中美两国信息分析与咨询业小类范围对比情况

小类名称	国民经济行业分类	NAICS 2007
法律咨询	7421、7422、7429	541110、541120、541199
财务咨询	7431	541211、541213、541214、541219
社会经济咨询	7433	541611、541613、541614、541618

续表

小类名称	国民经济行业分类	NAICS 2007
证券分析与咨询	6920、6940	523120、523140、523930
市场调查	7432	541910

以上 5 个小类的增加值对比情况如表 17-11 所示。

表 17-11　中美两国信息分析与咨询业增加值对比

单位：亿元人民币

小类名称	中国增加值	美国增加值
法律咨询	260.08	256087
财务咨询	333.89	128439
社会经济咨询	543.39	142742
证券分析与咨询	11.10	156673
市场调查	38.71	14463

从表 17-11 可以看出，上述几个子行业中，中国与美国相比均存在很大差距，尤其是证券分析与咨询，中美之间的差距更大。为了进一步分析两国之间在信息分析与咨询业产业结构上存在的差异，我们进一步对比了上述 5 个小类的增加值比重情况，如图 17-6 所示。

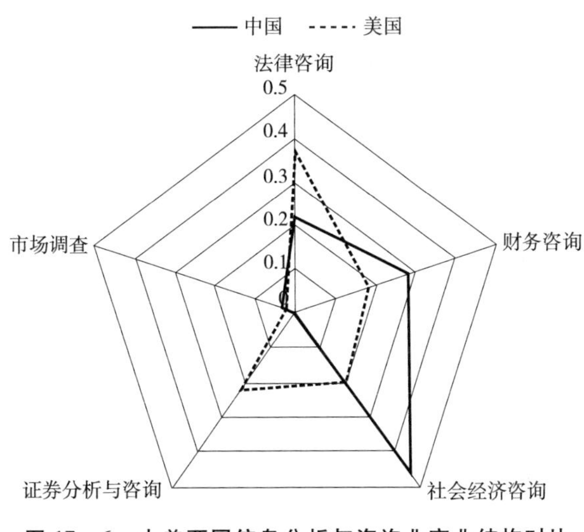

图 17-6　中美两国信息分析与咨询业产业结构对比

从图 17 -6 可以看出，中美两国信息分析与咨询业的产业结构也存在较为明显的差异。具体来说，中国信息分析与咨询业的主体产业是社会经济咨询，其次是财务咨询。而美国信息分析与咨询业则以法律咨询业以及证券分析与咨询最为发达。可见，我国目前信息分析与咨询业中，传统意义上的管理咨询和项目咨询的增加值比重较大，法律咨询、证券分析与咨询等现代高端咨询业则尚处于起步阶段，其增加值规模和比重均有待提高。

第三节 中国与欧盟国家信息服务业发展状况的对比分析

一 中国与欧盟国家信息服务业发展总体水平的比较

参照前文提到的欧盟国家信息服务业行业数据采集方案，剔除数据缺项较多的三个国家 Denmark、Croatia、Luxembourg，得到以下 24 个欧盟国家的信息服务业统计数据（见表 17 -12）。

表 17 -12 欧盟 24 国信息服务业数据情况

单位：亿欧元

国别	信息传输服务业	信息处理服务业	信息分析与咨询业	经纪与代理业	总计
法国	739.72	1109.98	2385.26	499.72	4734.68
英国	129.15	1469.75	2106.36	706.24	4411.50
德国	785.43	1191.55	722.87	487.02	3186.87
意大利	531.84	670.09	1010.43	162.63	2374.99
西班牙	457.57	521.82	403.22	151.63	1534.24
荷兰	16.54	355.25	502.49	247.58	1121.86
比利时	135.45	188.40	419.85	88.08	831.78
瑞典	98.53	279.21	260.15	67.32	705.21
波兰	161.71	162.70	204.72	94.55	623.68
奥地利	42.98	139.81	126.59	69.75	379.13
希腊	85.08	68.12	189.31	6.26	348.77
挪威	89.73	101.16	101.21	54.33	346.43
葡萄牙	83.76	72.08	103.88	27.41	287.13

续表

国别	信息传输服务业	信息处理服务业	信息分析与咨询业	经纪与代理业	总计
芬兰	58.17	113.25	82.24	27.34	281.00
捷克共和国	1.57	115.78	111.05	34.86	263.26
匈牙利	53.33	75.07	115.96	16.20	260.56
罗马尼亚	61.06	54.44	100.71	9.46	225.67
斯洛文尼亚	14.11	18.44	48.93	4.78	86.26
斯洛伐克	18.79	26.42	28.81	6.56	80.58
保加利亚	22.39	17.95	14.92	3.20	58.46
立陶宛	11.20	9.51	9.13	2.92	32.76
拉脱维亚	8.84	9.56	8.96	4.91	32.27
爱沙尼亚	7.48	7.80	9.03	4.04	28.35
塞浦路斯	7.88	3.82	8.09	1.07	20.86

注：数据统计年份为2008年。

以2008年12月1日欧元兑换人民币汇率1∶8.6720计算，将欧盟24国与中国信息服务业总增加值和各子行业的增加值进行了比较。为了方便进行不同国家之间的信息服务业发展状况横向比对，将欧盟的信息服务业增加值换算为人民币，单位为亿元。中国与欧盟24国信息服务业发展总体情况的比较如表17-13所示。

表17-13　中国与欧盟24国信息服务业发展总体情况的比较

单位：亿元，%

国别	项目	信息传输服务业	信息处理服务业	信息分析与咨询业	经纪与代理业
中国	增加值	10002	7261.53	2309.49	1450.09
	占比	47.6	34.5	11	6.9
欧盟	增加值	31412.73	58813.08	78691.10	24089.53
	占比	16.3	30.5	40.8	12.5

由表17-13可以看出，欧盟国家与美国在信息服务业的内部结构上存在相似之处，即产业比重上信息分析与咨询业最高，信息处理服务业次之，信息传输服务业又次之，经纪与代理业最小。而我国则是信息传输服务业最高，信息处理服务业次之，信息分析与咨询业又次之，经纪与代理业最小。

图 17－7 显示了中美欧三大经济实体信息服务业四个子行业的比重的对比情况。

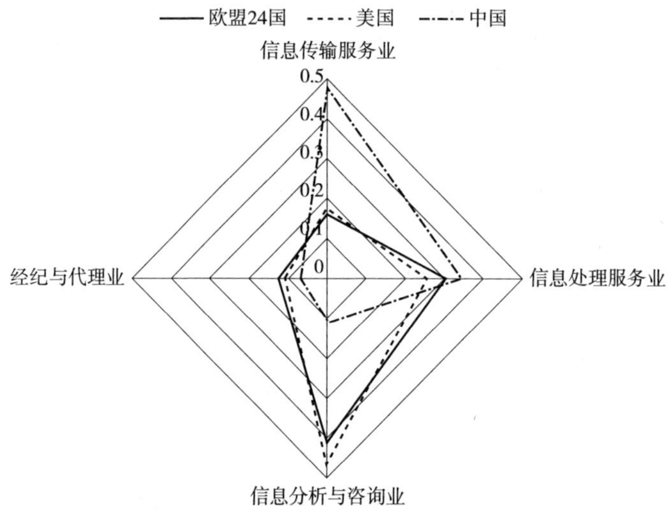

图 17－7 中美欧信息服务业产业结构对比分析

欧盟 24 国信息分析与咨询业的增加值比重为 40.8%，其次信息处理服务业的比重则为 30.5%。与美国的情况相比，信息分析与咨询业增加值比重略低，信息处理服务业的比重则略高。但总体来看，欧美信息服务业的产业结构存在明显的相似性，与我国目前的信息服务业产业结构的差异较为明显。由此可见，发达国家在发展信息服务业方面，普遍以附加值高、产业辐射力强的信息分析与咨询业为龙头，具有较为鲜明的高端化特征。

为了进一步分析这一问题，我们选取了欧盟 24 国中较为发达的五个国家（法国、英国、德国、意大利、西班牙）和较不发达的五个国家（保加利亚、立陶宛、拉脱维亚、爱沙尼亚、塞浦路斯），分别比较其与我国信息服务业在产业结构上的差异，结果如图 17－8 所示。

从图 17－8 可以看出，欧盟国家中的五个发达国家与五个欠发达国家在信息服务业产业结构上差异较为明显，并主要体现在信息分析与咨询业和信息传输服务业的比重上。总体而言，信息分析与咨询业的增加值比重从大到小依次为：发达五国、欠发达五国、中国；而信息传输服务业则恰好相反，比重从大到小依次为：中国、欠发达五国、发达五国。这一结果也进一步验证了我们在前文中提出的判断，即发达国家在信息服务业发展中，大多存在较为明显的信息传输服务业增加值比重逐渐下降，而信息分

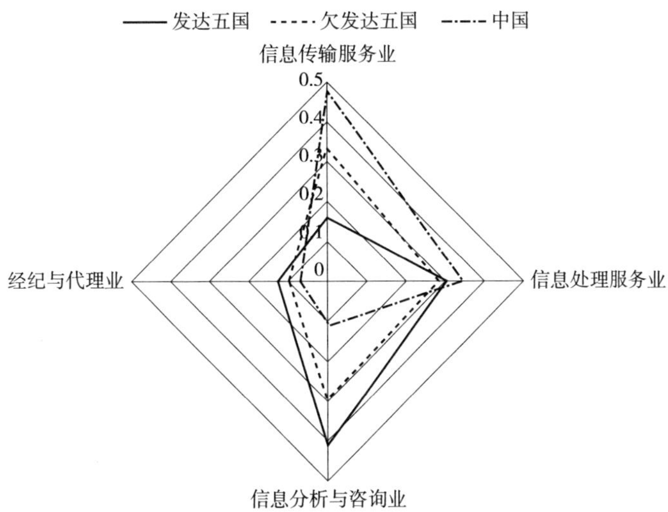

图 17－8 欧盟发达五国和欠发达五国与中国信息服务业产业结构的对比

析与咨询业增加值比重逐渐上升的趋势。

二 中国与五个主要欧盟国家信息服务业总体情况对比

为了进一步分析中国与欧盟国家之间信息服务业发展的差异，我们选取了 2008 年经济总量与中国相仿的 5 个国家法国、英国、德国、意大利、西班牙与中国的信息服务业分别进行了对比分析。上述各个国家与中国的信息服务业各门类增加值数据如表 17－14 所示。

表 17－14 中国与欧盟五国信息服务业增加值比较分析

单位：亿元

国 别	信息传输服务业	信息处理服务业	信息分析与咨询业	经纪与代理业
中 国	10002.00	7261.53	2309.49	1450.09
法 国	6414.89	9625.76	20684.94	4333.58
英 国	1120.01	12745.65	18266.33	6124.49
德 国	6811.21	10333.11	6268.76	4223.41
意大利	4612.10	5811.06	8762.47	1410.35
西班牙	3968.08	4525.21	3496.72	1314.90

图 17－9 显示了欧盟五国与中国信息服务业的增加值和占 GDP 的比重的对比情况。

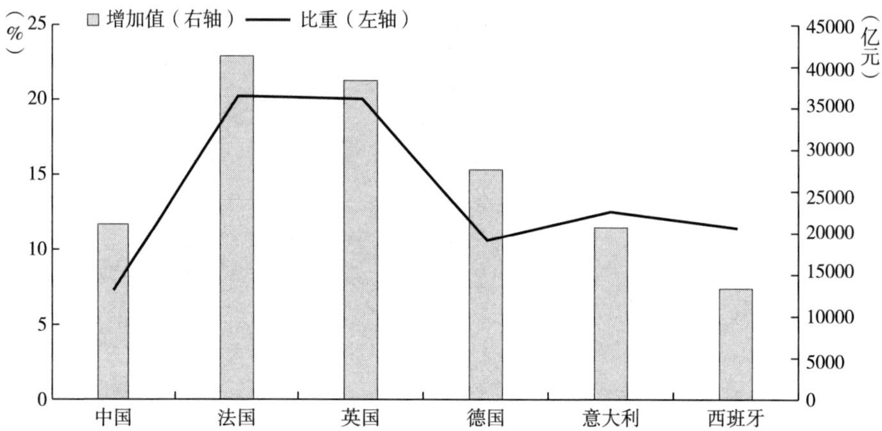

图 17－9　中国与欧盟五国信息服务业增加值和比重对比分析

就总增加值来看，欧盟五国信息服务业增加值规模从大到小依次是法国、英国、德国、意大利、西班牙。其中法国、英国、德国增加值高于中国，意大利与中国相仿，西班牙则低于中国。从信息服务业占 GDP 的比重来看，法国最高（20.1%），其次为英国（20%）、意大利（12.5%）、西班牙（11.5%），最低为德国（10.5%），五国均比中国的信息服务业占 GDP 比重（7.3%）要高。其中，德国信息服务业比重较低的原因，一方面是因为德国的经济总量大，基数较大的缘故；另一方面则可能是由于德国制造业较为发达，其制造业的比重较高的缘故。

三　中国与五个主要欧盟国家信息服务业子行业对比

图 17－10 显示了中国与欧盟五国在信息传输服务业、信息处理服务业、信息分析与咨询业和经纪与代理业四大行业上的增加值对比情况。

信息传输服务业方面，中国的增加值规模较大，并明显超过了其他五国的规模，欧盟国家中，德国、法国的信息传输服务业最强，这可能与德国拥有西门子（Siemens）、法国拥有阿尔卡特（Alcatel）等一批信息传输服务业中的行业巨头有关。西门子是全球最大的电气和电子公司之一，阿尔卡特集团则是电信系统和设备以及相关的电缆和部件领域的世界领导者。两大跨国公司的发展，对于法德两国信息传输服务业的发展影响至关重要。

信息处理服务业方面，英国最强，德国、法国、中国紧随其后。依托

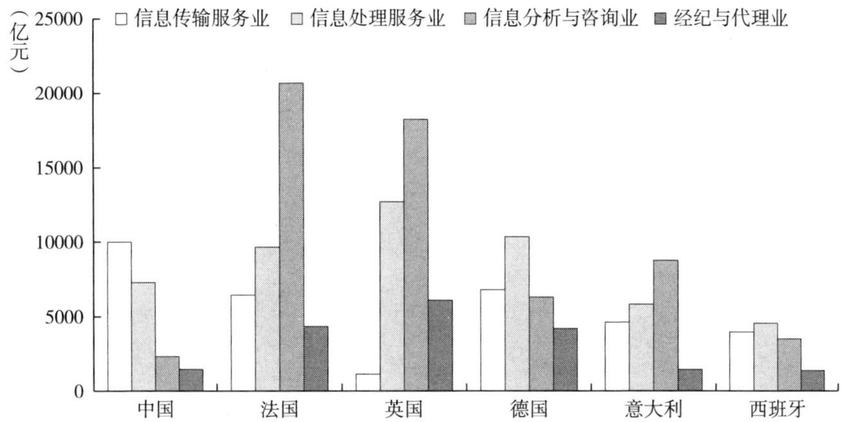

图 17－10　中国与欧盟五国信息服务业子行业增加值对比情况

剑桥、牛津等世界顶尖高校和人才资源，英国以软件业为代表的信息处理服务业一直是其优势产业。据英国国有统计局 2006 年报告，英国软件业投资达 130 亿英镑，以其占经济增长的比例衡量，英国软件业对总体经济增加值（Gross Value Added）的贡献率达 2.9%，超过美国[①]。而据安永会计师事务所（Ernst&Young）报告，2005 年有 36% 的跨国软件项目投资于英国。

信息分析与咨询业方面，法国和英国具有明显的比较优势。法国信息分析与咨询业占信息服务业的比重高达 50.4%，英国信息分析与咨询业占信息服务业的比重则高达 47.7%，均明显超过欧美国家的平均水平。德国在信息分析与咨询业发展方面则相对欠缺。

经纪与代理业方面，英国的比较优势最为明显，其增加值规模比排在第二的法国高出 40% 之多。出现这种情况的原因，可能是英国本身经济基础非常雄厚，又是典型的岛屿国家，具有悠久的贸易传统，因此其经纪与代理业的发展远远领先于欧洲大陆其他国家，这也在情理之中。

第四节　我国与欧美国家信息服务业发展差距分析

为了对我国信息服务业发展与国外的差距有一个更好的认识，本研究

① http：//www. mcuol. com/News/215/11524. htm.

按照联合国开发计划署公布的2009年度各国的人类发展指数（HDI），将所收集的27个国家划分为发达国家、准发达国家和发展中国家三类。按照人类发展指数（HDI）的标准，目前全世界发达国家37个，准发达国家16个。

本研究所关注的27个国家中，发达国家包括以下17个：美国、法国、英国、德国、意大利、西班牙、荷兰、比利时、瑞典、奥地利、希腊、挪威、葡萄牙、芬兰、捷克共和国、斯洛文尼亚、塞浦路斯。准发达国家包括以下6个：匈牙利、波兰、斯洛伐克、爱沙尼亚、拉脱维亚、立陶宛。其余4个国家为发展中国家，包括中国、巴西、罗马尼亚、保加利亚。

通过对国内外信息服务业发展的状况和横向对比可以看出，无论从信息服务业的整体规模和比重，还是从信息服务业的内部产业结构以及产业发展的实际水平来看，目前我国信息服务业发展与发达国家比都存在较为明显的差距。

一 我国信息服务业发展整体比重较低

从整体规模来看，中国信息服务业的整体规模较大，在本研究所调查的27个国家中排在第5位，仅次于美国、法国、英国、德国四个国家。然而，与发达国家相比，我国信息服务业发展存在整体比重较低的问题。我国与本报告所收集的发达国家和准发达国家相比，信息服务业占经济总量的比重差距十分明显：我国只有7.3%，而17个发达国家的信息服务业已经达到11.7%，6个准发达国家的信息服务业比重也已达到9.7%。这反映出我国信息服务业从总体上看，其上升空间依然很大，应当采取措施，进一步提高信息服务业占整个GDP的比重。

二 产业结构差异明显，传输业比重较大

与发达国家相比，我国信息服务业的内部产业结构差别较为明显，目前信息服务业四大子行业（公益信息服务业部分国家数据缺失）的增加值比重与发达国家和准发达国家相比均有不同。主要体现在信息传输服务业和信息分析与咨询业这两个子行业上，信息传输服务业中，发达国家比重最低，其次为准发达国家，我国最高；信息分析与咨询业则相反，发达国家比重最高，其次为准发达国家，我国最低。如图17－11所示。

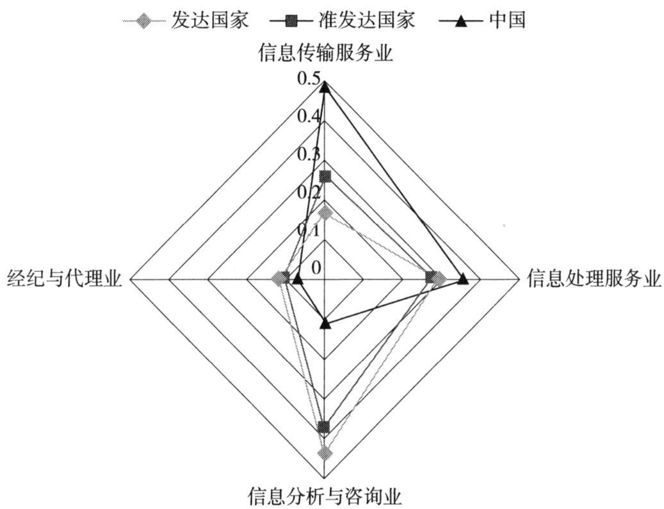

图 17－11　我国与发达国家和准发达国家的信息服务业产业结构对比

三　整体生产率较低，某些特定行业相比更为低下

目前，我国信息服务业与发达国家相比，生产率水平较低。由于欧盟和巴西等国家的信息服务业除了产业增加值外缺少更多行业发展指标，因此此处以美国和中国的信息服务业发展水平为例进行比较。通过比较发现，目前美国信息服务业的整体劳动生产率是中国的 4.1 倍。而信息服务业的各门类之中，除去公益信息服务业外，中美之间差距最大的是信息分析与咨询业，达到 11.5 倍。如图 17－12 所示。

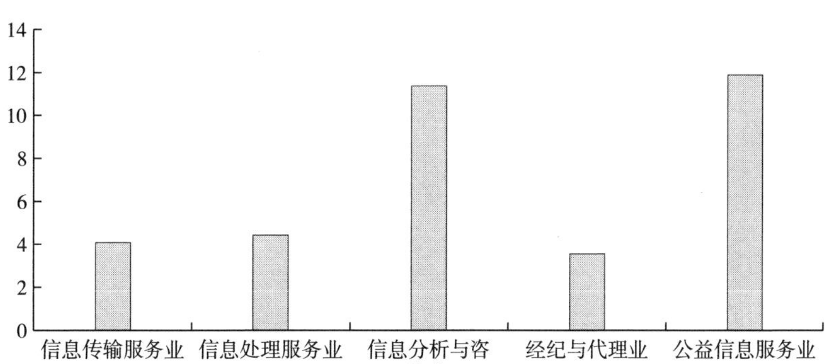

图 17－12　美国与中国信息服务业各门类劳动生产率比值

由于我国公益信息服务业大多为事业单位，其市场化程度相比其他几个行业低得多，提供有偿服务的比重也较少，因此中美两国在公益信息服务业上生产率差距较大的现象相对可以理解。但信息分析与咨询业的生产率水平低，则不能不说是我国目前信息服务业发展上存在的一个重要缺陷。联系到前文曾经提到的，中美两国信息分析与咨询业比重差距也很大，这表明，我国信息分析与咨询业不仅在产业规模（企业数量）上落后于美国，而且在单个企业的盈利能力上也要远远落后于美国。这些问题的出现，与目前国家产业政策中对于信息咨询服务的扶持力度不够有很大关系，应当加大对本土 IT 咨询服务企业的培育力度，使我国信息咨询服务业在整个信息服务业领域比重不断扩大，从而提高信息服务业的整体行业竞争力和生产率。

第十八章　推进我国信息服务业发展的对策建议

第一节　引导新一代信息服务业结构优化与调整

目前，与发达国家相比，我国信息服务业存在较为明显的产业结构不合理的问题，具体来说，表现为信息传输服务业所占比重较高，而信息分析与咨询业以及公益信息服务业的行业产值与机构数量比重较低等[①]。应当认识到，随着新一代信息技术的推广普及和深化应用，在“十三五”乃至今后更长时期内，信息服务业的发展将迎来一个服务创新和业态优化集中“爆发”的时期。为此，应当针对不同门类的信息服务业采取不同的发展措施和投入力度，优先支持符合新一代信息技术的发展潮流、附加值高、影响力大的子行业，在政策层面保障信息服务业在未来实现产业结构调整和转型升级。基于本书第一章中提出的信息服务业行业分类方法，对未来加快发展新一代信息服务业的各个子行业提出如下对策。

首先，要大力促进信息分析与咨询业的新业态培育。从发达国家的经验来看，随着经济发展水平的不断提升，信息分析与咨询业将逐渐成为信息服务业中的主导型产业。在未来，新一代信息技术应用于实体产业，成为推动企业业务转型升级的核心动力，需要发展大量应用新一代信息技术为企业提供经营转型升级的咨询服务的信息分析与咨询企业，以作为衔接信息技术成果和实体产业技术升级的桥梁。

其次，要进一步提高信息处理服务业和经纪与代理业培育新业态的能力和意识。以软件业为代表的信息处理服务业和以会展业、贸易产业等为代表的经纪与代理业均面临着新一代信息技术普及所带来的产业经营模式

---

① 陈建龙、王建冬、刘合翔等：《信息服务业发展的国际比较研究》，第二次全国经济普查课题研究报告，2010。

转型升级的问题。在未来，SOA 架构和软件即服务（SaaS）的新模式将成为软件业发展的主流方向。政府应当鼓励依托移动通信、语义网、云计算等新技术，发展智能程度和个性化服务水平更高的新一代经纪与代理业。在继续保持这两个产业增长势头的同时，进一步鼓励企业转型升级，努力提高产业的盈利水平和产业辐射能力。

再次，要鼓励公益信息服务业大量应用新一代信息技术提高服务水平。出于历史原因，长期以来我国在发展公益事业方面存在障碍，导致我国公益信息服务业发展严重滞后于欧美国家。而作为构建和谐社会必不可少的一类特殊服务群体，公益信息服务机构已经成为现代社会的稳定器和缓冲器。在未来，要鼓励不同类型的社会机构进入公益信息服务业领域，快速提升公益信息服务机构的数量和服务能力。同时，积极应用云计算、物联网、移动互联网等新一代信息技术，鼓励发展智慧图书馆、智慧博物馆、公共图书馆泛在服务网络等创新公益信息服务模式。

最后，要稳步推动信息传输服务业的转型提升。伴随着我国经济高质量发展和新一代信息技术全面普及的战略机遇期，我国信息传输服务企业也将面临从过去单纯注重信息基础设施服务，向以提供信息内容增值化服务为主的高级阶段逐渐转变。信息传输服务业应当紧紧抓住 5G 等新一代信息技术带来的产业更新换代的契机，快速推进自身发展模式转变，进一步完善市场化运营机制，改变目前以垄断获取高额行业利润的不可持续的发展模式，通过内容整合和渠道整合等多种方式鼓励信息传输服务的模式创新，不断推进信息传输服务业的业务转型升级。

第二节　强化朝向新一代信息技术的信息服务配套能力建设

目前，国内各地政府均高度重视云计算、物联网等新一代信息技术产业发展。北京、山东、重庆、无锡、内蒙古等地都在通过政策或示范项目来推动地方云计算和物联网产业的发展。但是发展产业的具体抓手和重点并不明确，通过建基地、建厂房、上项目等方式很难有效提升本地区新一代信息技术产业的发展水平，而且极易引起重复建设、恶性竞争等问题。以云计算产业为例，目前省级政府出台的相关云计算产业规划已经多达十余个，不但造成了产能过剩的隐忧，而且完全违背了云计算理念的资源共用和共建共享的原则，甚至被一些学者称为“乌云满天”。

互联网、云计算、物联网、知识服务的快速发展，为我国实体经济转型升级和制造业实现个性化制造和服务创新提供了工具和环境①。在发展新一代信息技术的问题上，一定要对信息技术的本质和定位有一定清醒的认识。如本书曾多次强调的，信息技术是一种“通用目的技术”和“使能性技术”，与其相关的产业对于国民经济财富增长的促进作用，除了直接表现为产业本身的产值增长之外，对于国民经济各行各业的横断性支撑作用的意义更为深远和重大。

在新一代信息技术的背景下，智慧、融合、泛在的新一代信息服务业，不但是支撑和促进其他服务业发展的基础性和前导性产业，成为促进企业融资投资、技术创新、人才流动、创意产生的重要基础，还将逐渐成为行业间资本、技术、人才、智慧交流与对接的支持平台。因此，“十三五”乃至更长时期内，我国发展新一代信息技术，不但要注重在投入端加大对新一代信息技术产业的支持力度，而且要更加强调在产出端为新一代信息技术产业拓展下游市场。从而真正发挥新一代信息技术产业模式输出和行业渗透作用，帮助我国的新一代信息技术产业寻找到行业“蓝海”。

首先，各级政府在制定新一代信息技术研发的资金扶持政策时，要鼓励资金更多向新一代信息技术成果转化的后端环节倾斜。新一代信息技术的基本特点，是行业技术比较成熟，基础性科技成果较多。因此新一代信息技术的成果产业化链条的前端环节比较成熟，但在向产业化推进的过程中，会面临大量二次研发的任务。因此在政府创新资金投入上，要大力支持行业企业采用新一代信息技术的二次研发投入，保证成果转化的后端环节顺利运作。

其次，通过科技型企业孵化器的建设，提升各地产业园区对新一代信息技术领域原创性成果的吸纳和转化能力。各地在继续加大对孵化器的厂房、设备、配套设施等硬件投入的同时，应当充分发挥信息技术优势，不断提升孵化器专业化水平和管理服务能力。应当注重围绕大数据、云计算、物联网、人工智能等重点领域打造一批专业孵化器，积极推进新一代信息技术领域“孵化 + 创投”的新型孵化模式，积极推进企业化运营和体制机制创新，强化孵化器管理团队能力建设。

---

①　黄明明：《服务创新：让服务业具备“现代”特征》，《科学时报》2010 年 9 月 1 日。

最后，在国家层面出台新一代信息技术成果的产业化专项基金，推动新一代信息技术向其他产业的渗透，大力发挥IT产业的基础作用和乘数效应。作为基础性战略性产业，IT产业可催生、支撑和促进其他战略性新兴产业的形成和发展。要出台专项基金，鼓励战略性新兴产业在研发和制造过程中充分利用智能ICT、新一代通信技术、物联网、嵌入式软件、云计算等技术提高产业智能化水平，提升产业附加值，充分发挥新一代信息技术对其他战略性新兴产业的渗透和支撑作用。鼓励在这种技术渗透和技术转移的过程中形成各种专业的信息服务业业态。

第三节　加大对中小信息服务机构的政策扶持力度

从国内外信息服务业发展的经验来看，中小企业是信息服务业发展的主要力量。目前我国信息服务业中的中小企业普遍面临着盈利能力较差、竞争力不足的问题。因此，必须大力加大对中小信息服务企业的政策扶持力度。

首先，要加大政府对信息服务业中小企业的服务和支撑力度。可以探索由各级政府牵头，充分吸纳高校、科研院所、优势企业等各方力量，形成产学研协同发展的创新格局，通过设立信息服务业创新创业孵化公共服务平台，为初创的中小型信息服务企业提供管理、市场、技术、培训、融资等公益性管理服务。此外，应当积极鼓励创新面向初创型中小信息服务业企业的投融资评估机制，除传统的财务性要素之外，积极探索将企业技术创新能力、成长性、管理团队潜力等非财务性因素列入融资指标，对于在上述方面非常优秀的初创型企业，可以由政府主导的平台为其担保提供融资信息服务，从而解决中小信息服务企业的融资和可持续发展问题。

其次，充分发挥信息服务业行业联盟的作用。积极创建以大型信息服务业企业作为龙头，广泛吸纳中小信息服务业企业共同参与的产业联盟机制。政府将联盟作为产业公共服务平台，通过向联盟提供财政扶持资金，允许联盟聘请行业资讯专家和采购信息技术咨询服务，协助联盟成员企业开展发展规划和重大项目研究。从而实现“政府管平台、平台管企业”的行业创新发展模式。依托行业联盟创建行业供应链，帮助中小型信息服务业企业快速融入供应链网络，增强中小信息服务企业应对市场风险的能力。

最后，要进一步加大对信息服务业中小企业的技术创新与技术转移的扶持力度，特别是针对初创型信息服务中小企业，应当围绕技术贸易、技术推广、知识产权保护等重点环节专门设立带有较大扶持力度的产业政策。设立信息服务业中小企业创新孵化基金，鼓励中小企业从事信息服务领域的技术研发和服务创新，并不断加强服务业中小企业的自主研发能力。

第四节　完善信息服务业统计和考评机制

目前，我国各级政府在制定新一代信息服务业发展政策时，普遍缺乏科学合理的统计体制和统计数据作为决策依据。一方面，各地对于信息服务业的行业范围认识各有差异。以我国“十一五”规划中各地政府对于信息服务业的行业范围和行业地位的界定为例，在“十一五”规划中，重庆市将信息服务业、通信业、信息家电业等同时列入信息产业发展的六大领域之中，其信息服务业的行业范围包括软件业和数字内容产业；福建省将信息产业的重点领域划分为信息产品制造业、软件业和信息服务业，信息服务业的行业范围包括信息传输和计算机服务业；而上海市则将信息产业的重点领域划分为信息产品制造业和信息服务业两类，信息服务业涵盖了信息产业中除去信息产业制造之外的所有服务性业务。由于在行业统计上缺乏对信息服务业的界定和关注，各地政府信息服务业的认识缺乏统一性，区域信息服务业的统筹发展也就无从谈起。

另一方面，由于信息服务业是一个横断性、支撑性的现代服务产业，信息服务业的发展和演变，与信息技术的升级演化直接相关，并成为信息技术创新向实体经济传导的桥梁。因此，在思考信息服务业发展问题时，不能将其看作一个普通意义上的服务业态，而必须将其作为一个支撑产业发展共性需求的领域或者平台，关注其对生产生活的共性支撑作用。在考察信息服务业的发展水平时，如果简单地以要素投入水平、税收贡献、产值比重等表象性指标来作为衡量一个地区信息服务业发展水平的唯一标准，那么就会对地方政府发展信息服务业的方向和路径产生误导。从而在发展信息服务业时，简单地移植制造业发展政策的要素投入、税收优惠、土地政策等手段，而没有从研究信息服务业的运营模式入手，分析信息服务业的演化规律，通过产业创新生态体系的建立，培育适合产业发展的基底和土壤。

为此，将来在行业统计的层面上，应当继续加强对信息服务业的关注，积极探索并完善信息服务业发展的统计体系。尝试建立由政府统计部门和高校研究院所等合作开展的信息服务业统计工作机制，完善信息服务业统计调查方法和指标体系，建立针对信息服务业的横断支撑能力、创新引导能力、区域统筹能力等“软性”绩效的考评指标体系。同时，建立信息服务业发展数据的定期发布制度，做好信息服务业发展形势的监测与分析工作。

第五节　营造新一代信息技术创新与服务创新生态体系

新一代信息技术具有明显的领域性活动特征，其所依赖的不是一个单项技术，而是科学、技术、工程等相关领域最前沿的新技术群，涵盖了物理传感、空间信息、新材料、移动通信等多种技术成分。这些技术成分之间互相影响、互相补充、互相促进。因此，新一代信息技术产业不再是单个技术的竞争，而是技术体系之间的竞争；产业发展的核心竞争力不仅表现在个别企业的竞争力上，更表现在以技术系统为纽带的新一代信息技术产业集群的竞争力上。为此，应当以产业创新生态体系的打造为基础，通过完善新一代信息技术和新一代信息服务之间互动链条的不同环节的创新能力，推动未来新一代信息技术背景下信息服务业的创新发展。

如本书中一直强调的，新一代信息技术变革的一个根本性特征，就是不同技术平台之间的相互融合发展。当前，在产业层面推动新一代信息技术的创新发展时，一定要避免“就信息技术谈信息技术”的认识误区。按照 TICP 模型的观点，未来新一代信息技术产业中很多有前景的技术创新点将产生于信息技术和其他技术之间的结合部，未来产业发展空间最大的信息服务业模式也将主要以服务于新一代信息技术与其他技术的交叉创新为目的。

目前，新能源技术是新一代信息技术领域的一个十分重要的交叉创新方向。美国政治思想家杰里米·里夫金（J. Rifkin）[①] 认为，信息技术和

① Rifkin J. The Hydrogen Economy. New York：Tarcher. 2002.

能源技术是人类社会的两类基本技术。当能源资源技术和通信技术的代际演化一道出现时，世界历史上的大变革就开始了。他通过回顾历史发现，以煤炭为基础的动力技术和以印刷机为代表的信息技术的敛合，引发了第一次工业革命；以石油为基础的动力技术和以电话、电报等为代表的电子通信技术的敛合，引发了第二次工业革命。因此，我们现在正处在“第三次工业革命”的进程，这场革命的背景是新一代信息技术与可再生能源技术之间的敛合。未来，在低碳社会的建设中，新能源技术与ICT技术的作用二者缺一不可，应当有意地引导和鼓励将两种技术融为一体的新产品和新服务的诞生。

ICT对于当前的低碳城市建设尤其重要。只有把低碳城市中的各种问题看成一个整体，用统筹规划的方式共同解决，才能取得良好效果。以水资源治理为例，不能把水质和水流量分开解决，只关注流量问题，那么流量慢下来，水质量的污染就更加严重，因此必须综合治理，把两件事情放在一起才能解决，不能分成两个系统。目前，低碳社会建设往往是一条一块片面地解决问题，缺乏全面统筹的管理方式，例如某些部门或某些区域只关注水资源问题，不去考虑新能源等，这样就无法把生态城市的效益大幅度提升。而做到统筹管理，就必须借助ICT技术在低碳城市建设中的全面应用。目前，ICT技术与新能源技术的敛合，已经在很多方面初具规模，如智能电网和智能交通就是典型的例子。国外很多政府都在应用ICT技术促进低碳发展方面取得了良好的经验。如瑞典的斯德哥尔摩市政府用感知的方式收集交通运行的数据，除了对交通运行状况进行实时监控以外，还开始做模型预估，向公众提供45分钟之后的交通流量预报，在交通拥挤的路段疏导游人乘坐大众化交通工具。通过这些ICT技术的使用，该市碳排放量下降18%，高峰期车流量降低12%[①]。

第六节　探索信息技术和信息服务素养兼备的综合性人才培养机制

信息服务业作为一个典型的知识密集型服务业，对于高端专业人才的依赖性非常强。高端人才缺乏，会直接导致下一代信息技术产业领域的创

① 郑婷：《斯德哥尔摩人类环保意识的发源地》，《绿色中国》2011年第15期。

新能力不足，无法撬动社会资本进场，政府直接投入的产业引导资金就难以发挥应有的效果。为此，应当大力吸纳和培育信息技术和信息服务相关领域的高端人才，提升他们的创新创业能力。

首先，应当积极探索在高校设立并完善适应新一代信息技术要求的信息服务业专业人才培养机制，采取措施，鼓励企业与高校联合培养同时掌握新一代信息技术的技术原理和高端信息服务知识的综合性人才，不断缩短信息服务业领域的高等教育与产业实践的距离。帮助新一代信息技术企业与区域内的高校、研究院所等合作建立信息服务业人才衔接机制，在大型企业设立高校毕业生实习基地，鼓励高校聘请企业一线员工到学校开设课程。除高校以外，还可以尝试由各地政府投资建设新一代信息服务业高端专业人才的培养基地，并与国外知名企业和培训机构合作，联合推出针对新一代信息服务业实际需求的紧缺型人才职业培训项目和专业能力水平认证项目。同时，鼓励民间人力资源培训机构培育新一代信息服务业专业人才，动员行业和社会力量开办新一代信息服务人才培训机构，不断扩大职业培训规模，使职业培训的整体水平和综合实力明显提高。

其次，要进一步更新人才观念，通过新的人才政策的实施，赋予科研人员创新创业双重身份。设立“人才快车道”机制，依托园区、科技园、孵化器等地方新一代信息技术产业发展战略实体，探索科研人员企业挂职和创业机制。鼓励各类科研院所的信息技术人员到中小信息服务企业担任技术副总，探索科研人员创业退出机制。尤其应当探索并成立青年科研人员创业基金和专门孵化器，提升青年科研人员创新创业热情。加强对创新创业人才的配套体系建设，在新一代信息技术领域广泛开展管理咨询、创新辅助、产业融资、市场推广等各个环节的知识流程外包服务活动。为此，应当设立新一代信息技术和信息服务业创新引导基金，由政府直接资助相关科研人员将自身成果通过合作转化或独立转化的方式迈出第一步，辅助和引导新一代信息技术向信息服务产业领域转化从起步顺利过渡到中期和后期。

附件　信息服务业相关国家政策汇总

（一）信息服务业发展的专门性政策

1.《国务院批转国家计委等八个部门关于扩大机电产品出口报告的通知》（国发〔1985〕128号）

建立国外销售网、商情网、服务网。这项工作十分重要，现在又非常薄弱，要有计划有步骤地组织开拓。“七五”期间要在北美、西欧、日本、东欧、北欧、东南亚、大洋洲、西亚、拉丁美洲、北非、我国香港，建立起代表处或销售机构；选择一批资信好、有经销能力的经销代理商；通过合资经营、合作生产等渠道，充分利用国外厂商的销售网。把三种力量结合起来，形成我国出口机电产品的世界性销售网络，并同世界信息网络建立联系，逐步形成我们的商情信息系统。

2.《国务院关于经贸部建立中国国际经济信息中心的方案的批复》（国函〔1985〕47号）

建立中国国际经济信息中心。该中心负责国际经济贸易领域的信息收集、分析、存储工作，及时地向中央和各地区领导机关，以及有关单位提供国际经济信息，为对外经济贸易、管理和决策以及生产科研服务。

3.《国务院办公厅关于组建国家经济信息管理领导小组的复函》（国办函〔1986〕18号）

根据1986年2月20日《国务院关于建立国家经济信息自动化管理系统若干问题的批复》[国函（1986）25号]，为使国家经济信息中心顺利进行系统工程建设和更好地进行服务，由国家计委和有关方面组成国家经济信息管理领导小组。

4.《国务院关于建立国家经济信息自动化管理系统若干问题的批复》（国函〔1986〕25号）

国家经济信息系统是为中央和地方各级人民政府及国务院各主要综合

经济部门进行经济分析、预测、决策服务的。“七五”期间国家经济信息系统建设的重点是把主系统建设好。主系统应在已有一定规模的国家计委、国家统计局计算中心系统工程（含各级计委、统计局计算中心）的基础上进行扩建与延伸。目前，国家只能建设一个统一的国家经济信息主系统，实行中央和地方各级人民政府以及国务院各主要综合经济部门对经济信息资源的共同利用。

5.《国务院办公厅转发电子振兴领导小组关于搞好我国计算机推广应用工作汇报提纲的通知》（国办发〔1986〕92 号）

初步形成计算机服务业的基础。各行各业以及计算机制造业都要建立专业性的系统开发中心（公司）、软件开发和服务中心（公司），做好应用软件开发、咨询、培训、维修等服务工作。重点完成传统产业改造、大型信息和业务系统以及攻关应用项目的软件开发工作。各省和中心城市也要重点建立一批面向社会的系统开发中心（公司）、软件开发服务中心（公司）。在全国形成一批计算机服务业群体。

6.《国务院办公厅关于印发信息技术发展政策要点和生物技术发展政策要点的通知》（国办发〔1988〕18 号）

积极发展信息技术服务业。

——加强信息技术服务的产业化，使其成为信息产业中不可缺少的重要组成部分，并予以特别的重视和扶持，使其比产品制造业有更快的发展。

——逐步建立和积极发展系统分析、系统设计、系统集成、软件经营（含软件市场管理）、信息处理、远程计算、机房设施、安装调试、人员培训、技术咨询、维修服务、软件维护、计算机租赁和计算机辅助设计、测试等软硬件一体化的多层次和多功能的应用服务体系。积极促进建立各种类型的、以信息技术为基础的信息提供业。

——发展信息技术服务业，要充分发挥国家、集体和个人的积极性，大、中、小并举，以中、小型为主。在经营方法和地域分布上，要尽量与用户接近，避免不必要的集中。

正在兴起的民办信息技术服务业，开始显示活力，应为其发展创造良好的环境。

——国民经济行业分类标准中应列入信息技术服务业，制定信息技术服务业的统计指标体系，并将其纳入国家统计渠道。

7.《国家科委关于加快发展科技信息服务业的规划纲要和政策要点》（国科办字〔1993〕9号）

信息是国家的重要资源和巨大财富，是社会、经济、科技发展的基础，当今世界正在进入信息经济时代，信息资源开发利用水平已成为一个国家综合国力的重要标志。目前，我国在这方面与发达国家甚至一些发展中国家存在巨大差距，而且这种差距还有进一步扩大的趋势。在当前加快改革开放、加速经济发展的新形势下，我们必须采取有力措施来解决这个问题。

从信息资源角度看，信息有科技、经济、社会之分，但从信息加工、处理、提供和服务的过程来看，共性是主要的，用户对信息的需求是综合和多样的，所以发展融科技、经济、社会信息于一体的综合信息服务体系，按行业最大限度实现社会化和产业化是我国信息服务业发展的基本方向。

一、我国科技信息服务业的发展

现状和主要问题包括科技情报、科技图书、出版、档案、专利、信息咨询、技术服务、科技管理信息等在内的科技信息服务业在我国已有悠久历史，并已有相当规模的发展，例如：现有独立科技情报机构414个，职工2.6万人，加上非独立情报机构人员，有8万多人，拥有图书1500万册，研究报告431万件，专利2200万件，开展专题服务22.4万项；有各级各类档案馆3522个，1.04亿卷（件）档案。有出版社350个，每年出版图书8万种、报纸1486种、正式刊物5880种，每年发表学术论文20万篇。

“七五”期间电子化科技信息系统有了明显的发展。如情报计算机服务系统已在全国50多个城市设立了110多台国际终端，并与国外12个大型信息系统互连，可检索全世界600多个数据库几亿条信息记录。据对已掌握的全国800多个数据库进行调查，科技/工程数据库有360个，约占总数的45%，并已有小部分数据库进入国际市场。

国内汉字联机服务已向社会开放，远程终端超过400台，每年检索数万个课题，成为国内规模很大的一个开放型信息服务系统。近几年各类科技信息咨询机构和技术市场发展迅速，交易额逐年增加，1991年技术合同交易额达94多亿元，咨询服务总收入16亿元。全国数千个面向经济、技术、市场、社会的行业、专业、地区信息交流网（站）有力地促进了信息横向流动。

总之，我国信息系统建设近几年成绩显著，信息服务业已具有初步基础，用于信息加工处理、传播和办公自动化的各种计算机、通信设备等初具规模，培养了一批可观的技术人才，为今后的进一步发展打下了良好的基础。但是，与发达国家相比，我国的信息服务业差距很大，从产值、就业人数和信息化指数三项指标来看，与社会主义市场经济的发展很不适应。存在的主要问题及制约因素如下。

第一，规模小，产值低，手段落后。全世界信息服务业（包括咨询业）1991 年产值达 2030 亿美元，我国包括咨询业在内只有 30 多亿元人民币，只占世界总产值的千分之三左右，占我国 GNP 的比例约千分之二，与发达国家占 GNP 2% 相比，差距很大。

我国信息系统基础建设非常薄弱，以从美国进口图书最多的 1986 年为例，我国仅投入 557 万美元，少于中等发达小国新加坡（1068 万美元），也低于发展中的邻国印度（991 万美元）。由此可见，公益性的信息服务业的基础建设未得到应有重视。电子化信息系统建设投入不足，现代化的装备水平很低，并且重硬件、轻软件。“七五”时期各部委电子信息系统建设总投入约 200 亿元，而用于数据库的投入只有 5 亿～10 亿元，致使大量引进的先进的计算机设备成为无米之炊。我国的信息加工基本上还处于手工处理阶段，90% 的信息资料尚未电子化，利用率极低。通信技术落后，发达国家已经普及的电子邮政、电子数据交换、可视图文、电子广告板、光盘数据库等新型信息技术和服务在我国基本上是空白或刚刚起步。

第二，信息资料相对不足，开发利用率低。我国人均信息资源开发利用程度比发达国家低 2～3 个数量级，全国已经建立的数据库总量不足世界的百分之一，产值只有千分之一左右。

我国每年出版 150 亿汉字，平均每个国民不到 15 个汉字；全国人均占有图书仅 0.254 册，而国外高达 6.9 册。我国每生产 1 美元的产品所消耗的能源、原材料为世界发达国家的 2～5 倍，而消耗的信息流量只有世界平均水平的十分之一。信息资源管理不善，经费不足、手段落后、部门分立、信息市场发育不健全等原因，造成资源开发利用率很低、资源浪费严重。

第三，部门所有、各自为政。由于整个国家信息系统没有统一的信息主管部门，科技、经济、社会、管理、新闻等系统各自为政，行政依附性强，许多公用信息被视为部门所有，只在单位内部或部门内部流通，不能向社会提供，致使信息资源不足与闲置并存。全国信息系统建设缺乏统一规划和组织协调，使得各系统之间信息的开发和利用低水平重复，出现机构重置、信息混乱现象，也造成信息系统建设的标准化、规范化水平低。

第四，全民信息化意识差。我国经济比较落后，科技水平低，长期实行以指令性计划为主的管理体制，市场竞争观念淡薄，信息需求意识不强，信息市场发育水平低，信息服务价值在社会上得不到普遍承认，价格与价值关系没有理顺。新中国成立以来我国经济建设由于信息不灵、决策失误，以致损失至少达 13000 亿元之多。

第五，信息市场发育水平低。我国虽然有各种名目的信息、咨询机构，但独立的、有特色的和社会化的信息机构很少，许多信息部门模式划一、业务雷同，特别是官办机构不能根据市场需要及时改革运行机制、调整产品结构，生产适时对路产品；加上从业人员素质低、产品和服务质量差，以及商品化的环境条件尚不完善、版权保护不力等，以致信息市场难以发育，出现市场空档、供销脱节等现象。

二、20 世纪 90 年代发展的目标和任务

1. 2000 年的总体目标

努力开发信息资源，强化采用现代化技术，积极开拓信息市场，提高信息资源的共享水平和利用率，提高经济与社会效益，初步建成一个与发展社会主义市场经济相适应的社会化、产业化、网络化的国家综合科技信息网络和多层次的科技信息服务、咨询和评估分析系统，达到 90 年代初国际水平。国家综合科技信息网络包括科技、经济、咨询、专利、档案、技术市场管理等各种信息，公用汉字数据库总量不少于 2000 万条记录，自用汉字库达 1 亿条记录，西文数据库在 4000 万条记录以上，全国凡是有微机和直拨电话的地方都可成为网络终端，数量不少于 2000 台，并与世界上主要的信息系统互连，形成国家科技信息服务的核心系统。

2. 主要任务

（1）以数据库为核心，振兴我国电子信息服务业。大力发展以数据库为核心的现代化信息服务业，建立国家和区域（专业）性的社会化、产业化的数据库生产和服务基地，主要包括以下几个方面。

A. 重要的科技文献、科学/工程数据、事实和全文数据库生产中心，

形成国家基础和战略资源生产基地；

B. 光盘数据库加工服务中心；

C. 逐步组建若干全国性和区域性的数据库加工服务联合体，形成规模生产能力。

（2）加快开放型联机信息服务网络建设，积极发展信息处理与通信相结合的信息服务，加快建设符合国际标准的开放型综合联机服务资源网络，建立包含多种类型数据库、能联结各种信息子系统的大型综合性联机服务中心，构成分布式的联结不同机种的数据库服务资源网络，五年内覆盖全国主要城市和大中型企事业单位，用户通过电话和微机即可访问上述各领域的数据库和国际联机信息服务系统，逐步向地县扩展。

积极开拓公用数据网和新型信息服务技术的应用，公用数据网是今后联机网络发展的主要方向，有条件的单位应积极采用。积极开拓电子邮政、电子数据交换、电子广告板、可视图文等新型信息服务业的应用，五年内普遍推广；努力开发生产国产中文光盘数据库，发展电子出版物和多媒体技术应用。

（3）努力开发信息资源，提高资源的利用率和共享水平。

①加快信息资源收集、加工、管理、服务的现代化建设并进行合理布局，形成国家级、专业部委级和地区级三个层次信息资源合理开发利用系统；积极发展联机编目。

②加强数据库和联机网络标准化、规范化建设，提高信息资源共享水平。

③加快传统的文献出版、复印、印刷业务的技术改造，大力发展电子出版物，五年内主要科技出版部门普遍实现编辑出版电子化，逐步实现编辑、出版、发行、检索一体化。

（4）建立健全信息研究和信息咨询系统。

①建立多层次、多类型的信息分析研究、市场分析、软科学研究体系，强化各层次国内外科技信息跟踪、比较和预测研究，为各级领导部门和管理决策及时提供科学依据。

②加快办公自动化和科技信息管理系统的建设，逐步建成比较完善的重大科技决策信息支持系统，提供及时、准确、有效的信息服务。各省市、各部委科技管理部门和信息服务部门都要在 3 ~ 5 年内实现业务管理计算机化，发展管理信息系统，提高工作效率。

③大力发展技术市场和技术信息服务，在全国建立若干个大型的信息交易中心。积极发展成果中介、技术转让、成果拍卖、技术交流、信息发布、信息交易和新产品引进开发等技术信息服务业，并向深层次的咨询服务发展，逐步形成多层次的信息咨询服务体系。

3. 行业改革方向

必须改变信息资源部门所有、各自为政的局面，要按照开发和利用信息资源的科学规律来构筑信息服务业的行业结构，并以信息作为商品的流程对信息服务业进行合理布局。

从信息源角度看，信息有科技、社会、经济、管理、金融、企业、市场、新闻等之分，但从信息的加工、存储、处理、检索、传送、提供和服务等过程看它们的共性是主要的，采用的技术手段是相同的，用户对这些信息的需求是综合和多样的，国外的信息服务或提供部门绝大多数是一体化的。针对这一趋势，我国信息服务业，应当依靠部门或专业领域去组织和开发信息源，而信息的加工、处理、提供和服务等应当按行业最大限度实现社会化和产业化，形成一个门类齐全、结构和布局合理，融合科技、社会、经济、金融、管理、新闻、生活等广泛领域的信息于一体的社会化、产业化的信息服务体系。

4. 结构和布局

按商品市场的发展规律对信息的采集、加工和流通、服务进行社会分工，发展信息的中间商、代理商和信息产品供应的“百货公司”，有条件的可以组成产、供、销一体化的信息服务联合体，打破自成体系、自我服务的传统模式。

信息产品的生产和服务基本上按两种建制进行布局。一种是对国民经济、科学技术和社会发展具有全局性、先导性影响的基础产品和服务，主要由国家办或者民办官助，例如主要学科的文献数据库、科技、工程基础数据、国家联机网络和管理决策系统以及关键性信息技术的开发应用等，以便形成信息产品和服务的“国家队”。但也要引入竞争机制，在统一规划、统一管理下，动员地方、部门和集体力量兴办。大量其他的信息产品和服务应该面向市场，要在为市场服务中求发展、求进步、求提高。这是战略转移。

5. 发展速度

20 世纪 90 年代力争科技信息服务业的产值平均以 15% 的速度增加，

用户检索、查询课题数平均每年递增15%～20%，公用汉字数据库的数据量每年增加20%以上，到2000年公用汉字数据库达2000万条记录，自用数据1亿条记录，年检索课题增长率在20%以上，网络终端以20%速度发展，到2000年达2000台以上。

6. “八五”计划要点

1993～1995年的重点任务

（1）在“七五”基础上，加快数据库和网络建设，将分散建立的数据库进行规范化、标准化，组建5～10个大型的部类科技中文文献数据库；组建综合性汉字数据库服务中心，发展全国联机网络，完成10个以上异种机联结的开放型科技信息资源网络，网络终端达800个以上，联机汉字数据库达500万条记录。

（2）扩大服务领域，大力推动面向经济、技术、市场的事实数据库建设和服务，组建经济、技术数据库生产、服务集团或联合体；推进各级科技信息机构积极发展成果中介、技术转让、新产品引进等技术信息服务，并向深层次的咨询服务发展。

（3）开发并推广使用电子邮政业务，三年之内各省市和计划单列市科委和信息机构，都要采用这项业务传送科技统计、科研计划项目及其他要求快速传递的信息。三年内实现与欧美主要科技网络互通电子邮政业务。

（4）在“七五”已经建设的20多个基础学科数值数据库的基础上，进行充实提高，扩大容量，提高质量，边使用，边建设，并适当增建部门学科的工程专业的数值库。

（5）加快办公自动化和管理信息系统的建设，各级科委和信息机构都要加强自身业务管理系统建设，三年内联合建成全国科技项目管理系统和科技统计数据电子传送和查询系统。

（6）发展高密度光盘的应用，建立CD－ROM光盘数据库数据加工处理中心。

（7）加快信息资源的开发利用和合理布局，积极推广公共交换格式等标准，提高信息资源的利用率和共享水平。

（8）充分利用声像手段宣传推广科技成果和传播科技信息，组建科技声像生产、服务集团，发挥群体优势，推进成果转化为生产力。

（9）加强国内外科技水平动态的综合分析，做到定性与定量结合，国外与国内结合，积极采用现代化手段，开发科技决策信息服务系统，逐步向决策支持系统过渡。

（10）建立中国科技报告系列制度，出版各种载体形式的《中国科技报告》。

三、政策措施

1. 深化体制改革，积极培育信息市场，贯彻执行科技体制改革的“稳住一头，放开一片，人才分流，机构调整”的方针，除保留少数必要的事业性信息服务机构外，其他大量政府部门和事业所属的信息服务机构（信息中心、计算中心、情报所、软科学研究中心等）都要面向市场、面向社会，进入国民经济的主战场，逐步变成自主经营、自负盈亏的企业。动员社会力量，调动各方面积极性，国家、集体、个人一起办信息服务业。强化市场导向，发挥优胜劣汰机制的作用，提高信息服务水平和效益。

要大力开拓国内外用户市场，加强开发面向经济、市场、社会、家庭、大中企业和乡镇企业的信息服务，努力提高经济和社会效益。大城市和“三区”（特区、经济开发区、高新技术开发区）应积极开拓国际市场，生产外向型信息产品，特别是软件和数据库产品，向国外出口；大力发展为外商投资服务的信息咨询业务。

2. 强化信息系统的规划和管理。

国家要制定推进信息化的整体战略，创造健康的宏观发展环境，处理好工业化与信息化的战略关系。要加强国家对全国信息服务业的总体规划和宏观调控的政府职能，各级信息管理部门都应加强对信息服务的政策引导和宏观管理。信息系统建设应分别列入各行业（部门）的科技计划，作为一项重大工程加以实施，各部门、各地方信息主管部门都要把信息系统建设列入发展计划，妥善解决资金、设备、技术人才等问题。

积极支持信息服务业专业组织（协会、学会、网站、联合会）的建立，支持它们发展横向联合以及充当政府和科技信息业的桥梁。

3. 以财政、信贷、税收等经济手段，扶持信息业的发展。

实行倾斜政策，扶持信息服务业的发展，特别是公益型的信息系统的建设和基础信息工作。中央和各地方政府要加强对科技信息服务业的财政支持，各大中企业和经济实体都要为加强信息服务业做出贡献。在财政方面，包括事业费、科研三项费、技改费，要增加对信息的投入，其中重点信息部门的信息资源购置费每年应以高于国民经济增长的速度递增，基础型数据库开发费也应逐年增加。在税收方面，从事信息开发服务的机构应享受科技开发型科研机构的待遇，免征能源、交通税和重点建设及预算调节基金。

信息服务业是从事富有创造性劳动的智力密集型行业。从事科技信息服务的机构，经国家有关部门审核后，享受高新技术企业所享有的各项优惠待遇。

4. 加强信息法制建设。

尽快制定国家信息法，完善信息流通体系，正确处理资源共享和安全保密的关系，推行数据安全保护措施，使公共信息资源充分开发利用。逐步健全信息法规体系。修改和制定政府信息资源管理条例、公共信息资源管理条例、信息交流和保密规定、信息发布和交换管理条例、信息市场管理条例、数据和软件保护法规等政策法规。当前，要集中力量，首先建立完善信息资源开发利用的统计指标体系、统计方法和统计制度，建立信息化考核指标；同时要对重大科研立项、申报成果、专利、发明等进行查新，对经济、社会发展的重大决策、重大基础建设、技术引进和合资项目进行咨询、论证和评估，并建立信息产品登记注册制度。保护知识产权，保障单位和个人使用和获取政府部门有关信息的合法权益。

5. 放宽对信息出版物的限制。

科技信息出版物是信息交流的重要手段，国家应放宽对信息机构出版信息书刊的限制，有关部门除了监督涉及保密和违法的内容之外，不干预科技信息出版物的出版、定价与发行。对科技报告的出版发行实行报告号制度。

6. 加强信息队伍建设。

采取有效措施加强科技信息队伍建设，在大学和职业学校设立多种类型信息课程，通过正规教育和脱产与在职培训等方式有计划地培养和造就适应新型信息服务需要的专业人才，特别是信息技术、信息管理和经营以及软科学等方面的专家，以推动我国信息服务业的发展。信息服务职工队伍，要提高素质，合理流动，以形成合理的层次配置；要增加受过高等教育人员的比例，建立继续教育制度，努力培养各类人才。通过“派出去，请进来”，开展各种形式的国内外交流活动，以吸收国外先进的专业知识和管理经验。

8.《国务院批转国家经贸委等部门关于“九五”期间进一步扩大机电产品出口意见的通知》（国发〔1997〕6号）

要有组织、有针对性地建立机电产品出口商情网、销售网、服务网。要充分利用部门、地方和企业现有的信息机构，加强市场调研和咨询服务工作。

9.《国务院办公厅转发国家计委等部门关于促进我国国家空间信息基础设施建设和应用若干意见的通知》（国办发〔2001〕53号）

合理确定各类地理空间信息产品的价格，鼓励通过信息加工实现增值，促进地理空间信息服务、咨询产业的发展。

加强地理空间信息资源建设。各地区、各部门要加速现有地理空间信息资源的数字化工作，建立和完善本地区、本部门的基础性地理空间信息系统，盘活地理空间信息资源。当前，要进一步加大投资力度，完善我国大地测量基准系统，遥感和卫星定位导航信息服务体系，国家基础地理信息系统，人口、资源环境与地区经济信息系统，宏观经济社会地理信息系统等。有条件的城市应积极面向市场，尽快建立地理空间信息系统及其运行管理机制，带动相关的软件产业和信息服务业发展。要抓紧地理空间信息元数据系统的建设，尽快形成全国网络互联的地理空间信息元数据系统，提高地理空间信息的网络共享服务水平。

要通过国家空间信息基础设施建设，使这一类信息系统具有业务化、产业化运行能力，全面提升我国地理空间信息服务和应用水平。在统一规划指导下，分步骤完善国家和省级各类基础性地理空间信息系统应用工程，将其纳入全国性地理空间信息交换网络体系，形成相应的信息服务能力。积极支持各类应用示范系统的实用化、产业化运行，加大地理空间信息产品的开发力度，逐步形成一批具有特色的地理空间信息系列产品。

10.《国民经济和社会发展第十个五年计划信息化重点专项规划》

加快培育信息咨询服务市场主体。大力发展网络信息、信息内容提供以及各类专业信息咨询服务，开拓各类增值服务、应用咨询以及网络托管等各种新的信息服务领域。

11.《关于加强信息资源开发利用工作的若干意见》（中办发〔2004〕34号）

加强信息资源开发利用工作的指导思想是：坚持以邓小平理论和“三个代表”重要思想为指导，牢固树立和落实科学发展观，以体制创新和机制创新为动力，以政务信息资源开发利用为先导，充分发挥公益性信息服务的作用，提高信息资源产业的社会效益和经济效益，完善信息资源开发利用的保障环境，推动信息资源的优化配置，促进社会主义物质文明、政治文明和精神文明协调发展。

加强信息资源的公益性开发利用和服务。

支持和鼓励信息资源的公益性开发利用。政务部门要结合工作特点和社会需求，主动为企业和公众提供公益性信息服务，积极向公益性机构提供必要的信息资源。建立投入保障机制，支持重点领域信息资源的公益性开发利用项目。制定政策，引导和鼓励企业、公众和其他组织开发信息资源，开展公益性信息服务，或按有关规定投资设立公益性信息服务机构。重视发挥中介机构的作用，支持著作权拥有人许可公益性信息机构利用其相关信息资源开展公益性服务。

增强信息资源的公益性服务能力。加强农业、科技、教育、文化、卫生、社会保障和宣传等领域的信息资源开发利用。加大向农村、欠发达地区和社会困难群体提供公益性信息服务的力度。推广人民群众需要的公益性信息服务典型经验。

促进信息资源公益性开发利用的有序发展。明晰公益性与商业性信息服务界限，确定公益性信息机构认定标准并规范其服务行为，形成合理的定价机制。妥善处理发展公益性信息服务和保护知识产权的关系。

鼓励文化、出版、广播影视等行业发展数字化产品，提供网络化服务。促进信息咨询、市场调查等行业发展，繁荣和规范互联网信息服务业。开展信息资源产业统计分析工作，完善信息资产评估制度。鼓励信息资源企业参与国际竞争。

建立信息资源开发利用标准化工作的统一协调机制，制定信息资源标准、信息服务标准和相关技术标准。

12.《国务院办公厅关于加快电子商务发展的若干意见》（国办发〔2005〕2号）

电子商务是国民经济和社会信息化的重要组成部分。发展电子商务是以信息化带动工业化、转变经济增长方式、提高国民经济运行质量和效率、走新型工业化道路的重大举措，对实现全面建设小康社会的宏伟目标具有十分重要的意义。

按照科学发展观的要求，紧紧围绕转变经济增长方式、提高综合竞争力的中心任务，实行体制创新，着力营造电子商务发展的良好环境，积极推进企业信息化建设，推广电子商务应用，加速国民经济和社会信息化进程，实施跨越式发展战略，走中国特色的电子商务发展道路。

加快电子商务发展的基本原则。

政府推动与企业主导相结合。完善管理体制，优化政策环境，加强基础设施建设，提高服务质量，充分发挥企业在开展电子商务应用中的主体作用，建立政府与企业的良性互动机制，促进电子商务与电子政务协调发展。

营造环境与推广应用相结合。加强政策法规、信用服务、安全认证、标准规范、在线支付、现代物流等支撑体系建设，营造电子商务发展的良好环境，推广电子商务在国民经济各个领域的应用，以环境建设促进应用发展，以应用带动环境建设。

网络经济与实体经济相结合。把电子商务作为网络经济与实体经济相结合的实现形式，以技术创新推动管理创新和体制创新，改造传统业务流程，促进生产经营方式由粗放型向集约型转变。

重点推进与协调发展相结合。围绕电子商务发展的关键问题和关键环节，积极开展电子商务试点，推进国民经济重点领域的电子商务应用，探索多层次、多模式的中国特色电子商务发展道路，促进各类电子商务应用的协调发展。

加快发展与加强管理相结合。抓住电子商务发展的战略机遇，在大力推进电子商务应用的同时，建立有利于电子商务健康发展的管理体制，加强网络环境下的市场监管，规范在线交易行为，保障信息安全，维护电子商务活动的正常秩序。

13. 软件与信息服务业“十一五”专项规划

信息服务业是关系国民经济、社会发展和国家安全的基础性、战略性产业，是国家信息化建设和传统产业改造的重要保障。

“十一五”期间，我国软件与信息服务业工作重点是：继续保持软件产业快速发展的态势，做大软件产业规模，提高对国民经济发展的贡献率，提升在全球软件产业链的地位；加快推进以企业为主体的软件技术创新体系建设，增强自主创新能力，提高软件产业的核心竞争力；培育具有国际竞争力的大型骨干软件企业，鼓励具有创新活力的中小企业的发展，夯实软件产业发展基础；面向社会需求，继续做好基础软件、中间件软件、嵌入式软件、软件外包及信息安全软件，不断培育新的产业增长点；加强国际合作与交流，提高软件产业国际化水平，树立国家软件品牌，提升在全球产业中的地位。争取实现国内市场销售额以30%左右的速度持续增长，到2010年突破10000亿元大关，其中国产软件和信息服务占国内市场份额65%以上；出口额以28%左右的速度持续增长，到2010年达到125亿美元；形成10～15个软件年销售额超过100亿元、40～50个销售额超过50亿元的软件骨干企业，培育更多软件著名品牌；国产基础软件核心技术和关键产品得到突破，与国产支撑软件、国际主流支撑软件相匹配，并实现一定的产业价值和规模。

14.《国务院办公厅转发财政部等部门关于推动我国动漫产业发展若干意见的通知》（国办发〔2006〕32号）

动漫产业是指以“创意”为核心，以动画、漫画为表现形式，包含动漫图书、报刊、电影、电视、音像制品、舞台剧和基于现代信息传播技术手段的动漫新品种等动漫直接产品的开发、生产、出版、播出、演出和销售，以及与动漫形象有关的服装、玩具、电子游戏等衍生产品的生产和经营的产业。

立足我国动漫产业发展实际，按照社会主义市场经济发展和社会主义先进文化建设的特点和规律，努力消除影响动漫产业发展的体制、机制和制度性障碍，为动漫产业发展营造良好的社会环境和市场条件。采取切实有效措施，增强我国动漫产业自主良性发展的能力。重点支持国内企业自主研发，具有我国自主知识产权的动漫图书、报刊、电影、电视、音像制品、舞台剧和基于现代信息传播技术手段的动漫新品种等动漫直接产品的开发、生产、出版、播出、演出和销售。鼓励与动漫形象有关的服装、玩具、电子游戏等衍生产品的生产和经营。

15.《国务院关于加快发展服务业的若干意见》（国发〔2007〕7号）

积极发展信息服务业，加快发展软件业，坚持以信息化带动工业化，完善信息基础设施，积极推进“三网”融合，发展增值和互联网业务，推进电子商务和电子政务。

依托产业集聚规模大、装备水平高、科研实力强的地区，加快培育建成功能互补、支撑作用大的研发设计、财务管理、信息咨询等公共服务平台，充分发挥国家软件产业基地的作用，建设一批工业设计、研发服务中心，不断形成带动能力强、辐射范围广的新增长极。

围绕农业生产的产前、产中、产后服务，加快构建和完善以生产销售服务、科技服务、信息服务和金融服务为主体的农村社会化服务体系。加大对农业产业化的扶持力度，积极开展种子统供、重大病虫害统防统治等生产性服务。完善农副产品流通体系，发展各类流通中介组织，培育一批大型涉农商贸企业集团，切实解决农副产品销售难的问题。加快实施“万村千乡”市场工程。加强农业科技体系建设，健全农业技术推广、农产品检测与认证、动物防疫和植物保护等农业技术支持体系，推进农业科技创新，加快实施科技入户工程。加快农业信息服务体系建设，逐步形成连接国内外市场、覆盖生产和消费的信息网络。加强农村金融体系建设，充分发挥农村商业金融、合作金融、政策性金融和其他金融组织的作用，发展多渠道、多形式的农业保险，增强对“三农”的金融服务。加快农机社会化服务体系建设，推进农机服务市场化、专业化、产业化。大力发展各类农民专业合作组织，支持其开展市场营销、信息服务、技术培训、农产品加工储藏和农资采购经营。

建立支持国内企业“走出去”的服务平台，提供市场调研、法律咨询、信息、金融和管理等服务。

对农村流通基础设施建设和物流企业，以及被认定为高新技术企业的软件研发、产品技术研发及工业设计、信息技术研发、信息技术外包和技术性业务流程外包的服务企业，实行财税优惠。

16.《国务院办公厅关于加快发展服务业若干政策措施的实施意见》(国办发〔2008〕11号)

鼓励软件和信息服务等现代服务业专业协会发展。

充分发挥国家相关产业化基地的作用，建立一批研发设计、信息咨询、产品测试等公共服务平台，建设一批技术研发中心和中介服务机构。

积极扩大软件开发、信息技术、知识产权服务、工程咨询、技术推广、服务外包、现代物流等鼓励类生产性服务业发展的税收优惠政策试点。

17. 电子信息产业调整和振兴规划

加快培育信息服务新模式新业态。把握软件服务化趋势，促进信息服务业务和模式创新，综合利用公共信息资源，进一步开发适应我国经济社会发展需求的信息服务业务。积极承接全球离岸服务外包业务，引导公共服务部门和企事业单位外包数据处理、信息技术运行维护等非核心业务，建立基于信息技术和网络的服务外包体系。增强信息服务业支撑服务能力，初步形成功能完善、布局合理、结构优化、满足产业国际化发展要求的公共服务体系。

18.《国务院办公厅关于加快发展高技术服务业的指导意见》（国办发〔2011〕58号）

信息技术服务。充分发挥现有信息网络基础设施的作用，依托宽带光纤、新一代移动通信网、下一代互联网、数字电视网等信息基础设施建设，大力发展网络信息服务和三网融合业务，着力推进网络技术和业务创新，培育基于移动互联网、云计算、物联网等新技术、新模式、新业态的信息服务。加强软件工具开发和知识库建设，提高信息系统咨询设计、集成实施、运营维护、测试评估和信息安全服务水平，面向行业应用提供系统解决方案。推动电子信息产品制造企业由单纯提供产品向提供综合解决方案和信息服务转变，完善电子信息产品售后服务。进一步增强承接软件和信息服务外包能力，着力培育有国际影响力的服务外包品牌。

知识产权服务。积极发展知识产权创造、运用、保护和管理等环节的服务，加强规范管理。培育知识产权服务市场，构建服务主体多元化的知识产权服务体系。扩大知识产权基础信息资源共享范围，使各类知识产权服务主体可低成本地获得基础信息资源。创新知识产权服务模式，发展咨询、检索、分析、数据加工等基础服务，培育评估、交易、转化、托管、投融资等增值服务。提升知识产权服务机构涉外事务处理能力，打造具有国际影响力的知识产权服务企业和品牌。加强标准信息分析和相关技术咨询等标准化服务能力。

数字内容服务。加强数字文化教育产品开发和公共信息资源深化利用，构建便捷、安全、低成本的数字内容服务体系。促进数字内容和信息网络技术融合创新，拓展数字影音、数字动漫、健康游戏、网络文学、数字学习等服务，大力推动数字虚拟等技术在生产经营领域的应用。进一步推进人口、地理、医疗、社保等信息资源深度开发和社会化服务。

电子商务服务。重点完善面向中小企业的电子商务服务体系，鼓励相关机构建立可信交易服务平台。加快促进集交易、电子认证、在线支付、物流、信用评估等服务于一体的第三方电子商务综合服务平台建设，培育一批骨干电子商务服务企业。

培育市场需求。在信息技术服务、生物技术服务、知识产权服务等领域开展应用示范，培育高技术服务市场需求。切实落实并完善居民小区光纤接入建设等方面的技术规范和管理规定，以基础设施升级促进信息服务业务发展。加大政府采购高技术服务的力度，拓展政府采购高技术服务的领域，鼓励政府部门将可外包的信息技术服务、检验检测服务、知识产权服务等业务发包给专业服务企业，实现服务提供主体和提供方式多元化。

19.《国务院关于印发进一步鼓励软件产业和集成电路产业发展若干政策的通知》（国发〔2011〕4号）

进一步落实和完善相关营业税优惠政策，对符合条件的软件企业和集成电路设计企业从事软件开发与测试，信息系统集成、咨询和运营维护，集成电路设计等业务，免征营业税，并简化相关程序。

支持企业"走出去"建立境外营销网络和研发中心，推动集成电路、软件和信息服务出口。大力发展国际服务外包业务。商务部要会同有关部门与重点国家和地区建立长效合作机制，采取综合措施为企业拓展新兴市场创造条件。

积极引导企业将信息技术研发应用业务外包给专业企业。鼓励政府部门通过购买服务的方式将电子政务建设和数据处理工作中的一般性业务外包给专业软件和信息服务企业，有关部门要抓紧建立和完善相应的安全审查和保密管理规定。

鼓励大中型企业将其信息技术研发应用业务机构剥离，成立专业软件和信息服务企业，为全行业和全社会提供服务。

20. 软件和信息技术服务业"十二五"发展规划

前言

软件和信息技术服务业是关系国民经济和社会发展全局的基础性、战略性、先导性产业，具有技术更新快、产品附加值高、应用领域广、渗透能力强、资源消耗低、人力资源利用充分等突出特点，对经济社会发展具有重要的支撑和引领作用。发展和提升软件和信息技术服务业，对于推动信息化和工业化深度融合，培育和发展战略性新兴产业，建设创新型国家，加快经济发展方式转变和产业结构调整，提高国家信息安全保障能力和国际竞争力具有重要意义。

"十二五"时期是我国全面建设小康社会的关键时期，是深化改革开放、加快转变经济发展方式的攻坚时期。全球软件技术和产业格局孕育着新一轮重大变革，为我国软件和信息技术服务业带来创新突破、应用深化、融合发展的战略机遇。为深入贯彻《国务院关于印发进一步鼓励软件产业和集成电路产业发展若干政策的通知》（国发〔2011〕4号）和《国务院关于加快培育和发展战略性新兴产业的决定》（国发〔2010〕32号），按照《国民经济和社会发展第十二个五年规划纲要》的总体部署，落实《工业转型升级规划（2011—2015）》、《信息化发展规划（2011—2015）》和《信息产业“十二五”发展规划》的总体要求，编制本规划。

一、“十一五”发展回顾

（一）主要成就

“十一五”时期，我国软件和信息技术服务业持续快速发展，年均增速达28.3%，产业规模不断扩大，创新能力显著增强，产业集聚日益明显，国际化水平持续提高，人才队伍不断壮大，对国民经济和社会发展的支撑作用进一步增强，已具备再上新台阶的坚实基础。

产业规模持续扩大，产业结构不断优化。2010年，我国软件和信息技术服务业务收入达到1.36万亿元，是2005年的3.5倍，超额完成“十一五”规划目标。软件和信息技术服务业占电子信息产业产值的比重从2005年的10.2%提高到2010年的18%，从业人员超过300万人。产业结构向服务化发展，信息技术服务所占比重稳步上升，新兴网络软件和应用服务快速发展。

产业聚集效应突出，企业实力明显提高。2010年，广东、北京、江苏、山东、辽宁、上海、浙江、福建和四川9个省市的软件和信息技术服务业务收入之和占全国的87%。中国软件名城创建工作取得显著成效，示范带动作用和影响力快速提升。2010年，我国年收入过亿元的软件和信息技术服务企业（以下简称软件企业）已经超过2000家，其中业务收入超过50亿元的企业有7家，超过100亿元的有4家，超过500亿元的有1家，大企业日益成为产业创新和规模发展的主导力量。

创新能力显著增强，部分领域取得突破。在“核高基”国家科技重大专项的有力推动下，操作系统、数据库、办公套件、中间件等产品的质量和性能明显提升，集成整合不断深化，在党政等关键部门、电子政务等重点领域以及电信、电力、邮政、制造等重点行业得到了较好应用。信息安全关键技术和产品研发取得良好进展，信息安全服务迅速发展。企业管理软件、互联网应用软件、游戏软件等产品技术创新能力不断增强，市场份额逐步扩展。中小企业创新活跃，在移动互联网、电子商务等新兴领域迅速崛起。

知识产权保护不断加强，产业发展环境持续改善。软件和信息技术服务业领域的知识产权创造、保护和应用等各方面取得较大进展，知识产权意识进一步增强，极大激发了产业创新活力。政府软件正版化工作实现预期目标。计算机预装正版操作系统软件比例逐年提高。企业积极运用知识产权手段提高核心竞争力，参与国际市场竞争，主动应对技术标准制约和市场竞争纠纷，维护合法权益。在《国务院关于印发鼓励软件产业和集成电路产业发展若干政策的通知》（国发〔2000〕18 号）等一系列产业政策的推动下，产业发展的市场环境、应用环境、政策环境得到改善。

产业地位显著提升，对经济社会发展贡献突出。软件和信息技术服务业推动了国民经济和社会信息化建设，带动了传统产业改造升级，催生了一批高附加值、绿色低碳的新兴产业，为提升社会管理和公共服务水平提供了技术支撑。许多省市立足产业资源优势，把软件和信息技术服务业作为重要的战略性新兴产业和支柱产业加快培育发展，创造了大量就业机会，有力地促进了当地经济结构调整和发展方式转变。

（二）主要问题

近年来，我国软件和信息技术服务业发展迅速，但产业规模和实力还不能满足国民经济和社会发展需要，依然存在一些制约产业发展的突出问题，具体表现在：缺乏具有全球领先地位的大企业，产业整体上处于价值链的中低端；产业创新体系不健全，核心技术缺乏；产业链协同效应尚未充分发挥，亟待建立龙头企业带动、中小企业支撑的产业发展格局；人才结构矛盾突出，高层次、复合型、领军型人才依然缺乏；以市场为导向、政产学研用结合的支撑体系有待完善，产业可持续发展能力亟须提升。

二、发展趋势和发展环境

（一）发展趋势

“十二五”时期，伴随信息通信技术的迅速发展和应用的不断深化，软件与网络深度耦合，软件与硬件、应用和服务紧密融合，软件和信息技术服务业加快向网络化、服务化、体系化和融合化方向演进。产业技术创新加速，商业模式变革方兴未艾，新兴应用层出不穷，将推动产业融合发展和转型升级。

网络化。计算技术的重心正逐步从计算机转向网络，软件的技术和业务创新与网络发展将深度耦合，网络将成为软件开发、部署、运行和服务的主流平台。软件产品基于网络平台开发和运行、内容基于网络发布和传播、应用基于网络构架和部署、服务基于网络创新和发展成为大趋势，网络化操作系统、网络软件开发工具、网络运行管理平台、智能终端平台、远程运维等基于网络的技术、产品和服务应运而生，基于云计算、物联网、移动互联网、下一代互联网等的新兴服务将推动服务模式、商业模式不断创新。网络化趋势进一步打破了市场竞争的区域、国别界限，全面呈现全球性竞争态势。网络化环境下，网络空间安全面临的挑战更加严峻，并严重影响国家经济安全、社会安全、国防安全和信息安全，提高安全保障能力成为软件和信息技术服务业的重要战略任务。

服务化。软件服务化进程不断加快，原有软件产品开发、部署、运行和服务模式正在改变，软件技术架构、企业组织结构和商业模式将面临重大调整。以软件应用商店等为代表，服务导向的业务创新、商业模式创新推动了产业的转型升级。以用户为中心，按照用户需求动态提供计算资源、存储资源、数据资源、软件应用等服务成为软件服务的主要模式。产品和服务的进一步深化耦合，推动了硬件、软件、应用与服务协同发展，加速了软件产品开发企业和部分电子制造企业向服务的转型。服务化趋势促进了产业的服务模式、商业模式变革，加快了产业结构调整，推动了产业转型和升级。

体系化。操作系统、数据库、中间件和应用软件相互渗透，软件向更加综合、广泛的一体化软件平台的新体系演变，硬件与软件、内容与终端、应用与服务的一体化整合速度加快。未来软件和信息技术服务业将围绕主流软件平台体系构造产业链，市场竞争从单一产品的竞争发展为基于平台体系的产业链竞争，产业纵向、横向整合步伐加快，围绕主流软件平台体系形成的产业生态系统将主导市场竞争。产品、资源和服务的体系化趋势日趋明显，软件即服务（SaaS）、平台即服务（PaaS）和基础设施即服务（IaaS）等基于平台的服务模式日趋成熟，移动互联网、移动智能终端、数字电视等综合平台不断涌现，基于产品、信息、客户的资源整合平台及其商业模式创新成为产业核心竞争力。

融合化。随着信息技术应用的不断深化及其与业务融合的日趋紧密，软件正成为经济社会各领域重要的支撑工具。基于移动智能终端的个人计算、通信与娱乐等服务功能的融合，网络平台上通信、内容、计算等服务的融合，软硬件之间的融合，为软件和信息技术服务业带来了巨大的业务创新空间。信息技术加快向传统产业、现代制造业和现代服务业等领域渗透，将推动行业间的融合渗透，促进战略性新兴产业、面向生产的信息服务业的发展。

（二）发展环境

1. 面临的机遇

“十二五”时期，是全球软件和信息技术服务业转型的关键时期。新一代信息技术和通信技术加快融合，云计算、物联网、移动互联网等蓬勃发展，信息通信技术的应用渗透到经济和社会生活各个领域，将培育众多新的产业增长点。软件和信息技术服务产业格局面临重大调整，为后发国家实现追赶和跨越带来更多机会。

“十二五”时期，是我国软件和信息技术服务业加快发展和提升的重要战略机遇期。我国以加快转变经济发展方式为主线，推动经济结构战略性调整，促进信息化和工业化深度融合，培育发展战略性新兴产业，加快发展生产性服务业，着力推进社会民生事业发展，软件和信息技术服务支撑引领的作用和地位将更加突出。软件和信息技术服务向经济社会各个领域的融合渗透不断深化，行业应用需求更为强劲，这为产业带来了更为广阔的创新发展空间。《国务院关于印发进一步鼓励软件产业和集成电路产业发展若干政策的通知》（国发〔2011〕4号）发布后，各级地方政府正在加快制定和完善扶持政策，产业发展环境将不断优化。

2. 存在的挑战

“十二五”时期，我国软件和信息技术服务业面临着外部竞争和自我提升的双重压力。国外大企业凭借雄厚的技术、资本和人才优势，加快技术创新、业务转型和产业整合，不断强化技术领先优势，力图继续占领软件和信息技术服务产业链的高端环节。我国软件企业由于规模不大、创新能力不强、高端和领军人才不足，缺乏拥有自主知识产权的核心技术和关键产品，无法满足国内市场需求。同时，长期以来软件和信息技术服务价值被低估的局面未得到根本改观，企业竞争行为需进一步规范，国内市场在地域和行业上相对分散，不利于企业做大做强。

三、发展思路和发展目标

（一）指导思想

以邓小平理论和“三个代表”重要思想为指导，深入贯彻落实科学发展观，抓住我国加快经济发展方式转变和结构调整、推进信息化和工业化深度融合、培育和发展战略性新兴产业的重大契机，以市场驱动、应用牵引、创新支撑、融合扩展为主线，以促进软件和信息技术服务业做大做强、提高对经济社会发展的支撑服务能力为目标，注重政府引导与市场机制结合，进一步优化发展环境，促进产学研用结合，大力培育龙头企业，着力增强产业自主创新能力，推进产业链协同发展，不断提高产业规模化、创新化、高端化和国际化发展水平。

（二）发展原则

市场主导、创新发展。发挥市场机制的基础性作用，强化企业的市场主体地位，加强政府推动与市场机制的结合，进一步完善市场环境，培育市场需求，规范市场秩序。加快培育以企业为主体、市场为导向、政产学研用相结合的创新体系，以技术能力、产业能力、市场能力、服务能力融合为主要方法，构建符合国情和产业特征的自主发展模式，集中力量突破基础软件、新型网络化高端软件等核心关键技术，形成一批拥有自主知识产权、市场地位领先的技术、产品和标准，初步建立安全可靠的产业技术体系。

应用牵引、融合发展。坚持以用立业、以用兴业、以用强业，以应用带动软件技术、服务模式和商业模式创新，提升软件对业务的支撑服务能力，形成应用、技术、产业良性互动的发展格局。把握信息化和工业化深度融合的市场机遇，营造良好的应用环境，拓展市场空间，促进面向生产的信息服务业发展，大力发展社会民生领域的软件和信息技术服务。加快推进软件与硬件、软件与网络、产品与服务、软件与业务之间的相互融合，推动行业间横向和纵向整合，扩展产业发展空间。

培育龙头、协同发展。充分发挥企业的主体作用，政府积极引导，重点扶持，加快做大做强龙头企业。鼓励企业兼并重组，实现优势联合，提高企业技术创新能力、市场拓展能力、经营管理能力和国际竞争能力，在具有国际市场竞争潜力的重点领域培育扶持一批龙头企业。强化整机和系统对软件核心技术和产品的牵引带动作用，促进技术、产品、应用和服务的一体化协同发展。发挥龙头骨干企业的引领作用，构建产业链上下游良性互动、大中小企业协作发展的产业生态系统。

优化布局、集聚发展。突出区域比较优势，推进产业差异化发展，加强区域合作，促进资源共享，实现优势互补，加快形成特色明显、布局合理的区域一体化发展格局。加快中国软件名城、软件和信息服务业示范基地建设，依托重点地区、重点园区，汇聚优势资源，发挥产业集聚效应。

（三）发展目标

“十二五”时期，实现软件和信息技术服务业平稳较快发展，产业的整体质量效益得到全面提升，创新能力显著增强，应用水平明显提高，推动经济社会发展、促进信息化和工业化深度融合的服务支撑能力显著增强。具体发展目标如下。

1. 产业规模

到 2015 年，业务收入突破 4 万亿元，占信息产业的比重达到 25%，年均增长 24.5% 以上，软件出口达到 600 亿美元。信息技术服务收入超过 2.5 万亿元，占软件和信息技术服务业总收入的比重超过 60%。

2. 技术创新

基本形成以企业为主体的产业创新体系，软件业务收入前百家企业的研发投入超过业务收入的 10%。拥有自主知识产权的基础软件、业务支撑工具和核心技术取得重大突破，自主发展能力显著提升。技术水平和产业化能力进一步提高，具备主要应用领域安全可靠解决方案的提供和实施能力。基本形成软件和信息技术服务标准体系，各类技术和服务的标准、规范得到普遍推广。

3. 应用推广

初步建立安全可靠软件应用推广体系，推动安全可靠的基础软件进入自我良性发展阶段。操作系统、数据库、中间件、办公软件等基础软件的成熟度、可靠性、安全性全面提升，与整机和应用系统的集成应用能力、系统协同运行水平和综合服务保障水平得到显著提高，基于安全可靠关键软硬件的产业生态链基本形成，在国民经济重要领域得到规模化应用推广，对国家信息安全的保障能力得到实质性提高。

4. 产业组织

培育一批具有国际竞争力的龙头企业，扶持一批具有创新活力的中小企业，打造一批著名软件产品和服务品牌。到 2015 年，培育 10 家以上年收入超过 100 亿元的软件企业，产生 3～5 个千亿元级企业。

5. 人才建设

调整和优化人才队伍结构，创新人才培养模式，拓宽人才引进渠道，营造有利于优秀人才脱颖而出的成长环境，着力培养一批高端领军人才，形成结构合理、满足产业发展需求的高素质人才队伍。到 2015 年，从业人员超过600万人。

6. 区域布局

产业集聚度进一步提高，创建若干中国软件名城、软件和信息服务业示范基地，形成充分利用区域资源优势、能够发挥区域协同效应的产业发展格局，有力支撑城市经济社会转型和可持续发展。到2015年，形成10个以上产业收入超过千亿元的城市，培育2~3个产业收入超过5000亿元的产业集聚区。

四、发展重点

（一）基础软件

加强基础软件核心技术研发，重点支持高可信服务器操作系统、安全桌面操作系统、高可靠高性能的大型通用数据库管理系统等基础软件的开发应用，加快突破网络资源调度管理系统和移动互联环境下跨终端操作系统研发和产业化，着力打造新型计算模式和网络应用环境下的安全可靠基础软件平台。面向新型网络应用需求，加快研发新一代搜索引擎及浏览器、智能海量数据存储与管理系统、云计算平台等网络化关键软件，加快培育新兴网络化高端软件，创新应用与服务模式。加强非结构化数据处理技术和产品的开发及产业化。支持开源软件开发和应用推广，加快形成基于开源模式的产业生态系统。

（二）工业软件与行业解决方案

围绕工业产品研发设计、生产控制、生产管理、市场流通、销售服务、回收再制造等关键环节，重点扶持计算机辅助设计和辅助制造（CAD/CAM）、制造执行管理系统（MES）、计算机集成制造系统（CIMS）、过程控制系统（PCS）、产品生命周期管理（PLM）、企业管理、绿色制造等软件研发。加快工业软件应用和产业化进程，增强产品技术水平、安全可靠程度和综合集成应用能力，推动工业软件在航空、航天、船舶、机械、汽车、石化、钢铁、有色、建材、电子、轻工和纺织等工业领域的广泛应用。加强工业控制系统软件安全研究，提高安全隐患发现能力。

面向政府、金融、通信、交通、贸易、物流、能源等领域的行业信息化需求，提高关键核心应用的业务架构、应用架构、技术架构和信息架构的规划、设计与开发能力，重点突破核心业务信息系统、大型应用系统研发和应用。集中优势力量，增强应用系统与基础平台的整合能力、信息系统间的综合集成能力，形成结构完整、扩充性强、安全可靠的整体应用解决方案。重视社会民生领域软件研发，提高其在科技、教育、医疗、社保、环保和安全生产等领域的应用水平，大力支持面向生活领域的软件开发和消费型信息服务业发展，满足人民群众日益增长的物质生活和精神文化新需求。

（三）嵌入式软件

面向工业装备、通信网络、汽车电子、消费电子、医疗电子、数控机床、电力电子、交通运输、环保监测等重点领域，积极开展符合开放标准的嵌入式软件开发平台、嵌入式操作系统和应用软件的开发，加快研发面向下一代互联网、物联网应用的嵌入式系统软件，推动软件研发模式创新发展，进一步提高产业化水平和产品出口能力。

（四）信息安全软件与服务

加强网络安全、数据安全、可信计算、安全测评等关键技术的研发与产业化，重点发展安全可靠的安全基础产品、电子认证公共服务平台、网络与边界安全产品、信息安全支撑工具等，发展云计算、物联网等新一代信息技术应用环境下的安全技术产品。加大相关标准的研制力度，推进国家信息安全产品制度建设。规范和促进风险评估、容灾备份和灾难恢复、安全集成、安全测评等信息安全服务。开展安全可靠产品应用试点示范和推广，提升重要信息系统和工业系统的安全可靠水平。

（五）信息系统集成服务

做大做强信息系统集成服务，完善信息系统集成资质管理，重点发展信息系统设计、集成实施、系统运维等服务，提高信息系统的综合集成、应用集成能力。以集成拉动整机、整机拉动软硬件协同发展，提高信息系统安全可靠水平，满足重点部门和重要领域信息化发展需要。大力培育高水平的专业化信息系统集成企业，支持专业化支撑工具开发，鼓励信息系统运维模式、机制创新。以软件技术为核心，以信息技术服务为主线，推动软件技术、产品和服务的一体化协同发展。

（六）信息技术咨询服务

发展业务咨询、信息化规划、企业架构规划、信息技术管理、信息系统工程监理、测试评估、信息技术培训等服务，增强高端咨询能力、设计规划能力。引导支持信息技术服务企业加强知识库建设，不断提升咨询服务水平。以咨询服务为牵引，加强与信息系统集成服务和软件产品研发应用间的互动，促进软件产品和信息技术服务的应用推广。

（七）数字内容加工处理

加快开发支持虚拟现实、三维重构等技术的内容制作系统和基于互联网、移动互联网的内容管理平台，重点在动漫、游戏、数字影音、数字出版、数字学习、空间地理信息等领域支持自主知识产权的数字内容加工处理技术开发和产业化。促进信息网络、数字内容和智能终端的融合发展，拓展数字影音、数字动漫、健康游戏、网络文学、数字学习等生活领域的内容服务，大力发展生产经营领域的数字内容服务。加强数字文化教育产品开发和公共信息资源深化利用，构建便捷、安全、低成本的数字内容服务体系，进一步推进人口、地理、医疗、社保等信息资源深度开发和社会化服务。面向日益增长的数据处理需求，积极发展数据编辑、整理、分析、挖掘等数据加工处理服务。

（八）服务外包

积极拓展服务外包业务领域，重点发展软件开发、软件测试、系统租赁、系统托管等信息技术外包（ITO），扶持基于信息技术的业务流程外包（BPO），推动工业设计、研发服务、知识产权服务等知识流程外包（KPO），促进业务向规模化、高端化方向发展。积极承接全球离岸服务外包业务，提升服务外包企业承接和交付能力、管理能力与国际市场开拓能力。探索并推动云计算模式下服务外包模式创新。

（九）新兴信息技术服务

依托新一代移动通信、下一代互联网、数字广播电视网、卫星导航通信系统等信息基础设施，大力发展数字互动娱乐、数字媒体、数字出版、移动支付、位置服务、社交网络服务等基于网络的信息服务。加快培育下一代互联网、移动互联网、物联网等环境下的新兴服务业态，着力推进云计算等业务创新和服务模式创新。

发展电子商务服务。鼓励电子商务企业与相关企业加强合作，促进信息服务、交易服务和物流、支付、信用、融资、保险、检测和认证等服务协同发展。鼓励集交易、电子认证、在线支付、物流、信用评估等服务于一体的第三方电子商务综合服务平台建设，培育一批骨干电子商务服务企业。

（十）集成电路（IC）设计

面向通信网络、消费电子、工业装备、信息安全等领域的应用需求，提高高端通用芯片设计能力，开发网络通信芯片、数模混合芯片、信息安全芯片以及重点领域专用集成电路产品，形成系统方案解决能力。完善集成电路设计公共技术服务平台，发展覆盖集成电路设计全流程的高端工具和开发环境，提升集成电路设计产品测试、认证、标准、专利等服务能力。

五、重大工程

（一）龙头企业培育工程

积极培育行业龙头企业，扶持一批“专、精、特、新”的中小企业，提高产业集中度，优化产业组织结构。支持骨干企业进一步提升已有优势技术和产品的核心竞争力，尽快形成规模优势。鼓励企业兼并重组，推动产业链横向和纵向整合，加快培育一批管理先进、创新能力强、规模效益好、市场竞争力强的龙头企业，培育一批名牌产品，打造一批服务品牌。集中政产学研用多方资源，优先安排公共资金，加强产业链薄弱环节的技术攻关，支持企业开发应用前景广、产业链带动作用强的新兴软件平台。充分发挥龙头企业的带动作用，以龙头企业为引领形成良好的产业生态环境，提高中小企业专业化、区域化集聚发展能力，形成全产业链协同发展的局面。

（二）基础软件提升工程

加快实施“核高基”国家科技重大专项，在战略部署上强化应用导向，以重大信息化应用、系统整机为牵引，以重大产品为目标，突破服务器操作系统、桌面操作系统、网络化操作系统、新型智能移动终端操作系统、大型通用数据库等重点领域关键技术，形成产业化和市场竞争能力。加快安全可靠基础软件应用推广，加强军民结合、软硬件协同，组建基础软件应用联盟，搭建基础软件集成应用的验证和移植测试环境，在政府部门、公共领域率先开展应用试点，形成示范效应。

（三）工业软件应用促进工程

针对我国工业发展的迫切需求，重点支持一批应用效果好、技术创新性强、市场认可度高的工业软件产品。根据不同行业特点，制定工业软件推广计划，建立工业软件行业解决方案中心，促进工业软件规模化应用。推动工业软件公共服务平台建设，支持工业软件产业联盟发展，联合产业链上下游企业制定工业软件相关技术标准。大力推动软件产业和传统工业的融合发展，引导软件企业与工业企业开展多层次合作，支持工业企业充分利用软件技术提升自身创新发展能力。加快制定工业软件安全评测和监理的标准规范，确保工业软件应用安全和质量。

（四）信息技术服务能力提升工程

加快信息技术服务业务支撑工具研发和服务产品化进程，重点研发信息技术咨询、信息系统设计、集成实施、运行维护、测试评估、数据处理与运营服务等领域的业务支撑工具。研究制定和应用推广信息技术服务标准（ITSS），加强业务标准库、知识库和案例库建设，鼓励相关企业依据自主标准建立服务能力体系。推动建立信息技术服务企业与工业企业间的协调机制，开展面向生产的信息服务业务示范工作，支持工业企业内设的信息服务机构面向行业和社会提供专业化服务。在数字内容加工处理服务、数字媒体服务、基于云计算环境的新型在线信息服务等领域开展特色示范，引导并推动信息技术服务业创新发展。

（五）软件名城和示范基地创建工程

开展中国软件名城创建工作，不断汇聚和引导城市资源投向软件和信息技术服务业，培育若干集聚效应明显、示范带动作用突出、质量效益良好、各具特色的中国软件名城，逐步增强产业在经济社会各方面的融合发展与辐射带动效应。开展软件和信息服务业示范基地创建工作，认定和建设一批特色鲜明、对地方经济社会发展带动和支撑效果好的示范基地，试行相关信息技术服务标准和规范，积极开展各项示范工作，树立典型。加强对地方产业基地和园区建设的引导，参考国家整体规划和区域分工布局，根据比较优势原则，确立各园区重点发展领域和主导产业，形成特色产业聚集区。

（六）公共服务体系建设工程

继续完善国家软件和信息服务业公共服务支撑平台，推动与指导地方平台的建设，面向产业发展需求，不断丰富平台资源和内容，创新服务运营模式，形成覆盖全国、资源共享、互联互通的服务平台网络，促进产业公共服务体系的专业化、网络化、一体化建设。扶持一批面向软件企业的知识产权、投融资、产权交易、人才服务、企业孵化和品牌推广等专业服务机构，建立支持企业实施“走出去”战略的服务平台。在有条件的地区和园区部署一批产业创新平台和工程技术中心，加快共性技术研发和成果转化。

（七）安全可靠软硬件应用推广工程

以满足国民经济各领域的应用需求、安全需求和服务保障需求为目标，以整体集成为应用方向，以系统集成商为纽带，建立和完善各项标准、制度，加强资金、人才等措施保障，加快安全可靠软硬件的应用推广，实现应用与技术、产业的互动发展。通过先试点、再示范、后推广的方式逐步推进，在关系国计民生的重点领域大力推广安全可靠关键软硬件应用，提高软硬件的成熟度、可靠性、安全性和质量，提高系统整体集成应用和协同运行水平，增强服务保障能力。

（八）云计算创新发展工程

结合国民经济和社会发展重大需求，开展云计算服务创新发展试点示范。以加快我国云计算服务产业化为主线，坚持以服务创新拉动技术创新，以示范应用带动能力提升，推动云计算服务模式发展。以重点领域应用示范和产业化项目为牵引，发展一批面向智慧城市、智能交通、医疗卫生、教育科普、文化资源、生产制造、中小企业等领域的云计算服务示范应用，在整合计算资源、创新服务模式、保障信息安全、促进节能减排等方面推广典型经验，形成一批满足重点领域需求的安全可靠关键技术和产品，初步建立较为完整的技术支撑体系。制定一批重要的标准规范，建立健全产业公共服务体系，形成产业链较为健全、相关服务国际竞争力明显提升的云计算产业发展格局。

六、保障措施

（一）全面贯彻落实产业政策

加快推动出台《国务院关于印发进一步鼓励软件产业和集成电路产业发展若干政策的通知》（国发〔2011〕4 号）相关配套措施和实施细则，完善产业政策环境。积极推动软件和信息技术服务业相关立法进程。加快实施软件和信息技术服务业知识产权战略，提升知识产权创造、运用、保护、管理和服务能力。进一步推进软件正版化工作，制定相关技术标准和规范，探索建立长效机制。推动完善相关制度，积极推进安全可靠软硬件在各个行业的应用。鼓励各地因地制宜出台支持产业发展的政策法规，积极落实相关配套政策，支持有条件的地区开展软件和信息技术服务业政策创新试点。

（二）鼓励企业创新发展

发挥市场机制的基础性作用，加强政策引导和资金扶持，鼓励企业承担国家重大科技专项，着力提高基础软件的自主创新能力，重点攻克系统软件核心关键技术。强化创新引领，鼓励企业在云计算、物联网、移动互联网等重点和新兴领域开展创新研究，推动企业技术中心建设。探索创新合作机制，鼓励企业间建立以产业链为基础的多层次合作机制，支持以龙头企业为引领建立产学研用结合的技术、标准和应用等各类联盟，实现联合创新和应用推广，充分激发中小企业的创新活力，在基础软件、应用软件、软件服务方面实现协同发展。推动软件企业技术改造，对企业的研发环境、测试环境、质量保障体系予以支持，提高企业研发、生产和服务能力。

（三）加快拓宽应用市场

适应信息化和工业化深度融合和经济社会信息化建设需要，加快面向重点领域拓宽应用和市场，形成应用与产业的良性互动与协调发展。面向船舶、机械、汽车、石化、钢铁、电子制造、轻工、通信、流通、物流、能源等重点行业，开展基于自主知识产权的工业软件和行业解决方案的试点示范与应用推广工作。在信息服务、知识产权、检验检测等领域进一步开放市场准入，充分发挥非公有制企业的作用，增加市场供给。结合国家改善民生相关工程的实施，加强软件和信息技术服务在科技、教育、医疗、就业、社保、交通、环保和安全生产等领域中的应用。鼓励政府部门、事业单位、国有大中型企业将信息技术服务外包给专业企业，积极培育信息技术服务市场。鼓励大中型企业将其信息技术研发应用业务机构剥离，成立专业软件企业，为全行业和全社会提供服务。支持少数民族地区的软件开发和应用推广。

（四）强化标准体系建设与推广

顺应产业发展与技术创新的趋势，完善有利于应用的标准化机制，以市场立标准，以应用支撑标准，促进标准与自主知识产权的结合，推进产业标准体系建设。加快基础软件、面向服务体系结构（SOA）、中文办公软件文档格式规范（UOF）、版式文档、少数民族语言文字软件、工业软件和测试评估等重点软件和服务标准的制定和实施。完善信息技术服务标准（ITSS）体系，加快信息系统运行维护等重点标准的研究制定，开展标准验证和应用试点示范，建立标准符合性评估体系，强化标准培育服务市场、提升服务能力、支撑行业管理的作用。加强对云计算、物联网等相关标准的跟踪研究，及时推动相关标准的制定和实施。积极参与国际标准的制定，提升在国际标准领域的话语权。

（五）加快人才培养和引进

强化财税、金融、科研、创业、管理和服务等综合支持手段，健全医疗、科研、住房、户籍、职称、奖励等人才政策，建立和完善期权、股权、技术入股、业绩等分配制度和激励机制，建立高层次人才的创业与创新支持体系、人才评价体系、管理与服务保障体系，营造有利于高端人才脱颖而出的人才发展环境。推动建立多层次的软件和信息技术服务人才培养体系，创新培养模式。引导发挥社会教育与培训机构的作用，鼓励企业与高等院校及培训机构合作培养人才，建立企业实习培训机制，建设实践实训基地，积极开辟海外培训渠道，加强品牌企业认证培训。制定领军人才梯队培养计划，依托中国软件名城、软件和信息服务业示范基地创建工作，开展领军人才滚动培养。加快软件和信息技术服务业海外高层次人才的引进，鼓励海外留学人员特别是海外高端人才回国就业、创业。

（六）完善产业投融资环境

落实国家鼓励软件和信息技术服务业发展的投融资政策，推动各类产业投资机构和担保机构加大对软件企业的支持力度，通过出口补助、贷款贴息等方式支持软件出口、服务外包和境外并购。鼓励地方设立支持软件企业发展的风险投资基金和股权投资基金，建立投资风险补偿机制，引导社会资金，特别是国内风险投资基金投资软件和信息技术服务业。积极支持软件企业进入境内外资本市场融资，努力为企业境内外重组并购创造更加宽松的金融、外汇政策环境。鼓励金融创新，探索开展软件企业股权质押、知识产权质押、合同质押、信用保险等试点，提高金融机构对软件企业的服务能力和水平。

（七）加速产业国际化进程

推进建立多层次的国际合作体系，加快建立和完善软件和信息技术服务业国际合作与交流平台。逐步建立以专业化、市场化为导向的海外市场服务体系，拓宽海外市场渠道，提高企业国际市场拓展能力。各级政府应努力营造良好的政策环境，鼓励骨干企业在境外设立公司、组建营销网络和研发中心、开展跨国并购等。鼓励外商投资软件和信息技术服务业，鼓励跨国软件企业在我国设立离岸服务中心、研发中心、经营总部，着力提高利用外资的质量和水平。巩固软件开发离岸外包，支持软件和信息技术服务出口。

（八）加强产业管理工作

各级主管部门应加强对行业的指导、监管和服务，充分发挥部省市合作机制的作用，加强部门间、区域间协调配合。加大内地与港澳台地区产业交流与合作的力度，推动建立海峡两岸软件和信息技术服务业协作机制。加强行业统计和运行监测分析工作，建立健全相关工作体系，逐步完善行业统计指标体系和运行分析系统。充分发挥中介组织的桥梁纽带作用，注重发挥中介组织在市场调研、人才培训、行业运行分析、政策研究、诚信建设、资质认证、知识产权运用与保护、标准推广等方面的作用。建立公平竞争的市场环境，规范市场秩序，反对恶性竞争，加强资质认证、市场准入、价格管理、反垄断、反倾销、反盗版等工作，形成良好的行业规范。完善网络环境下消费者隐私及企业秘密保护制度，促进软件和信息技术服务向网络化发展。

21.《国务院关于印发服务业发展“十二五”规划的通知》（国发〔2012〕62号）

加快国家高速公路网剩余路段、“瓶颈”路段建设，加强路网运行监测和交通出行信息服务。

发展新一代信息技术和信息基础设施，开展云计算服务创新发展试点示范，加强云计算服务平台建设。加强物联网应用示范和推广，打造物联网应用平台。加快培育新兴网络信息技术服务，加强软件工具研发和知识库建设。推进各类面向行业应用的信息技术咨询、系统集成、系统运行维护和信息安全服务。加强数字文化教育产品开发和公共信息资源深化利用，构建便捷、安全、低成本的数字内容服务体系。推进地理、人口、法人、金融、税收、医疗、社保、农业、交通、统计等信息资源深度开发和社会化服务。

设立区域性家庭服务电话呼叫号码，整合资源，增加投入，实施家庭服务业公益性信息服务平台建设工程。依托该平台，健全供需对接、信息咨询、服务监督等功能，形成便利、规范的家庭服务体系，为家庭、社区、家庭服务机构提供公益性服务。

支持发展农业信息服务，以农业生产经营为重点，逐步形成连接国内外市场、覆盖生产和消费的信息网络。

进一步巩固运输、旅游、建筑等行业在服务贸易中的优势，积极推进中医药、文化艺术、动漫游戏、广播影视、新闻出版、教育、体育等有我国特色的服务出口，重点培育通信、金融、会计、资产评估、计算机和信息服务、传媒、咨询、会展等现代服务贸易，加快培育一批拥有自主知识产权和知名品牌的服务贸易重点企业。

将重点国别（地区）与重点领域相结合，分类指导，积极引导运输、建筑、旅游等有比较优势，以及分销、通信、快递、金融、计算机和信息服务、文化艺术、广播影视、新闻出版等有发展潜力行业的企业对外投资。

加强两岸信息服务业合作，推进两岸无线城市试点项目建设，为两岸电子信息制造业提供优质服务。

完善知识产权服务政策体系，推进体制机制创新。加强知识产权基础信息资源建设与开发利用，逐步建立分类科学、资源共享、高效优质的产业知识产权信息服务平台体系。

22.《国务院关于大力推进信息化发展和切实保障信息安全的若干意见》（国发〔2012〕23号）

以邓小平理论和“三个代表”重要思想为指导，深入贯彻落实科学发展观，以促进资源优化配置为着力点，加快建设下一代信息基础设施，推动信息化和工业化深度融合，构建现代信息技术产业体系，全面提高经济社会信息化发展水平。坚持积极利用、科学发展、依法管理、确保安全，加强统筹协调和顶层设计，健全信息安全保障体系，切实增强信息安全保障能力，维护国家信息安全，促进经济平稳较快发展和社会和谐稳定。

增强信息产业核心竞争力。加大国家科技重大专项对信息产业核心基础产品、网络共性关键技术开发的支持力度，加快推动新一代移动通信、基础软件、嵌入式软件以及制造执行系统、工业控制系统、大型管理软件等技术的研发和应用。加强统筹规划，积极有序促进物联网、云计算的研发和应用。实施工业电子产品提升工程，推进信息技术与工业技术融合创新，提高汽车、船舶、机械等产品智能化水平。推动电子信息产品制造企业由单纯提供产品向提供综合解决方案和信息服务转变。

加快推进民生领域信息化。加快学校宽带网络建设，推动优质数字教育资源开发和共享，完善教育管理信息系统，构建面向全民的终身学习网络和服务平台，大力发展远程教育，形成教育综合信息服务体系。完善医疗服务与管理信息系统，加快建立居民电子健康档案和电子病历，加强国家和区域医药卫生信息共享，夯实远程医疗发展的基础。构建覆盖城乡居民的劳动就业和社会保障信息服务体系，全面推行社会保障卡应用，推动就业信息共享。推进减灾救灾、社会救助、社会福利和慈善事业等社会服务信息化。提高面向残疾人等特殊人群的信息服务能力。

完善农业农村综合信息服务体系。规范各类农业信息服务系统，建立全国农业综合信息服务平台，鼓励发展专业信息服务，加快推进涉农信息资源开发、整合和综合利用。继续推进农村基层信息服务站和信息员队伍建设，形成村为节点、县为基础、省为平台、全国统筹的农村综合信息服务体系。

23.《国务院关于促进信息消费扩大内需的若干意见》（国发〔2013〕32号）

以邓小平理论、“三个代表”重要思想、科学发展观为指导，以深化改革为动力，以科技创新为支撑，围绕挖掘消费潜力、增强供给能力、激发市场活力、改善消费环境，加强信息基础设施建设，加快信息产业优化升级，大力丰富信息消费内容，提高信息网络安全保障能力，建立促进信息消费持续稳定增长的长效机制，推动面向生产、生活和管理的信息消费快速健康增长，为经济平稳较快发展和民生改善发挥更大作用。

信息消费市场健康活跃。面向生产、生活和管理的信息产品和服务更加丰富，创新更加活跃，市场竞争秩序规范透明，消费环境安全可信，信息消费示范效应明显，居民信息消费的选择更加丰富，消费意愿进一步增强。企业信息化应用不断深化，公共服务信息需求有效拓展，各类信息消费的需求进一步释放。

拓展新兴信息服务业态。发展移动互联网产业，鼓励企业设立移动应用开发创新基金，推进网络信息技术与服务模式融合创新。积极推动云计算服务商业化运营，支持云计算服务创新和商业模式创新。面向重点行业和重点民生领域，开展物联网重大应用示范，提升物联网公共服务能力。加快推动北斗导航核心技术研发和产业化，推动北斗导航与移动通信、地理信息、卫星遥感、移动互联网等融合发展，支持位置信息服务（LBS）市场拓展。完善北斗导航基础设施，推进北斗导航服务模式和产品创新，在重点区域和交通、减灾、电信、能源、金融等重点领域开展示范应用，逐步推进北斗导航和授时的规模化应用。大力发展地理信息产业，拓宽地理信息服务市场。

24.《国务院关于印发“宽带中国”战略及实施方案的通知》（国发〔2013〕31号）

加强各类涉农信息资源的深度开发，完善农村信息化业务平台和服务中心，提高综合网络信息服务水平。

加快就业和社会保障信息服务体系建设，实现管理服务的全覆盖，推进社会保障卡应用，加快跨区域就业和社会保障信息互联互通。

加快文化馆（站）、图书馆、博物馆等公益性文化机构和重大文化工程的宽带联网，优化公共文化信息服务体系，大力发展公共数字文化。

通过产业联盟、行业协会等各种渠道，引导宽带网络设备制造和信息服务企业加强行业自律，建立竞争机制，共同维护竞争秩序。

25.《国务院办公厅关于印发国家卫星导航产业中长期发展规划的通知》（国办发〔2013〕97号）

随着现代信息社会的快速发展，社会公众对创新性和综合性的时空信息服务需求日益强烈，未来基于短报文通信等特色优势的北斗卫星导航系统，在国民经济关键领域、行业、公共服务及大众市场的应用将得到极大拓展，融合移动通信、互联网技术的位置服务应用，将有力地推动卫星导航应用产业结构升级，释放出更加广阔的市场空间。

面向大众市场需求，融合交通、气象、地理等动态时空信息，结合新一代信息技术发展，以汽车制造业和移动通信业快速发展为契机，以公众出行信息服务需求为引导，重点推动北斗兼容卫星导航功能成为车载导航、智能手机的标准配置，促进在社会服务、旅游出行、弱势群体关爱、智慧城市等方面的多元化应用。创新商业和服务模式，推动北斗卫星导航系统产品的产业化，形成终端产品规模应用效益。

26.《国务院关于推进物联网有序健康发展的指导意见》（国发〔2013〕7号）

物联网是新一代信息技术的高度集成和综合运用，具有渗透性强、带动作用大、综合效益好的特点，推进物联网的应用和发展，有利于促进生产生活和社会管理方式向智能化、精细化、网络化方向转变，对于提高国民经济和社会生活信息化水平，提升社会管理和公共服务水平，带动相关学科发展和技术创新能力增强，推动产业结构调整和发展方式转变具有重要意义，我国已将物联网作为战略性新兴产业的一项重要组成内容。

加强统筹规划，围绕经济社会发展的实际需求，以市场为导向，以企业为主体，以突破关键技术为核心，以推动需求应用为抓手，以培育产业为重点，以保障安全为前提，营造发展环境，创新服务模式，强化标准规范，合理规划布局，加强资源共享，深化军民融合，打造具有国际竞争力的物联网产业体系，有序推进物联网持续健康发展，为促进经济社会可持续发展作出积极贡献。

创新商业模式，培育新兴业态。积极探索物联网产业链上下游协作共赢的新型商业模式。大力支持企业发展有利于扩大市场需求的物联网专业服务和增值服务，推进应用服务的市场化，带动服务外包产业发展，培育新兴服务产业。鼓励和支持电信运营、信息服务、系统集成等企业参与物联网应用示范工程的运营和推广。

27.《国务院关于加快发展生产性服务业促进产业结构调整升级的指导意见》（国发〔2014〕26号）

信息技术服务。

发展涉及网络新应用的信息技术服务，积极运用云计算、物联网等信息技术，推动制造业的智能化、柔性化和服务化，促进定制生产等模式创新发展。加快面向工业重点行业的知识库建设，创新面向专业领域的信息服务方式，提升服务能力。加强相关软件研发，提高信息技术咨询设计、集成实施、运行维护、测试评估和信息安全服务水平，面向工业行业应用提供系统解决方案，促进工业生产业务流程再造和优化。推动工业企业与软件提供商、信息服务提供商联合提升企业生产经营管理全过程的数字化水平。支持工业企业所属信息服务机构面向行业和社会提供专业化服务。加快农村互联网基础设施建设，推进信息进村入户。

28.《国务院关于推进文化创意和设计服务与相关产业融合发展的若干意见》（国发〔2014〕10号）

统筹各类资源，加强协调配合，着力推进文化软件服务、建筑设计服务、专业设计服务、广告服务等文化创意和设计服务与装备制造业、消费品工业、建筑业、信息业、旅游业、农业和体育产业等重点领域融合发展。

加快数字内容产业发展。推动文化产品和服务的生产、传播、消费的数字化、网络化进程，强化文化对信息产业的内容支撑、创意和设计提升，加快培育双向深度融合的新型业态。深入实施国家文化科技创新工程，支持利用数字技术、互联网、软件等高新技术支撑文化内容、装备、材料、工艺、系统的开发和利用，加快文化企业技术改造步伐。大力推动传统文化单位发展互联网新媒体，推动传统媒体和新兴媒体融合发展，提升先进文化互联网传播吸引力。深入挖掘优秀文化资源，推动动漫游戏等产业优化升级，打造民族品牌。推动动漫游戏与虚拟仿真技术在设计、制造等产业领域中的集成应用。全面推进三网融合，推动下一代广播电视网和交互式网络电视等服务平台建设，推动智慧社区、智慧家庭建设。加强通信设备制造、网络运营、集成播控、内容服务单位间的互动合作。提高数字版权集约水平，健全智能终端产业服务体系，推动产品设计制造与内容服务、应用商店模式整合发展。推进数字电视终端制造业和数字家庭产业与内容服务业融合发展，提升全产业链竞争力。推进数字绿色印刷发展，引导印刷复制加工向综合创意和设计服务转变，推动新闻出版数字化转型和经营模式创新。

鼓励发展体育服务组织，以赛事组织、场馆运营、技术培训、信息咨询、中介服务、体育保险等为重点，逐步扩大体育服务规模。推动与体育赛事相关版权的开发与保护，进一步放宽国内赛事转播权的市场竞争范围，探索建立与体育赛事相关的版权交易平台。加强体育产品品牌建设，开发科技含量高、拥有自主知识产权的体育产品，提升市场竞争力。促进体育衍生品创意和设计开发，推进相关产业发展。

29.《国务院关于授权国家互联网信息办公室负责互联网信息内容管理工作的通知》（国发〔2014〕33号）

为促进互联网信息服务健康有序发展，保护公民、法人和其他组织的合法权益，维护国家安全和公共利益，授权重新组建的国家互联网信息办公室负责全国互联网信息内容管理工作，并负责监督管理执法。

30.《国务院关于促进云计算创新发展培育信息产业新业态的意见》（国发〔2015〕5号）

建立健全相关法规制度。

落实《全国人民代表大会常务委员会关于加强网络信息保护的决定》和《中华人民共和国政府信息公开条例》，完善互联网信息服务管理办法，加快制定信息网络安全、个人信息保护等法律法规，出台政府和重要行业采购使用云计算服务相关规定，明确相关管理部门和云计算服务企业的安全管理责任，规范云计算服务商与用户的责权利关系。增强云计算服务能力。

大力发展公共云计算服务，实施云计算工程，支持信息技术企业加快向云计算产品和服务提供商转型。大力发展计算、存储资源租用和应用软件开发部署平台服务，以及企业经营管理、研发设计等在线应用服务，降低企业信息化门槛和创新成本，支持中小微企业发展和创业活动。积极发展基于云计算的个人信息存储、在线工具、学习娱乐等服务，培育信息消费。发展安全可信的云计算外包服务，推动政府业务外包。支持云计算与物联网、移动互联网、互联网金融、电子商务等技术和服务的融合发展与创新应用，积极培育新业态、新模式。鼓励大企业开放平台资源，打造协作共赢的云计算服务生态环境。引导专有云有序发展，鼓励企业创新信息化建设思路，在充分利用公共云计算服务资源的基础上，立足自身需求，利用安全可靠的专有云解决方案，整合信息资源，优化业务流程，提升经营管理水平。大力发展面向云计算的信息系统规划咨询、方案设计、系统集成和测试评估等服务。加强大数据开发与利用。

充分发挥云计算对数据资源的集聚作用，实现数据资源的融合共享，推动大数据挖掘、分析、应用和服务。开展公共数据开放利用改革试点，出台政府机构数据开放管理规定，在保障信息安全和个人隐私的前提下，积极探索地理、人口、知识产权及其他有关管理机构数据资源向社会开放，推动政府部门间数据共享，提升社会管理和公共服务能力。重点在公共安全、疾病防治、灾害预防、就业和社会保障、交通物流、教育科研、电子商务等领域，开展基于云计算的大数据应用示范，支持政府机构和企业创新大数据服务模式。充分发挥云计算、大数据在智慧城市建设中的服务支撑作用，加强推广应用，挖掘市场潜力，服务城市经济社会发展。

31.《国务院关于印发促进大数据发展行动纲要的通知》(国发〔2015〕50号)

大数据是以容量大、类型多、存取速度快、应用价值高为主要特征的数据集合，正快速发展为对数量巨大、来源分散、格式多样的数据进行采集、存储和关联分析，从中发现新知识、创造新价值、提升新能力的新一代信息技术和服务业态。

信息技术与经济社会的交汇融合引发了数据迅猛增长，数据已成为国家基础性战略资源，大数据正日益对全球生产、流通、分配、消费活动以及经济运行机制、社会生活方式和国家治理能力产生重要影响。目前，我国在大数据发展和应用方面已具备一定基础，拥有市场优势和发展潜力，但也存在政府数据开放共享不足、产业基础薄弱、缺乏顶层设计和统筹规划、法律法规建设滞后、创新应用领域不广等问题，亟待解决。为贯彻落实党中央、国务院的决策部署，全面推进我国大数据发展和应用，加快建设数据强国，特制定本行动纲要。

一、发展形势和重要意义

全球范围内，运用大数据推动经济发展、完善社会治理、提升政府服务和监管能力正成为趋势，有关发达国家相继制定实施大数据战略的文件，大力推动大数据发展和应用。目前，我国互联网、移动互联网用户规模居全球第一，拥有丰富的数据资源和应用市场优势，大数据部分关键技术研发取得突破，涌现出一批互联网创新企业和创新应用，一些地方政府已启动大数据相关工作。坚持创新驱动发展，加快大数据部署，深化大数据应用，已成为稳增长、促改革、调结构、惠民生和推动政府治理能力现代化的内在需要和必然选择。

（一）大数据成为推动经济转型发展的新动力。以数据流引领技术流、物质流、资金流、人才流，将深刻影响社会分工协作的组织模式，促进生产组织方式的集约和创新。大数据推动社会生产要素的网络化共享、集约化整合、协作化开发和高效化利用，改变了传统的生产方式和经济运行机制，可显著提升经济运行水平和效率。大数据持续激发商业模式创新，不断催生新业态，已成为互联网等新兴领域促进业务创新增值、提升企业核心价值的重要驱动力。大数据产业正在成为新的经济增长点，将对未来信息产业格局产生重要影响。

（二）大数据成为重塑国家竞争优势的新机遇。在全球信息化快速发展的大背景下，大数据已成为国家重要的基础性战略资源，正引领新一轮科技创新。充分利用我国的数据规模优势，实现数据规模、质量和应用水平同步提升，发掘和释放数据资源的潜在价值，有利于更好地发挥数据资源的战略作用，增强网络空间数据主权保护能力，维护国家安全，有效提升国家竞争力。

（三）大数据成为提升政府治理能力的新途径。大数据应用能够揭示传统技术方式难以展现的关联关系，推动政府数据开放共享，促进社会事业数据融合和资源整合，将极大提升政府整体数据分析能力，为有效处理复杂社会问题提供新的手段。建立“用数据说话、用数据决策、用数据管理、用数据创新”的管理机制，实现基于数据的科学决策，将推动政府管理理念和社会治理模式进步，加快建设与社会主义市场经济体制和中国特色社会主义事业发展相适应的法治政府、创新政府、廉洁政府和服务型政府，逐步实现政府治理能力现代化。

二、指导思想和总体目标

（一）指导思想。深入贯彻党的十八大和十八届二中、三中、四中全会精神，按照党中央、国务院的决策部署，发挥市场在资源配置中的决定性作用，加强顶层设计和统筹协调，大力推动政府信息系统和公共数据互联开放共享，加快政府信息平台整合，消除信息孤岛，推进数据资源向社会开放，增强政府公信力，引导社会发展，服务公众企业；以企业为主体，营造宽松公平环境，加大大数据关键技术研发、产业发展和人才培养力度，着力推进数据汇集和发掘，深化大数据在各行业的创新应用，促进大数据产业健康发展；完善法规制度和标准体系，科学规范利用大数据，切实保障数据安全。通过促进大数据发展，加快建设数据强国，释放技术红利、制度红利和创新红利，提升政府治理能力，推动经济转型升级。

（二）总体目标。立足我国国情和现实需要，推动大数据发展和应用在未来5～10年逐步实现以下目标。

打造精准治理、多方协作的社会治理新模式。将大数据作为提升政府治理能力的重要手段，通过高效采集、有效整合、深化应用政府数据和社会数据，提升政府决策和风险防范水平，提高社会治理的精准性和有效性，增强乡村社会治理能力；助力简政放权，支持从事前审批向事中事后监管转变，推动商事制度改革；促进政府监管和社会监督有机结合，有效调动社会力量参与社会治理的积极性。2017年底前形成跨部门数据资源共享共用格局。

建立运行平稳、安全高效的经济运行新机制。充分运用大数据，不断提升信用、财政、金融、税收、农业、统计、进出口、资源环境、产品质量、企业登记监管等领域数据资源的获取和利用能力，丰富经济统计数据来源，实现对经济运行更为准确的监测、分析、预测、预警，提高决策的针对性、科学性和时效性，提升宏观调控以及产业发展、信用体系、市场监管等方面管理效能，保障供需平衡，促进经济平稳运行。

构建以人为本、惠及全民的民生服务新体系。围绕服务型政府建设，在公用事业、市政管理、城乡环境、农村生活、健康医疗、减灾救灾、社会救助、养老服务、劳动就业、社会保障、文化教育、交通旅游、质量安全、消费维权、社区服务等领域全面推广大数据应用，利用大数据洞察民生需求，优化资源配置，丰富服务内容，拓展服务渠道，扩大服务范围，提高服务质量，提升城市辐射能力，推动公共服务向基层延伸，缩小城乡、区域差距，促进形成公平普惠、便捷高效的民生服务体系，不断满足人民群众日益增长的个性化、多样化需求。

开启大众创业、万众创新的创新驱动新格局。形成公共数据资源合理适度开放共享的法规制度和政策体系，2018 年底前建成国家政府数据统一开放平台，率先在信用、交通、医疗、卫生、就业、社保、地理、文化、教育、科技、资源、农业、环境、安监、金融、质量、统计、气象、海洋、企业登记监管等重要领域实现公共数据资源合理适度向社会开放，带动社会公众开展大数据增值性、公益性开发和创新应用，充分释放数据红利，激发大众创业、万众创新活力。

培育高端智能、新兴繁荣的产业发展新生态。推动大数据与云计算、物联网、移动互联网等新一代信息技术融合发展，探索大数据与传统产业协同发展的新业态、新模式，促进传统产业转型升级和新兴产业发展，培育新的经济增长点。形成一批满足大数据重大应用需求的产品、系统和解决方案，建立安全可信的大数据技术体系，大数据产品和服务达到国际先进水平，国内市场占有率显著提高。培育一批面向全球的骨干企业和特色鲜明的创新型中小企业。构建形成政产学研用多方联动、协调发展的大数据产业生态体系。

二、主要任务

（一）加快政府数据开放共享，推动资源整合，提升治理能力。

1. 大力推动政府部门数据共享。加强顶层设计和统筹规划，明确各部门数据共享的范围边界和使用方式，厘清各部门数据管理及共享的义务和权利，依托政府数据统一共享交换平台，大力推进国家人口基础信息库、法人单位信息资源库、自然资源和空间地理基础信息库等国家基础数据资源，以及金税、金关、金财、金审、金盾、金宏、金保、金土、金农、金水、金质等信息系统跨部门、跨区域共享。加快各地区、各部门、各有关企事业单位及社会组织信用信息系统的互联互通和信息共享，丰富面向公众的信用信息服务，提高政府服务和监管水平。结合信息惠民工程实施和智慧城市建设，推动中央部门与地方政府条块结合、联合试点，实现公共服务的多方数据共享、制度对接和协同配合。

2. 稳步推动公共数据资源开放。在依法加强安全保障和隐私保护的前提下，稳步推动公共数据资源开放。推动建立政府部门和事业单位等公共机构数据资源清单，按照“增量先行”的方式，加强对政府部门数据的国家统筹管理，加快建设国家政府数据统一开放平台。制定公共机构数据开放计划，落实数据开放和维护责任，推进公共机构数据资源统一汇聚和集中向社会开放，提升政府数据开放共享标准化程度，优先推动信用、交通、医疗、卫生、就业、社保、地理、文化、教育、科技、资源、农业、环境、安监、金融、质量、统计、气象、海洋、企业登记监管等民生保障服务相关领域的政府数据集向社会开放。建立政府和社会互动的大数据采集形成机制，制定政府数据共享开放目录。通过政务数据公开共享，引导企业、行业协会、科研机构、社会组织等主动采集并开放数据。

3. 统筹规划大数据基础设施建设。结合国家政务信息化工程建设规划，统筹政务数据资源和社会数据资源，布局国家大数据平台、数据中心等基础设施。加快完善国家人口基础信息库、法人单位信息资源库、自然资源和空间地理基础信息库等基础信息资源和健康、就业、社保、能源、信用、统计、质量、国土、农业、城乡建设、企业登记监管等重要领域信息资源，加强与社会大数据的汇聚整合和关联分析。加强军民信息资源共享。充分利用现有企业、政府等数据资源和平台设施，注重对现有数据中心及服务器资源的改造和利用，建设绿色环保、低成本、高效率、基于云计算的大数据基础设施和区域性、行业性数据汇聚平台，避免盲目建设和重复投资。加强对互联网重要数据资源的备份及保护。

4. 支持宏观调控科学化。建立国家宏观调控数据体系，及时发布有关统计指标和数据，强化互联网数据资源利用和信息服务，加强与政务数据资源的关联分析和融合利用，为政府开展金融、税收、审计、统计、农业、规划、消费、投资、进出口、城乡建设、劳动就业、收入分配、电力及产业运行、质量安全、节能减排等领域运行动态监测、产业安全预测预警以及转变发展方式分析决策提供信息支持，提高宏观调控的科学性、预见性和有效性。

5. 推动政府治理精准化。在企业监管、质量安全、节能降耗、环境保护、食品安全、安全生产、信用体系建设、旅游服务等领域，推动有关政府部门和企事业单位将市场监管、检验检测、违法失信、企业生产经营、销售物流、投诉举报、消费维权等数据进行汇聚整合和关联分析，统一公示企业信用信息，预警企业不正当行为，提升政府决策和风险防范能力，支持加强事中事后监管和服务，提高监管和服务的针对性、有效性。

推动改进政府管理和公共治理方式，借助大数据实现政府负面清单、权力清单和责任清单的透明化管理，完善大数据监督和技术反腐体系，促进政府简政放权、依法行政。

6. 推进商事服务便捷化。加快建立公民、法人和其他组织统一社会信用代码制度，依托全国统一的信用信息共享交换平台，建设企业信用信息公示系统和“信用中国”网站，共享整合各地区、各领域信用信息，为社会公众提供查询注册登记、行政许可、行政处罚等各类信用信息的一站式服务。在全面实行工商营业执照、组织机构代码证和税务登记证“三证合一”“一照一码”登记制度改革中，积极运用大数据手段，简化办理程序。建立项目并联审批平台，形成网上审批大数据资源库，实现跨部门、跨层级项目审批、核准、备案的统一受理、同步审查、信息共享、透明公开。鼓励政府部门高效采集、有效整合并充分运用政府数据和社会数据，掌握企业需求，推动行政管理流程优化再造，在注册登记、市场准入等商事服务中提供更加便捷有效、更有针对性的服务。利用大数据等手段，密切跟踪中小微企业特别是新设小微企业运行情况，为完善相关政策提供支持。

7. 促进安全保障高效化。加强有关执法部门间的数据流通，在法律许可和确保安全的前提下，加强对社会治理相关领域数据的归集、发掘及关联分析，强化对妥善应对和处理重大突发公共事件的数据支持，提高公共安全保障能力，推动构建智能防控、综合治理的公共安全体系，维护国家安全和社会安定。

8. 加快民生服务普惠化。结合新型城镇化发展、信息惠民工程实施和智慧城市建设，以优化提升民生服务、激发社会活力、促进大数据应用市场化服务为重点，引导鼓励企业和社会机构开展创新应用研究，深入发掘公共服务数据，在城乡建设、人居环境、健康医疗、社会救助、养老服务、劳动就业、社会保障、质量安全、文化教育、交通旅游、消费维权、城乡服务等领域开展大数据应用示范，推动传统公共服务数据与互联网、移动互联网、可穿戴设备等数据的汇聚整合，开发各类便民应用，优化公共资源配置，提升公共服务水平。

（二）推动产业创新发展，培育新兴业态，助力经济转型。

1. 发展工业大数据。推动大数据在工业研发设计、生产制造、经营管理、市场营销、售后服务等产品全生命周期、产业链全流程各环节的应用，分析感知用户需求，提升产品附加价值，打造智能工厂。建立面向不同行业、不同环节的工业大数据资源聚合和分析应用平台。抓住互联网跨界融合机遇，促进大数据、物联网、云计算和三维（3D）打印技术、个性化定制等在制造业全产业链集成运用，推动制造模式变革和工业转型升级。

2. 发展新兴产业大数据。大力培育互联网金融、数据服务、数据探矿、数据化学、数据材料、数据制药等新业态，提升相关产业大数据资源的采集获取和分析利用能力，充分发掘数据资源支撑创新的潜力，带动技术研发体系创新、管理方式变革、商业模式创新和产业价值链体系重构，推动跨领域、跨行业的数据融合和协同创新，促进战略性新兴产业发展、服务业创新发展和信息消费扩大，探索形成协同发展的新业态、新模式，培育新的经济增长点。

3. 发展农业农村大数据。构建面向农业农村的综合信息服务体系，为农民生产生活提供综合、高效、便捷的信息服务，缩小城乡数字鸿沟，促进城乡发展一体化。加强农业农村经济大数据建设，完善村、县相关数据采集、传输、共享基础设施，建立农业农村数据采集、运算、应用、服务体系，强化农村生态环境治理，增强乡村社会治理能力。统筹国内国际农业数据资源，强化农业资源要素数据的集聚利用，提升预测预警能力。整合构建国家涉农大数据中心，推进各地区、各行业、各领域涉农数据资源的共享开放，加强数据资源发掘运用。加快农业大数据关键技术研发，加大示范力度，提升生产智能化、经营网络化、管理高效化、服务便捷化能力和水平。

4. 发展万众创新大数据。适应国家创新驱动发展战略，实施大数据创新行动计划，鼓励企业和公众发掘利用开放数据资源，激发创新创业活力，促进创新链和产业链深度融合，推动大数据发展与科研创新有机结合，形成大数据驱动型的科研创新模式，打通科技创新和经济社会发展之间的通道，推动万众创新、开放创新和联动创新。

5. 推进基础研究和核心技术攻关。围绕数据科学理论体系、大数据计算系统与分析理论、大数据驱动的颠覆性应用模型探索等重大基础研究进行前瞻布局，开展数据科学研究，引导和鼓励在大数据理论、方法及关键应用技术等方面展开探索。采取政产学研用相结合的协同创新模式和基于开源社区的开放创新模式，加强海量数据存储、数据清洗、数据分析发掘、数据可视化、信息安全与隐私保护等领域关键技术攻关，形成安全可靠的大数据技术体系。支持自然语言理解、机器学习、深度学习等人工智能技术创新，提升数据分析处理能力、知识发现能力和辅助决策能力。

6. 形成大数据产品体系。围绕数据采集、整理、分析、发掘、展现、应用等环节，支持大型通用海量数据存储与管理软件、大数据分析发掘软件、数据可视化软件等软件产品和海量数据存储设备、大数据一体机等硬件产品发展，带动芯片、操作系统等信息技术核心基础产品发展，打造较为健全的大数据产品体系。大力发展与重点行业领域业务流程及数据应用需求深度融合的大数据解决方案。

7. 完善大数据产业链。支持企业开展基于大数据的第三方数据分析发掘服务、技术外包服务和知识流程外包服务。鼓励企业根据数据资源基础和业务特色，积极发展互联网金融和移动金融等新业态。推动大数据与移动互联网、物联网、云计算的深度融合，深化大数据在各行业的创新应用，积极探索创新协作共赢的应用模式和商业模式。加强大数据应用创新能力建设，建立政产学研用联动、大中小企业协调发展的大数据产业体系。建立和完善大数据产业公共服务支撑体系，组建大数据开源社区和产业联盟，促进协同创新，加快计量、标准化、检验检测和认证认可等大数据产业质量技术基础建设，加速大数据应用普及。

（三）强化安全保障，提高管理水平，促进健康发展。

1. 健全大数据安全保障体系。加强大数据环境下的网络安全问题研究和基于大数据的网络安全技术研究，落实信息安全等级保护、风险评估等网络安全制度，建立健全大数据安全保障体系。建立大数据安全评估体系。切实加强关键信息基础设施安全防护，做好大数据平台及服务商的可靠性及安全性评测、应用安全评测、监测预警和风险评估。明确在数据采集、传输、存储、使用、开放等各环节保障网络安全的范围边界、责任主体和具体要求，切实加强对涉及国家利益、公共安全、商业秘密、个人隐私、军工科研生产等信息的保护。妥善处理发展创新与保障安全的关系，审慎监管，保护创新，探索完善安全保密管理规范措施，切实保障数据安全。

2. 强化安全支撑。采用安全可信产品和服务，提升基础设施关键设备安全可靠水平。建设国家网络安全信息汇聚共享和关联分析平台，促进网络安全相关数据融合和资源合理分配，提升重大网络安全事件应急处理能力；深化网络安全防护体系和态势感知能力建设，增强网络空间安全防护和安全事件识别能力。开展安全监测和预警通报工作，加强大数据环境下防攻击、防泄露、防窃取的监测、预警、控制和应急处置能力建设。

四、政策机制

（一）完善组织实施机制。建立国家大数据发展和应用统筹协调机制，推动形成职责明晰、协同推进的工作格局。加强大数据重大问题研究，加快制定出台配套政策，强化国家数据资源统筹管理。加强大数据与物联网、智慧城市、云计算等相关政策、规划的协同。加强中央与地方协调，引导地方各级政府结合自身条件合理定位、科学谋划，将大数据发展纳入本地区经济社会和城镇化发展规划，制定出台促进大数据产业发展的政策措施，突出区域特色和分工，抓好措施落实，实现科学有序发展。设立大数据专家咨询委员会，为大数据发展应用及相关工程实施提供决策咨询。各有关部门要进一步统一思想，认真落实本行动纲要提出的各项任务，共同推动形成公共信息资源共享共用和大数据产业健康安全发展的良好格局。

（二）加快法规制度建设。修订政府信息公开条例。积极研究数据开放、保护等方面的制度，实现对数据资源采集、传输、存储、利用、开放的规范管理，促进政府数据在风险可控原则下最大程度开放，明确政府统筹利用市场主体大数据的权限及范围。制定政府信息资源管理办法，建立政府部门数据资源统筹管理和共享复用制度。研究推动网上个人信息保护立法工作，界定个人信息采集应用的范围和方式，明确相关主体的权利、责任和义务，加强对数据滥用、侵犯个人隐私等行为的管理和惩戒。推动出台相关法律法规，加强对基础信息网络和关键行业领域重要信息系统的安全保护，保障网络数据安全。研究推动数据资源权益相关立法工作。

（三）健全市场发展机制。建立市场化的数据应用机制，在保障公平竞争的前提下，支持社会资本参与公共服务建设。鼓励政府与企业、社会机构开展合作，通过政府采购、服务外包、社会众包等多种方式，依托专业企业开展政府大数据应用，降低社会管理成本。引导培育大数据交易市场，开展面向应用的数据交易市场试点，探索开展大数据衍生产品交易，鼓励产业链各环节市场主体进行数据交换和交易，促进数据资源流通，建立健全数据资源交易机制和定价机制，规范交易行为。

（四）建立标准规范体系。推进大数据产业标准体系建设，加快建立政府部门、事业单位等公共机构的数据标准和统计标准体系，推进数据采集、政府数据开放、指标口径、分类目录、交换接口、访问接口、数据质量、数据交易、技术产品、安全保密等关键共性标准的制定和实施。加快建立大数据市场交易标准体系。开展标准验证和应用试点示范，建立标准符合性评估体系，充分发挥标准在培育服务市场、提升服务能力、支撑行业管理等方面的作用。积极参与相关国际标准制定工作。

（五）加强财政金融支持。强化中央财政资金引导，集中力量支持大数据核心关键技术攻关、产业链构建、重大应用示范和公共服务平台建设等。利用现有资金渠道，推动建设一批国际领先的重大示范工程。完善政府采购大数据服务的配套政策，加大对政府部门和企业合作开发大数据的支持力度。鼓励金融机构加强和改进金融服务，加大对大数据企业的支持力度。鼓励大数据企业进入资本市场融资，努力为企业重组并购创造更加宽松的金融政策环境。引导创业投资基金投向大数据产业，鼓励设立一批投资于大数据产业领域的创业投资基金。

（六）加强专业人才培养。创新人才培养模式，建立健全多层次、多类型的大数据人才培养体系。鼓励高校设立数据科学和数据工程相关专业，重点培养专业化数据工程师等大数据专业人才。鼓励采取跨校联合培养等方式开展跨学科大数据综合型人才培养，大力培养具有统计分析、计算机技术、经济管理等多学科知识的跨界复合型人才。鼓励高等院校、职业院校和企业合作，加强职业技能人才的培养，积极培育大数据技术和应用创新型人才。依托社会化教育资源，开展大数据知识普及和教育培训，提高社会整体认知和应用水平。

（七）促进国际交流合作。坚持平等合作、互利共赢的原则，建立完善国际合作机制，积极推进大数据技术交流与合作，充分利用国际创新资源，促进大数据相关技术发展。结合大数据应用创新需要，积极引进大数据高层次人才和领军人才，完善配套措施，鼓励海外高端人才回国就业创业。引导国内企业与国际优势企业加强大数据关键技术、产品的研发合作，支持国内企业参与全球市场竞争，积极开拓国际市场，形成若干具有国际竞争力的大数据企业和产品。

（二）信息服务业发展的一般性政策

1.《国务院办公厅转发海关总署等部门关于加强综合管理促进对外加工装配业务发展意见的通知》（国办发〔1987〕56号）

各地外贸（工贸）公司要充分发挥熟悉客户、了解国际市场、掌握国外加工费水平和国内出口商品情况的优势，不仅自己要积极开展这项业务，而且要为有关企业提供信息和咨询服务，帮助开展这项业务。

2.《国务院办公厅关于征求对〈中长期科学技术发展纲领（讨论稿）〉意见的通知》（国办发〔1990〕6号）

建立和健全科技发展的支持、服务体系。

大力加强和改进科技情报、图书、计量、标准以及设备、仪器、试剂等方面的工作，切实做好科技后勤保障工作。建立国家科技管理信息系统，积极发展工农业科技信息服务体系，改进科技资料的统计、分析、管理与使用，为工农业生产提供及时的科技信息服务。

3.《国务院关于发展高产优质高效农业的决定》（国发〔1992〕56号）

健全市场预测制度和信息服务网络，指导产销地区之间建立相对稳定的大宗贸易协定。

4.《国务院关于进一步深化对外贸易体制改革的决定》（国发〔1994〕4号）

加强规划、信息服务和监测、预测工作。加快外贸管理部门和海关、外汇、财政、税务等相关部门的计算机联网建设步伐。各部门要在先搞好本系统联网的基础上，实现全国的联网。

建立社会的中介服务体系。发挥各研究咨询机构和各学会、协会的信息服务功能，形成全国健全的信息服务网络。建立必要的法律、会计、审计事务所，为企业提供有关外经贸方面的服务，并对企业的经营进行社会监督。

5.《国务院关于印发完善城镇社会保障体系试点方案的通知》（国发〔2000〕42号）

建立覆盖全国的社会保障信息服务网络。社会保障资金的缴纳、记录、核算、支付以及查询服务等，都要纳入计算机管理系统，并逐步实现全国联网。劳动保障、民政、财政、税务部门要根据各自的职能，尽快开发、研制社会保障管理和服务软件，建立健全网络传输和查询系统。社会保障计算机网络建设要全国统筹规划、统一安排，做到软件统一、硬件设备配置要求统一、网络之间接口标准统一、数据传递方式统一，力争在2003年底前全国社会保障计算机网络系统全面投入运行。

6.《国务院办公厅转发商务部等部门关于进一步实施科技兴贸战略若干意见的通知》（国办发〔2003〕92号）

建立和完善高新技术产品出口信息服务系统。通过数据采集、政策咨询、发布市场供求信息等，帮助企业增强应对国际市场变化的能力。推动电子商务在进出口贸易中的应用。

7.《国务院关于印发中国21世纪初可持续发展行动纲要的通知》（国发〔2003〕3号）

建立公共基础数据、人口、社会经济、资源、生态、环境和灾害等信息库，实现基于高速网络的、面向社会各界的、具有数据分析与处理能力的信息共享和信息服务体系；建立适应于政府决策的信息共享网络。

8.《国务院办公厅关于加快推进再就业工作的通知》（国办发〔2003〕40号）

各级政府要建立完善公共就业服务制度，全面落实免费再就业培训和免费职业介绍政策。要加强劳动力市场信息网络建设。要广泛推行上门服务、即时服务和承诺服务，普遍推广在同一场所开展各项就业服务和社会保险业务的“一站式”服务。

9.《国务院办公厅关于进一步做好农业标准化工作的通知》（国办发〔2003〕97号）

培养一支具备专业技术和标准化知识的农业标准推广队伍（80000人），建立农业标准化信息服务体系。

重视农业标准信息资源的收集、整理、加工和整合，建立统一权威的农业标准数据库，增强信息的准确性和时效性，构建及时、准确、高效、权威、便捷的农业标准化信息平台。

10.《国务院办公厅转发文化部等部门关于开展网吧等互联网上网服务营业场所专项整治意见的通知》（国办发〔2004〕19号）

各有关部门要各司其职，相互支持，密切配合，及时督促检查，严厉打击网吧等互联网上网服务营业场所违法违规行为，确保专项整治工作取得预期成效，使网吧等互联网上网服务营业场所尽快走上健康有序发展的轨道，为青少年的健康成长创造良好的社会环境。

11.《国务院办公厅关于进一步做好改善农民进城就业环境工作的通知》（国办发〔2004〕92号）

完善对农民进城就业的职业介绍服务。城市各级公共职业介绍机构要免费向农民工开放，积极为农民工免费提供就业信息和政策咨询，对求职登记的农民工免费提供职业指导和职业介绍服务。有条件的大中城市，要开设面向农民工的服务窗口或建立专门的服务场所，集中为农民工提供就业服务。要不断完善和充分利用现有劳动力市场体系，建立农村劳动力输出地和输入地信息对接机制，及时发布供求信息，为农村劳动力转移就业提供便捷、高效服务，引导农村劳动力有序流动。

12.《国务院办公厅转发建设部等部门关于优先发展城市公共交通意见的通知》（国办发〔2005〕46号）

推动智能公共交通系统发展。要积极利用高新技术，改造传统的公共交通系统，以信息化为基础，促进乘客、车辆、场站设施以及交通环境等要素之间的良性互动，推动智能公共交通系统建设。建设公共交通线路运行显示系统、多媒体综合查询系统、乘客服务信息系统，使广大乘客能够方便了解公共交通信息，合理安排出行。充分运用信息技术，建立电脑营运管理系统和连接各停车场站的智能终端信息网络，加强对运营车辆的指挥调度，提高运营效率。

13.《国务院关于加快发展循环经济的若干意见》（国发〔2005〕22号）

建立循环经济技术咨询服务体系。各地区、各部门要积极支持建立循环经济信息系统和技术咨询服务体系，及时向社会发布有关循环经济技术、管理和政策等方面的信息，开展信息咨询、技术推广、宣传培训等。充分发挥行业协会、节能技术服务中心、清洁生产中心等中介机构和科研单位、大专院校的作用。

14.《国务院关于促进煤炭工业健康发展的若干意见》（国发〔2005〕18号）

发挥中介组织作用。进一步培育和规范中介市场，充分发挥行业协会等中介组织在行业统计、技术服务、安全评价、市场开发、信息咨询、行业自律等方面的作用，为企业提供优质服务，为政府宏观调控提供决策咨询，规范企业市场行为，维护市场公平竞争秩序。

15.《国务院关于促进流通业发展的若干意见》（国发〔2005〕19号）

地方各级人民政府要采取切实有效的措施支持中小流通企业发展，在市场准入、信用担保、金融服务、物流服务、人才培训、信息服务等方面进行扶持。

建立健全流通领域公共信息服务体系。中央财政从2005年起每年拿出一定资金支持全国流通领域公共信息服务系统建设，从中央外贸发展基金中安排一定资金支持全国市场信息服务体系建设。地方各级财政要加大资金投入，支持当地商品信息服务系统的建设和运行维护。商务主管部门要制定流通领域公共信息服务体系建设规划，加强管理。

16.《国务院关于印发全民科学素质行动计划纲要（2006—2010—2020年）的通知》（国发〔2006〕7号）

集成国内外科普信息资源，建立全国科普信息资源共享和交流平台，为社会和公众提供资源支持和公共科普服务。

17.《国务院关于加快气象事业发展的若干意见》（国发〔2006〕3号）

健全公共气象服务体系。地方各级政府要把公共气象服务系统纳入政府公共服务体系建设的范畴，进一步强化气象公共服务职能，加快现代化进程。通过改善服务手段、拓宽服务领域、增加服务产品、提高服务质量，不断满足人民群众对气象信息的迫切需求，特别是要加强海洋以及农村、社区、企业的气象服务。拓展气象信息发布渠道，引导有关媒体、网络和通信运行企业积极配合气象主管机构做好气象信息的播发工作，以气象警报、广播、电视、报刊、互联网、手机短信息等多种形式及时发布气象灾害预报警报信息，扩大气象信息的公众覆盖面，建立畅通的气象信息服务渠道，提高公共气象服务的时效性。

18.《国务院办公厅关于推进种子管理体制改革加强市场监管的意见》（国办发〔2006〕40号）

要加强种子管理技术支持和服务体系建设，不断完善种子质量检验体系、品种区域试验体系和信息服务体系。

19.《国务院关于深化改革加强基层农业技术推广体系建设的意见》（国发〔2006〕30号）

培育多元化服务组织。积极支持农业科研单位、教育机构、涉农企业、农业产业化经营组织、农民合作经济组织、农民用水合作组织、中介组织等参与农业技术推广服务。推广形式要多样化，积极探索科技大集、科技示范场、技物结合的连锁经营、多种形式的技术承包等推广形式。推广内容要全程化，既要搞好产前信息服务、技术培训、农资供应，又要搞好产中技术指导和产后加工、营销服务，通过服务领域的延伸，推进农业区域化布局、专业化生产和产业化经营。要规范推广行为，制定和完善农业技术推广的法律法规，加强公益性农业技术推广的管理，规范各类经营性服务组织的行为，建立农业技术推广服务的信用制度，完善信用自律机制。

20.《中共中央国务院关于推进社会主义新农村建设的若干意见》(中发〔2006〕1号)

要积极推进农业信息化建设，充分利用和整合涉农信息资源，强化面向农村的广播电视电信等信息服务，重点抓好“金农”工程和农业综合信息服务平台建设工程。

21.《国务院办公厅转发发展改革委等部门关于加强中小企业信用担保体系建设意见的通知》(国办发〔2006〕90号)

各地区要组织开展面向中小企业信用担保机构的信息咨询、经验交流、业务培训、行业统计、权益保护、行业自律及对外交流等工作，切实推进担保机构自身建设和文化建设，促进担保机构持续健康发展。

22.《国务院办公厅关于印发保护知识产权行动纲要(2006—2007年)的通知》(国办发〔2006〕22号)

提高企业知识产权保护能力和水平。要加强与国内外权利人的沟通协调，及时提供知识产权方面的信息咨询和公共服务。

23.《国务院关于加快振兴装备制造业的若干意见(摘要)》(国发〔2006〕8号)

加强电子信息技术与装备制造技术的相互融合，以信息技术促进装备制造业的升级。

24.《国务院办公厅关于加快推进行业协会商会改革和发展的若干意见》(国办发〔2007〕36号)

切实履行好服务企业的宗旨。行业协会代表本行业企业的利益，必须切实为企业服务。行业协会根据授权进行行业统计，掌握国内外行业发展动态，收集、发布行业信息；依照有关规定创办报刊和网站，开展法律、政策、技术、管理、市场等咨询服务；组织人才、技术、管理、法规等培训，帮助会员企业提高素质、增强创新能力、改善经营管理；参与行业资质认证、新技术和新产品鉴定及推广、事故认定等相关工作；受政府委托承办或根据市场和行业发展需要举办交易会、展览会等，为企业开拓市场创造条件。

25.《国务院关于印发中国应对气候变化国家方案的通知》（国发〔2007〕17号）

分布式的气候变化信息数据库群，基于网络的气候变化信息共享平台，以应用为导向的气候变化信息体系和信息服务体系，公益性信息服务体系和发展产业化信息服务体系，国际信息交流与合作等能力建设。

26.《国务院办公厅关于社会信用体系建设的若干意见》（国办发〔2007〕17号）

要坚持以市场为导向，培育和发展种类齐全、功能互补、依法经营、有市场公信力的信用服务机构，依法自主收集、整理、加工、提供信用信息，鼓励信用产品的开发和创新，满足全社会多层次、多样化、专业化的信用服务需求。

27.《国务院办公厅关于进一步加强药品安全监管工作的通知》（国办发〔2007〕18号）

运用计算机网络等现代科技手段，加强药品安全信息管理和综合利用，构建地区和部门间信息沟通平台，建立和完善覆盖全国的药品安全监管信息系统，实现监管信息互联互通和监管资源综合利用，使药品安全问题早发现、早整治、早解决。

28.《国务院办公厅转发人力资源社会保障部等部门关于促进以创业带动就业工作指导意见的通知》（国办发〔2008〕111号）

各地区、各有关部门要紧密结合地方的优势产业、特色经济，确定鼓励创业的产业指导目录，制定扶持政策，鼓励创业者进入国家和地方优先和重点发展的科技型、资源综合利用型、劳动密集型、农副产品加工型、贸易促进型、社区服务型、建筑劳务型和信息服务型等产业或行业。

29.《国务院办公厅关于搞活流通扩大消费的意见》（国办发〔2008〕134号）

加快完善农产品流通网络。健全农业市场信息服务体系，强化信息引导和产销衔接，完善农产品运输绿色通道政策，降低农产品流通成本和损耗，着力解决农产品“卖难”问题，促进农民增收。

积极促进汽车消费。完善汽车品牌销售管理办法，促进汽车消费稳定增长。支持二手车市场改造，倡导汽车品牌经销商开展新旧汽车置换业务，建立二手车信息平台，升级改造二手车交易市场。

切实增强市场应急调控能力。完善城乡市场信息服务体系，加强市场监测，提高预测预警水平，增强调控的预见性。继续完善产销衔接、跨区调运、储备投放、进出口调剂等机制，增强应急保供的时效性和针对性。

积极培育和发展新的消费热点。及时发布市场供求信息，引导企业调整产品结构，开发适销对路商品和服务，引导消费结构升级。拓展电子信息、通信产品、教育培训、家政服务、文化娱乐、体育健身、休闲旅游等消费。

狠抓流通企业食品安全。完善流通领域市场信息系统和监管公共服务平台，加强对流通企业食品质量安全的监管。加快“放心肉”监管体系建设，严厉打击私屠滥宰；加强对定点屠宰企业无害化处理的监控，建立肉品质量信息可追溯体系。

30.《国务院关于做好促进就业工作的通知》(国发〔2008〕5号)

简化程序，规范操作，提高效率，增加融资渠道，放宽市场准入限制，加强信息服务。

县级以上人民政府要加强人力资源市场信息网络及相关设施建设，建立健全人力资源市场信息服务体系，完善市场信息发布制度。

31.《国务院办公厅转发发展改革委等部门关于促进自主创新成果产业化若干政策的通知》(国办发〔2008〕128号)

建立健全自主创新成果产业化中介服务体系。科技、知识产权等中介服务机构要客观、科学评估自主创新成果产业化价值和市场前景，努力提供优良的技术咨询、技术服务和知识产权服务。加强自主创新成果信息平台建设，不断提升服务能力。

32.《信息技术改造提升传统产业“十一五”专项规划》

加快推进农业信息资源综合开发与信息服务平台建设，推广3S技术（即地理信息系统GIS、全球定位系统GPS和遥感技术RS）以及计算机自动控制系统、农业生产管理系统、农副产品电子商务系统、农资生产流通管理系统、农业节水信息系统等应用技术和系统，加快农业机械的信息化改造，利用信息技术提高农业产业化水平。提高农村通信网络和互联网络的覆盖率，促进各具特色的农业电子商务发展，整合各方资源，提供系统解决方案和农民“买得起、用得好”的信息终端产品，不断提高农村信息化综合信息服务水平。

抓好联网收费、安全监控（建设质量安全监控和水上运输安全监控）、公共信息服务等三类应用系统建设。加快交通口岸电子政务系统、综合性智能交通管理系统、交通地理信息系统、铁路公路工程计算机辅助设计系统、水路公路货物物流和信息服务运输信息网络系统发展，大力发展基于公交一卡通的城市一卡通系统、水上大面积溢油应急系统及其成套环保技术、运输安全保障系统、港口重大危险事故控制系统等交通安全重大关键技术以及空运海关监管系统，加快交通领域GIS和GPS的应用。

通过政府引导和典型示范等各种方式，促进传统产业企业和信息技术产品制造及信息服务企业之间开展产品开发、服务模式创新等方面的合作。

33.《国务院办公厅关于切实做好当前农民工工作的通知》（国办发〔2008〕130号）

公共就业服务机构要加强对农民工的就业指导、职业介绍和就业信息服务，收集适合农民工的岗位信息，通过多种渠道及时发布。

34.《国务院关于印发国家知识产权战略纲要的通知》（国发〔2008〕18号）

培育和发展市场化知识产权信息服务，满足不同层次知识产权信息需求。鼓励社会资金投资知识产权信息化建设，鼓励企业参与增值性知识产权信息开发利用。

35.《国务院关于进一步促进中小企业发展的若干意见》（国发〔2009〕36号）

发挥信用信息服务在中小企业融资中的作用。推进中小企业信用制度建设，建立和完善中小企业信用信息征集机制和评价体系，提高中小企业的融资信用等级。完善个人和企业征信系统，为中小企业融资提供方便快速的查询服务。构建守信受益、失信惩戒的信用约束机制，增强中小企业信用意识。

加快发展生产性服务业。鼓励支持中小企业在科技研发、工业设计、技术咨询、信息服务、现代物流等生产性服务业领域发展。积极促进中小企业在软件开发、服务外包、网络动漫、广告创意、电子商务等新兴领域拓展，扩大就业渠道，培育新的经济增长点。

加快推进中小企业服务体系建设。加强统筹规划，完善服务网络和服务设施，积极培育各级中小企业综合服务机构。通过资格认定、业务委托、奖励等方式，发挥工商联以及行业协会（商会）和综合服务机构的作用，引导和带动专业服务机构的发展。建立和完善财政补助机制，支持服务机构开展信息、培训、技术、创业、质量检验、企业管理等服务。

加快中小企业公共服务基础设施建设。通过引导社会投资、财政资金支持等多种方式，重点支持在轻工、纺织、电子信息等领域建设一批产品研发、检验检测、技术推广等公共服务平台。支持小企业创业基地建设，改善创业和发展环境。鼓励高等院校、科研院所、企业技术中心开放科技资源，开展共性关键技术研究，提高服务中小企业的水平。完善中小企业信息服务网络，加快发展政策解读、技术推广、人才交流、业务培训和市场营销等重点信息服务。

36.《国务院办公厅关于加强普通高等学校毕业生就业工作的通知》（国办发〔2009〕3号）

强化高校毕业生就业服务和就业指导。充分发挥人力资源市场配置资源的作用，强化公共就业服务的功能。人力资源社会保障、教育等部门及高校要加强协作，采取网络招聘、专场招聘、供求洽谈会和用人单位进校园等多种方式，大力开展面向高校毕业生的就业服务系列活动，为应届高校毕业生提供更多、更快、更好的免费就业信息和各类就业服务。高校要强化对大学生的就业指导，开设就业指导课并将其作为必修课程，重点帮助毕业生了解就业政策，提高求职技巧，调整就业预期。加强高校就业指导服务机构建设，落实人员、场地和经费。加强人力资源市场管理，严厉打击违法违规行为，加强招聘活动安全保障，维护高校毕业生就业权益。

37.《国务院关于加快发展旅游业的意见》（国发〔2009〕41号）

建立健全旅游信息服务平台，促进旅游信息资源共享。广播、电视、报刊、网站等公共媒体要积极开设旅游栏目，加大旅游公益宣传力度。

以信息化为主要途径，提高旅游服务效率。积极开展旅游在线服务、网络营销、网络预订和网上支付，充分利用社会资源构建旅游数据中心、呼叫中心，全面提升旅游企业、景区和重点旅游城市的旅游信息化服务水平。

38. 装备制造业调整和振兴规划

发展现代制造服务业。围绕产业转型升级，支持装备制造骨干企业在工程承包、系统集成、设备租赁、提供解决方案、再制造等方面开展增值服务，逐步实现由生产型制造向服务型制造转变。鼓励有条件的企业，延伸扩展研发、设计、信息化服务等业务，为其他企业提供社会化服务。

39.《国务院办公厅转发中国残联等部门和单位关于加快推进残疾人社会保障体系和服务体系建设指导意见的通知》(国办发〔2010〕19号)

推进信息和交流无障碍建设，提高全社会无障碍意识。有关部门要将信息交流无障碍纳入信息化建设规划，制定信息无障碍技术标准，推进互联网和手机、电脑等信息无障碍实用技术和产品研发。政府政务信息公开要采取信息无障碍措施，公共服务机构要提供语音、文字提示、盲文、手语等无障碍服务。图书和声像资源数字化建设要实现信息无障碍。

40.《国务院办公厅关于鼓励和引导民间投资健康发展重点工作分工的通知》(国办函〔2010〕120号)

加快实施促进科技成果转化的鼓励政策，积极发展技术市场，完善科技成果登记制度，方便民营企业转让和购买先进技术。加快分析测试、检验检测、创业孵化、科技评估、科技咨询等科技服务机构的建设和机制创新，为民营企业的自主创新提供服务平台。积极推动信息服务外包、知识产权、技术转移和成果转化等高技术服务领域的市场竞争，支持民营企业开展技术服务活动。

41.《国务院关于鼓励和引导民间投资健康发展的若干意见》(国发〔2010〕13号)

加快实施促进科技成果转化的鼓励政策，积极发展技术市场，完善科技成果登记制度，方便民营企业转让和购买先进技术。加快分析测试、检验检测、创业孵化、科技评估、科技咨询等科技服务机构的建设和机制创新，为民营企业的自主创新提供服务平台。积极推动信息服务外包、知识产权、技术转移和成果转化等高技术服务领域的市场竞争，支持民营企业开展技术服务活动。

建立健全民间投资服务体系。充分发挥商会、行业协会等自律性组织的作用，积极培育和发展为民间投资提供法律、政策、咨询、财务、金融、技术、管理和市场信息等服务的中介组织。

42.《国务院关于促进企业兼并重组的意见》(国发〔2010〕27号)

做好信息咨询服务。加快引进和培养熟悉企业并购业务特别是跨国并购业务的专门人才，建立促进境内外并购活动的公共服务平台，拓宽企业兼并重组信息交流渠道，加强市场信息、战略咨询、法律顾问、财务顾问、资产评估、产权交易、融资中介、独立审计和企业管理等咨询服务，推动企业兼并重组中介服务加快专业化、规范化发展。

43.《国务院办公厅转发发展改革委等部门关于加快推行合同能源管理促进节能服务产业发展意见的通知》（国办发〔2010〕25号）

发挥行业组织的服务和自律作用。节能服务行业组织要充分发挥职能作用，大力开展业务培训，加快建设信息交流平台，及时总结推广业绩突出的节能服务公司的成功经验，积极开展节能咨询服务。要制定节能服务行业公约，建立健全行业自律机制，提高行业整体素质。

44.《国务院关于加强职业培训促进就业的意见》（国发〔2010〕36号）

切实加强就业服务工作。加强覆盖城乡的公共就业服务体系建设，为各类劳动者提供完善的职业培训政策信息咨询、职业指导和职业介绍等服务，定期公布人力资源市场供求信息，引导各类劳动者根据市场需求，选择适合自身需要的职业培训。基层劳动就业和社会保障公共服务平台要了解、掌握培训需求，收集、发布培训信息，积极动员组织辖区内各类劳动者参加职业培训和职业技能鉴定，及时提供就业信息和就业指导，协助落实相关就业扶持政策，促进其实现就业。

45.《国务院关于促进农业机械化和农机工业又好又快发展的意见》（国发〔2010〕22号）

建立农机产品售后服务体系和信息服务平台，依托重点生产企业、专业流通企业建立售后服务中心，提高服务能力。

46.《国务院办公厅关于加快发展体育产业的指导意见》（国办发〔2010〕22号）

积极培育体育中介市场。鼓励发展体育中介组织，大力开展体育技术、信息咨询、体育保险等中介服务。建立体育经纪人管理规范，加强行业自律，培养高素质的体育经纪人队伍，充分发挥体育经纪人在赛事推广和人才流动等方面的作用。

大力促进体育服务贸易。以体育劳务、赛事组织、场馆建设、信息咨询、技术培训等为重点，逐步扩大体育服务规模。积极开拓海外市场，提升我国体育服务行业在国际上的竞争力。鼓励各类运动项目，特别是我国的优势项目和民族特色项目走出去，积极参与国际竞争，培育和形成一批实力雄厚、专业性强的体育服务贸易企业，树立我国体育服务贸易品牌。

协调推进体育产业与相关产业互动发展。发挥体育产业的综合效应和拉动作用，推动体育产业与文化、旅游、电子信息等相关产业的复合经营，促进体育旅游、体育出版、体育媒介、体育广告、体育会展、体育影视等相关业态的发展。

47.《国务院办公厅转发发展改革委卫生部等部门关于进一步鼓励和引导社会资本举办医疗机构意见的通知》（国办发〔2010〕58号）

畅通非公立医疗机构相关信息获取渠道。要保障非公立医疗机构在政策知情和信息、数据等公共资源共享方面与公立医疗机构享受同等权益。要提高信息透明度，按照信息公开的有关规定及时公布各类卫生资源配置规划、行业政策、市场需求等方面的信息。

48.《国务院办公厅转发统计局关于加强和完善服务业统计工作意见的通知》（国办发〔2011〕42号）

各地区、各有关部门要积极推进服务业统计信息共享机制建设。各级服务业主管部门要及时向统计部门提供服务业企业（单位）和个体经营户的基本信息，以及国民经济核算所需的业务、财务和行政记录资料；统计部门要加强统计基本单位名录库的维护与更新，及时主动为其他部门开展服务业统计调查提供全面准确的基本单位名录。

49.《国务院办公厅关于印发社区服务体系建设规划（2011—2015年）的通知》（国办发〔2011〕61号）

积极推进社区服务信息化建设，在有条件的地区，建设社区综合服务信息平台，逐步提高社区信息装备条件和社区服务的信息化水平。

社区服务信息化建设工程。

1. 建设内容。建立居民、家庭、社会组织、社区活动电子档案，实现社区服务队伍、服务人员、服务对象信息数字化，改进信息技术装备条件，完善社区服务设施网络环境，并逐步规范化、标准化，形成互联互通共享的信息服务系统。

2. 建设方式。推进社区服务中心、社区服务站接入宽带网络，新建社区同步建设信息网络环境。推动社区网络和信息资源整合，鼓励建立覆盖区（市）或更大范围的社区综合信息管理和服务平台，实现数据一次采集、资源多方共享。优化区（市）、街道、社区等面向社会公众和企事业单位服务的流程，逐步实现行政管理、社会事务、便民服务等社区管理服务一体化，逐步健全新型社区管理和服务模式。推动各地设置统一的社区服务电话号码，逐步建立社区老年人、残疾人呼叫保障系统，推进社区信息亭等公益性信息服务设施建设。引导企业参与社区服务信息系统开发。

50.《国务院办公厅关于印发社会养老服务体系建设规划（2011—2015年）的通知》（国办发〔2011〕60号）

运用现代科技成果，提高服务管理水平。以社区居家老年人服务需求为导向，以社区日间照料中心为依托，按照统筹规划、实用高效的原则，采取便民信息网、热线电话、爱心门铃、健康档案、服务手册、社区呼叫系统、有线电视网络等多种形式，构建社区养老服务信息网络和服务平台，发挥社区综合性信息网络平台的作用，为社区居家老年人提供便捷高效的服务。在养老机构中，推广建立老年人基本信息电子档案，通过网上办公实现对养老机构的日常管理，建成以网络为支撑的机构信息平台，实现居家、社区与机构养老服务的有效衔接，提高服务效率和管理水平。加强老年康复辅具产品研发。

51.《国务院关于印发中国老龄事业发展“十二五”规划的通知》（国发〔2011〕28号）

加快居家养老服务信息系统建设，做好居家养老服务信息平台试点工作，并逐步扩大试点范围。培育发展居家养老服务中介组织，引导和支持社会力量开展居家养老服务。

52.《国务院办公厅关于促进物流业健康发展政策措施的意见》（国办发〔2011〕38号）

加强物流新技术的自主研发，重点支持货物跟踪定位、无线射频识别、物流信息平台、智能交通、物流管理软件、移动物流信息服务等关键技术攻关。适时启动物联网在物流领域的应用示范。加快先进物流设备的研制，提高物流装备的现代化水平。加强物流标准的制定和推广，促进物流标准的贯彻实施。鼓励物流企业应用供应链管理技术和信息技术，地方各级人民政府对物流企业的物流信息平台建设要积极给予扶持。推动有关部门、重点制造企业和商贸企业、物流企业不断提高物流信息资源的开发利用水平，促进物流信息的科学采集、安全管理、有效利用、深度开发、有序交换和集成应用。调整完善物流企业申请高新技术企业的认定标准，具备条件的物流企业可以享受高新技术企业的相关政策。推进物流信息资源开放共享，处理好安全与协同的关系，鼓励采取多种方式实现物流信息的互通交换，促进信息流、物流和资金流的协同和联动，提高物流服务效率和经营管理水平。

53.《国务院关于印发全民健身计划（2011—2015年）的通知》（国发〔2011〕5号）

加快全民健身公共信息服务网络建设，增强全民健身公共信息服务能力。建立全民健身基础数据统计体系，继续开展国民体质监测和全民健身活动状况调查。

54.《国务院办公厅转发发展改革委等部门关于加快培育国际合作和竞争新优势指导意见的通知》（国办发〔2012〕32号）

大力发展服务贸易。建立健全服务贸易促进体系，深度挖掘传统服务贸易潜力，努力扩大文化、技术、中医药、软件和信息服务、商贸流通、金融保险等新兴服务出口，扩大研究与开发、技术检测与分析、管理咨询和先进环保污染治理技术等领域的服务进口。

优化利用外资结构。把承接国际制造业转移和促进国内产业结构升级相结合，积极引导外资投向现代农业、高新技术、先进制造、节能环保、新能源和新材料等产业，鼓励外商投资现代物流、信息技术服务、工程咨询、商务服务、信息咨询、科技服务和节能环保服务等现代服务业，严格限制高耗能、高污染和低水平、产能过剩项目。

增强利用外资效应。更加注重择优选资，促进“引资”与“引智”结合，进一步发挥外资作为引进先进技术、管理经验和高素质人才的载体作用。鼓励跨国公司在华设立地区总部、研发中心、采购中心、财务管理中心；鼓励外资投向科技中介、创新孵化器、生产力中心、技术交易市场等公共科技服务平台建设，积极发展研发服务、信息服务、创业服务、知识产权和科技成果转化等高技术服务业。

发展国际贸易社会化服务体系，深化行业协会、进出口商会管理体制和运行机制改革，完善和强化其在信息服务、行业自律、维护企业权益等方面的功能和作用。完善外贸公共服务平台建设，推进外贸诚信体系建设。

55.《国务院关于促进企业技术改造的指导意见》（国发〔2012〕44号）

推进信息化与工业化融合。深化信息技术在研发设计、生产制造、营销管理、回收再利用等产品生命周期各环节的应用，加快推广应用现代生产管理系统等关键共性技术，支持企业普及制造执行、资源计划、客户关系等管理信息系统的应用和综合集成。推进信息技术在工业产品上的嵌入式应用，提高工业产品的智能化水平。支持面向企业、区域和行业的信息服务平台建设。

加强公共服务平台建设。支持重点工业园区的研发设计、质量认证、试验检测、信息服务、资源综合利用等公共服务平台的升级改造。整合相关资源，面向重点行业建设一批产业技术创新和服务平台、质量安全技术示范平台、企业诚信信息管理平台、综合信息服务平台等。加大对中小企业实施技术改造的支持力度，建立和完善一批中小企业公共服务平台和生产力促进中心。

56.《国务院办公厅关于印发电子口岸发展“十二五”规划的通知》(国办发〔2012〕41号)

电子口岸委成员单位要依法向地方电子口岸开放各类通关和执法信息，支持地方向社会提供物流和信用等信息服务。

57.《国务院关于加强进口促进对外贸易平衡发展的指导意见》(国发〔2012〕15号)

完善进口公共服务。推动建立进口促进专门网站等公共服务平台，加强信息发布、政策介绍、信息查询、贸易障碍投诉、知识产权保护等公共服务。

发挥行业中介组织作用。鼓励支持贸易促进机构、进出口商会、行业协会等中介组织根据需要开展进口咨询和培训服务。发挥中介组织作用，加强同大宗商品出口国相关组织和企业的对话与沟通。加强与国际证券期货机构的联系合作，提高大宗商品国际市场话语权和定价权。加强对重点进口企业和行业的指导，及时发布相关信息，加大进口促进力度。

58.《国务院关于城市优先发展公共交通的指导意见》(国发〔2012〕64号)

鼓励智能交通发展。按照智能化、综合化、人性化的要求，推进信息技术在城市公共交通运营管理、服务监管和行业管理等方面的应用，重点建设公众出行信息服务系统、车辆运营调度管理系统、安全监控系统和应急处置系统。加强城市公共交通与其他交通方式、城市道路交通管理系统的信息共享和资源整合，提高服务效率。“十二五”期间，进一步完善城市公共交通移动支付体系建设，全面推广普及城市公共交通“一卡通”，加快其在城市不同交通方式中的应用。加快完善标准体系，逐步实现跨市域公共交通“一卡通”的互联互通。

59.《国务院关于印发全国海洋经济发展“十二五”规划的通知》（国发〔2012〕50号）

加强国际航运中心软环境建设，大力发展航运物流、航运金融、航运信息等服务业，探索建立国际航运发展综合试验区。

加快海洋信息体系建设，提供海上通信、海上定位、海洋资料及情报管理服务等，积极培育海洋信息服务企业，促进信息服务向专业化、网络化、品牌化发展。

创新投融资机制，鼓励企业、社会团体和中介机构参与海洋科技创新及成果推广应用。加强海洋科技成果、技术转让等信息资源的共享服务，建设并完善海洋科技成果产业化信息服务网络。有条件的地区在统筹现有资源的基础上，建设海洋科技成果转化平台、交易服务和推广中心。

构建统一开放的海洋产业人才信息服务平台，完善人力资源市场服务功能，促进海洋产业人才合理流动。

加强海上石油勘探开发溢油风险实时监测及预警预报，防范海上石油平台、输油管线、运输船舶等发生泄漏，完善海上溢油应急预案体系，建立健全溢油影响评价机制。加强信息沟通，提高灾害信息服务水平，深化灾害应急联动协作机制。

60.《国务院关于批转促进就业规划（2011—2015年）的通知》（国发〔2012〕6号）

加强基层就业和社会保障服务体系建设，建立覆盖全国的就业信息监测和招聘信息公共服务平台，为社会提供公共就业信息服务。

加强就业领域信息化建设，积极为城乡劳动者提供就业信息、就业咨询、就业培训等公共信息服务，建立跨地区的就业服务信息共享、协同机制。

61.《国务院关于支持农业产业化龙头企业发展的意见》（国发〔2012〕10号）

开展社会化服务。充分发挥龙头企业在构建新型农业社会化服务体系中的重要作用，支持龙头企业围绕产前、产中、产后各环节，为基地农户积极开展农资供应、农机作业、技术指导、疫病防治、市场信息、产品营销等各类服务。

62.《国务院办公厅关于印发全国现代农作物种业发展规划（2012—2020年）的通知》（国办发〔2012〕59号）

引导企业建立新品种示范网络，完善种子市场营销、技术推广、信息服务体系，建立乡村种子连锁超市、配送中心、零售商店等基层销售网络，加强售后技术服务，延伸产业链条。

建立农作物种业信息服务平台，推进物联网技术应用，引导企业建立覆盖生产、加工、流通各环节的种子质量可追溯系统。

63.《国务院关于印发全国现代农业发展规划（2011—2015年）的通知》（国发〔2012〕4号）

大力推动精准作业、智能控制、远程诊断、遥感监测、灾害预警、地理信息服务及物联网等现代信息技术在农业农村的应用。

农业信息化建设工程。建设一批农业生产经营信息化示范基地和农业综合信息服务平台，建立共享化农业信息综合数据库和网络化信息服务支持系统，开展农业物联网应用示范。

64.《国务院关于深化流通体制改革加快流通产业发展的意见》（国发〔2012〕39号）

全面提升流通信息化水平。将信息化建设作为发展现代流通产业的战略任务，加强规划和引导，推动营销网、物流网、信息网的有机融合。鼓励流通领域信息技术的研发和集成创新，加快推广物联网、互联网、云计算、全球定位系统、移动通信、地理信息系统、电子标签等技术在流通领域的应用。推进流通领域公共信息服务平台建设，提升各类信息资源的共享和利用效率。支持流通企业利用先进信息技术提高仓储、采购、运输、订单等环节的科学管理水平。鼓励流通企业与供应商、信息服务商加强合作，支持开发和推广适用于中小流通企业的信息化解决方案。加强信息安全保障。

65.《国务院办公厅关于印发国内贸易发展“十二五”规划的通知》（国办发〔2012〕47号）

整合流通企业、银行和电信运营商等资源，建立统一的信息服务平台和农村商业信息库。以县、乡镇为农村物流节点，建立多元化的配送体系，加快农村物流资源整合，提高商品配送比率。支持农村商业网点拓展经营领域，取得相关经营资质，开展日用消费品、农资、图书、药品、烟草、通信等产品的经营，增强农技推广、水电费代收代缴、维修等服务功能。鼓励万村千乡市场工程、新农村现代流通服务网络工程、邮政等网点开展农产品购销、再生资源回收等业务。建立健全农机制造企业品牌营销网络、农机专业流通企业销售网络相结合的新型农机市场体系。

大力发展面向国内贸易的第三方物流，支持一批传统物流企业改造升级，提高商贸物流专业化、社会化、信息化水平。积极发展多式联运。支持大型连锁企业的配送中心面向社会提供配送服务。完善城市共同配送网络。合理规划和建设商贸物流集聚区，支持建设跨区域物流信息服务平台。

加强公共信息服务。完善城乡市场统计监测体系，进一步健全监测指标系统、信息采集系统、信息加工系统、信息储存系统和信息发布系统，提高市场监测、预测预警分析和公共信息服务能力。打造覆盖全国的市场监测网络平台。支持样本企业改善信息报送条件，优化样本企业结构，增强样本代表性。整合信息资源，构筑全方位、多层次的市场信息发布渠道。

66.《国务院办公厅印发关于县级公立医院综合改革试点意见的通知》（国办发〔2012〕33号）

加强信息化建设。按照统一标准，建设以电子病历和医院管理为重点的县级医院信息系统，功能涵盖电子病历、临床路径、诊疗规范、绩效考核及综合业务管理等，与医疗保障、基层医疗卫生机构信息系统衔接，逐步实现互联互通。发展面向农村基层及边远地区的远程诊疗系统，逐步实现远程会诊、远程（病理）诊断和远程教育等。建设医疗健康信息网。

67.《国务院关于印发国家药品安全“十二五”规划的通知》（国发〔2012〕5号）

规范网上药品信息服务与广告发布行为，重点打击利用互联网发布虚假广告和虚假宣传行为。加强药品电子商务特别是网上药品零售市场监管，严格互联网药品交易服务网站资格审批，促进互联网药品交易服务健康发展。

68.《国务院关于印发“十二五”期间深化医药卫生体制改革规划暨实施方案的通知》（国发〔2012〕11号）

加快推进医疗卫生信息化。发挥信息辅助决策和技术支撑的作用，促进信息技术与管理、诊疗规范和日常监管有效融合。研究建立全国统一的电子健康档案、电子病历、药品器械、医疗服务、医保信息等数据标准体系，加快推进医疗卫生信息技术标准化建设。加强信息安全标准建设。利用“云计算”等先进技术，发展专业的信息运营机构。加强区域信息平台建设，推动医疗卫生信息资源共享，逐步实现医疗服务、公共卫生、医疗保障、药品监管和综合管理等应用系统信息互联互通，方便群众就医。

69.《国务院关于印发计量发展规划（2013—2020年）的通知》（国发〔2013〕10号）

为信息网络产业、电子核心基础产业、高端软件和新兴信息服务产业提供计量检定、校准及测试服务。

70.《国务院办公厅关于金融支持经济结构调整和转型升级的指导意见》（国办发〔2013〕67号）

大力支持实施创新驱动发展战略。加大对有市场发展前景的先进制造业、战略性新兴产业、现代信息技术产业和信息消费、劳动密集型产业、服务业、传统产业改造升级以及绿色环保等领域的资金支持力度。

71.《国务院办公厅关于金融支持小微企业发展的实施意见》（国办发〔2013〕87号）

加快建立“小微企业－信息和增信服务机构－商业银行”利益共享、风险共担新机制，是破解小微企业缺信息、缺信用导致融资难的关键举措。积极搭建小微企业综合信息共享平台，整合注册登记、生产经营、人才及技术、纳税缴费、劳动用工、用水用电、节能环保等信息资源。加快建立小微企业信用征集体系、评级发布制度和信息通报制度，引导银行业金融机构注重用好人才、技术等“软信息”，建立针对小微企业的信用评审机制。

72.《国务院关于促进海洋渔业持续健康发展的若干意见》（国发〔2013〕11号）

强化海水产品市场信息服务，发展电子商务，降低流通成本，提高流通效率。

73.《国务院关于印发船舶工业加快结构调整促进转型升级实施方案（2013—2015年）的通知》（国发〔2013〕29号）

加强船舶行业管理，完善行业准入条件，加强国际新规范、新公约、新标准的宣传、培训和推广，发挥行业协会、专业机构等在行业自律、信息咨询、技术服务、检验检测、宣传培训等方面的重要作用。

74.《国务院关于印发循环经济发展战略及近期行动计划的通知》(国发〔2013〕5号)

健全循环经济服务体系。培育和扶持一批为发展循环经济提供规划、设计、建设、改造、运营的专业化服务公司。鼓励发展循环经济信息服务业。鼓励科研院所、行业协会等为企业提供循环经济技术、管理等咨询服务。鼓励构建全国性、区域性、行业性的废弃物逆向物流交易平台、交易中心或交易市场。鼓励建立循环经济产品、技术、装备等的展示、展览、交易平台。

75.《国务院办公厅关于做好2013年全国普通高等学校毕业生就业工作的通知》(国办发〔2013〕35号)

健全全国就业信息公共服务网络平台，实现与高校校园网互联互通，充分利用短信、微博、移动互联平台等多种渠道发布就业信息，切实降低求职成本。

76.《国务院办公厅关于印发国民旅游休闲纲要(2013—2020年)的通知》(国办发〔2013〕10号)

加强旅游休闲服务信息披露和旅游休闲目的地安全风险信息提示，加强旅游咨询公共网站建设，推进机场、火车站、汽车站、码头、高速公路服务区、商业集中区等公共场所旅游咨询中心建设，完善旅游服务热线功能，逐步形成方便实用的旅游信息服务体系。

77.《国务院办公厅关于促进煤炭行业平稳运行的意见》(国办发〔2013〕104号)

充分发挥行业协会在自律管理、统计监测、信息发布、推广先进技术和管理经验、研究制定标准等方面的重要作用，引导行业健康发展。

78.《国务院办公厅关于进一步加强煤矿安全生产工作的意见》(国办发〔2013〕99号)

规范煤矿劳动用工管理。在一定区域内，加强煤矿企业招工信息服务，统一组织报名和资格审查、统一考核、统一签订劳动合同和办理用工备案、统一参加社会保险、统一依法使用劳务派遣用工，并加强监管。

79.《国务院关于加快发展养老服务业的若干意见》(国发〔2013〕35号)

发展居家养老网络信息服务。地方政府要支持企业和机构运用互联网、物联网等技术手段创新居家养老服务模式，发展老年电子商务，建设居家服务网络平台，提供紧急呼叫、家政预约、健康咨询、物品代购、服务缴费等适合老年人的服务项目。

80.《国务院办公厅关于印发深化流通体制改革加快流通产业发展重点工作部门分工方案的通知》（国办函〔2013〕69号）

推进流通领域公共信息服务平台建设，提升各类信息资源的共享和利用效率。

支持流通企业利用先进信息技术提高仓储、采购、运输、订单等环节的科学管理水平。鼓励流通企业与供应商、信息服务商加强合作，支持开发和推广适用于中小流通企业的信息化解决方案。

81.《国务院办公厅关于巩固完善基本药物制度和基层运行新机制的意见》（国办发〔2013〕14号）

推进信息化建设。以省（区、市）为单位，统一组织规划推进基层医疗卫生机构信息系统建设，逐步覆盖乡镇卫生院、社区卫生服务机构和有条件的村卫生室。将基本药物供应使用、居民健康管理、公共卫生服务、基本医疗服务、绩效考核等作为信息系统建设的重要内容，统一技术规范和标准。强化信息系统在绩效考核和服务监管中的运用，提高基层医疗卫生机构服务规范化水平。通过建立区域卫生信息平台，逐步实现基层医疗卫生机构与区域内大医院、公共卫生机构、医保管理经办机构等信息互联互通，实现资源共享。

82.《国务院关于促进健康服务业发展的若干意见》（国发〔2013〕40号）

推进健康服务信息化。制定相关信息数据标准，加强医院、医疗保障等信息管理系统建设，充分利用现有信息和网络设施，尽快实现医疗保障、医疗服务、健康管理等信息的共享。积极发展网上预约挂号、在线咨询、交流互动等健康服务。以面向基层、偏远和欠发达地区的远程影像诊断、远程会诊、远程监护指导、远程手术指导、远程教育等为主要内容，发展远程医疗。探索发展公开透明、规范运作、平等竞争的药品和医疗器械电子商务平台。支持研制、推广适应广大乡镇和农村地区需求的低成本数字化健康设备与信息系统。逐步扩大数字化医疗设备配备，探索发展便携式健康数据采集设备，与物联网、移动互联网融合，不断提升自动化、智能化健康信息服务水平。

83.《国务院关于创新重点领域投融资机制鼓励社会投资的指导意见》（国发〔2014〕60号）

推进信息和民用空间基础设施投资主体多元化。

鼓励电信业进一步向民间资本开放。进一步完善法律法规，尽快修订电信业务分类目录。研究出台具体试点办法，鼓励和引导民间资本投资宽带接入网络建设和业务运营，大力发展宽带用户。推进民营企业开展移动通信转售业务试点工作，促进业务创新发展。

吸引民间资本加大信息基础设施投资力度。支持基础电信企业引入民间战略投资者。推动中国铁塔股份有限公司引入民间资本，实现混合所有制发展。

鼓励民间资本参与国家民用空间基础设施建设。完善民用遥感卫星数据政策，加强政府采购服务，鼓励民间资本研制、发射和运营商业遥感卫星，提供市场化、专业化服务。引导民间资本参与卫星导航地面应用系统建设。

84.《国务院办公厅关于促进国家级经济技术开发区转型升级创新发展的若干意见》（国办发〔2014〕54号）

提高信息化水平。支持国家级经开区发展软件和信息服务、物联网、云计算等产业，吸引和培育信息技术重点领域领军企业，利用信息科技手段拓展传统产业链、提升产业增值水平。

85.《国务院关于促进市场公平竞争维护市场正常秩序的若干意见》（国发〔2014〕20号）

要把人民群众反映强烈、关系人民群众身体健康和生命财产安全、对经济社会发展可能造成大的危害的问题放在突出位置，着力加强对重点区域、重点领域、重点环节和重点产品的监管，切实解决食品药品、生态环境、安全生产、金融服务、网络信息、电子商务、房地产等领域扰乱市场秩序、侵害消费者合法权益的问题。

86.《国务院关于进一步优化企业兼并重组市场环境的意见》（国发〔2014〕14号）

推进服务体系建设。进一步完善企业兼并重组公共信息服务平台，拓宽信息交流渠道。培育一批业务能力强、服务质量高的中介服务机构，提高关键领域、薄弱环节的服务能力，促进中介服务机构专业化、规范化发展。发挥行业协会在企业兼并重组中的重要作用。

建立统计监测制度。加强企业兼并重组的统计信息工作，构建企业兼并重组统计指标体系，建立和完善统计调查、监测分析和发布制度。整合行业协会、中介组织等信息资源，畅通统计信息渠道，为企业提供及时有效的信息服务。

87.《国务院关于扶持小型微型企业健康发展的意见》（国发〔2014〕52号）

利用大数据、云计算等现代信息技术，推动政府部门和银行、证券、保险等专业机构提供更有效的服务。

88.《国务院关于加快发展对外文化贸易的意见》（国发〔2014〕13号）

加强对外文化贸易公共信息服务，及时发布国际文化市场动态和国际文化产业政策信息。

89.《国务院关于促进服务外包产业加快发展的意见》（国发〔2014〕67号）

加强对服务外包公共信息服务，及时发布国际国内市场动态和政策信息。

90.《国务院关于促进海运业健康发展的若干意见》（国发〔2014〕32号）

大力发展现代航运服务业。推动传统航运服务业转型升级，加快发展航运金融、航运交易、信息服务、设计咨询、科技研发、海事仲裁等现代航运服务业。

加大对海运业科技、教育、信息化建设等方面的投入，切实提高自主创新能力和教育水平。构建海运业综合信息服务平台，推进资源共享，提高智能化水平。

91.《国务院办公厅关于加快新能源汽车推广应用的指导意见》（国办发〔2014〕35号）

发挥信息技术的积极作用。不断提高现代信息技术在新能源汽车商业运营模式创新中的应用水平，鼓励互联网企业参与新能源汽车技术研发和运营服务，加快智能电网、移动互联网、物联网、大数据等新技术应用，为新能源汽车推广应用带来更多便利和实惠。

92.《国务院关于加快科技服务业发展的若干意见》（国发〔2014〕49号）

鼓励发展科技战略研究、科技评估、科技招投标、管理咨询等科技咨询服务业，积极培育管理服务外包、项目管理外包等新业态。支持科技咨询机构、知识服务机构、生产力促进中心等积极应用大数据、云计算、移动互联网等现代信息技术，创新服务模式，开展网络化、集成化的科技咨询和知识服务。加强科技信息资源的市场化开发利用，支持发展竞争情报分析、科技查新和文献检索等科技信息服务。发展工程技术咨询服务，为企业提供集成化的工程技术解决方案。

93.《国务院办公厅关于印发〈国务院关于促进旅游业改革发展的若干意见〉任务分解表的通知》（国办函〔2014〕121号）

制定旅游信息化标准，加快智慧景区、智慧旅游企业建设，完善旅游信息服务体系。

94.《国务院关于促进旅游业改革发展的若干意见》（国发〔2014〕31号）

制定旅游信息化标准，加快智慧景区、智慧旅游企业建设，完善旅游信息服务体系。

95.《国务院办公厅关于金融服务“三农”发展的若干意见》（国办发〔2014〕17号）

完善商品期货交易机制，加强信息服务，推动农民合作社等农村经济组织参与期货交易，鼓励农产品生产经营企业进入期货市场开展套期保值业务。

96.《国务院关于进一步做好为农民工服务工作的意见》（国发〔2014〕40号）

实现就业信息全国联网，为农民工提供免费的就业信息服务。完善城乡均等的公共就业服务体系，有针对性地为农民工提供政策咨询、职业指导、职业介绍等公共就业服务。

97.《国务院关于印发社会信用体系建设规划纲要（2014—2020年）的通知》（国发〔2014〕21号）

全面推动社会信用体系建设，必须坚持以邓小平理论、“三个代表”重要思想、科学发展观为指导，按照党的十八大、十八届三中全会和“十二五”规划纲要精神，以健全信用法律法规和标准体系、形成覆盖全社会的征信系统为基础，以推进政务诚信、商务诚信、社会诚信和司法公信建设为主要内容，以推进诚信文化建设、建立守信激励和失信惩戒机制为重点，以推进行业信用建设、地方信用建设和信用服务市场发展为支撑，以提高全社会诚信意识和信用水平、改善经济社会运行环境为目的，以人为本，在全社会广泛形成守信光荣、失信可耻的浓厚氛围，使诚实守信成为全民的自觉行为规范。

社会信用体系建设的主要目标是：到 2020 年，社会信用基础性法律法规和标准体系基本建立，以信用信息资源共享为基础的覆盖全社会的征信系统基本建成，信用监管体制基本健全，信用服务市场体系比较完善，守信激励和失信惩戒机制全面发挥作用。政务诚信、商务诚信、社会诚信和司法公信建设取得明显进展，市场和社会满意度大幅提高。全社会诚信意识普遍增强，经济社会发展信用环境明显改善，经济社会秩序显著好转。

98.《国务院办公厅关于促进内贸流通健康发展的若干意见》（国办发〔2014〕51 号）

在保障数据管理安全的基础上，推进商务领域大数据公共信息服务平台建设。促进线上线下融合发展，推广“网订店取”“网订店送”等新型配送模式。

99.《国务院关于印发物流业发展中长期规划（2014—2020 年）的通知》（国发〔2014〕42 号）

物流信息平台工程。整合现有物流信息服务平台资源，形成跨行业和区域的智能物流信息公共服务平台。加强综合运输信息、物流资源交易、电子口岸和大宗商品交易等平台建设，促进各类平台之间的互联互通和信息共享。鼓励龙头物流企业搭建面向中小物流企业的物流信息服务平台，促进货源、车源和物流服务等信息的高效匹配，有效降低货车空驶率。以统一物品编码体系为依托，建设衔接企业、消费者与政府部门的第三方公共服务平台，提供物流信息标准查询、对接服务。建设智能物流信息平台，形成集物流信息发布、在线交易、数据交换、跟踪追溯、智能分析等功能为一体的物流信息服务中心。加快推进国家交通运输物流公共信息平台建设，依托东北亚物流信息服务网络等已有平台，开展物流信息化国际合作。

100.《国务院办公厅关于印发中国食物与营养发展纲要（2014—2020 年）的通知》（国办发〔2014〕3 号）

积极推进物联网等信息技术应用，加强市场网络和配送服务体系建设，加快形成安全卫生、布局合理的现代食物市场流通体系。

101.《国务院办公厅关于加快应急产业发展的意见》(国办发〔2014〕63号)

围绕提高突发事件防范处置的社会化服务水平，创新应急服务业态。在事前预防方面，发展风险评估、隐患排查、消防安全、安防工程、应急管理市场咨询等应急服务；在社会化救援方面，发展紧急医疗救援、交通救援、应急物流、工程抢险、安全生产、航空救援、海洋生态损害应急处置、网络与信息安全等应急服务；在其他应急服务方面，发展灾害保险、北斗导航应急服务等。

102.《国务院办公厅关于转发知识产权局等单位深入实施国家知识产权战略行动计划（2014—2020年）的通知》(国办发〔2014〕64号)

知识产权信息服务工程。推动专利、商标、版权、植物新品种、地理标志、民间文艺、遗传资源及相关传统知识等各类知识产权基础信息公共服务平台互联互通，逐步实现基础信息共享。知识产权基础信息资源免费或低成本向社会开放，基本检索工具免费供社会公众使用，提高知识产权信息利用便利度。指导有关行业建设知识产权专业信息库，鼓励社会机构对知识产权信息进行深加工，提供专业化、市场化的知识产权信息服务，满足社会多层次需求。

103.《国务院关于加快发展服务贸易的若干意见》(国发〔2015〕8号)

扩大服务贸易规模。巩固旅游、建筑等劳动密集型服务出口领域的规模优势；重点培育运输、通信、金融、保险、计算机和信息服务、咨询、研发设计、节能环保、环境服务等资本技术密集型服务领域发展，既通过扩大进口满足国内需求，又通过鼓励出口培育产业竞争力和外贸竞争新优势；积极推动文化艺术、广播影视、新闻出版、教育等承载中华文化核心价值的文化服务出口，大力促进文化创意、数字出版、动漫游戏等新型文化服务出口，加强中医药、体育、餐饮等特色服务领域的国际交流合作，提升中华文化软实力和影响力。

（三）信息服务业发展的区域性政策

1.《国务院关于批转〈一九八七年经济特区工作会议纪要〉的通知》(国发〔1987〕30号)

特区企业要以经济效益为中心加强管理，充分运用我国企业管理的好经验，认真借鉴国外的科学方法，逐步采用现代化的信息手段，使企业的管理水平和产值利润率、资金周转率、劳动生产率和净创汇收入都能不断提高。

2.《国务院关于广东省深化改革扩大开放加快经济发展请示的批复》（国函〔1988〕25号）

改造和提升优势产业，积极发展新技术产业，加快发展金融、旅游、信息等第三产业，建成一、二、三产业协调发展的产业体系，并加强与之相适应的基础产业。

3.《国务院办公厅关于印发兴边富民行动“十一五”规划的通知》（国办发〔2007〕43号）

加快全国文化信息资源共享工程边境基层服务网点建设，加强面向边民的各类信息服务。

加强科普工作，重点加强科技信息服务和先进适用技术的推广。

4.《国务院关于中西部地区承接产业转移的指导意见》（国发〔2010〕28号）

适应新型工业化和居民消费结构升级的新形势，大力承接发展商贸、物流、文化、旅游等产业。积极培育软件及信息服务、研发设计、质量检验、科技成果转化等生产性服务企业，发展相关产业的销售、财务、商务策划中心，推动服务业与制造业有机融合、互动发展。依托服务外包示范城市及省会等中心城市，承接国际服务外包，培育和建立服务贸易基地。

强化公共服务支撑。发展跨区域产业技术创新战略联盟，建立完善公共信息、公共试验、公共检测、技术创新等服务平台，规范发展技术评估、检测认证、产权交易、成果转化等中介机构。加快社会诚信体系建设，建立区域间信用信息共享机制。

5.《国务院关于印发中国（上海）自由贸易试验区总体方案的通知》（国发〔2013〕38号）

推动生物医药、软件信息、管理咨询、数据服务等外包业务发展。

6.《国务院关于推广中国（上海）自由贸易试验区可复制改革试点经验的通知》（国发〔2014〕65号）

建设信息服务和共享平台，实现各管理部门监管信息的归集应用和全面共享；建立各部门联动执法、协调合作机制等。

参考文献

[1] 陈建龙、申静：《信息服务学导论》，北京大学出版社，2017。

[2] 陈建龙：《信息服务论》，北京大学博士学位论文，2002。

[3] 陈建龙：《信息市场经营与信息用户》，科学技术文献出版社，1994。

[4] 陈建龙：《信息服务与用户研究》，载吴慰慈《中国高校哲学社会科学发展报告1978～2008：图书馆学、情报学和文献学卷》，广西师范大学出版社，2008。

[5] 赖茂生：《信息资源管理教程》，清华大学出版社，2006。

[6]〔美〕钱德勒等编《信息改变了美国：驱动国家转型的力量》，万岩等译，上海远东出版社，2008。

[7]〔法〕帕特里斯·费里奇著《现代信息交流史：公共空间和私人生活》，刘大明译，中国人民大学出版社，2008。

[8]〔美〕保罗·利文森著《软边缘：信息革命的历史与未来》，熊澄宇等译，清华大学出版社，2002。

[9]〔美〕米切尔：《伊托邦——数字时代的城市生活》，吴启迪等译，上海科技教育出版社，2001。

[10]〔美〕舍基：《未来是湿的：无组织的组织力量》，胡泳等译，中国人民大学出版社，2009。

[11]〔美〕斯蒂伯：《我们改变了互联网，还是互联网改变了我们?》，李昕译，中信出版社，2010。

[12]〔美〕卡尔：《浅薄：互联网如何毒化了我们的大脑》，刘纯毅译，中信出版社，2010。

[13]〔美〕席勒：《信息拜物教：批判与解构》，邢立军等译，社会科学文献出版社，2008。

[14]〔英〕马克斯·H. 布瓦索：《信息空间——认识组织、制度和文化的一种框架》，王寅通译，上海译文出版社，2000。

[15]〔美〕卡斯特主编《网络社会：跨文化的视角》，周凯译，社会科学文献出版社，2009。
[16]〔美〕凯文·凯利著《失控：全人类的最终命运和结局》，东西文库译，新星出版社，2010。
[17]〔美〕林西克姆著《云计算与SOA》，马国耀译，人民邮电出版社，2011。
[18]〔加〕莫斯可著《数字化崇拜：迷思、权力与赛博空间》，黄典林译，北京大学出版社，2010。
[19]〔美〕贝尼奥夫著《云攻略》，徐杰译，海天出版社，2010。
[20]〔美〕丹·斯坦博克著《移动革命》，岳蕾等译，电子工业出版社，2006。
[21]〔加〕格鲁伯等著《服务业的增长、原因与影响》，陈彪如译，三联书店，1993。
[22]〔美〕G.J. 施蒂格勒著《产业组织与政府管制》，上海人民出版社、上海三联书店，1996。
[23]〔美〕艾布拉姆森著《数字凤凰：信息经济为什么能浴火重生》，赵培等译，上海远东出版社，2008。
[24]〔美〕比尔·盖茨等著《未来之路》，辜正坤译，北京大学出版社，1996。
[25]〔美〕弗里茨·马克卢普著《美国的知识生产与分配》，孙耀君译，中国人民大学出版社，2007。
[26]〔美〕马克·波拉特著《信息经济学》，吴桦等译，湖南人民出版社，1987。
[27]〔美〕汤姆·斯托尼尔：《信息财富——简论后工业经济》，吴建民等译，中国对外翻译出版公司，1986。
[28]〔美〕小艾尔弗雷德·钱德勒著《规模与范围：工业资本主义的原动力》，张逸人等译，华夏出版社，2006。
[29]〔美〕小艾尔弗雷德·钱德勒著《看得见的手——美国企业的管理革命》，重武译，商务印书馆，1987。
[30]〔英〕亚当·斯密著《国富论》，唐日松等译，华夏出版社，2005。
[31]〔美〕白重恩、阮志华主编《技术与新经济》，王淼编译，上海远东出版社，2010。
[32]〔日〕日本科学技术与经济协会编《信息产业的前景》，蔡振扬等译，上海人民出版社，1988。
[33]〔美〕彼得·F. 德鲁克著《后资本主义社会》，傅振焜译，东方出

版社，2009。
[34] 陈东：《信息技术创新的组织实施问题研究》，上海财经大学出版社，2011。
[35] 陈海滢、刘昭等编著《物联网应用启示录：行业分析与案例实践》，机械工业出版社，2011。
[36]〔美〕丹尼尔·贝尔著《后工业社会的来临——对社会预测的一项探索》，高铦等译，商务印书馆，1984。
[37] 王达生、王先冲编著《信息科技简史》，中国水利水电出版社，2010。
[38] 冯梅、陈志楣著《北京信息服务业发展问题研究》，经济科学出版社，2007。
[39] 北京市信息化工作办公室编《北京市信息服务业发展报告 2007》，中国发展出版社，2008。
[40] 北京市信息化工作办公室编《北京市信息服务业发展报告 2006》，中国发展出版社，2007。
[41] 北京市信息化工作办公室编《北京市信息服务业发展报告 2005》，中国发展出版社，2006。
[42] 北京市信息化工作办公室编《北京市信息服务业发展报告 2004》，中国发展出版社，2005。
[43] 胡昌平等：《信息服务与用户研究》，科学技术文献出版社，2005。
[44] 江泽民：《论中国信息技术产业发展》，上海交通大学出版社、中央文献出版社，2009。
[45]〔美〕卡尔·夏皮罗、哈尔·瓦里安：《信息规则：网络经济的策略指导》，张帆译，中国人民大学出版社，2000。
[46] 李怡：《中国信息产业集群发展研究》，上海社会科学院出版社，2010。
[47] 蔺华等编著《大师访谈：云计算推动商业与技术变革》，电子工业出版社，2011。
[48] 路紫：《信息经济地理论》，科学出版社，2006。
[49] 牟锐：《中国信息产业发展模式研究》，中国经济出版社，2010。
[50] 聂进：《中小企业信息技术采纳影响因素研究》，科学出版社，2010。
[51] 陶长琪：《基于融合的信息产业自主创新与产业成长的协同机制》，中国人民大学出版社，2010。
[52] 孙伟平：《信息时代的社会历史观》，江苏人民出版社，2010。

[53] 王欣：《信息产业发展机理及测度理论与方法研究》，吉林大学出版社，2010。

[54] 熊励、徐建平、李医群：《长三角现代信息服务业——理论、实证与发展》，上海社会科学院出版社，2010。

[55] 姚战琪：《技术进步与现代服务业：融合、互动及对增长的贡献》，社会科学文献出版社，2009。

[56] 郑英隆：《信息产业的全球一体化发展研究》，经济科学出版社，2006。

[57] 周振华：《信息化与产业融合》，上海三联书店，2003。

[58] 中国科学院信息领域战略研究组：《中国至2050年信息科技发展路线图》，科学出版社，2009。

[59] 周智佑：《信息技术应用：技术经济及政策市场广角探索》，海洋出版社，2008。

[60] 朱晓荣：《物联网与泛在通信技术》，人民邮电出版社，2010。

[61] 陈秋玲、李怀勇等：《中国服务产业研究》，经济管理出版社，2010。

[62] 陈宪、程大中：《中国服务经济报告2005》，经济管理出版社，2006。

[63] 陈禹：《信息经济学教程》，清华大学出版社，1998。

[64] 方汉奇：《中国新闻传播史》，中国人民大学出版社，2002。

[65] 高新民、安筱鹏：《现代服务业：特征、趋势和策略》，浙江大学出版社，2010。

[66] 戈公振：《中国报学史》，上海古籍出版社，2003。

[67] 黄维兵：《现代服务经济理论与中国服务业发展》，西南财经大学出版社，2003。

[68] 黄烨菁：《信息技术产业国际化发展：形态、机制与技术升级效应》，上海社会科学院出版社，2009。

[69]〔法〕费尔南·布罗代尔著《15至18世纪的物质文明、经济和资本主义（Ⅲ）》，顾良等译，三联书店，1993。

[70] 李朝鲜：《理论与量化：现代服务产业发展研究》，中国经济出版社，2006。

[71] 李敬一：《中国传播史论》，武汉大学出版社，2003。

[72] 刘昭东等：《信息与信息化社会》，科学技术文献出版社，1994。

[73] 马费成等：《信息经济学》，武汉大学出版社，2001。

[74] 彭斐章：《书目情报服务的组织与管理》，武汉大学出版社，1996。

[75] 上海市信息化委员会编《上海市信息服务业产业地图 2007～2008》，社会科学文献出版社，2008。

[76] 严怡民等：《现代情报学理论》，武汉大学出版社，1996。

[77] 杨友三：《全球脑》，吉林出版集团，2010。

[78] 陈建龙、王建冬、刘合翔等：《信息服务业发展的国际比较研究》，第二次全国经济普查课题研究报告，2010。

[79] 陈建龙、王建冬：《我国地方信息服务业发展的经济环境和发展阶段分析》，《图书情报工作》2010 年第 4 期。

[80] 陈建龙、王建冬：《我国地方政府信息服务业发展模式和热点领域分析》，《图书情报工作》2009 年第 24 期。

[81] K. F. Angel, Engendering Business: Men and Women in the Corporate Office, 1870 – 1930, Johns Hopkins University Press, 1994.

[82] P. Baran, P. Sweezy, Monopoly Capital: An Essay on the American Economic and Social Order . New York: Monthly Review, 1966.

[83] M. H. Boisot , Knowledge Assets: Securing Competitive Advantage in the Information Economy. Oxford University Press, 1998.

[84] K. Bucher, Industrial Evolution. Toronto University Press, 1901.

[85] J. I. Cash, Building the Information – Age Organization: Structure, Control, and Information Technologies. Chicago: R. R. Donnelley, 1994.

[86] M. Castells, The Rise of the Network Society. Blackwell Publishing Ltd. , 1996.

[87] T. De Chardin, The Phenomenon of Man. Harper, 1959.

[88] P. Fingar, Dot Cloud: The 21st Century Business Platform Built on Cloud Computing . Meghan – Kiffer Press, 2009.

[89] V. Hal, J. Farrell, C. Shaplor, The Economics of Information Technology: An Introduction. Cambridge University Press, 2005.

[90] N. Hohrie, R. G. Fxcles, Networks and Organizations: Structure, Form, and Action. Harvard Business School Press, 1992.

[91] T. A. Hutton, Service Industries and the Transformation of Asia – Pacific City Regions. Centre for Advanced Studies, National University of Singapore, 2001.

[92] W. J. Mitchell, Me ++: The Cyborg Self and the Networked City.

Cambridge, MA: MIT Press, 2003.

[93] J. Mokyr, Innovation and Its Economies: The Economic and Political Roots of Technological Inertia, in Olson M. and Kahkonen S. , eds. A Not So Dismal Science. Oxford University Press, 2000.

[94] A. Mulholland, N. Earle, Mesh Collaboration. Evolved Tech, 2008.

[95] N. C. Richard, The Typewriter and the Men Who Made It. University of Illinois Press, 1954.

[96] J. Rifkin, The Hydrogen Economy. New York: Tarcher, 2002.

[97] H. Shaiken, Work Transformed: Automation and Labor in the Computer Age. New York : Holt, Rinehart and Winston, 1984.

[98] A. J. Slywotzky, D. J. Morrison, B. Andelman, The Profit Zone: How Strategic Business Design Will Lead You to Tomorrow's Profits. Random House Inc, 2002.

[99] R. Van Lee, M. Gerencser, F. Napolitano, C. Kelly, Megacommunities: How Leaders of Government, Business and Non – Profits Can Tackle Today's Global Challenges Together . Palgrave Macmillan, 2008.

[100] J. Yates, Control through Communication: The Rise of System in American Management. The Johns. Hopkins University Press, 1989.

[101] D. B. Yoffie, Introduction: Chess and Competing in the Age of Digital Convergence. Harvard Business School Press, 1997.

[102] K. J. Arrow, Economic Welfare and the Allocation of Resources for Invention, in: Nelson R. R. (ed.), The Rate and Direction of Inventive Activity: Economic and Social Factors, National Bureau of Economic Research, Conference Series. Princeton, NJ: Princeton University Press, 1962.

[103] L. A. Barclay, S. J. Gray, Upgrading the Diamond of Developing Countries through inward FDI: The Case of Four MNEs in the Information Service Industry of Barbados. Management International Review. 2001 (10) .

[104] L. E. Bermanb, D. A. Dunna, Service Bundling and Strategic Equilibrium in the Information Services Industry. Journal of Economics and Business, 1987, 39 (2) .

[105] B. Bonakdarpour, Challenges in Transformation of Existing Real – time Embedded Systems to Cyber – physical Systems. SIGBED Review, 2008, 5 (1) .

[106] Y. M. Braunsteim, Information as a Factor of Production: Substitutability and Productivity. Information Society, 1985.

[107] T. F. Bresnahan, M. Trajtenberg, General Purpose Technologies "Engines of Growth"? Journal of Econometrics, 1995, 65 (1) .

[108] A. K. Cebrowski, Network – centric Warfare: Its Origin and Future. US Naval Institute Proceedings, 1998.

[109] C. H. Chang, A Comparative Case Study of Cross – Cultural Training and its Performance. Using Two MNCs in the Information ServiceIndustry as Examples. Ming Chuan University, 2009.

[110] K. Y. Chang, Design and Application of the Management Control Systems in the Information Services Industry – A Case of a Big Company's Taiwan Aubsidiary. Sun Yat – Sen University, 2009.

[111] M. K. Chen, S. C. Wang, The Critical Factors of Success for Information Service Industry in Developing International Market: Using Analytic Hierarchy Process (AHP) Approach. Expert Systems with Applications, 2010, 37 (1) .

[112] M. K. Chen, S. C. Wang, The Key Dimensions for Information Service Industry in Entering Global Market: A Fuzzy – Delphi & AHP Approach. Advanced Concurrent Engineering, 2009 (12) .

[113] P. W. Chen, The Study of Management Strategy for Information Service Industry under Cloud Computing Environment. Ming Chuan University, 2009.

[114] T. H. Chiu, Attributes and Factors Affecting the Organization of Knowledge Resources : A Case Study of the Library and Information Service Industry in Taiwan. Knowledge Organization, 2005, 32 (3) .

[115] N. Crafts, Quantifying the Contribution of Technological Change to Economic Growth in Different Eras: A Review of the Evidence. http: //www 2. Ise. Ac. uk/economicHistory/pdf/wp7903. pdf.

[116] J. B. DeLong, The Triumph of Monetarism. Journal of Economic Per-

spectives. 2000 (04) . Available at: http: //www. j – bradford – delong. net/Econ_ Articles/monetarism. html.

[117] A. Dolbeck, Valuation of the Custom Software and IT Services Industry (2005) . http: //findarticLES. COM/P/ARTICLES/MI_ QA3 755/IS_ 20070430/AI_ N19111608/.

[118] H. S. Dordick, H. G. Bradley, B. Nanus and T. H. Martin, Network Information Services : The Emergence of an Industry. Telecommunications Policy, 1979, 3 (3) .

[119] H. J. Engelbrecht, Are Purchased Information Services Underused in Manufacturing? Evidence From Japan, Korea and Taiwan. Applied Economics, 1990.

[120] European Commission. Green Paper on the Convergence of the Telecommunications, Media, and Information Technology Sectors, and the Implications for Regulation. http: //ec. europa. eu/avpolicy/docs/library/legal/com/greenp_ 97_ 623_ en. pdf.

[121] R. Evangelista, Sectoral Patterns of Technological Change in Services. Economic Innovation and New Technology, 2000 (9) .

[122] X. N. Fan, X. N. Bao, M. H. Dai, The Empirical Analysis on the Contribution of Software & Information Service Industry to Economic Growth in Dalian, China. 2010 International Conference on Management and Service Science (MASS), 2010.

[123] S. R. Fang, A Study on Critical Success Factors for Strategic Alliance of Information Services Industry – The View Point of Strategic Partner Selection. National Chung Hsing University, 2009.

[124] K. Y. Feng, Relationship between the Adoption of Different Career Strategies and Employee Background: An Empirical Study in the Information Services Industry. International Journal of Management, 2003 (12) .

[125] S. Filder, Drive to Boost Computer Skills Gets Underway. A Look at the Growing Market for Information Services. The Financial Times, 1995 (3) 26.

[126] L. Galambos, N. Theodore, Vail and the Role of Innovation in the

Modern Bell System. Business History Review, 1992, 66 (1).

[127] N. Garnham, Contribution to a Political Economy of Mass – Communication. Media, Culture and Society, 1979 (1).

[128] H. Gill, From Vision to Reality: Cyber – physical Systems. HCSS National Workshop on New ResearchDirections for High Confidence Transportation CPS: Automotive, Aviation, and Rail. November 2008.

[129] D. F. Gray, Study: No Clear Leader in IT Services. ITworld. Com, 2004 – 08 – 21.

[130] I. S. Hayes, E – services Strategy Shift. Software Magazine, 2000, 20 (05).

[131] R. M. Hayes, Bricksony. Added Value as a Function of Perchance of Information Services, Information Society, 1982.

[132] P. Hebbar, Indian IT Services Industry Heading for a Churn. Cyber India Online Limited, 2003. 02. 12.

[133] J. Hirshleifer, The Private and Social Value of Information and the Reward to Inventive Activity. The American Economic Review, 1971, 61 (4).

[134] J. Howells, International Trade in Information Services: Implications for National and Regional Development. Newcastle Studies of the Information Economy, 1988 (5).

[135] P. S. Hsieh, Exploring Information Product Development Strategies from Social Capital Perspectives: Lessons Learned from an Information Service Enterprise. National Taiwan University of Science and Technology, 2009.

[136] T. L. Huang, A Study on Evaluating the Performance of Engineers in Information Service Industry, 2008.

[137] Y. C. Hung, E. L. Chang, Measurement Scale of Intellectual Capital for the Information Service Industry. International Journal of Services and Standards, 2006, 2 (2).

[138] W. H. Hwang, Research on the Intellectual Capital of Information Service Industry. National ChengChi University, 2002.

[139] Internet of Things – an Action Plan for Europe [EB/OL] [2011 – 04 – 01]. http: //eur – lex. europa. eu/LexUriServ/LexUriServ. do? uri =

COM: 2009: 0278: FIN: EN: pdf.

[140] W. Jurgen, The EEC Electronic Information Services Market. Government Information Quarterly, 1993, 10 (3).

[141] F. Kamijo, Standardization and Japanese Information Service Industry. Fourth IEEE International Symposium and Forum on Software Engineering Standards, 1999 (4).

[142] S. W. Kao, Business Strategy Research for Enterprises IT Dept. Spin off to an information Service Company (ITTS as a Case Study). National Taiwan University of Science and Technology, 2008.

[143] F. Kei, Information Service Industry at the Turning Point in Japan. Optronics, 2005 (282).

[144] F. Kei, Information Service Industry Which is Going to be Divided into the Winner and the Loser. The IT market watching, 2006 (295).

[145] J. E. Kim, D. Mosse, Generic Framework for Design, Modeling and Simulation of Cyber Physical Systems. SIGBED Review, 2008, 5 (1).

[146] T. Kim, Geographical Development of the Advanced Information Services Industry. Journal of the Korean Geographical Society, 1999, 34 (05).

[147] T. Kim, The Development of the Advanced Information Services Industry: the Global - Local Paradox. Unpublished Ph. D. Thesis. University of Newcastle - Upon - Tyne, 1996.

[148] J. C. Kriesberg, A Globe, Clothing Itself with a Brain. Wired Online, 1995 (6).

[149] D. W. Lai, The Factors for Enterprises Adopting Customer Relationship Management Systems? A Case Study on Information Service Industry. Shih Hsih University, 2008.

[150] E. A. Lee, Cyber Physical Systems: Design Challenges. Invited Paper, International Symposium on Object/Component/Service - Oriented Real - Time Distributed Computing (ISORC) [EB/OL]. [2010 - 03 - 22]. http://chess. eecs. berkeley. edu/pubs/427/Lee_Cyber-Physical_ISORC. pdf.

[151] E. A. Lee, Cyber - physical Systems——are Computing Foundations Ad-

equate. Position Paper for NSFWorkshop on Cyber – Physical Systems: Research Motivation, Techniques and Roadmap, Austin October, 2006.

[152] E. H. Liu, A Study of Information Service Industry Diagnostic Knowledge Gap within View of Theory of Constraint. National Taiwan University of Science and Technology, 2008.

[153] P. S. Lokachari, Mohanarangan M. Outsourcing of Information Technology Services: A Decision – making Framework. Tata Consultancy Services, Minneapolis, USA, 2003.

[154] B. Loomis, M & As Loom for IT Services Industry. Washington Technology home, 2001. 09. 10.

[155] A. B. Lopes, N. Reinhard, Competing in the Brazilian real – time Financial Information Services Industry: Commitment and Adaptation. Information & Management, 2006, 43 (05).

[156] H. Q. Lv, P. Li, L. G. Guo, Research on the Application of Personalization Search Engines in Information Service Industry. 2010 International Conference on Educational and Information Technology (ICEIT), 2010.

[157] R. Marty, Information Services Overview, in U. S. Industry Quarterly Review. Information Today, 2001, 18 (11).

[158] T. Michael, G. H. Tzeng, A Hierarchy Fuzzy MCDM Method for Studying Electronic Marketing Strategies in the Information Service Industry. In: Proceedings of the International Academy for Information Management (IAIM) Annual Conference, 1998.

[159] T. Morris – Suzuki, Robots and Capitalism, New Left Review, 1984, 160 (4).

[160] National Technical Information Services (NTIS), U. S. Dept. of Commerce. Competitive Assessment of the U. S. Information Services Industry [EB/OL] (1984). http://babel.hathitrust.org/cgi/pt? id = mdp.39015034853807.

[161] N. Negroponte, 1998. Beyond Digital. Wired, 1998 (12).

[162] OECD. Science Technology and Innovation in the New Economy (2000) [EB/OL]. [2010 – 05 – 24]. http://www.oecd.org/dataoecd/3/48/1918259.pdf.

[163] R. Pearson, S. Mitter, Employment and Working Conditions of Low - Skilled Information - Processing Workers in Less - Developed Countries. International Labor Review, 1993, 132 (1).

[164] L. Poppo, T. Zenger, Testing Alternative Theories of the Firm: Transaction Cost, Knowledge - based, and Measurement Explanations for Make - or - buy Decisions in Information Services. Strategic Management Journal, 1998, 19 (9).

[165] B. Ppatyush, B. Daniel, Service Quality from the Other Side: Information Systems Management at Duquesne Light. International Journal of Information Management, 2005, 25 (04).

[166] V. R. Prybutok, H. Landrum, A Service Quality and Success Model for the Information Service Industry. European Journal of Operational Research, 2004, 156 (03).

[167] J. Rajasekera, Evolving Strategic Framework for IT Services in Japan. Global Journal of Flexible Systems Management, 2003, 4 (01).

[168] S. Rajesh, G. Sahra, IT Service Management by Projects: Grid - based Organization Structure Establishment and Evolution. In 2005 International Conference on Services Systems and Services Management, Proceedings of ICSSSM'05, 2005.

[169] M. Read, D. Jones, Building a Globally Competitive IT Services Industry. Confederation of British Industry, 2006.

[170] H. Rheingold, The Virtual Community: Homesteading on the Electronic Frontier . MA: Addison - Wesley, 1993.

[171] Y. D. Robinson, Measuring Service Quality in the Information Services Industry: A Case Study Using Servqual. Penn State Harrisburg, 1992.

[172] K. Roger, Problems and Outlook for the Information Services Industry. Proceedings of the EUSIDIC Conference, Oslo, 1975 (12).

[173] K. Sapprasert, The Impact of ICT on the Growth of the Service Industries [EB/OL]. [2010 - 05 - 24]. http: //iri. jrc. ec. europa. eu/concord - 2007/papers/strand6/Koson% 20Sapprasert. pdf.

[174] R. Schwuchow, S. Hume, Prospects of Information Service Exports from the English - speaking Caribbean: The World Bank, 1996.

[175] W. Schwuchow, The Situation of the Online Information Services Industry in the European Community (with Special Consideration of the FRG). International Forum on Information and Documentation, 1991, 16 (01).

[176] J. W. Shen, Structural Analysis on Japan – Oriented Sector of Beijing Software and Information Service Outsourcing Industry. 2009 International Conference on Information Management, Innovation Management and Industrial Engineering, 2009.

[177] K. J. Shiao, A Study on the Relationship between Competitive Strategy and Operation Performance in Information Service Industry. Shih Hsih University, 2009

[178] South Korea, through "the Infrastructure of Internet of Things Constructs Basic Planning" [EB/OL] [2011 – 04 – 01]. http://wimaxmobile.us/archives/3176.

[179] E. Sweezy, J. H. Hopper, Obstacles to Innovation in the Scientific and Technical Information Services Industry. Final Report to the National Science Foundation, 1975.

[180] M. Tei, Y. Yamazaki, The Impact of Work and Organizational Characteristics on the Health Status, Job Dissatisfaction and Turnover Intentions of Workers in an Information Service Industry. Sangyo Eiseigaku Zasshi, 2003, 45 (1).

[181] The Digital Road to Recover: A Stimulus Plan to Create Jobs, Boost Productivity and Revitalize America. [EB/OL] [2011 – 04 – 01]. http://archive.itif.org/index.php? id = 212.

[182] Thomas D., Zmud R. W. and Mccray G. E. The Outsourcing of Information Services: Transforming the Nature of Business in the Information Industry. Journal of Information Technology, 1995 (10).

[183] R. J. Thomas, Marketing Research in the Scientific and Technical Information Services Industry: Development and Future Directions. Journal of the American Society for Information Science, 1982, 33 (5).

[184] W. H. Wang, C. J. Liang, Consumer Behavior of the Information Services Industry in Taiwan – Conceptual Framework and Hypotheses Devel-

opment. Measuring Business Excellence, 2010, 14 (2) .

[185] W. H. Wang, C. J. Liang, The Behavioral Sequence of Information Education Services Industry in Taiwan – Relationship Bonding tactics, Relationship Quality and Behavioral Loyalty. Measuring Business Excellence, 2007, 11 (02) .

[186] Y. K. Wang, A Study on Knowledge Capabilities and Organizational Effectiveness – Information Service Industry as Samples . Ming Chuan University, 2004.

[187] J. P. West, E. V. Berman, The Impact of Revitalized Management Practices on the Adoption of Information Technology: a National Survey of Local Governments. Public Performance & Management Review, 2001, 24 (3) .

[188] J. C. Westland, Topic Specific Monopolies in the Information Services Industry: Evidence from the Dialog Group of Databases. The Information Society, 1990 (6) .

[189] J. M. Wing, Cyber – physical Systems Research Challenges. In Keynote Speech: Cyber Physical Systems Week (CPSWEEK) [EB/OL]. [2010 – 03 – 22]. http://www.slideworld.org/viewslides.aspx/Cyber – Physical – Systems – Research – Challenges – ppt – 2269918.

[190] L. Wood, Research and Markets: View a Market Analysis of the IT Services Industry in Romania With Forecasts of Expenditure Up to 2008. London Xen, 2004. 08. 20, Research and Markets logo.

[191] Q. Xia, H. P. Gong, Performance Evaluation and Countermeasures to Modern Information Service Industry in Jiangxi Province. International Conference on E – Business and Information System Security, 2009. EBISS '09, 2009.

[192] Y. H. Yang, An Explorative Study on Business Models of the Information Service Industry in Taiwan. National Taiwan University, 2004.

[193] T. H. You, The Factors of Glass Ceiling Effect: an Exploratory Research of Information Service Industry. National Central University, 2004.

图书在版编目（CIP）数据

迈向数字经济：中国信息服务业发展路径研究 / 王建冬，陈建龙著. -- 北京：社会科学文献出版社，2020.8

国家社科基金后期资助项目

ISBN 978-7-5201-5984-5

Ⅰ.①迈… Ⅱ.①王… ②陈… Ⅲ.①信息服务业-产业发展-研究-中国 Ⅳ.①F492.6

中国版本图书馆 CIP 数据核字（2020）第 012424 号

·国家社科基金后期资助项目·

迈向数字经济

——中国信息服务业发展路径研究

著 者 / 王建冬 陈建龙

出 版 人 / 谢寿光
责任编辑 / 桂 芳
文稿编辑 / 伍勤灿

出 版 / 社会科学文献出版社·皮书出版分社（010）59367127
地址：北京市北三环中路甲 29 号院华龙大厦 邮编：100029
网址：www.ssap.com.cn
发 行 / 市场营销中心（010）59367081 59367083
印 装 / 三河市龙林印务有限公司

规 格 / 开 本：787mm × 1092mm 1/16
印 张：29.25 字 数：488 千字
版 次 / 2020 年 8 月第 1 版 2020 年 8 月第 1 次印刷
书 号 / ISBN 978-7-5201-5984-5
定 价 / 158.00 元

本书如有印装质量问题，请与读者服务中心（010-59367028）联系